卡尔·拉纳宗教思想研究

日月光华·哲学书系

王新生　著

卡尔·拉纳宗教思想研究

上海三联书店

本书获评"复旦大学哲学学院源恺优秀著作奖"，
由上海易顺公益基金会资助出版

本书为教育部人文社会科学重点研究基地重大项目
"犹太教与伊斯兰教关系的历史与现实研究"（18JJD730001）
相关成果

总　序

　　"日月光华，旦复旦兮"，思想之光，代代相传。在复旦哲学走过一个甲子之际，"日月光华·哲学书系"、"日月光华·哲学讲堂"应运而生。这既是过往思想探索道路上的熊熊火炬、坚实基石，以砥砺后学继续前行，亦是期许未来学术反思的灿然星陈，以哲学之力去勘探人类精神应有之高度与广度。为此我们当勤力不殆。

　　"兼容并蓄"是哲学成长的传统。复旦哲学建系伊始，胡曲园、全增嘏、严北溟、陈珪如、王蘧常等诸位先生学识渊博，其来有自，奠定了复旦哲学的根基。他们不独立门户，不自我设限；不囿于教条，不作茧自缚；而是以思想和问题为导向，兼容并蓄，博采众长，由此造就了六十年来复旦哲学的特色。诸位奠基先贤始终秉持开放而专业的态度，强调严肃的学术训练，打破学科壁垒，追寻思想脉络，力图以真切而深邃的思考达致生活之本真，捕获时代之真精神。

　　"时代担当"是哲学不变的使命。自改革开放以来，以思想深入时代，对时代的根本问题做出积极的求索，是复旦哲学另一鲜明特色。真正的思想探索和学术研究理应紧紧抓住与时代血脉相连的命题，提炼精华，不断对人类生存的基本问题做出回应。优秀的学者须有冷静的观察和深刻的反思，但这并不等于将自己封闭在无根的象牙塔中，而是真实切入时代命题的必备前提。切问而近思，人类的根本命题始终激荡于胸！

我们将以开放和虚心的态度来传承这些特色。"日月光华·哲学书系"不但收录了复旦哲院教师以往的代表作，也以面向未来的姿态吸纳复旦哲学人的最新力作。我们希望这一书系成为一个开放式的平台，容括从复旦求学毕业、在复旦从事教学和研究，以及到复旦访问讲学的学界同仁的优秀著作，成为推动汉语哲学界不断发展前行的引擎。"日月光华·哲学讲堂"，则希望将国内外学者在复旦所做的系列讲座整理成文，编撰成册，努力展现他们思想的源初轨迹，推进其理论贡献。以"日月光华"为平台，以学术为标尺，使国内外学者的优秀成果在共同的学术园地上得以生动呈现。这必将是一个漫长而艰难的过程，需要敞开的思想姿态、精准的学术眼光以及异乎寻常的努力与坚持。我们希望把复旦哲学"扎根学术、守护思想、引领时代"的精神风格融入这两套丛书；我们期许它们不但能透彻地刻画出思想本身的发展历程，还将在更为丰满的历史背景中探索思想的作用。唯有如此，我们的"书系"与"讲堂"才能超出一般丛书的范畴，真正成为时代精神的捕获者、诠释者、推动者和反思者。

思想薪传在任何时代都是无声、艰辛和困苦的事业，隐于"日月光华"这一个美好愿景背后的深意尤为紧要：思想的守护与传承是"旦复旦兮"的意涵所在，精神的催生与创新是生生不息的事业。"书系"与"讲堂"的出版并不是书目的简单累积，也不是论题的无序叠加，而是思想的流动和生长，是已有思想激发新思想的创造过程，是不断厘清思想限度、拓展思想疆域的漫漫求索，是幽微星火燃成日月光华的坦荡大道。在几辈学人的共同理想和不懈坚持下，既往的成果已然成为了沉甸甸的责任。由此，在决定"书系"与"讲堂"的名称时，我们选择将我们的理想标示出来，以此自勉，并期望人类趋向光明的理想，终将启迪人类的智慧，并照亮那条崎岖不平却让人甘之如饴的精神道路。

是为序。

孙向晨

二〇一六年九月于复旦

目　录

前　言

一

卡尔·拉纳（Karl Rahner，1904—1984）是西方公认的20世纪最伟大的天主教思想家，被称为"当代的托马斯·阿奎那"、"罗马天主教会静静的推动者"和"20世纪天主教教会的教父"。[①] 用保罗·尼特的话来说，"不容置疑，拉纳是20世纪最著名、最有影响力的天主教神学家——探索未知的宗教领域的先驱。"[②] "一方面预备了梵二，然后另一方面不止于梵二并把它的讯息释放到世界之中。从根本上说，他努力为当今诠释基督教的信息。若作如是观，我认为他迄今仍然是一位主要人物。"[③] 随着教宗本笃十六再续梵二会议精神，拉纳的影响必将更为发扬光大。

[①] Harvey D. Egan, *Karl Rahner: The Mystic of Everyday Life*, New York: the Crossroad Publishing Company, 1998, p.19.

[②] 保罗·尼特：《宗教对话模式》，王志成译，中国人民大学出版社2004年版，第87页。

[③] Andreas R. Batlogg, Melvin E. Michalski, Barbara G. Turner, eds. & trans., *Encounters with Karl Rahner: Remembrances of Rahner by those who knew him*, Marquette University Press, 2009, p.84.

拉纳著述等身，论域宽广，沟通古今，啮合人神。为了因应世俗化和现代化对天主教形成的挑战，拉纳在理论上继往开来，在实践上倡导并积极从事基督教内外的对话，著述几乎涉及神学和相关思想的所有领域；除了《在世之灵》、《圣言的倾听者》和《基督教信仰之基础》等单本专著，还有卷帙浩繁的《神学论集》（德文原本 16 卷，英译本 23 卷），从事编辑并撰稿的近 10 种动辄数十卷的百科全书和百卷"争论问题"丛书等。他的论述既与时俱进，又忠于基督教的传统。拉纳的"先验"风格时常通过其对"真理"的追求和对"真理"表达方式的追求微妙、婉转地表露出来。

作为一个天主教神学家，拉纳的主旨是想通过回归自己所处传统的主要源头之一——托马斯·阿奎那的思想，把自己的传统与现代和当代的思想联系起来。正因如此，拉纳努力从罗马天主教官方所承认的经院方法和过去数个世纪的僵化思想之中挣脱出来，进入一种全新的思考方式和神学研究方式。拉纳用以作为中介的是体现"转向主体"这一转折的哲学，他把"转向主体"理解为先验的和存在主义的思想之独一无二的特色。通过这种哲学的中介，特别是康德和海德格尔所代表的思想传统，他成功地把罗马天主教思想与当代已经彻底改变了的时代精神和文化背景联系起来。

换而言之，拉纳力图通过神学建树使罗马天主教走出象牙塔，接触作为其当代背景的现实理论和文化氛围。重要的是，这种当代理论和文化氛围"被相继的革命性的运动决定性地塑造出来：宗教改革中的神学革命，启蒙运动中带有各种各样的转折点的政治和社会革命，法国大革命，马克思和共产主义运动，还有最后在意识中发生的革命表现为以'转向主体'为特征的哲学运动……以及现代艺术和文学中的一些运动。"[1] 然而，在拉纳看来，天主教虽然"身临其境"，但是对于这种氛围却"视而不见"、"充耳不闻"。

---

[1] Peter Mann, "Masters in Israel: IV. The Later Theology of Karl Rahner," *The Clergy Review*, LIV, December, 1969, pp.937—938.

拉纳对于改变天主教这种麻木不仁状况所作出的努力，不是纯粹地从外部对于全新的和日益增长的"世俗化"经验作出一种调适，以便对天主教神学进行非常需要的一种提升；而是依照当代哲学提出的那些存在主义的问题以及这种哲学反映的文化和经验，对天主教传统进行一种根本性的再思考。借助对天主教传统进行的这样一种"重溯"（retrieval），拉纳发现并阐明了他后来所称的、在这样的两者之间——在那个传统理解的天主教的结构与像在先验的和存在主义的思想中所揭示的那样的人的主体性的结构之间——存在的一种固有的类比性。① 在他的"先验人学"中，拉纳力图表明在基督教和人的经验之间获得的这种内在关系，并表明基督教的启示已经渗透并超越了反映在主体哲学之中的那种文化经验。他把他的工作看作是对于已经含蓄地存在于天主教传统之中，但是只有迟至他那个历史阶段才能够彰显的一个纬度所进行的主题化。

当然在这种努力方面拉纳并非形单影只、孤立无援；他是为他的工作提供了大背景的一个更广泛的罗马天主教哲学和神学思想更新运动中的一员。② 但是他却是这个在梵二会议达到顶峰的罗马天主教哲学和神学更新运动中一位最突出的思想家和领军人物。拉纳作为罗马天主教指定的官方神学顾问在梵二会议上发挥了奠定会议基调的巨大作用，不仅启迪了几代神学家，而且影响到自那以后整个天主教思想的发展。

他之所以能为自己奠定这样的地位，原因有二：一方面是因为他

---

① Karl Rahner, "Transcendental Theology," *Sacramentum Mundi*, ed. Karl Rahner and others, vol.VI, New York: Herder and Herder, 1968, pp.287—289; Karl Rahner, "Transcendental Theology", *Encyclopedia of Theology*: *The Concise Sacramentum Mundi*, edited by Karl Rahner, London: Burns & Oates, 1981, pp.1748—1751.

② 参见 Mark Schoof, *A Survey of Catholic Theology 1800—1970*, trans. N. D. Smith, New Jersey: Paulist Newman Press, 1970。

对这个神学传统有异乎寻常的把握能力，不仅把握到细节，而且在多样化中把握到某种统一的整体；另一方面是因为他对深层次的问题极度敏感，正是这些问题形成作为当代文化经验的中介的理论哲学。所有这些品质融合在一道便形成一种提出问题和解答问题的能力，而这种能力铸就了他的神学成就。

<h1 style="text-align:center">二</h1>

拉纳对于当代哲学问题和它所反映的那种经验的敏感，是理解拉纳思想发展中重点的连续性和变化性的关键。他从其哲学和神学生涯开始的时候，便利用"康德到海德格尔"①的现象学的发现，反思作为启示的倾听者的人类主体的结构，而且他的注意中心慢慢地从关注主体转变到关注在特定的历史背景中的主体。②一般认为，"早期拉纳"（到梵二会议）的工作是力图借助经验的主观结构找出上述的那种"类比性"。"后期拉纳"（梵二会议后）的工作集中在认知着的主体的历史环境，或者说集中在一种全新的和多元的文化背景。

拉纳思想中的重点的连续性和变化性，可以通过他对先验人学问题的持久关注，尤其是对作为他的关注的中心纬度之一的历史性的意识和日渐强调来解释。③这是海德格尔的一种持久影响的结果。尽管拉纳最初在《在世之灵》里所探索、在《圣言的倾听者》里和"超自然的实存"观念中所发展的历史性概念在拉纳的早期神学中处于中心地位，但是仍然是某种属于理智范畴的东西。它的完全影响只有更广泛地探究他的后期工作才能感受得到。

---

① Karl Rahner, *Spirit in the World*, trans. William Dych, S. J., New York: Herder and Herder, 1968, p.lii, 下引此书，作《在世之灵》英文版。
② 参见 Peter Mann, "Masters in Israel: IV. The Later Theology of Karl Rahner," *The Clergy Review*, LIV December, 1969, p.938 页以后诸页。
③ Anne Carr, *The Theological Method of Karl Rahner*, Montana: Scholars Press, 1977, p.56.

接触和阅读拉纳著作的人，无论持何种立场，对他著作的深度、广度和复杂程度无不深为感佩。1978 年对代表着 71 个不同派别的北美基督教神学家的一项调查显示，在影响他们的最伟大的思想家当中，拉纳只是屈居托马斯·阿奎那与保罗·蒂里希之后，位居第三，名列奥古斯丁与马丁·路德之前。从这项调查的结果可见他对神学思想的影响深度和广度。

拉纳那些铺就通往梵二会议之路的作品和梵二会议之后捍卫梵二精神的作品，辅以他的著作的广泛翻译，以及他对那些曾经在门下学习、现在在各自的国家发挥影响的那些外国弟子的教诲，所有这些都解释了拉纳迄今何以仍然具有如此巨大的影响。为拉纳生前庆生和身后冥诞不断推出的那些纪念著作就是这种影响的一个缩影。

例如，1960 年约翰·奥尔（Johann Auer）写到，拉纳"能把具体实在和真理引入观念领域，能让富有成果的起点和资料通过长长的思想和结果网络进入生活的实践维度"。[①]1970 年，赫伯特·沃格利姆勒（Herbert Vogrimler）论"做神学的风险"的论文集开篇伊始就提到拉纳"巨大的生产力和这种努力赋予神学和远及神学之外的各种各样的推进"。[②]1980 年，纪念拉纳梵二会议期间活动和贡献的论文集的导言开头说："卡尔·拉纳不仅是梵二会议的神学顾问。他属于那些准备了这次会议的那些人之列。他发现大会终极而言是他的那些巨大关切的代表，是人性神学的一种倡导。"[③]特别是 2004 年拉纳百年冥诞到来之际，卡尔·诺伊费尔德（Karl Neufeld）麇集论文表明拉纳的神学如何"引领人们对于福音和信仰进行一种负责的和相关的反思，是上帝子民的伟大公共生活中的一种

---

① Johann Auer, "Das Werk Karl Rahners," *Theologishce Revue* 60, 1964, p.147.

② Herbert Vorgrimler, ed., *Wagnis Theologie*, Freiburg: Herder, 1979, p.11.

③ Elmar Klinger, ed., *Glaube im Prozess. Christsein nach dem II. Vatikanum. Fur Karl Rahner*, Freiburg: Herder, 1984, p.5.

神学"。①

到 2014 年，经过长达 11 年的出版过程，32 卷的《拉纳全集》基本出齐。这个全集项目是 1989 年赫德（Herder）出版社和因斯布鲁克拉纳档案馆决定启动的，一方面重新编辑出版拉纳已有著作，以提高拉纳以往发表著作的版本质量，另一方面出版拉纳尚未出版的著作，例如他的一些讲演、神学博士论文和遭禁作品等。全集以时间先后安排拉纳的著作，但是同一个时期又分主题结集。

海外开列的拉纳文献目录表明，拉纳的著作和文章超过了 4000种。根据估算，拉纳的作品已经累积销售 70 万册，他所编辑的、带有评述的《梵二会议文献》已经售出 10 万册。1979 年 4 月 14 日在接受迈诺尔德·克劳斯（Meinold Krauss）为斯图加特的南德电台（SDR）所做的采访节目中，拉纳就"你写了多少书?"这个问题给出了如下回答："啊，我不知道答案。有一份文献目录开列了我的文章、著作和译本达 3500 种之多……"。②

三

尽管拉纳的著述博大精深，但其体系始终有一条简明的主线，就是神与人必定同在的道成肉身原则，即他的先验人学。按照梅茨为《在世之灵》所写前言的说法，"对他的神学进行更加密切的观察揭示出一种格外合理的一贯性和统一性，而且这种统一性可以从他的第一部大部头的出版物《在世之灵》追溯到他的《神学研究》……最新的一卷。"③他的思考"总是深得神恩所眷顾过的那些人心"④。贯穿拉纳

① Neufeld, "Einnerung," *Karl Rahner 100 Jahre. Zeitschrift fur katholische Theologie* 126, 2004, p.1f.
② Paul Imhof and Hubert Biallowons, eds, *Karl Rahner in Dialogue: Conversations and Interviews, 1965—1982*, New York: Crossroad, 1986, p.206.
③ 《在世之灵》英文版，xvi。
④ Leo J. O'Donovan, "In Memoriam: Karl Rahner, S.J., 1904—1984," *Journal of the American Academy of Religion* 53, no. 1, March 1985, p.130.

整个神学遗产始终的上帝问题同时展现为上帝召唤人们成为什么的问题。拉纳的天才之处在于把对于满足的追求与上帝植于个人心中的无法安息状态连接起来，并且把上帝在历史的和肉体的实在之中的三位一体的临在（presence）与他所确认的那些赋予人的生命以尊严和蒙福命运的神恩迹象关联起来。

拉纳把这种历史性引入罗马天主教神学，恢复了19世纪早期和20世纪早期借助历史意识对一个古老传统的再思考。但是与那些半途而废的尝试不同的是，大概是拉纳最后发现了它们得以实现的环境，他的努力带来了空前的成功，这个成功就是作为他思想脉络和取向的"先验人学"。正如拉纳自己所印证的，"先验人学的确正确地概括了我的神学的特征……如果这种先验人学得到正确看待和激赏的话，那么在我看来，它包含了经院神学没有充分看待或充分解决的某种东西。"① 拉纳的"先验人学"尽管不是对于传统罗马天主教神学的完全突破，却是其中一个重要的突破。

总之，（1）拉纳的思想是哲学和神学的有机结合，是一种看起来像神学的哲学，或者说是一种看起来像哲学的神学。（2）拉纳的思想有德国哲学和教会传统两个来源，从海德格尔、马雷夏尔、鲁斯洛、康德、依纳爵，一直回溯到托马斯·阿奎那。（3）海德格尔对拉纳的思想的影响是潜在而直接的，拉纳从海德格尔止步于神学的地方起步，挖掘出了暗含在海德格尔思想中对于神学而言重要的东西。（4）拉纳立足于感性直观，借鉴康德的先验方法和问题意识，以先验的和现象学的方法论证托马斯·阿奎那"有限认识的形而上学"视角下人与神会晤的可能性。（5）拉纳在以上基础上，像当年的托马斯·阿奎那一样综合哲学和神学传统完成了海德格尔的"未竟事业"，

---

① Karl Rahner, *Faith in a Wintry Season: Conversations and Reviews with Karl Rahner in the Last Years of His Life*, New York: the Crossroad Publishing Company, 1990, p.21.

建立起影响巨大的"先验人学"。（6）作为这种"先验人学"的必然逻辑延伸的"匿名基督徒"观念则是拉纳"教会合一论"、"无形教会论"和对话理论的基石。（7）这种精神一旦以某种形式体现在梵二会议的文献中，便对当代天主教的基本走向产生了决定性的影响。（8）拉纳思想中散发出的某种神秘主义气息来自耶稣会的鼻祖依纳爵（Ignalius Loyola，1491—1556）的灵修思想，也决定了他的思想尽管带有浓浓的哲学色彩，毕竟是一种道地的神学，也是天主教传统中理智主义与神秘主义的一种难能可贵的有机结合。（9）就像拉纳对老师海德格尔的思想所作断言那样，拉纳的"先验人学"通过它所搭建起来的宗教对话的平台必将产生进一步的影响。

四

但是令人遗憾的是，与欧美神学界和哲学界对拉纳思想的研究，以及发表的相关著作和文章相比 ①，我国大陆学者对拉纳较为具体的介绍可谓"凤毛麟角"，其中的翘楚当属刘小枫的《走向十字架上的真》（上海三联书店 1994 年版）中的"倾听与奥秘"这一章，卓新平的《当代西方天主教神学》（上海三联书店 1998 年版）中的"神学合唱中的强音"这一章，以及张庆熊的《基督教思想史教程》中的"当代基督教神学家尝试重构神学人类学"这一章。另外，张志刚在《猫头鹰与上帝的对话——基督教哲学问题举要》（东方出版社 1993 年版）从上帝的本体论证明的角度涉及拉纳、在《宗教哲学研究》中谈及拉纳的宗教兼并论（中国人民大学出版社 2003 年版），单纯在《当代西方宗教哲学》（中国社会科学出版社 2004 年版）从宗教哲学角度介绍了拉纳的主要贡献。

---

① 拉纳著作细目和研究文献，详见纪念其 80 寿辰的特刊：*The Heythrop Journal* 25，no.3（July，1984），pp.319—360。

此外，在大陆公开发表的讨论拉纳思想的文章可以说"寥若晨星"，张春申的《拉纳的人学对一体范畴的中国人学之启示》(《基督教文化评论1》，贵州人民出版社1992年版，第180—189页)、车桂介绍拉纳《圣言的倾听者》的《卡尔·拉纳先验神学的思想架构》一文[《武汉大学学报》(哲学社会科学版)1999年第3期，第49—52页]、张宪的《言说上帝与倾听圣言——论拉纳的上帝知识》(许志伟主编:《基督教思想评论》第四辑，2006年，第228—243页)和董尚文的《卡·拉纳的认识形而上学及其意义》(《哲学研究》2009年第6期，第76—81页)，就是其中的佼佼者。

目前，国内为数不多的研究拉纳的作品除上文提及者之外，尚有本人的拙文《卡尔·拉纳神学"先验人学"述评》[《复旦学报》(社科版)2007年第1期];《天主教会的静静推动者——卡尔·拉纳其人其学》(《基督教思想评论》第五辑，2007年2月);《梵二会议之后教会主流与潜流之间的张力——兼论教宗本笃十六所面临的挑战》(许志伟主编《基督教思想评论》第7辑，2007年);《卡尔·拉纳的人学论证及其对传统上帝存在证明的超越》(《复旦哲学评论》第4期，2008年)、《试论海德格尔"存在—神—逻辑学"批判的神学维度——兼论其对卡尔·拉纳的影响》(《哲学研究》2010年第3期)和《论拉纳"匿名基督徒"观念在"梵二会议"语境中的意义》(《当代宗教研究》2011年第1期)等。

至于拉纳著作的中文译本，迄今仅见朱雁冰先生所译的《圣言的倾听者》(生活·读书·新知三联书店1994年版)。大陆可见的有关宗教和哲学的翻译著作中，除了王志成所译的保罗·尼特的《宗教对话模式》(中国人民大学出版社2004年版)从对话角度较多谈论拉纳之外，其他译著(仅举一二)，如周伟驰等人翻译的[美]迈尔威利·斯图沃德所编的《当代西方宗教哲学》(周伟驰、胡自信、吴增定译，北京大学出版社2001版)、张念群翻译的[英]威廉·瑞泊尔、琳达·史密斯所著的《宗教与哲学》(中国社会科学出版社 2004 年版)等，其中着墨拉纳之处非常少。

而在我国港台地区，公开发表的对拉纳较为系统的介绍也仅见台湾辅仁大学武金正神父在自己发表的一些论文基础上整理而成的《人与神会晤——拉纳的神学人观》(台湾光启出版社 2000 版)，以及辅仁大学为了纪念拉纳百年诞辰而推出的由胡国桢主编的该校师生的拉纳思想研究论文集《拉纳的基督论及神学人观》(台湾光启出版社 2004 版)。

鉴于本人的有限资讯和学识，上述对于汉语学界有关研究拉纳和涉及拉纳的主要文献综述，难免挂一漏万。但是无论如何就目前状况而言，汉语学者，尤其是大陆学者对于拉纳的认识、介绍和研究仍然只是零散的和初步的。面对大陆学界因种种原因对拉纳这位最具影响力的当代天主教神学家和西方主流思想家几乎完全忽略的现状，特别是在昔日对拉纳既有微词又有合作的约瑟夫·拉辛格（Joseph Ratzinger，1927— ）成为天主教荣休教宗本笃十六、新教宗方济各继位之际，出版一本较为完整、系统介绍拉纳其人其学的著作成为当务之急。

作者在研读原著和借鉴国外收集到的有关研究成果的基础上，在从事繁忙的教学任务的同时，经年累月撰就本书；尽管尚属差强人意之作，但本人对拙作仍有些许期许，一方面旨在一定程度上填补大陆学界在这方面早该填补的某些空白，另一方面更是着眼引发学界对拉纳这个如此重要的人物的重视和研究，以期收到抛砖引玉之效。

第一章
从"神本神学"到"人本神学"
——卡尔·拉纳在当代天主教神学中的坐标点

第一节　拉纳对传统天主教神学的扬弃

要理解拉纳其人其学，就不能不注意一个事实，那就是拉纳的神学思想是处于罗马天主教思想在 20 世纪的浮现过程之中的思想。只有在这样一个历史背景下，具体而言只有把拉纳的思想发端放回到两次世界大战之间的天主教神学境遇之中，把拉纳的思想发展放到二战之后天主教力图"跟上时代"和应对当代挑战的历史大潮之中，我们才可以比较准确地给拉纳的思想定位，把握它的意义。

就两次世界大战前后的现代天主教神学的历史、状况和特点而言，一般认为存在着创新和守成两个方面。拉纳的神学就是在克服天主教思想倾向中的守成方面，继承和发扬其中的创新方面的基础上发展起来的。

一、天主教之中的守成因素——拉纳锋芒所向

天主教自针对"宗教改革"的第 19 次大公会议、即分三个会期的"特伦特大公会议"（1545—1547；1551—1552；1562—1563）以来，特别是自 19 世纪以来，其神学中一直有一种"反动的"倾

向。① 就是说，在反击 16 世纪那些作为文艺复兴之产物的宗教改革论证和那些对真理的历史、人文理解的过程中 ②，在 17 世纪回应国家绝对主义（the absolutism of the state）及其教会学产物高卢主义（Gallicanism）的过程中 ③，在因应 18 世纪达到高潮的启蒙运动及其宗教产物英法自然神论、德国费布罗尼主义（Febronianism）、奥地利约瑟主义（Josephinism）、中国礼仪之争（17 世纪）在 18 世纪欧洲所产生的相应关注的过程中 ④，在应对 18 世纪末发端、整个 19 世纪如火如荼的政治革命、民族革命、知识革命、地理革命和工业革命等社会改革冲击的过程中 ⑤，特别是在面对 19 世纪末出现并进而主导 20 世纪的意识形态和各种文化挑战的过程中 ⑥，天主教官方教会逐渐形成一种防卫和守成的立场，在神学上的表现就是把天主教正统等同于经院方法，在新的时代仍然重弹老调。

在近现代社会和思想发展大潮及上述一个接一个的挑战面前，天主教逐渐失去了在中世纪曾经享有的至尊地位，这引发了天主教系统强烈缅怀"旧朝"和回归传统的倾向。这种怀旧和回归的渴望在思想家那里表现为回到传统经院主义和天主教正统的呼声，一时间形成具有相当声势的共鸣。继 1757 年西班牙加泰罗尼亚地区的红衣主教伯克索多（Boxadors）率先号召研究托马斯主义之后不久，意大利的皮亚琴察教会学院逐渐形成托马斯主义的研究中心，及至 1824 年时任罗马学院院长的达泽利奥（d'Azeglio）大力推行传授托马斯主义，这

---

① Walter Kasper, *The Methods of Dogmatic Theology*, trans. John Drury, Glen Rock, N. J.: Paulist Press Deus Books, 1968, pp.11—21.
② Guy Bedouelle, *The History of the Church*, London/New York: Continuum, 2003, pp.95—107.
③ Ibid., pp.109—121.
④ Ibid., pp.123—133.
⑤ Ibid., pp.135—144.
⑥ Ibid., pp.165—186.

一思想倾向又直接影响到后来成为教宗利奥十三世的佩奇（J. Pecci）。

此外，拉纳所属的耶稣会方面，在教廷支持下则创办了以重返经院主义哲学为宗旨的《天主教社会》杂志，以捍卫教宗"永无谬误"的教条，遏制天主教内部的现代化萌动。而这种遏制，在法国教会表现为对笛卡儿主义的抵制，在德国教会则是反抗古典唯心主义，在比利时教会则是反对本体主义，并且在这个过程中各自形成了自己的新经院主义倾向。这种倾向发展到 19 世纪下半叶的时候，"回到经院哲学"、"回到托马斯·阿奎那"已经形成天主教思想界的最时髦的口号。

1879 年 8 月 4 日，教宗利奥十三颁布《永恒之父》通谕，通谕的副标题《在天主教学校中恢复天使博士圣托马斯·阿奎那的基督教哲学》则点出了这个通谕的要旨，标志着重建经院哲学的努力得到罗马天主教教廷官方的认可和支持。之后相应的学院和研究所纷纷建立，杂志和书籍像雨后春笋般出现。① 在利奥十三的鼓励和提倡之下、在麦西埃率先具体贯彻和带动之下，重建经院哲学的成果"新托马斯主义"成为 19 世纪和 20 世纪之交期间天主教思想的主要特色。

尽管这个期间天主教内在教义神学方面有一些"更新"，但是在 20 世纪早期"现代历史思维和天主教信仰……好像是天生的对头"。② 天主教思想作为一种反新教的论点是"护教性的"，在捍卫它对所不能同化的新的知识发展领域拥有绝对的、普遍的真理方面是"教条性的"。③ 官方天主教对于 20 世纪早期的现代主义危机的防卫性反应产

---

① 参见刘放桐：《新编现代西方哲学》，人民出版社，第 567—569 页；卓新平，《当代西方天主教神学》，上海三联书店 1998 年版，第 18—33 页。

② Walter Kasper, *The Methods of Dogmatic Theology*, trans. John Drury, Glen Rock, N. J.: Paulist Press Deus Books, 1968, p.16.

③ Bernhard Welte, "Zum Strukturwandel der katholischen Theologie in. 19 Jahrhundert," *Auf der Spur des Ewigen*, Freiburg, Basel, Wien: Herder, 1965, pp.397—401.

生出一种教会中心主义，几乎杜绝了与历史、科学和哲学方面的新理解进行对话的可能性，而后者却正是当代新教神学的特征。

囿于这种思想路向，第一次世界大战前后天主教教会的精神状况处于现今人们很难想象的一种僵化程度。罗马天主教总是力图使托马斯·阿奎那的哲学和神学——甚至不是以其原初的形式，而是以他后来的追随者们所改造过的简化形式——成为必修的东西。这种规定下来的思想包括了规定下来的语言：在教会看来，为了把基督教的信息、信仰内容和伦理指示传达给所有时代的人们，阿奎那和他之前的亚里士多德思想中的经院神学和哲学术语是唯一被允许的正确术语，而超出这个思想和语言藩篱之外的问题和经验都遭到禁止。教会的整个控制机制处于罗马的监督之下，而这个控制机制则是由遍布世界的神职告密者和自愿揭发者构成的庞大网络，他们随时就所发觉的任何游离和分歧向罗马当局——所谓的"圣职部"——递送报告，有时是直接的，有时则是通过罗马教廷大使。

只有通过固定程序才能当选的各地主教们，都不得不采用严厉的手段来对付那些具有反叛精神的神学家。遭禁的书籍要从书店中撤架，遭禁的教师则不再允许上课，而是被开除出神学教授队伍，有时候则被发配到修道院。在罗马列有臭名昭著的"禁书目录"，天主教徒不得阅读上面的文章和著作，否则会遭到惩罚。1948年最后一版的"目录"上所列的禁书大约有4000种，它们要么被认为威胁到信仰，要么被认为缺乏道德（后来"禁书目录"终被保罗六世所废除）。有时神学家或许只是从报纸上才获悉自己的著作上了"禁书目录"。那些学说受到诘难的神学家都被迫公开撤回自己的学说，并为它们的不可信而忏悔。罗马并不满足于神学家上了黑名单，不再就问题发表看法，神学家只是顺服地缄默（*silentium obsequiosum*）是不够的，还得使自己成为话题，以便人们能够谈论他。只有到那时，他才被算作服了。实际上，在欧洲启蒙运动之后，罗马就一直尝试用这样的和类似的手段来遏制时代精神。

此外，就各个国家而言，还有更典型的罗马与时代精神的冲突发生。在德国，天主教害怕的是宗教改革观念、开放性的历史研究和对《圣经》的专注所带来的影响。在英、法，罗马与所谓的现代主义——在其他国家也有影响——作战；现代主义把个人经验置于教会教条之上，而且试图以此宣示一种"与时俱进"或"跟上时代"的基督教信仰。① 罗马对待这样的一些新萌芽运动的严酷措施，特别是在庇护十世（卒于 1914 年）时代，意味着天主教神学已经绝对停滞（尤其是在解经学、教父学和教会史方面），意味着神学家陷入了一种迟疑、焦虑和互相猜忌的泥潭。教宗们自视为传统信仰之唯一合法、称职的拥有者和保护者（depositum fidei）。他们认为他们独自能够宣布天主教信仰"符合时代"，而且在某些情况下以新教义的形式呈现这种信仰。在这里职业神学家非但没有什么独立的作用，反而得通过展示他们的学识去捍卫教会的学说，尤其是那些教义。

除非我们了解到拉纳在其中开始学习神学时的这种状况，否则我们就难以把握拉纳的一些说法。他时常谈到教会"整合主义"（integralism）：他借此意指一种观点和行为方式，据此，公共领域和个人领域这两者中的所有问题只有从教会传统才能得到充分的回答，而且必须得到充分回答，所以这事实上意味着教会身旁没有什么独立的实体。就教会之内的生活而言，整合主义者的态度意味着传统上的一切都必须予以保留，只是因为其古老；服从教会权威必须是至高无上的美德；而平信徒本质上处于接受指令的一端，没有什么真正的创见。

更有甚者，教会存在一种拉纳所批判的"庇护独石主义"（Pian Monolithism）。随着庇护九世（卒于 1878 年）进入教会之中、在庇护

---

① Herbert Vorgrimler, *Understanding Karl Rahner: An Introduction to His Life and Thought*, trans. John Bowden London: SCM Press Ltd., 1986, p.54.

十二（卒于 1958 年）时期再次达到顶峰的这个制度，有把教会变成一块无法移动的独石、一种绝对的专制之虞，其中的一切从头到脚都由统治者掌控和决定。这个制度必然是欧洲中心主义的，也就是说，非欧洲的文化没有机会把它们自己的价值引入教会：这是天主教针对现代世界的一种主要在于防守的态度，导致天主教陷入一种守势而不能自拔。在某种意义上，拉纳的神学就是针对这种状况有的放矢地展开的。

二、天主教中的创新因素——拉纳继往开来

在守成倾向的同时，天主教思想中也出现了一些有希望的创新运动。一些人开始不断对教会的上述理解以及由此而产生的教会实践加以抗争。通常，罗马都成功地用高压手段使这些人沉寂下来。但是第一次世界大战之后，不再局限于个人所关心的问题的一些运动浮现出来。这些运动的一个共同发现是，在早期基督教时期——始于圣经时期——存在着比罗马体制所允许的要更为丰富多彩的观念、更多可能的生活方式。人们发现，这个遗产可以给当前带来丰富的果实，可以为在"现代"世界中宣示福音而开启更多的机会，同时又仍然保持是教会自身的福音宣示，也就是说，并不在任何方面依靠一种异端的选择。这样，圣经运动和普世运动也在天主教内部兴起；就像通过精研那些教父（最初 7 个世纪的那些神学家）来费心更新神学一样，祷文的费心更新相似地依赖于一种向"源头"的回归。

渐渐地从一些神学家的试探尝试中兴起一种新的神学，而且立刻展示出一个"多元性"的方面，这标志着天主教神学家开始具有一种新的心态。例如，法国天主教所使用的方法和语言与那时德国的不同，这实际上就意味着拉纳所说的那个硕大无朋的"独石"出现了纹路。另外，围绕《圣经》的结集成书、教会教父和特定的时期等问题的研究则牵涉到进一步的多元性。

值得注意的是，要理解拉纳，人们还必须理解他当时实际上已经

处于天主教神学更新的第二代。在拉纳之前已有致力于天主教神学"更新"的第一代人，他们的社会的、属灵的和教会的毕生工作在两次世界大战时期达到顶峰，曾经带着巨大的勇气、顶着教会官员的威胁，以一种较为一般的方式把新的心态引入神学之中。这一新的精神尚不能有效应对特定的一些神学难题。在德国，20世纪上半叶出现了与前一个世纪的唯理论相反的教义神学的繁荣。图宾根学派反映出一个更为广泛的自由主义运动。在19世纪晚期和20世纪早期，对于基督教之过去的实证资料的兴趣导致对于圣经、教父、中世纪和神学的礼拜源泉的历史研究。这种"回归源头"是成为梵二会议标志的神学和教会更新运动的重要根源之一。

19世纪开始的托马斯思想的复兴亦有其两面性；从积极的角度讲，其顶点是天主教知识传统中最重要的源泉之一的历史和哲学的恢复。重新进入托马斯本人的文本，而不是后来的那些诠释者组成的学派，引发神学和哲学思想方面不可低估的增长。在神学领域开启了这个新阶段的是利珀特（Peter Lippert）、瓜尔蒂尼（Romano Guardini）和普鲁茨瓦拉（Erich Przywara）等人，他们代表着这个新精神。但是与拉纳所属的第二代相比，他们几乎还没有进入个体的教义问题，所以那时典型的教科书并未注意到他们。况且这些神学家的当务之急只是向这些新运动中对宗教和灵修感兴趣的活跃分子发表看法；所以他们讨论的是他们认为这个圈子的读者会直接感兴趣的那些主题。瓜尔蒂尼、李珀特，甚至更早一点的卡尔·亚当（Karl Adam）的著作的特点都在于此。

最后，这一代人还处在其哲学和神学的幼年之际，就已经经历了教会之内的阴谋、异端迫害，以及比如官方针对所谓的现代主义者们的严厉反制，而这毕竟留下了时代的创伤。瓜尔蒂尼曾经说，他从神学的角度来关心诗人或许是源于一开始就希望避免与教会当局发生冲突的考虑。经院神学以其独特的方式也代表着这种逃避。如果一位教义神学家没有与教会中同时代的受过教育的人或者教会外轻视宗教的人进行对话的欲望，那么他们就会专注于编辑老神学家们的文本，他们所从事的充其量只是教义的回顾史。巴特曼（Bartmann）、迪坎普（-尤森）[Diekamp（-Jussen）]、波勒（-古默斯巴赫）[Pohle（-Gummersbach）]、冯·诺尔特（van Noort）和坦克里（Tanqueray）等人的教科书就是这方面的最好证明。

从这些立场出发，我们能够理解拉纳所属的第二代当代天主教改革派的特点。他们不会再满足于宣示一种新精神，宣示一种完全向现代阶段，向其心态、艺术和难题开放的态度。他们也不会满足于只把这种新精神的影响局限在更新教会实践方面——培养新型教牧人员和改革全新祈祷仪式。他们得把自己献身于哲学、神学和教会生活的个体问题的整个范围，并且借此表明他们这代人的新精神，就是要展示出它不仅在一般意义上而且在广泛的个体问题上是属于当代的，也是属于教会的。

在作为神学家的工作伊始，拉纳就深信，只有真正达到这一点，基督教徒才能够感到当前是一个自然的存在领域，而且完全适合于基督教；只有到那时，才会出现这样的情况，就是说，神学家能够做比只是针对一个新阶段来捍卫基督教更多的事情，即表明基督教是当今唯一完全真正可理解的上帝所给出的对于那些由我们历史性的当前和正在出现的未来所引发出的问题的新答案。拉纳自己看清了这一点，而且付诸相应的行动。带着勇气和充满活力，他与第一代人一道为了一种新的多元性神学的权利而并肩对新经院主义和"庇护独石"作战①，而且他努力在实现第二代人的任务方面扮演着无法替代的领军角色。

---

① 参见 Karl Rahner im Gespräch / P. Imhof；H. Biallowons（Hrsg.）. Bd. 2. München：Kösel, 1983, 153；Karl Rahner, *I Remember*：*An Autobiographical Interview with Meinold Krauss*, trans. Harvey D. Egan, New York：Crossroad, 1985, p.56f。

三、天主教之中的神哲汇流——拉纳借力哲学

此外，随着 20 世纪的展开，在天主教传统中也出现了与现当代哲学的对话，特别是与德国传统的对话。约瑟夫·马雷夏尔（Joseph Marechal）用康德的批判主义对抗托马斯主义的尝试导致现在人们所称的"先验托马斯主义"运动的产生。

拉纳在他主编的《神学百科全书》"先验神学"词条说："'先验神学'这个术语是照着先验哲学这样一个模式创造出来的，指的是天主教思想中（例如，自马雷夏尔以来）对于后者的一种接受性，及其对天主教神学的重要影响。这并不意味着先验神学纯粹是把先验哲学应用于神学主题。……这样的一种先验神学明显（至少乍看起来）带有求助于先验哲学的色彩，但这无损于它真正的神学特征。一则把人的'本性'当作恩典的可能性的条件的神学考虑，是神学的一部分，尽管是一种看起来像哲学的神学。"① 这也应该是拉纳对自己神学特色和要点的表白。

拉纳的问题意识源于康德的《纯粹理性批判》，而他的《在世之灵》是针对康德的形而上学的可能性问题或人的认识的限度问题的立场所作出的回应。正如康德在《纯粹理性批判》的"前言"中提纲挈领地指出的："我必须早在对象被给予我之前，从而是先天地就在我里面将知性的规则作为前提，它在先天概念中得到表述，因而经验的所有对象都必然地遵照这些概念，而且必须与它们一致。"这把我们带到《纯粹理性批判》的中心，从而也是拉纳的战场，在这个战场上拉纳高举起这样一面战旗，就是在人的思辨的或者理论理性功能之内某种形而上学的可能性：在必然局限于感觉经验（"在世之灵"）的一

---

① Karl Rahner，"Transcendental Theology"，*Encyclopedia of Theology：The Concise Sacramentum Mundi*，edited by Karl Rahner，London：Burns & Oates，1981，p.1748.

种理智活动之内，认识实体——包括最高的实体。为了做到这一点，拉纳不得不既接受又修正康德对先验方法之为先验的主体性的功能的理解。他的修正，或者毋宁说他的"重溯"，正是他继承康德或受到康德影响之处。

就康德对拉纳的影响而言，或者就拉纳把康德作为他的问题意识和思想形成中的一个要素而言，《纯粹理性批判》的意义是它的先验方法。对于拉纳而言，康德的先验方法的重要性不只是作为一种确立明确的哲学立场的形式技巧，更重要的是用这种方法探究它的恰当对象领域时所揭示出的先验主体性的结构和功能。与康德不同的只是拉纳并不认同康德在《纯粹理性批判》中否定从人的认识能力证明上帝存在的路径，遂在其先验托马斯主义的代表作《在世之灵》中对此提出挑战，开辟出一条他认为本来蕴含在康德的《纯粹理性批判》之中的、从人的有限主体性论证无限上帝的可能性的康庄大道。而这条康庄大道之开辟，则在很大程度上仰仗被他"唯一尊为吾师"的海德格尔的一套"现代化装备"。

海德格尔思想中具有迁延不断的神学纬度和神学底蕴，其思想不仅启发过道地的无神论者如萨特，这种具有"准无神论"特征的思想也确实启发过道地的有神论者如拉纳。海德格尔不是一个没有宗教信仰的思想家，他的信仰生活只是从保守的天主教制度之内的信仰，转入个人的自由的基督教信仰。海德格尔对"本体—神—逻辑学"的批判，不仅是对"本体"，即一般意义上的传统形而上学部分的批判，也是对这个孪生联体中的"神"这个部分，即对传统神学部分所进行的批判。拉纳正是注意并延伸了海德格尔思想中通过对传统"本体—神—逻辑学"的批判所开启的道路。就像康德的批判是为上帝存在的"道德论论证"的出场搭建舞台一样，海德格尔的这种批判实际上是为真正的上帝的在场，以及拉纳通过"先验人学"所孕育的上帝存在的"人学论证"搭建了舞台。正是海德格尔的"基本本体论"对于拉纳的思想起到了洗礼的作用。

尽管拉纳采用了海德格尔的"重溯"方法，及其对于存在的在世性和历史性的洞见，但是拉纳明确地选作对话对象的思想家并不是海德格尔，而是教会传统中的托马斯·阿奎那。拉纳曾提到自己就像教宗利奥十三那样喜欢托马斯·阿奎那。拉纳的神学和哲学训练是在托马斯·阿奎那的传统当中进行的，不过拉纳是从一种当代的观点来探索阿奎那的一些基本观念的。正是阿奎那的认识论成为拉纳自己的思想在阿奎那和近代德国思想之间纵横捭阖的场所。

不过，拉纳所探索的主要不是阿奎那对经验的强调。他的关注中心，无论在《在世之灵》、《圣言的倾听者》之中，还是在他的后来的那些著作之中，都是阿奎那有关认识的先天方面的内容，尤其是能动理智之光。通过阐明两者之间的统一关系，拉纳力图调和阿奎那知识学说中能动的理智之光这个方面与它的经验性的方面。正是在这一讨论中，拉纳吸收了康德的先天感性形式和知性范畴的推论，以及海德格尔对于作为"在世之在"的人的存在中的临在性和隐匿性的说明。

按照拉纳的观点，阿奎那有别于一种把心灵的先验的地平圈局限于感性直观的康德式的看法。对阿奎那而言，理智的超越性是朝向存在本身的，而且在这种超越到感官经验的限度之彼岸的运动中，为作为有效的人类知识的形而上学提供了根基。在《在世之灵》之中，拉纳阐发出这一地平圈先验推论，以表明他不是在主张对事物本身的一种直观，而是主张，对于世界的日常判断性的知识含蓄地包含着，作为它自己的可能性之条件，对于形而上学性的存在和它的原始的、先验的结构的肯定。去否定这种肯定就是报复性地、含蓄地肯定它。在这方面，他是在步由鲁斯洛（Pierre Rousselot）马雷夏尔（Joseph Marechal）所开启的对阿奎那的诠释之后尘，他们把认识论的起点作为形而上学的一种进路引入托马斯主义之中。

不过，就拉纳从事神学研究时的精确位置我们还必须提及他自己所属的耶稣会的传统。在耶稣会修士中，20 世纪上半叶的更新运动是由对于会祖依纳爵及其《神操》一书的一种新兴趣所塑造出了的。正如诺伊费尔德（K. H. Neufeld）已经表明的，当卡尔·拉纳仍然在学习神学的时候，卡尔·拉纳和雨果·拉纳两兄弟就联袂努力为耶稣会士灵修基础提供一种更深刻的基础 [1]，即《神操》中的祈祷神学。拉纳 1932 年和 1933 年发表的第一批主要作品正是出自有关奥利金和波拿文都拉两人的属灵感（the spiritual senses）学说的一种考虑。

在这个关涉点上，后来出现在拉纳的《在世之灵》中的思想，对拉纳而言不是哲学把神学迫入背景之中去的某种断裂的结果；它们植根于对耶稣会修士中祈祷实践的关心，恰如在阿奎那那里，认知感觉的重要性是人的感觉在与上帝的对话中具有不可替代的价值这样的观念的一个部分。于是拉纳才会说："我们在祈祷实践中和一种宗教的熏陶中所分享的依纳爵本人的灵修学说，对我已经变得比这个修会内外所有那些有学识的哲学和神学都有更重要的意义。" [2]

更加精确地说，拉纳在 20 世纪的神学中处于两大传统——教会传统和德国传统——的交叉点。这决定了拉纳是一位哲学神学家，他的思想其实是"一种看来起来像哲学的神学" [3]。从教会传统而言，他是这样的一个托马斯主义神学家和哲学家群体中的一员，他们与马雷夏尔这个名字相连，马雷夏尔尝试与阿奎那哲学和现代德国思想所提出的一些中心问题进行对话。 [4] 从德国传统这方面而言，康德是拉纳

---

① Neufeld, op.cit., 343ff.

② Karl Rahner im Gespräch / P. Imhof; H. Biallowons（Hrsg.）. Bd. 2. München：Kösel, 1983, 51；参照拉纳对依纳爵的理解：《神学研究》英文版，16, p.130。

③ Karl Rahner, "Transcendental Theology," *Sacramentum Mundi*, ed. Karl Rahner and others, vol. VI, New York：Herder and Herder, 1968, p.287.

④ 关于这个群体的情况，请参见：Herbert Vorgrimler, *Karl Rahner*：*His Life, Thought and Works*, trans. Edward Quinn, Glen Rock, N. J：Deus Books, Paulist Press, 1966, pp.21—53。

在其基础性的思想建构中，尤其是在《在世之灵》中所回应的第一位哲学家。而拉纳在早期对康德的难题的研究中，对他的思想影响最深刻的是海德格尔。在罗马天主教传统中，托马斯·阿奎那，以及马雷夏尔对阿奎那的解释代表着对拉纳著述影响最大的源头。[①]

但是另一方面我们也应该注意到，在我们谈论的拉纳的思想源头中，除了阿奎那这个例外之外，拉纳与其他思想家的对话都是隐含而间接的。他的著作中很少直接提到康德或者海德格尔，至于马雷夏尔也只是偶尔有所引述而已。不过，他们的影响就像阿奎那的影响一样在拉纳思想发展和根基中是明显而重要的。在某些方面，拉纳的早期著作《在世之灵》和《圣言的倾听者》为他的形而上学和先验神学打下了哲学基础。从这个哲学基础衍生出了他的神学方法和人学思想。

第二节　拉纳对当代天主教神学的担当

当代基督教神学状况最明显的特征恐怕莫过于神学选择的多元主义。而且这个特征本身现在也成为神学反思的一个对象。

拉纳认为当代神学中的这个状况是一种新的更深层次的、属灵的多元主义的征候，反映的是作为整体的当代人的状况。[②]在拉纳看来，如今人类经验的总和已经增长得如此巨大，以至于没有哪个个人能够纵览，更不用说加以整合了。人类经验的五花八门的源头是不能整合的。也没有什么社会性的权威体能够支撑住人类经验的这个总体。正如美国当代天主教神学家费奥伦查所指出的，"由于哲学观点的多元化，以及高度技术专业化的兴趣，神学的现代处境与过去相比已经发生了急剧的变化。如果说昔日的神学家尚能驾驭经院哲学及其共同问

---

① 在拉纳思想的哲学背景方面，请参见：Louis Roberts, *The Achievement of Karl Rahner*, New York：Herder and Herder, 1967, pp.7—51。

② 参见拉纳：《神学研究》英文版，10：106—107（此处数字指，第 10 卷，第 106—107 页，下引本书，以此为范）。

题和概念的话，在今天，没有哪一个人能够驾驭影响神学的各种哲学思潮。"① 然而，人类经验的总体又与教会生活、使命和神学相关。"正如拉纳所倡言的，必须诉诸基督徒的人文和生存经验"。②

关乎这种不可化约的多元主义，拉纳说："各个神学和哲学对于成为纯粹的它自身知道得太多，而对于成为哲学本身和神学本身则知道得太少。"③ 尽管存在着这种真正的神学上的多元性，但是当代西方基督教神学仍然存在着三大共识或三个共同之处。其一是"转向主体"的路向，其二是对于"神学的双重任务"的意识，其三是对"方法问题"的关注。④ 这三个共性或主题可以帮助我们进一步确定拉纳在当代西方基督教思想中的坐标位置。

一、神学的主体转向——拉纳引领潮流

当代基督教神学家认识到离开现实的人类经验就无法从事神学。在某种意义上说，生存着的人类主体及其经验必定形成神学反思的出发点和基础。也就是说，神学必须追随作为现代哲学特征的"转向主体"的路向。西方哲学史上的"转向主体"，一般认为源头在笛卡儿。康德等德国唯心主义哲学家，以及现象学家和存在主义哲学家等都促进了对"转向主体"的更好理解，并为进一步的理解提供了更坚实的基础。这种主体转向具有非常重要的方法论意义。⑤

例如，海德格尔的《存在与时间》揭示出存在问题与人这个特殊

---

① 费奥伦查，《基础神学——耶稣与教会》（香港汉语基督教文化研究所 2003 年印），第 26 页。
② 同上书，第 27 页。
③ 拉纳：《神学研究》英文版，9：57。
④ 参见 Mark Lloyd Taylor, God Is Love: *A Study in the Theology of Karl Rahner*, Atlata: Scholars Press, 1986，第 3—23 页。Anne Carr, *The Theological Method of Karl Rahner*, Missoula: Scholars Press, 1977，第 1—6 页。
⑤ 参见张庆熊：《基督教思想史教程》，第 112—131 页。

存在者的生存问题之间不可分割的关系，人作为"此在"总是一个问题、一个任务，而不仅仅是某种既定的东西。他借助"基本本体论"所确立起来的哲学反思的起点，必定是人的主体本身的存在，因为人的存在是存在得以揭示的场所。另外，怀特海也表述过同样的经过改造的主体原则："整个宇宙是由在对主体的经验的分析中所揭示的那些要素构成的。"[①] 正像学界所看到的那样，无论是在海德格尔还是在怀特海那里，接受这样的人学起点就像当年在康德那里一样，必定导致哲学上的革命。它要求对于古典形而上学的解构，那种古典的形而上学不是指向作为哲学主要材料的主体的经验，而是指向非人格的、客观的实体。

当然宽泛而言，这种现代人学取向在基督教新教神学中也是一直存在着的。例如，对施莱尔马赫而言，神学反思的直接对象不是客观的、上帝给予的启示命题，而是信仰者的自我意识。基督教教义是人的"绝对依赖感"的理论变体，是信仰者在各种宗教意识模式中对于自我、世界和上帝经验的一种描绘，而在各种各样的宗教意识模式中，一切都与拿撒勒的耶稣带来的拯救相关。这种人学起点不仅在"自由神学"那里得到维持，而且也得到由早期巴特、布尔特曼、布伦纳（Brunner）和戈尔顿，以及其他反对自由神学的神学家所代表的"辩证神学"的维护，可以说形成了对垒双方的一个共同点。

基督教神学中"转向主体"这一倾向在布尔特曼的"去神话"或对《新约》布道学进行存在主义的诠释中得到经典表述。[②] 布尔特曼写到，尽管《新约》布道学用一种神话模式表达出来，但通过耶稣的

---

① Whitehead, *Process and Reality: An Essay in Cosmology*, corrected ed. by David Griffin and Donald Sherburne, New York: Macmillan, 1978, p.166.

② 布尔特曼, *Kerygma and Myth*, vol. I, trans. and ed. Reginald Fuller, New York: Harper & Row, 1961, pp.1—44。参见张志刚：《宗教哲学研究》，中国人民大学出版社 2003 年版，第 310—324 页。

神迹、天使和恶魔等所传达的信息的真正要点是，向倾听者或者读者呈现一种新的自我理解的可能性，其中人通过神的恩典而解除过去的罪，并且向顺从的和爱的一个未来敞开。布尔特曼在一段例证他的这种主体转向观点的话中说："相信基督的十字架，并不意味着把在我们和我们的世界之外已经完成的一个神秘事件当作一个客观地、可观察地发生的事件，并不意味着上帝已经宣判这个事件是为了我们的利益已经发生了。相反，相信十字架意味着把基督的十字架作为我们自己的而接收过来，与耶稣一道被钉十字架。作为拯救事件，十字架不是一个落到作为一个神话人物的基督身上的一个孤立事件。相反，这个事件在其重要意义上具有一个'宇宙性的'纬度。而它的那个改变了历史的、决定性的意义则通过它是那个末世学的事件这种说法而表达出来，即，它不是人去回顾的一个过去事件；相反，它是时间之中和跨越时间的那个末世学的事件，因为在其就信仰而言的重要意义上来理解，它总是现在的。"①

　　大约自 1960 年开始，布尔特曼和其他新正统派神学家的立场因为被认为过于个人主义而遭到来自基督教新教内部和天主教中一些神学家的讨伐。不过，平心而论，莫尔特曼、潘能伯格、梅茨等人发出这种个人主义"指控"，在某个意义上说并非出于对上述神学反思的人学起点本身的否定，而是出于他们对于神学反思由之开始的人类主体所处的社会和政治状况有更加清醒的认识。这两个方面的结合则在神学中催生了名噪一时的"解放神学"，这种神学更清醒地认识到，是穷人的、受压迫的"非人"的经验，而不是受过良好教育、出现信仰危机的"西方人"的经验，才真正激发出当今令人印象深刻的问题意识。②

---

① 布尔特曼：*Kerygma and Myth*, vol. I, trans. and ed. Reginald Fuller, New York：Harper & Row, 1961, p.36。

② 有关"解放神学"和约瑟夫·拉辛格代表教会作出的反应，参见 Heinz-Joachim Fischer, *Pope Benedict XVI*：*A Personal Portrait*, New York：Crossroad Publishing Company, 2005, pp.13—18。

上述当代神学运动中所表现出来的主体转向现象的共同点是，认为人类主体的经验形成神学反思的基础。最初主要体现在当代基督教新教神学中的这种"转向主体"的取向，也是拉纳在当代天主教中率先采取的神学取向。拉纳说："没有人能够否认，在过去的两个世纪中所发生的文化史上的那些变化，在范围、深度和对人的影响方面，至少对应于在一个奥古斯丁时代和一个鼎盛的经院主义时代之间所发生的那些变化。"① "今天我们生活在理性时代、新科学知识的时代、人口众多的社会中的新社会需要的时代。……当我们谈论上帝的时候，应该更加清楚地把现代人的理性考虑进去。因此，需要某种程度的去神话。"②

拉纳充分认识到，这些基本的文化变化源于近代哲学上自笛卡儿开始，被康德、德国唯心主义和存在哲学所继承的"转向主体"的哥白尼式的革命。③拉纳指出，这种"转向主体"的特征在于深信，任何真正的哲学研究必然蕴含着有关进行认知或者发出提问的人类主体的问题。④拉纳在此基础上进而表达出了他的信念，就是神学也必须进行这样的一种人学转向："当今，教义神学必须是神学人学……关于人的问题及其答案，因而不应当被当作一个素材上或区域上与其他神学论述不同的领域，而应当作教义神学的整体。"⑤

拉纳表明，这种"转向主体"不仅必定在广义上是存在性的，而且必定含蓄地包括对存在着的人类主体进行先验的或者形而上学的分析。这就是说，在拉纳看来并非任何人类的经验都能够为神学和哲学的反思提供起点。唯一得到合理性证明的神学和哲学的起点是一种普

---

① 拉纳：《神学研究》英文版，1：2。
② Paul Imhof and Hubert Biallowons eds, *Karl Rahner in Dialogue*: *Conversations and Interviews*, *1965—1982*, New York: Crossroad, 1986, pp.61—62.
③ 拉纳：《神学研究》英文版，9：38。
④ 拉纳：《神学研究》英文版，9：34。
⑤ 拉纳：《神学研究》英文版，9：28。

遍的人类经验，是所有其他类型的人类经验的可能性的一种必要条件；它是这样一种出发点，"在其不可避免性和在其最终结构方面是再次在它被否定或被怀疑的活动中被含蓄地肯定"①。为哲学和神学提供起点的基本的人类经验必须是被所有人的活动和经验所蕴含的一种经验。

有鉴于这种经验不仅是实在总体的一个方面，而且在一种真实的意义上是实在总体性本身的一种揭示，这一最基本的人类经验只有通过形而上学的或先验的反思才能够被揭示。②对拉纳而言，"在认识一个具体的对象的可能性条件是在认知主体本身之内被探问的时候，便给出了一种先验的探问……"。③先验反思所揭示的是，人类经验的每个活动总是包括对经验着的主体本身的一种含蓄的经验。正是对于作为经验着的主体的我们自己的自我的这种内在的、含蓄的经验，而不是任何其他主体的外在经验，才是最基本的人类经验。这种自我经验必定是对哲学和神学反思来说的那个起点和范式。于是，对于拉纳而言，只有通过一种整个人类经验向它的可能性的必要条件的至关重要的先验还原，现代向主体的转向才可以完全实施。转向主体并不意味着随意地把某种人的经验作为神学和哲学反思的起点。相反，只有在对人的这样的经验——这种经验揭示被所有其他人类经验的模式所必然蕴含的那种最基本的人类经验——进行一种先验的或形而上学的分析的基础上，神学和哲学的人学取向才得到合理性证明。

根据拉纳的观点，作为所有的其他人类的经验的可能性的条件的基本的人类经验是，把自我经验为人、经验为一个自由的主体，这样的主体通过他自己的活动和决定而必定构造自己。然而这种自我—经验和自我—构造只有通过其他人和上帝的中介才能发生。因此，简而

---

① 拉纳：《神学研究》英文版，8：123。
② 拉纳：《神学研究》英文版，9：34。
③ 拉纳：《神学研究》英文版，11：87。

言之，为所有的神学和哲学反思提供起点和范式的那种基本的人类经验是那种含蓄的经验，其中我们经验到自己作为自由的人通过我们与他人和上帝的关系而构造自我。

二、神学的双重任务——拉纳两全其美

当代基督教神学的第二个一般性的共识（共同点）涉及对神学本质的理解。神学要以当代人感到可信的方法来澄清和表达忠实于《圣经》的基督教信仰的意义。在这方面，神学家的一个一般性的共识是，衡量神学陈述的充分性，既要看这样的陈述是否忠实于《圣经》中的规范性表达，又要看这样的表达所表现的对于当代人的境遇和经验的理解。神学必须忠实于像在《圣经》中规范性地表达的那样的福音，然而又要以被传福音的人所能理解的方式来表达福音。

例如，对神学本质的这种理解在基督教新教神学家蒂利希的思想中是显而易见的。蒂利希接受了一种"协同方法"，认为基督教神学必须把现代人的存在性的问题与基督教启示所提供的答案协同起来。他论证说："协同方法从它们之间的互相依赖性的角度，通过存在性问题来解释基督教信仰的内容……神学阐释蕴含在人的存在中的问题，而且神学在人的存在所蕴含的问题的指导下阐释蕴含在神的自我显现中的答案……启示事件中所蕴含的那些答案只有在它们与我们的存在整体、与存在性问题相协同的情况下才有意义。"[1] 显然，对蒂利希而言神学具有一种双重任务。它一方面必须"分析存在性问题由之而出的人的境遇"，另一方面它必须展示"基督教信息中所使用的那些象征符号是这些问题的答案。"[2]

布尔特曼通过上面提及的、他所倡导的对于《新约》布道学的去

---

[1]　Tillich，Systematic Theology，3 vols.，Chicago：University of Chicago Press，1967，Tome 1，pp.60—61.

[2]　Ibid.，p.62.

神话，表现出对于神学的一种类似的观点。布尔特曼的纲领性问题是"能有一种去神话的解释，以便为并不神话地思考的人揭示布道学的真理吗？"① 在他看来，对《新约》的去神话理解因为两个原因是必须的：一方面是因为《新约》作者们的神话世界观对于当代人而言是不可信的，而且另一个更重要的方面是，只有通过去神话或存在性的解释，《新约》布道学才能被理解。布尔特曼写道："如果去神话的任务首要地是因为《圣经》的神话世界图画与科学思维所形成的世界图画之间的冲突而需要的话，那么很快便显而易见的是，去神话是信仰本身的一种要求。因为信仰要求它自己从对象化思维所勾勒的世界图画的束缚中解放出来，无论那是神话的还是科学的思维。神话思维和科学思维之间的冲突标志着信仰还未找到恰当的表达方式。源于现代世界图画而对《圣经》的神话世界图画和教会传统宣告所进行的批判，大大有益于召回信仰以便对它自己的本质加以彻底检视。去神话所要遵循的正是这种召唤。"②

在神学的双重任务方面，美国天主教神学家特雷西（David Tracy, 1939— ）认为，神学具有相应于它的源头的双重任务。神学一方面必须对呈现在日常语言、科学语言和生活经验中的神学纬度提供一种现象学的分析，另一方面必须对经典基督教文本进行一种历史的和解释学的研究。③ 奥格登（Schubert Ogden）提出神学理解受制于有关充足性的两重标准的评估："一重标准要求的是，除非神学陈述在它再现与基督教见证的'基准谈论'（"datum discourse"）相同信仰理解的意义上，没有什么神学陈述被认为是充足的……至于另一重标准要求的则是，除非神学陈述在它符合人类生存所普遍确立起来的意义和真理

---

① Bultmann, *Kerygma and Myth*, Tome 1, p.15.

② Ibid., p.210.

③ 参见特雷西：《秩序的神圣愤怒》,《诠释学·宗教·希望——多元性与含混性》, 上海三联书店 1998 年版，第 77—106 页。

的相关条件的意义上也是可理解的，没有什么神学陈述被认为是充足的。"① "解放神学"的代表人物古铁雷斯（Gustavo Gutierrez）说，神学是"在圣言的光照下批评性地反思基督教的实践"。② 他论证说，神学反思是"对于作为上帝的圣言所致以的对象的意义上的社会和教会的一种批判"③。考夫曼（Gordon Kaufman）写道："神学具有一种双叉任务。一方面，它必须在上帝活动的光照中看待所有的人的生存……另一方面，必须从我们的境遇当中享取上帝的活动……神学任务的这两个分叉或方面为我们的神学工作提供了两个根本的规范。一则是历史性的规范：我们当作上帝的决定性行动的东西应当对应于就我们的时代而言的其他那些世代的基督徒共同体对它的认知。我们必须能够让《圣经》和基督教传统可理解，又不能出现对它们的严重曲解……再则是经验性的规范：我们的神学必须理解我们的经验和我们生活在其中的世界……神学是一种持续的努力，通过过去的启示性的事件来对我们当代加以理解，从我们当前的境遇中享取这个过去。"④

对神学任务的本质的类似理解也被诸如孔汉思、席勒比克斯、布伦纳和潘能伯格等 20 世纪的基督教新教和天主教神学家所分享⑤，当然也正是拉纳的思想路数。对拉纳而言，神学属于批判性反思的一个次级活动，其对象是基督教信仰的活动和内容。⑥ 神学是信仰科

---

① Ogden，"What is theology？"*Journal of Religion* 52（1972），p.25.
② Gutierrez，*A Theology of Liberation*：*History*，*Politics and Salvation*，trans. Caridad Inga and John Eagelson，Maryknoll，N.Y.：Orbis Books，1973，p.11.
③ Ibid.，p.13.
④ Kaufman，*Systematic Theology*：*A Historical Perspective*，New York：Charles Scribner's Sons，1968，pp.75—76.
⑤ 参见 *Journal of Ecumenical Studies* 17，1980，pp.1—17，pp.33—48，pp.75—80，pp.86—93。
⑥ Karl Rahner with Cornelius Ernst and Kevin Smyth（eds），*Sacramentum Mundi*：*An Encyclopedia of Theology*，6 vols.，London：Burns and Oates/New York：Sheed & Ward，1968—1970，vol.6，pp.234—235.（下引此书，简称《世界的圣事》英文版）

学。这个定义对于拉纳来说具有两个重要的结果："神学作为科学当然不可混同于布道学……不可混同于属灵的圣言。但是神学也不可像常见的那样忘记它源于这个圣言并要侍奉它，因为这个属灵的圣言和由它而来的神学与圣灵的原始经验有关，否则它们就会完全失去主旨。"① 一方面，神学作为科学不同于信仰。它不是信仰本身，而是对信仰的批判性反思。在这个意义上神学是从属于信仰的。对拉纳而言，"哲学在严格的意义上不外乎是对于我们原始的自我理解从方法论上进行精确的、反思性的和最优控的再现和阐明"②。相似地，神学是"对于在信仰中所把握和接受的上帝启示进行有系统性指导的澄明和解说"。③

拉纳小心区分开了经验与后发的对于经验的反思，认为两者不可混同。人们自己的基本经验是直接的和被无主题地给予的。反思代表通过语言和概念的中介对原初经验主题化，这种主题化在那种原初经验的把握和再生中永远不会完全成功。④ 因此，拉纳在与《彼得前书》3 章 14—16 节 ⑤ 的主题相关时写到，神学是对基督教的盼望或希望的一种明确的、主题性的表述，但不是那个盼望本身。⑥

作为批判性反思的这样一种次级事业，一方面神学对于"径直信仰"而言并非不重要，也并非一种外在的强加，恰恰因为神学是信仰的科学。对拉纳而言，就像对他的老师海德格尔而言一样，尽管直接

---

① 《神学研究》英文版，11：111。
② 《神学研究》英文版，6：74。
③ 《世界的圣事》英文版（SM），卷 6，第 234 页。
④ 参见《基督教信仰之基础》英文版，第 15—16 页；《神学研究》英文版，11：151—152。
⑤ "你们就是为义受苦，也是有福的。不要怕人的威吓，也不要惊慌；只要心里尊主基督耶稣为圣。有人问你们心中盼望的缘由，就要常作准备，以温柔敬畏的心回答各人；存着无亏的良心，叫你们在何事上被毁谤，就在何事上可以叫那诬赖你们在基督里有好品行的人自觉惭愧。"
⑥ 《世界的圣事》英文版（SM），卷 6，第 235 页。

的自我—占有与反思能够而且必须区分开来，不过对于我们自己的直接占有或者经验而言总是需要反思。"如此这般的经验与对于这个经验进行的概念性的、对象化的反思不应绝对地彼此分开。经验总是至少带着对于它的某种初始反思。"① 的确，反思对于人的经验并不是纯属偶然的，而是必然的。"在其中不再给出这种反思契机的时刻，这种原初的自我—占有本身就会停止。"② 恰恰作为对信仰的反思，神学才是信仰的一种契机。"神学不仅是对于教会的信仰意识的一种科学的、系统性的反思，而且也是信仰本身的这个意识的一个内在契机，以至于这种信仰意识在这种反思（被称作神学）的帮助下展露自身，并且更加反思性地达到自身。"③

对于拉纳而言，"在宣道和神学之间具有一种最为本质的区别，尽管具体而言宣道总是在它自身之中已经包括一个神学反思的契机，而且另一方面，神学永远不能把宣道充足地换位到神学的反思之中。"④ 然而，尽管神学本身不是布道学，但是它具有一种布道学的功能。没有神学便没有宣布，便没有布道学。⑤ 对于拉纳而言，神学不是与信仰毫无干系的徒然思辨，而是信仰自身的反思性解说。"因为神学是为信仰提供一种批判性合理证明的一种反思，而且本质上是指向见证和宣布的，所以所有的神学必然是'布道性的'神学。在神学不想成为布道性的或者不再是布道性的那些情况下，它只会是一种思辨的宗教哲学。尽管具有本质性的布道特征（即它与宣布的关联性），神学是批判性的、反思性的科学，不是直接的冥想（如祈祷）或讲道。恰恰因为它作为批判性的反思才服务于宣布。"⑥

---

① 《神学研究》英文版，11:151—152。
② 《基督教的信仰》英文版，第16页。
③ 《神学研究》英文版，6:90—91。
④ 《神学研究》英文版，9:37—38。
⑤ 《神学研究》英文版，6:80。
⑥ 《世界的圣事》英文版（SM），卷6，第235页。

在拉纳看来，作为信仰科学，神学具有作为其基础的规范和目标，即基督教信仰本身。① 就是说，如果不忠实于历史性的基督教信仰的经典表述，就没有什么神学可以被判定为充足的。对于拉纳而言，正是《圣经》才是基督教神学的规范之规范。根据拉纳，《圣经》之所以对神学来说是最后的规范，是因为《圣经》是"原始教会信仰的对象化"。② 更精确些说，《圣经》是"那个纯粹的、因而是绝对规范性的对象化，形成那个终端（原始教会）的末世学的开端的规范之规范"。③《圣经》是使徒们具有的对于耶稣基督事件的原初经验的主题化。④《圣经》的规范性和"无谬性"是由这样的事实构成的，就是，它对象化使徒们的经验，与那个神圣的灵感——如果这被理解为意味着上帝是《圣经》的文字作者的话——无关。⑤

拉纳论证说，神学必须寻求把人导回到对耶稣基督形成的这种原初的、使徒们的经验。"神学的任务必须在它的所有概念上分化的对象化方面诉诸对于神恩的这种原始经验；日新月异地向人表明，基督教信仰的这整个的、出现巨大分化的表述总体，尽管在人的所有纬度上被显露出来，但基本上表达的不外乎是那个巨大无比的真理，即绝对的奥秘——它本身就是、而且掌控并支持一切，并且总是保持如此——已经在爱中把它自己作为自己向人传达。"⑥ 如果单靠重复《圣经》或传统，神学是不能履行这个任务的。它必须以现代人感到可信的方式向他们解释使徒们的规范性信仰。"只有神学成功找到与特定时代的人所具有的整个世俗的自我理解的一个接触点，而且成功地进入与这种自我理解的对话之中，拾起这种自我理解，并让自己的语

---

① 《世界的圣事》英文版（SM），卷6，第235页。
② 《神学研究》英文版，6: 90。
③ 《神学研究》英文版，6: 89。
④ 《神学研究》英文版，9: 110。
⑤ 《基督教信仰之基础》英文版：第369—377页。
⑥ 《神学研究》英文版，11: 110。

言，甚至主题本身被这种自我理解所丰富，只有在这样的程度上神学才是真正的布道性的神学。"①

这意味着神学也必须根据它解释具体历史境遇方面的能力，以及解释当代人的自我理解方面的能力来加以评判。"神学是对特定文化和历史境遇之中、对与特定时代的灵的对话之中的福音信息的反思。它源于并指向特定的时代所提供的那些理解的地平圈。"②神学如果作为基督教信仰对自身的反思是充足的话，它必须在每个新的历史境遇中采取一种"适当的时代形态"。③拉纳在《神学与人学》中说，神学必须以这样的方式再表达基督教的信仰，以至于"人可以认出神学断言中所表达出来的东西与他自己的经验中得到验证的自我理解是如何联系起来的。"④

因此，在拉纳看来，如果神学在基督教信仰的宣布方面对当代的人有所援助的话，神学必须既反映基督教信仰的意义，又要反映当代人的基本的自我理解。这意味着神学必须完全是批判性的反思，包括对人类经验的一种形而上学的或先验的反思契机。神学是一种严密的、科学的事业，一种并不把任何东西排除出它的批判性发问领域的事业。⑤拉纳秉持"吾爱吾师、吾更爱真理"的精神指出，神学并非仅仅是海德格尔所说的意义上的一种"实证科学"。⑥就是说，神学并不是一门只研究基督教信仰和自我理解的某个特定方面的区域性科学。相反，神学像形而上学一样是一门普遍科学，不仅追问人的存在问题，而且追问实在总体问题。⑦

---

① 《基督教信仰之基础》英文版，第7—8页。
② 《神学研究》英文版，14：256。
③ 《神学研究》英文版，11：143。
④ 《神学研究》英文版，9：41；14：299。
⑤ 《世界的圣事》英文版（SM），卷6，第234页。
⑥ 参见海德格尔：《现象学与神学》，《海德格尔选集》（下），上海三联书店1996年版，第731—762页。
⑦ 《神学研究》英文版，13：122—123。

进而言之，神学主张，基督教的信仰宣布表达了一种普遍真理，这是对于所有否认基督教的明确表述的人所含蓄地经验到的东西的一种主题化。因此，神学不能只是以一种信仰方式诉诸它自己特殊的意义和真理标准。① 既然基督教声言对人的经验的一个普遍方面进行主题化，那么基督教信仰宣布的可信性之最后标准必定源于世俗艺术、科学、形而上学所照亮的人的经验本身。根据拉纳，如果神学不反思共同的人类经验——包括对于人类经验的可能性的先天条件的一种先验反思的契机，那么神学就没有充分的理由宣称它是对于如此这般的经验来说为真的某种东西的表达。如果神学没有那么做，神学就未能忠实于使徒的布道学，而后者才的确使它所宣布的信仰上帝这一普救主张对于所有人而言成为一种可能性。

这么以来，神学对拉纳而言是对基督教对于在世界中处于与他人和上帝的关系之中的人所作的特定理解的批判性反思。它必须对于在《圣经》的使徒见证中发现的、基督教的规范性的生存理解提供一种解释，而且必须对于那种按照作为当代人的生存前提的意义和真理标准判断为充足的、共同的人类经验提供一种解释。它的任务是表明，使徒的信息——就像当代状况下所诠释的那样的——是对于自我、对于他人和对于上帝的经验的最恰当的主题化，这种原初的、非主题性的经验是所有的人凭借作为人而存在所分享到的经验。

总之，拉纳表明，当代哲学思想中的一种完全批判性的、因而完全充分的"转向主体"必然包含对当代经验的必要条件的一种明确先验的或形而上学的分析。拉纳进而表明，神学的主张、包括有关上帝的实在性的主张必须得到合理性的证明，不是仅仅基于基督教的信仰见证，而且最后要基于人的生存和经验本身。而这一点则是新正统派神学家们，诸如巴特，所没有表明的。神学必须表明，如此这般的人

---

① 《神学研究》英文版，9：34。

类生存必然指向上帝的实在性，这先于基督教信仰的特殊启示性事件的宣布。否则，谈论神恩、圣化和上帝的留置等等都会在当代人看来显得不外乎"概念性的诗歌"和"不可示范的神话"。①拉纳对我们的共同人类经验的诠释比上述其他一些神学家的路径更符合批判性思维的要求。

但是同时，拉纳以人为中心的全然批判性的学说并没有呈现出对基督教以神为中心的本质信仰特征有任何的缩减。激进神学的真正症结在于，认为只有在明显否定基督教信仰可以做出或者蕴含有关神圣实在的任何认识这一主张为代价的情况下，才能维持世俗的理智价值和存在性的价值。评判布尔特曼的神学的时候也产生出类似的问题。例如，布尔特曼主张，在基督教信仰中谈论上帝必须总是同时谈论人，反之亦然。这个阐述陈述了神学语言必须蕴含人学语言，而且人学语言必须蕴含神学语言，但问题是，事实上布尔特曼很少说到上帝，而是相当片面地只是把对上帝的谈论换位到有关我们自己的谈论之中。因为布尔特曼并不允许自然神学作为一种充分的基督教神学的一个必然方面，他的思想造成神学向人学的一种含蓄的还原。拉纳的神学进路从神学的角度而言看起来特别持中，它既是人学取向的（断言，神学主张的最后真理要么在人的经验中得到证明，要么就一点也得不到证明），然而又是明显以神为中心的（断言，为评断基督教信仰的主张提供最后标准的人之经验必然包括对神性实在的一种直接的、先天意识）。

按照拉纳的说法，"假若关涉的是人，便是人类学；假如我们把人理解为一个不得不自由地在其历史中倾听自由的上帝可能发出的福音的生命，它便是'神学的'人类学；假如人对自己的自我理解是他得以倾听事实上已经发生的神学的前提，它便是'基础神学的'人类

---

① 《神学研究》英文版，9: 37。

学。"① 简言之，拉纳好像比其他当代神学路向更充分地回应了当代神学任务，这个任务就是要表明，对《新约》中的耶稣基督的使徒见证中所规范性地表达的基督教信仰，是对与他人和与所有的人含蓄地共享的上帝之关系中的自我的基本经验的那种最适当的主题化。

三、神学的方法问题——拉纳披荆斩棘

当代基督教神学家中的另一个共识是，与上述神学的多元性和神学任务的双重性相关的方法问题是当代神学所面临的一个最根本的问题。无论从什么角度来看这个方法问题，都不能无视来自信仰者内部的抱怨之声这样一个事实，就是传统的神学语言在当代经验面前显得失去了意义，"一切的传统与信念均经历前所未有的反诘与存疑"。②

这个实际问题与哲学—神学问题是内在相关的。因为如果当代信仰者质疑基督教语言的意义，他们其实有他们自己经验中的根据，即他们的经验中的那些相当具有真理性的东西，以及他们的自我理解和他们的文化。而且如果基督教神学的意义值得质疑，那么神学之为真理的说服力就开始出现肢解。这个问题是一个根本性的问题，因为它提出了神学的出发点问题，就是其根基是否和如何寓于具体的经验和思想之中的问题。这样一来就至少暗含着一种需要，即就任何神学断言中的人的状况的预设进行哲学性的分析。它最终是一个方法论问题，因为他所问的是在迄今对人和世界所把握到的东西的情况下如何做神学的问题。拉纳就是这样来理解的。

拉纳在《神学和人学》以及《教义神学展望》两篇文章中指出，随着启示内容的可信性当今受到质疑，启示这一事实也成了问题。这

---

① 拉纳：《圣言的倾听者》，生活·读书·新知三联书店 1995 年版，第 193 页。（下引此书，简称《圣言的倾听者》中文版）
② 陈佐人、特雷西：《诠释学·宗教·希望——多元性与含混性》，上海三联书店 1998 年版，"中译本导言"，第 11 页。

是因为神学本身没有能够关注启示的倾听者——作为现代和当代哲学焦点的主体。他呼吁，神学家一定要使自己的方法既对于基督教启示之结构具有真理性，又要对于各自时代中所理解的人而言具有真理性。在拉纳看来，神学变得对于当代状况而言越充分，那么对于它自己的实在而言就越充分，而不是越不充分。① 拉纳所提议的方法是，一方面与现代对于神学所进行的根本性的和哲学的批判进行对话，另一方面又具有护教价值。因为拉纳认为，启示是一个已经撞到那些质疑神学的根基的人头上的历史事实，神学本质上成为对于人的经验中的启示之意义的一种反思。这就是拉纳对于一种先验神学或者一种神学人学的建议。

拉纳是在梵一会议与梵二会议之间发生的神学转折中发展出神学人学方法的。在两次大公会议之间的那段时期，一方面新托马斯主义渗透到学术神学中的大量领域；另一方面圣经学、教父学、礼仪学（liturgical）和哲学研究开始拆除新托马斯主义进路，并且为梵二会议预备道路。拉纳既受到这些进展的影响，又是这些方面在梵二会议前后那段时期发展中的领军人物。

在梵二会议时期，拉纳的方法之所以受到欢迎，恰恰是因为其人学起点，及其从这个起点出发致力于把托马斯主义哲学带入与现代哲学的对话之中。拉纳的自由神学和他对于教会内部言论自由的倡导，被广泛视作打开教会窗口、迎进现代性的清新空气之举。不过，梵二会议之后人们不仅经见了会议精神的贯彻，同时也经见了对于会议的诸多批评。右派认为梵二会议走得太远，而左派则认为走得不够远。鉴于文化氛围已经从向现代哲学价值开放，转向对于现代性的批判性的审慎态度和拥抱一种后现代价值，所以对于拉纳方法论的评估也已经出现改变，这不足为奇。

---

① 拉纳：《神学研究》英文版，9：28—45。《神学研究》英文版，1：1—18。

　　一种批评认为拉纳的方法具有一种哲学人类学的基础，另一种批评怀疑它带有虚妄的普遍主义，而第三种批评则质疑其不充分的政治基础。这里，一方面，涉及这些批评对于拉纳思想的理解到位与否以及中肯与否的问题；另一方面，这些批评显然来自不同的哲学和神学预设，自然涉及拉纳与批评者孰是孰非的问题，或者哪种进路对于神学要求和标准更充分的问题。① 正如奥托·穆克（Otto Muck）所提醒的那样："如果用来接近拉纳的那条进路流于表面，那就只能产生没有根据的联想。结果就是脱离语境的一种短语杂烩。我有这样的印象，就是一些人只是出于机会主义的原因而引用拉纳，以便支持他们自己的理论或以便证明拉纳是错的。结果产生不同的群体，它们自己设立为捍卫拉纳的或反对拉纳的，但是所基于的不是他实际所说的或他所意味的，而是基于他们自己所以为的。"②

　　另外，尽管拉纳显然对于神学之内的方法问题费过笔墨和有过反思，但是方法在他那里并不像在另一位天主教神学大师伯纳德·罗纳根（Bernard Lonergan）那里那样具有中心地位。罗纳根早期认识论巨著《洞识》和成熟著作《神学中的方法》是他的主要成就。形成对照的是，拉纳在其最初的两部著作之后，著述主要集中在具体的神学和教会问题。这种差异对于理解他的神学和方法颇具重要性。拉纳不应当被主要理解为一个哲学上的认识论者，不应被归约为一个方法论者。拉纳的人学方法决非一种技术方法，而是一种创新战略。

　　正如奥托·穆克所说："要想真正理解拉纳，首先必须清楚地理解经院主义、经院主义概念及其新经院主义的表达式。拉纳神父是被这个传统塑造出来的。其次，也是非常重要的是，要认识到拉纳神

---

① Companion, 65—67.
② Andreas R. Batlogg, Melvin E. Michalski, Barbara G. Turner, eds. & trans., *Encounters with Karl Rahner: Remembrances of Rahner by those who knew him*, Marquette University Press, 2009, pp.65—66.

父重新诠释了这一经院主义的和亚里士多德的遗产，跟随的是约瑟夫·马雷夏尔的脚步。如今绝大多数学者没有意识到经院主义哲学的基本观念，或者没有意识到它们连同一种看待世界的古旧宇宙观背景是如何在神学中使用的。他们只是非常表面地研究过经院主义，结果总是诋毁和排遣它。卡尔·拉纳集中研究过马雷夏尔的先验分析。术语'先验方法'或'先验分析'首先出现在19世纪下半叶，但是马雷夏尔把先验方法带到一个新阶段。卡尔·拉纳建基于马雷夏尔，并且通过运用海德格尔的存在主义术语而发展了他的思想。经验不仅仅是在一种经验感觉的意义上来理解。于是，他把马雷夏尔的先验哲学起点——对此拉纳在求学期间曾经做过集中反思——与一种存在主义的现象学的要素嫁接起来。处理存在问题的进路则是拉纳援用海德格尔而打造出来的。所以，当研究拉纳的方法论的时候，必须总要留心这三条根脉。"①

---

① Andreas R. Batlogg, Melvin E. Michalski, Barbara G. Turner, eds. & trans., *Encounters with Karl Rahner: Remembrances of Rahner by those who knew him*, Marquette University Press, 2009, p.66.

第二章
求学与教学

第一节　追随兄长　投身修会

一、出身书香门第——浓郁天主教家庭氛围

卡尔·拉纳 1904 年 3 月 5 日生于德国黑森林地区弗莱堡的一个虔诚却不执迷的天主教中产阶级家庭 ①，在家中的 7 个孩子中排行老四，像卡尔·巴特、马丁·海德格尔、伯纳德·维尔特和麦克斯·缪勒一样都属于思辨头脑辈出的德国阿勒曼尼人（Alemannian）。② 按照拉纳的兄长雨果（1900—1968）的说法，拉纳是家中最小的那些孩子中最大的，而雨果则是家中最大的那些孩子中最小的。

拉纳可谓出身于书香门第。他的祖父是位乡村教师："我的祖父是弗莱堡附近一个小乡村的教师。为了挣到足够的钱来养活三个子女和把其中的两个送进大学，他还充任社区的书记员。我的姑姑，也就是我父亲的姊妹，是同村黑森林大地上的一位地地道道的村姑。"③ 而

---

① Karl Rahner, *I Remember: An Autobiographical Interview with Meinold Krauss*, trans. Harvey D. Egan, New York: Crossroad, 1985, p.26.

② Ibid., p.32.

③ Ibid., p.25.

拉纳的父亲老拉纳（1868—1934）则成为当地师范学院的教授："家父是一位今天人们所称的校长助理；那时他们以'巴登的教授们'而闻名。他一生的绝大多数时间都是弗莱堡附近一所师范学院的教授。"① 难能可贵的是，拉纳兄妹七人都接受了大学教育，拉纳和兄长雨果成为耶稣会士，另有两位兄弟成为医生，一位兄弟成为教师，拉纳的大姐安娜嫁给了汉堡的一位律师，拉纳的小妹伊丽莎白嫁给了亚琛的一位数学家。

根据卡尔·拉纳的追忆，1904 年他出生，那时，像他父亲那样的公职人员的薪水堪称微薄，家中经济状况拮据。单单支付最初他们位于弗莱堡附近埃门丁根（Emmendingen）的公寓房租就要耗去父亲三分之一的薪水；为了给众多子女提供基本的衣食住行之需和良好的教育机会，父亲下班后还得通过做家教来补贴家用，母亲则替人照看小孩等，以便额外有所收入；尽管"我们总是有足够吃的，总是有足够穿的，但是我们没有向上流动的机会"，所以"更确切说来，我生长在一个中到中下阶层的家庭"。② 至于家中的宗教状况，拉纳则回忆说："我是一个接受了正常宗教教育的一个非常平常的天主教基督徒。我的家有着一种对于宗教问题的兴趣，对于我们的世界观问题的兴趣。我有一位彻头彻尾的基督徒父亲和一位享年 101 岁的非常虔诚的母亲；我就是这样成长起来的。"③

在拉纳看来，他家的那种天主教环境感主要归因于他的母亲路易丝·特雷舍尔（Luise Trescher，1875—1976）。尽管他的母亲来自旅店主这样一种中产家庭，是家中定调的人，而他的父亲有点惧内，但

---

① Karl Rahner, *I Remember: An Autobiographical Interview with Meinold Krauss*, trans. Harvey D. Egan, New York: Crossroad, 1985, p.24.

② Ibid., pp.24—25.

③ Paul Imhof and Hubert Biallowons, eds, *Karl Rahner in Dialogue: Conversations and Interviews, 1965—1982*, New York: Crossroad, 1986, pp.336—337.

父母总能和睦相处①。拉纳晚年曾对沃格利姆勒这样说到他的母亲："我的母亲是一位沉闷焦虑的、尽心尽力的女性。她更多地从沉重的、繁累的职责一面体验生活，而且恐怕还担负起了一些本可放弃的职责。正是在这种程度上，她一直焦虑地关注着我的职业生涯，例如，担心我或许变得骄傲自大。这是她的性情使然，并非要为之兴奋一番或要发现我职业的辉煌——从未有过这样的事。她晚年曾经问及是否给予自己的子女足够的母爱。当然这是一个无意义的问题，因为温柔一类并非阿勒曼尼人的特点，而且恰恰因为工作的压力，这也不是她力所能及的。我想，我们也没有如此期待。"②

尽管由于拉纳的双亲都是黑森林地区"沉郁、寡言、如骡马般勤勉的阿勒曼尼人"，特别是养家糊口和为子女创造良好教育机会的重负使他们无暇顾及感情的培育，致使拉纳并没有得到现在一般意义上所说的双亲的宠爱，但是拉纳不仅完全能够理解父母的辛劳、时刻不忘父母的养育之恩，而且如他的哥哥雨果所言，拉纳还不时以一种特殊的方式表达对于父母的感恩。例如，父亲60岁生日之际，24岁的拉纳不失时机地献上一本自己与哥哥雨果的文章汇集而成的私人"纪念文集"，其中"卡尔和雨果在1928年为父亲汇集的'纪念文集'中自称修道院的孩子们"③；而当沃格利姆勒的《卡尔·拉纳：生活、思想和著作》出版并译成不同文字的时候，恰逢拉纳的母亲91岁大寿，他也为母亲做了类似的事情："我有了一个主意：不同文字的版本（大概现在意大利文本也有了）各选一本送给我的母亲，作为送

---

① Karl Rahner, *I Remember*: *An Autobiographical Interview with Meinold Krauss*, trans. Harvey D. Egan, New York: Crossroad, 1985, p.26.

② Herbert Vorgrimler, *Understanding Karl Rahner*: *An Introduction to His Life and Thought*, trans. John Bowden, London: SCM Press Ltd., 1986, p.46.

③ Andreas R. Batlogg, Melvin E. Michalski, Barbara G. Turner, eds. & trans., *Encounters with Karl Rahner*: *Remembrances of Rahner by those who knew him*, Marquette University Press, 2009, p.368.

她91岁大寿的礼物。她会'恼火'，会把它们藏起来，但是这会令她欣喜。"①

拉纳一生挚爱母亲，尽可能常回家看看，直至亲自为其送终；但是他在回家的场合往往并不流露温情，只是寡言少语地陪伴母亲。根据他妹妹伊丽莎白的说法，"多说不是他的性格。他非常内向：在所有兄弟姊妹中，他说话最少。"② 这一方面符合拉纳的阿勒曼尼人的特有性格，另一方面"我想那时的人们不如今天的人们情绪丰富，不如今天的人们惯于表达感情和渴望强烈的经验。"③ 拉纳曾经把享年101岁的母亲比作基督教智慧文学中的英勇女性（《箴言》31：10—31；《便西拉智训》26：1—4）。这位母亲曾经在第一次世界大战期间独自到战地医院把身负重伤的长子背回弗莱堡的家中照料；④ 这位母亲还曾经劝说上了年纪退休后的拉纳不要过于劳累，不妨把神学争论留给年轻一代。⑤

就这位母亲一边而言，拉纳少言寡语和不善温情也给她留下了一丝遗憾。他的妹妹追忆说："他总是匆匆忙忙。他喜欢和小孩一起玩。我有四个儿子，但是他却不能展露温情的一面。我的母亲晚年生活在一所养老院中，总是抱憾卡尔几乎没有同她谈过属灵性质的问题。我的印象是，他对他人比对家人做这样的事要容易得多。我的母亲对这样的事非常感兴趣，她本来愿意同他谈论灵性问题，但是卡尔总是非

---

① Herbert Vorgrimler, *Understanding Karl Rahner：An Introduction to His Life and Thought*, trans. John Bowden, London：SCM Press Ltd., 1986, p.46.

② Andreas R. Batlogg, Melvin E. Michalski, Barbara G. Turner, eds. & trans., *Encounters with Karl Rahner：Remembrances of Rahner by those who knew him*, Marquette University Press, 2009, p.241.

③ Karl Rahner, *I Remember：An Autobiographical Interview with Meinold Krauss*, trans. Harvey D. Egan, New York：Crossroad, 1985, pp.30—31.

④ Ibid., pp.26—27.

⑤ Thomas F. O'Meara, O. P., *God in the World*, Liturgical Press, 2007, p.16.

常非常内向。"①

二、迈入学生时代——经历青年运动的洗礼

拉纳在家乡弗莱堡接受了小学教育（1910—1913）和中学教育（1913—1922）。拉纳回忆说："那时我们从四年级起就已经男女同班。即便在那时这也不是什么问题，至少在巴登这不是问题。我们的同学来自不同的社会阶层和背景，自然包括犹太学生。我特别记得一个犹太男孩，与同学们相处融洽。他的父亲是汉堡的一位重要的皮革商人。显然，在学生所属宗教派别方面也是多种多样的。同样这也不是一个问题。我们去参加我们的天主教宗教指导，在所有的这类指导课上有一位非常睿智、受过教育、讲道理的、略显枯燥的宗教老师，他在罗马的大学受教育，从而被如此塑造出来。"总之，学校里的情况就像巴登通常的情况一样，气氛是宽容的、人道的和自由的。②

拉纳像他的一些老师一样定期参加主日学校的礼拜。他认为，自己因为某种显著的宗教感而在同学中有些卓然不群，例如弥撒之后他都进行自己简短的谢恩。他十六七岁的时候把大量的时间花在阅读《效法基督》的第四卷上，其中有一个主题是圣餐。拉纳还与他的姐姐和朋友们一道参与了博伊龙（Beuron）的本笃会修院把托马斯·阿奎那的拉丁圣咏译成德文的工作。与一般同学相比，尽管拉纳有这样一些个人兴趣发展而来的特殊之处，但还是得到同学们的宽容，甚至还被选为班长。

据他自己所述和传记作家的印证，他中小学求学期间是一个对课

① Andreas R. Batlogg, Melvin E.Michalski, Barbara G.Turner, eds.& trans, *Encounters with Karl Rahner: Remembrances of Rahner by those who knew him*, Marquette University Press, 2009, pp.241—242.
② Karl Rahner, *I Remember: An Autobiographical Interview with Meinold Krauss*, trans. Harvey D. Egan, New York: Crossroad, 1985, pp.25—26.

堂教育感到有些乏味的学生。① 但是拉纳绝非一个完全乏味的学生。拉纳在后来接受采访的时候，依稀记得在中学的什么时候听说爱因斯坦的相对论，人们如何讨论斯宾格勒的《西方的没落》，以及自己如何担任易卜生戏剧中的角色。② 他还回忆说，1921 年复活节期间他们一帮人曾从弗莱堡出发，晚上打着火把、穿着戏装到沿途的村庄巡演《死亡之舞》(The Dance of Death)。"那是贫困年代，我们通常得到鸡蛋作为奖励。"③

重要的是，拉纳中学时期正处于一战之后，百废待兴，年轻一代追求万象更新；德国"青年运动"、"礼仪运动"和"圣经更生运动"蓬勃兴起；"离开中产阶级"、"回归简单生活"成为青年的座右铭。德国追求新的生活方式的青年运动群体有"青春之泉"、"新德意志联邦"和"候鸟"等，其中尤以拉纳参加的"青春之泉"最为著名和最有影响。④ "青春之泉"是一个草根青年组织，尽管这个温和的青年运动组织中有教士参与，但是并非教会控制下意义上的一种官方组织。拉纳回忆说："这更是一个草根组织，而不是一个教会导向的组织。但是，它仍然是天主教性质的、宗教性质的，也是极为活跃和强有力的。"⑤ 1920 年他参加了在罗滕费尔斯堡（Burg Rothenfels）举行的"青春之泉"第一次大会，在那里第一次碰到第一次世界大战之后

---

① Herbert Vorgrimler, *Understanding Karl Rahner*: *An Introduction to His Life and Thought*, trans. John Bowden, London: SCM Press Ltd., 1986, p.48.

② Karl Rahner, *I Remember*: *An Autobiographical Interview with Meinold Krauss*, trans. Harvey D. Egan, New York: Crossroad, 1985, pp.27—28.

③ Herbert Vorgrimler, *Understanding Karl Rahner*: *An Introduction to His Life and Thought*, trans. John Bowden, London: SCM Press Ltd., 1986, p.49.

④ Andreas R. Batlogg, Melvin E. Michalski, Barbara G. Turner, eds. & trans., *Encounters with Karl Rahner*: *Remembrances of Rahner by those who knew him*, Marquette University Press, 2009, p.46.

⑤ Karl Rahner, *I Remember*: *An Autobiographical Interview with Meinold Krauss*, trans. Harvey D. Egan, New York: Crossroad, 1985, p.28.

改革派天主教思想家中的领军人物瓜尔蒂尼（Romano Guardini）。拉纳从这个组织之中接受了影响到他未来生活的许多积极因素。

在学生时期影响拉纳的那些事件中值得一提的是，通过"青春之泉"组织，他们家在1920年或1921年接受了意大利驻德国柏林大使、意大利都灵《新闻报》老板弗拉萨蒂（Frassati）的儿子皮尔·乔治·弗拉萨蒂（Pier Giorgio Frassati）来自己家里学德语。尽管拉纳当时并不知道这个年轻人后来成为天主教会中获得了"真福品位"的准圣徒，但是拉纳深感这位学习采矿工程的青年人热情洋溢、平易近人，"在某种意义上，他真是一个值得称道的人；他爱好运动，爬山、滑雪、骑马无所不能，是一个乐天、快活的人……他告诉我，他自己作为一个天主教徒学生在罗马一开始就与法西斯学生争论。另一方面，他是一个极为虔敬的人，他祷告，几乎每天在（我）家里人没有起床之前就前去做弥撒，而且展现出异乎寻常的（用今天的话来说）对穷人的社会关切。"① 后来，这位在生命的最后一刻还想着穷人的"慈善使徒"因在穷人环境中长期工作罹患骨髓灰质炎，1925年英年早逝。

由于有关弗拉萨蒂的最初的那些传记在他的妹妹看来不够好或不准确，1961年出版有关弗拉萨蒂的德文传记的时候，她特地请拉纳写了导言，其中拉纳追述了他对弗拉萨蒂的高度尊敬。"我相信他的妹妹仍然生活在罗马。她是一位波兰外交官的妻子，对于兄长的生活了解很多……人们说罗马给他列入真福品位的过程——绝大多数情况下是一件旷日持久的事——接近尾声。如果我活着看到结果，那么我就是一个在有生之年曾与一位获得真福品位的人做过朋友的人，而这个人我还约他在树林里进行过摔跤比赛。"②

---

① Karl Rahner, *I Remember: An Autobiographical Interview with Meinold Krauss*, trans. Harvey D. Egan, New York: Crossroad, 1985, p.33.

② Ibid., p.34.

与弗拉萨蒂的结识，对拉纳的影响不可小觑，他自己也认为这是一生中的节点事件之一。皮尔·乔治·弗拉萨蒂（1901—1925）作为一位意大利天主教社会活动家，献身社会活动、慈善、祷告和社区工作。他参与"祈祷使徒"和"天主教行动"等天主教青年学生组织；不掩饰自己反法西斯主义的政治立场，在罗马参加教会组织的游行示威中表现英勇，被捕后不愿意因为父亲的地位和财富而单独获释；有天晚上一群法西斯主义分子破门而入袭击他和他的父亲的时候，被他三拳两脚打败，并一直反击到街上；因病死后，都灵街头数以千计的穷人为他送灵，并从此开启了为其封圣的诉求过程。教宗约翰保罗二世称其为得到"真福八端"的人，并且于1990年5月20日宣告其升天列入"真福品位"，完成了封圣过程的第一步。尽管拉纳并未像他期望的那样在有生之年看到这个结果，但是相信拉纳的在天之灵也是对此赞许有加的。

三、投身耶稣修会——紧跟兄长雨果的脚步

临近中学毕业的时候，拉纳瞒着父母擅自决定加入耶稣会。最初拉纳之所以并没有把入耶稣会的想法告诉父母，是因为他们就像他那个地区典型的德国人一样，对此事有所保留；后来父母还是从宗教老师那里得知拉纳的这个打算的。[1]

至于拉纳为什么选择入耶稣会，他本人虽有谈及，但总体语焉不详，我们只能通过材料加以推测。人们可以看到，除了他家庭浓郁的宗教氛围、他本身强烈的宗教感、弗拉萨蒂的精神感召和"青春之泉"的洗礼这些因素之外，"卡尔·拉纳的宗教老师迈因拉德·福格尔巴赫（Meinrad Vogelbacher）肯定对拉纳决定成为一个祭司和神学

---

① Karl Rahner, *I Remember*: *An Autobiographical Interview with Meinold Krauss*, trans. Harvey D. Egan, New York: Crossroad, 1985, p.26.

家产生了影响。"同样受过福格尔巴赫教育的沃格利姆勒印证了拉纳对这位宗教老师的判断，即这是一位聪明、讲理、在罗马受过良好教育和略显枯燥的老师。"无论如何，福格尔巴赫当能激发善于内省的拉纳对于一种哲学形式的神学的兴趣。"①

不过，拉纳晚年被屡次问及为什么加入耶稣会这个问题的时候，他感到，就像一对夫妻结婚60年之后很难复原当时彼此要结婚的动机一样，他也无法提供更确实的加入耶稣会的心理信息。不过除了上述因素之外，我们根据他的传记性访谈三部曲《记忆如斯》、《对话拉纳》和《冬冷信仰》中的那些回答综合来看，影响拉纳加入耶稣会还有这么几个因素：

一是那个时代的天主教氛围。"在那个时代一个人拥有的理想肯定不是狭隘的或偏执的。不过，理想显然是以这样或者那样一种方式受到那个时代天主教氛围的影响。"②

二是投身教会的想当然心态。"在我年轻的时候，我们全都把自己是基督徒作为想当然的事情。而且作为天主教基督徒，带着同样的想当然依附于教会。"③

三是加入耶稣会是水到渠成。按照拉纳的说法，他的应召感不是像乔治·贝尔纳诺斯（George Bernanos）、保罗·克劳德尔（Paul Claudel）或布莱士·帕斯卡尔（Blaise Pascal）那样闪电照明般瞬间感受到的，在他看来"任何拥有这样经验的人都值得庆贺。不过，还有另一种被召的方式，即一种在静静的反思中、在体察和明确一生使

---

① Herbert Vorgrimler, *Understanding Karl Rahner*: *An Introduction to His Life and Thought*, trans. John Bowden, London: SCM Press Ltd., 1986, p.50.

② Karl Rahner, *I Remember*: *An Autobiographical Interview with Meinold Krauss*, trans. Harvey D. Egan, New York: Crossroad, 1985, p.29.

③ Karl Rahner, *Faith in a Wintry Season*: *Conversations and Reviews with Karl Rahner in the Last Years of His Life*, New York: the Crossroad Publishing Company, 1990, p.95.

命的一个漫长过程中被召的方式。"①

四是耶稣会更有学术性。"我当然有宗教动机。即便在那时，耶稣会士的生活也不是一种引人注目的职业。我想成为一个祭司，而且想成为一个共同体中的一个祭司。况且，无可否认，我有某些知识性和学术性偏好，而耶稣会这个修会显然如此，即便那时我几乎不认识几个耶稣会士。"②

五是受到兄长雨果的一定影响。"就在一战之后，大我 4 岁的兄长雨果加入耶稣会，当时他还是一名士兵。我记不真确这对我加入耶稣会是不是一个重要的诱因。但是这的确定下了我生长的氛围基调，而且我愿意坦诚而率直地说，从这点我确信一个人必须爱上帝和邻人，而且藉此赢得与上帝同在的永恒生命；在其中我可决定性地和毫不虚饰地看清我生命的意义。"③ "当然人们问我，1919 年我的兄长早我 3 年加入耶稣会是否对我的决定有本质性的影响；尽管我对兄长抱有应有的爱心和尊重，但是我会说，他的入会对于我自己的决定没有真正重要的意义。"④ 尽管兄长雨果的榜样作用不是"直接的和决定性的"，但是从他多次提及兄长雨果早他加入耶稣会的上下文判断，从他曾经诚惶诚恐地致信兄长告诉他"我也想成为一位耶稣会士"并去修会造访过兄长来看，榜样的作用在一定程度上肯定还是存在的，至少"我会说那肯定以某种方式令我的决定更加容易一些"。⑤

---

① Karl Rahner, *Faith in a Wintry Season*: *Conversations and Reviews with Karl Rahner in the Last Years of His Life*, New York: the Crossroad Publishing Company, 1990, p.95.

②④ Ibid., p.106.

③ Paul Imhof and Hubert Biallowons, eds, *Karl Rahner in Dialogue*: *Conversations and Interviews*, 1965—1982, New York: Crossroad, 1986, p.337.

⑤ Karl Rahner, *I Remember*: *An Autobiographical Interview with Meinold Krauss*, trans. Harvey D. Egan, New York: Crossroad, 1985, p.36.

相对而言，我们认为拉纳回答"拉纳神父你为什么选择了耶稣会而非其他修会"这个问题的回答，较为集中地为我们提供了答案："我们来具体考虑一下一些修会。我不能唱，因而我肯定不会注定成为一个本笃会士，尽管那时我与博伊龙（Beuron）的修道院有非常好的联系。再例如，嘉布遣小兄弟会修士（Capuchin）甚或方济各会修士的生活方式对我没有吸引力。相对于那种生活方式，我大概理性主义有余。况且，我对于任何严格的传教性的修会的目标并没有任何受召感。倘使我有的话，我本来就会加入施太勒传教会（Steyle Missionaries，即圣言会）了。当然我对于只在学校工作不感兴趣，否则我就会去那些教育兄弟会了。我的兴趣更为不定、更为宽泛，属于相当理性和知识的那种。所以，我决定成为一个耶稣会士。但是，起初即便是这个决定当然对于我而言尚未具有绝对根本的意义。只是后来我进入耶稣会的、罗耀拉的圣依纳爵的真正灵修之后，我才很有把握地对于已经做出的决定感到非常高兴。那个决定起先恐怕是相当模糊的。"①

现在看来，无论拉纳当年的动机和心态到底如何，事实上发生的是，中学毕业三个星期之后的 1922 年 4 月 20 日，18 岁的拉纳步三年前成为耶稣会士的兄长雨果·拉纳之后尘，加入耶稣会北德意志省②，并进入当年位于奥地利费尔德基希（Feldkirch）的一所耶稣会见习修院。正是在 1922 年到 1924 年的这段见习期中，拉纳深深地接触到依纳爵式的灵性观，这成为他一生灵感的一个源头，并且赋予其后来有关祈祷和灵性生活方面的那些著作以勃勃生气。1924年拉纳作为见习修士为《灯塔》（Leuchtturm）杂志写下了平生第一

---

① Karl Rahner, *Faith in a Wintry Season: Conversations and Reviews with Karl Rahner in the Last Years of His Life*, New York: the Crossroad Publishing Company, 1990, p.96.

② Geralda A. McCool（ed.）, A Rahner Reader, Seabury Press, 1975, p.xiii.

篇论文《我们为何需要祈祷》，这也是他后来经常回过头来论述的话题。①

<h2>四、经受修会陶成——夯实经院主义的基础</h2>

1924 年 4 月 27 日，卡尔·拉纳在完成 2 年的见习修士学习之后"发初愿"，正式加入耶稣会，自此走上了神学之路。拉纳的正式耶稣会神学院哲学学习生活起先是在费尔德基希（1924—1925），然后是在慕尼黑附近的普拉赫（Pullach，1925—1927）。

正如拉纳自己所言："我 18 岁成为一名耶稣会士，然后经历了为期 2 年的培灵训练——我们称之为见习期。然后我在费尔德基希和慕尼黑附近的普拉赫参加了为期 3 年的新经院哲学学习，期间我自然熟悉了经院哲学，特别是托马斯·阿奎那。"② 在神学院 3 年哲学学习阶段，拉纳不仅接触到了天主教传统的经院哲学和一般近代德国哲学，而且他留下来的笔记还清楚地表明他认真学习了康德和两个当代托马斯主义者比利时耶稣会士马雷夏尔（Joseph Marechal，1878—1944）和法国耶稣会士鲁斯洛（Pierre Rousselot，1878—1915）的哲学；前者影响到拉纳对康德的理解，后者影响到拉纳对托马斯·阿奎那的诠释。

在 1980 年的一次访谈中，拉纳谈到这段时期的学习："在普拉赫，我们进行哲学方面的耶稣会训练，我带着某种洞见和成功首先学习了标准的新经院哲学的各种分支。在那时我还熟悉了比利时耶稣会哲学家约瑟夫·马雷夏尔的著作，他恐怕是在经院哲学和康德之间进行富有成果会遇的第一人。发现马雷夏尔，对我而言是一个巨大的突

① William Dych, *Karl Rahner*, London & New York: Continuum, 2000, p.4.
② Paul Imhof and Hubert Biallowons, eds, *Karl Rahner in Dialogue: Conversations and Interviews, 1965—1982*, New York: Crossroad, 1986, p.337.

破；他在某种程度上把我的视野拓展到了手册式的经院哲学之外。"①
此外，拉纳还在别的许多场合多次谈及这段时期对他产生影响的哲学
源头："还在耶稣会学习哲学的时期我全神贯注于那时全新的马雷夏
尔的哲学。"②"我必须提到鲁斯洛和马雷夏尔，他们两人对我的哲学
产生了巨大影响。"③

之后，按照耶稣会有关耶稣会士从为期 3 年的哲学学习到为期 4
年的神学学习之间要有一个实践工作阶段的惯例，拉纳被分配到费
尔德基希的耶稣会见习学院教授 2 年拉丁文，以此完成了其"试教
期"；对拉丁文的熟练掌握，使拉纳后来获益匪浅，不仅让他得以接
触西方哲学和神学传统，而且流利的拉丁文也成为他在梵二会议期间
起草会议文献、与非德语主教交流和在其他场合（例如，1969 年在
匈牙利与神学生）交流的有效工具。④ 后来在访谈中触及他所处的天
主教神学过渡时期神学院的学习时，拉纳心情略显复杂地谈起拉丁文
在教会中的变迁："所有讲课都用拉丁语，考试用拉丁语，教材用拉
丁语。我本人在因斯布鲁克这里从 1938 年到大约 1964 年至少在某种
程度上仍然用拉丁语授课。如今再也没有人这么想了。甚至在罗马如
今人们也不会用教会的世界语拉丁语交谈了。但是在那些日子，却是
如此。"⑤

值得一提的是，当年拉纳在费尔德基希教授拉丁文时期有一个叫

① Paul Imhof and Hubert Biallowons, eds, *Karl Rahner in Dialogue*: *Conversations and Interviews*, *1965—1982*, New York: Crossroad, 1986, p.255.
② Karl Rahner, *Faith in a Wintry Season*: *Conversations and Reviews with Karl Rahner in the Last Years of His Life*, New York: the Crossroad Publishing Company, 1990, p.15.
③ Paul Imhof and Hubert Biallowons, eds, *Karl Rahner in Dialogue*: *Conversations and Interviews*, *1965—1982*, New York: Crossroad, 1986, p.14.
④ William Dych, *Karl Rahner*, London & New York: Continuum, 2000, p.5.
⑤ Karl Rahner, *I Remember*: *An Autobiographical Interview with Meinold Krauss*, trans. Harvey D. Egan, New York: Crossroad, 1985, p.38.

阿尔弗雷德·德尔普（Alfred Delp）的学生，这位年轻的耶稣会修士后来因为在反对希特勒战争政策和德国执政的犯罪政府的一个普世群体圈子、盖世太保所谓的"克莱稍集团"（Kreisauer Kreis）中所扮演的反纳粹角色，于1945年2月2日在柏林遭纳粹绞刑处决。"实际上他是所谓的克莱稍集团这一抵抗群体中的一个了不起的人物。……这个群体并未卷入暗杀希特勒，而是反思可怕的纳粹时期一旦终结，德国应当成为什么样的社会。为此，他被逮捕和处决。"① 这个说法，也得到埃里克·沃格林的印证："谋反者圈子中的有些成员……曾请求耶稣会派一位社会学专家给他们……出谋划策。在这个方面，德尔普曾经时不时地跟这个圈子里的成员谈过话……德尔普被判刑不是因为他参与谋反这个具体的原因，而是他接受并表达了战争可能失败的想法这个笼统的原因。"②

　　后来拉纳在接受各种采访，涉及有关纳粹、封圣、死刑等话题的时候，数次被问到德尔普。拉纳承认两人一直是亦师亦友的关系，而且在纳粹关闭耶稣会神学院之后拉纳还去看望过在勃艮豪森（Bogenhausen）担任住堂神父的德尔普："我想我能够带着某种自豪（我希望不是沾沾自喜地）说，德尔普和我是好朋友。我是在见习学院得去教他提升拉丁语的那个人。然后我们一起在瓦尔肯堡学习神学。甚至后来我们的关系也没有中断。当我在维也纳工作的时候，就在他被捕之前不久还到慕尼黑看望过他。"③ 尽管拉纳说到德尔普这位天主教内写过第一本论海德格尔哲学著作的耶稣会士、这位面对柏林纳粹审判官的灌输而至死忠于信仰和修会的故友的时候充满怀念和感

---

① Karl Rahner, *I Remember: An Autobiographical Interview with Meinold Krauss*, trans. Harvey D. Egan, New York: Crossroad, 1985, p.40.

② 埃里克·沃格林：《希特勒与德国人》，张新樟译，上海三联书店2015年版，第246—247页。

③ Karl Rahner, *I Remember: An Autobiographical Interview with Meinold Krauss*, trans. Harvey D. Egan, New York: Crossroad, 1985, pp.39—40.

佩，但是他并未借此捞取任何政治资本："我必须诚实地说，我对他在克莱稍集团的活动一无所知，但是当他被捕并囚禁在柏林的时候，我知道他的命运。是有一些像阿尔弗雷德·德尔普这样的祭司，但是不能说那个时代的普通祭司都像他们那样典型。"①

他认为，大多数祭司对待纳粹的态度是不参与、未反对。1980 年拉纳在接受维也纳奥地利广播电台的采访时流露出了自己对于纳粹没有先见之明的遗憾："对于像我这样的在德国教会中成长起来的、已经是祭司的人而言，虽然伴随着一个中央政党纳粹党，但是要追随一种绝对非教会的且显然是反教会的倾向，就像我已经提到的那样，从一开始就是不可能的事情。我相信在那些去教会的天主教徒和对教会及其自由感兴趣的人间真的没有纳粹。但是，我们在那时是否已经洞若观火般地看透那些非民主的成分，以至于基于此本可以拒斥纳粹，则是另一个问题。例如格罗贝尔（Grober）这个主教，以及某种意义上福尔哈贝尔（Faulhaber）和加伦（Galen），就纳粹反基督教和反教会而言他们是反对纳粹的勇敢战士。纳粹实际上已经查禁了所有教会组织。即便这些主教，在一般性的人类的和民主的领域，也并没有充分的眼界和果决来反对纳粹。当然人们会说，我们那时的祭司们在保护自己的皮肉方面已经做得足够多了，但是我们还应当比我们事实上更多地站出来保护他人的皮肉，犹太教徒和非基督徒等等的皮肉。"②

1929 年拉纳在荷兰的法尔肯堡（Valkenburg）的耶稣会神学院开始为期 4 年的神学研习："谨记，我 1929 到 1933 年期间在法尔肯堡是用拉丁语听的所有系统神学课程！"尽管在这之前，耶稣会借助鲍姆加特纳（Baumgartner）和弗里茨·穆柯曼（Fritz Muckermann）两

---

① Paul Imhof and Hubert Biallowons, eds, *Karl Rahner in Dialogue*: *Conversations and Interviews*, *1965—1982*, New York: Crossroad, 1986, pp.259—260.
② Ibid, p.259.

位耶稣会士所写的两部歌德传记，已经在法国大革命之后又被德国的"文化斗争"所强化了的自卫性的教会心态方面打开了缝隙，但是新经验主义主导的教会尽其所能避免自己变成后来的梵二会议所倡导的那种教会；① 尽管此时一种新的神学精神已经开始出现在德国的一些神学家当中，诸如罗马诺·瓜尔蒂尼、卡尔·亚当（Karl Adam）和埃里希·普鲁茨瓦拉（Erich Przywara）等人的思想中，但是尚未穿透神学院的高墙。

正如拉纳回忆所说："像卡尔·亚当、彼得·李珀特和埃里希·普鲁茨瓦拉这样的人已经在德国天主教的心态上面留下了强烈的烙印。我的那些耶稣会的老师们来自旧时代，大致会把康德、黑格尔和这些人所提示的整个心态当作敌手。"② 的确，两次世界大战期间，庇护十世 20 世纪初所发起的针对现代主义的战争在神学院的高墙大院中仍然如火如荼地进行着。神学课程必须遵循严格的新经院哲学的规定方法和规定术语进行；新经院哲学不仅指定了什么是正确答案，而且指定了什么是正确问题。拉纳后来以犀利的笔锋频繁指向的就是这种"学院神学"。

不过，尽管新经院主义因为并未回到托马斯·阿奎那本身著述，以及划地为牢、脱离时代等等局限，在拉纳看来无法承担在新时期引领教会的大任，但是也应该看到拉纳这段神学学习使他得到了严格的训练，给他打下了坚实的新经院哲学基础，并非一无是处；更为重要的是，正是在这种"知己知彼"的基础上，拉纳后来才能"青出于蓝而胜于蓝"，打破新经院哲学的垄断地位。

对此，拉纳本人有所印证："在学习神学和哲学期间，我享受了 20 世纪上半叶教给我们耶稣会士的新经院哲学。坦率说，这个运

---

① Karl Rahner, *I Remember: An Autobiographical Interview with Meinold Krauss*, trans. Harvey D. Egan, New York: Crossroad, 1985, p.37.

② Ibid, p.38.

动难以名状。他基于一种哲学基础，这种基础当然与托马斯主义有某种关系。但是至少就我们而言，在德国它带有一种苏亚雷斯的印记。……甚至我在法尔肯堡所学的神学也包含一条以新经院主义方式仔细打造出来的思想路线。平心而论，相较于我们今天那些院系的大量情况，我更偏爱于它。毋庸讳言，它是一种在问题和答案方面局限在一个相当有限的范围之内的神学。我们与现代阶段几无关系。我们当然听闻到康德和黑格尔，但是一般而言是拒斥他们的观点。就我们这个世纪前二十年的现代主义而言，情况也是一样。……对于托马斯，那时我肯定没有一种活生生的和富于启发的接触。"① 最终，拉纳与托马斯的这种接触机缘出现在他在弗莱堡大学攻读哲学博士期间。

另一方面，除了新经院哲学的系统训练并非毫无价值之外，拉纳还在其他方面的学习中取得了相当丰富的成果。"他的老师中间有一些那个时代的重要学者，诸如后来成为红衣主教的贝亚（A. Bea）、释经学家和宗教史学家普鲁姆（K. Prumm）、教义神学家拉内克（J. Rabeneck）和朗格（H. Lange）、教义史学家魏斯魏勒（H. Weisweiler）、道德神学家许尔特（F. Hürth）、教会史学家格里萨尔（Grisar）、禁欲神学家冯·弗伦茨（E. Raitz von Frentz）。拉纳丝毫没有因为被选定去教哲学而把神学学习当作第二位的东西。"② 通过阅读教父哲学家们有关恩宠、圣事、灵修和神秘主义等方面的著作，拉纳接触了领域广泛的教父神学主题，并且催生了其 1932—1933 年发表的首批集中在奥利金、波拿文都拉和灵修史方面的重要作品。他尤其关注教父们有关教会发轫于耶稣受伤的肋部这个神秘观念，正是这个观念后来成为他神学博士论文的主题。

---

① Karl Rahner, *Faith in a Wintry Season*: *Conversations and Reviews with Karl Rahner in the Last Years of His Life*, New York: the Crossroad Publishing Company, 1990, p.42.

② Herbert Vorgrimler, *Understanding Karl Rahner*: *An Introduction to His Life and Thought*, trans. John Bowden, London: SCM Press Ltd., 1986, p.52.

正如他自己所言："在这个关联点上，恐怕我还得说，尽管我从来无意成为灵修神学及其历史方面的研究者，但是我的确阅读了相对而言堪称大量的主要灵修文献。后来，就在二战之前，我编译并扩写了马塞尔·维勒的著作《教父时代的禁欲主义和神秘主义》；这是维勒著作的一个译本，但是其中的一半内容的确是我自己写的。此外，你知道，我还写过论波拿文都拉的神秘主义的论文。如此这般，我把自己相当稳固地建基于耶稣会原初的那些灵修源头。还为之而建基于大德兰（Teresa of Avila）和十字约翰等等。简言之，尽管我依然是一位可怜的罪人，但是我认为，一般意义上的教会灵修和特殊意义上的耶稣会灵修比本修会内外的那些我的直接老师们，对我产生的影响更为巨大和更为广泛。"①

这段时间尤其重要的是，拉纳与兄长雨果合作研究耶稣会奠基者依纳爵的《神操》。"在耶稣会士中间，本世纪上半叶的更生运动是由一种对于依纳爵和《神操》的新的神学兴趣所铸就的。正如诺伊费尔德（K. H. Neufeld）业已表明的那样，当卡尔还在学神学的时候，卡尔·拉纳和雨果·拉纳两兄弟就通力合作，赋予耶稣会的灵修根基以更深的基础，即《神操》中的祷告神学。"②拉纳早期对依纳爵有关祈祷、神秘主义和存在性决策等观念的研究成为其终生如此重要的先入之见，以至于他能够说："我认为，通过祈祷的实践和宗教的熏陶所学到的依纳爵本人的灵性观，对我而言比所学到的本修会内外那些哲学和神学都更有重要意义。"③

---

① Paul Imhof and Hubert Biallowons, eds, *Karl Rahner in Dialogue*：*Conversations and Interviews*, *1965—1982*, New York：Crossroad, 1986, pp.191—192.

② Herbert Vorgrimler, *Understanding Karl Rahner*：*An Introduction to His Life and Thought*, trans. John Bowden, London：SCM Press Ltd., 1986, p.57.

③ Paul Imhof and Hubert Biallowons, eds, *Karl Rahner in Dialogue*：*Conversations and Interviews*, *1965—1982*, New York：Crossroad, 1986, 191；参见 William Dych, *Karl Rahner*, London & New York：Continuum, 2000, pp.5—6。

相对而言，拉纳认为其他经院主义的耶稣会士由于没有掌握"依纳爵·罗耀拉里面具体的个体认识逻辑"则错失了这样一个精神富矿："例如，我曾经写过一篇文章，力图表明这同一具体的个体认识逻辑根本上和典型地是耶稣会的，但是在耶稣会士所写的传统基础神学当中却了无踪迹。但是它本来可以在那里发挥重要作用的。就是这样，经院主义的耶稣会神学家们并未使用来自《神操》的那些最伟大和最重要的养料去丰富他们的神学。他们代之假设某种本质的、合理的认识理论作为唯一可能的理论，并没有认识到依纳爵已经教过他们某种完全别有洞天的东西。"①

接着，在这段神学研习的第三和第四年之间的 1932 年 7 月 26 日，拉纳与其他包括施洗约翰·洛茨（J.B.Lotz）在内的 16 位耶稣会弟兄在慕尼黑的耶稣会圣米海尔教堂，经由红衣主教米海尔·福尔哈贝尔（Faulhaber）按立神职。完成学业之后，拉纳于 1933—1934 年间在奥地利圣安德拉的拉旺特谷（Lavant Valley St. Andra）花了一年时间进行灵修、祈祷和获取教牧经验，完成了最后的耶稣会训练——"卒试期"。

完成"卒试期"之后，拉纳并没有像通常的情况那样开始自己的布道生涯，因为其耶稣会上峰鉴于那时普拉赫只有一位哲学史教授，遂决定让他将来到普拉赫教授哲学史，而他的好朋友施洗约翰·洛茨则被预定为普拉赫的本体论教授："在完成神学研习和其后的卒试期之后，我自己应当在狭义上为我的分配任务而预作准备。就我能够回忆的而言，那时普拉赫只有一位哲学史教授。如今就不可能是这种状况。可以说，那时我能够设定把自己作为一个哲学史专家而加以培训的要点。没有来自任何方面加给我的任何要求。再者，施洗约翰·洛

---

① Paul Imhof and Hubert Biallowons, eds, *Karl Rahner in Dialogue*: *Conversations and Interviews*, *1965—1982*, New York: Crossroad, 1986, pp.195—196.

茨神父则被预定为普拉赫的本体论教授。"①

　　为了完成这种"预定"任务，1934年拉纳的上峰把他送回家乡的弗莱堡大学攻读哲学博士学位："我的上峰已经规划我去普拉赫教哲学史，这肯定并非无关紧要。不仅在卒试期，而且在费尔德基希作为拉丁语老师教那些耶稣会见习生的两年期间，以及在法尔登堡的四年神学学习期间，我一直带着这样的一项分配任务。心中装着这种分配任务，我最终前往弗莱堡两年，而不是去往罗马；那时后者一般才是未来的耶稣会哲学教授们习惯去的地方。"②

　　就拉纳被预定为哲学教授一事，迈诺尔德·克劳斯（Meinold Krauss）曾这样问过拉纳："因而，人们可以说你是在一种相当奇怪的环境中才成为一位神学家的吗？你的宗教上峰择定你去学习哲学以便你在哲学方面获得教授身份，然则从一开始你最深处的倾向不是更神学的而非更哲学的吗？"根据拉纳对这个问题的回应，可以看出拉纳对于耶稣会让他走上这种学者道路而非进行具体传教工作的安排有些出乎他本人的意料和初衷："如果一个人成为一个耶稣会士，那么他就不想成为一个哲学教授，而是一个向民众布道传教的人，即一个宗教修会的祭司和成员。况且，当我进入那所耶稣会见习学院的时候，我就得做好要被送往北美印第安人那里或到巴西某地进行教区工作的准备。许多同我一道进入那所见习学院的人，现在要么在印度——当然他们都年事已高——要么在巴西。这本来也会发生在我身上的。我从一开始就要面对这种前景。一个人成为一个耶稣会士是为了要成为一个学识渊博的教授，这种想法实属旁门左道。"③

---

① Karl Rahner, *Faith in a Wintry Season：Conversations and Reviews with Karl Rahner in the Last Years of His Life*, New York：the Crossroad Publishing Company, 1990, pp.42—43.

② Ibid., p.41.

③ Karl Rahner, *I Remember：An Autobiographical Interview with Meinold Krauss*, trans. Harvey D. Egan, New York：Crossroad, 1985, p.23.

在我们看来，值得注意的是，正是这种"师出旁门"在某种程度上致使拉纳从正面而言能够不拘泥于罗马已有的定论、能够有所创新，同时从负面而言致使拉纳也需要漫长而曲折的道路才被罗马派和罗马当局所承认。前往弗莱堡学习哲学这个举措对于拉纳的宗教思想的哲学—神学基础的发展都具有重要意义，但"那将是一个机遇与失意并存的时期"。①

第二节　唯一吾师　海德格尔

一、问学海德格尔——神学戴上现代哲学镣铐

拉纳当年在弗莱堡大学求学期间，其哲学系对于任何像拉纳那样具有哲学学习热忱的人而言，都是一个非常令人神往和令人激动不已的地方。与海德堡一道，弗莱堡有幸自 1890 年以来一直有一些"真正"的哲学家活跃在新康德主义的巴登学派中，而不只是有一些哲学历史学家而已。在这些"真正"的哲学大家之中尤其有 1928 年来到弗莱堡的马丁·海德格尔。

拉纳和一道被按立神职的同学洛茨来到弗莱堡的时机非常特殊，正值此前宣称自己是纳粹主义的无条件支持者的海德格尔从校长任上刚刚辞职（1934 年春）下来的时候。这个时间节点给两位年轻的耶稣会士在导师选择方面造成了一定的困扰。一方面，默默无闻的他们那时不知道大名鼎鼎的海德格尔是否会收他们为博士生。固然后来根据情况推测，海德格尔本来会收他们为弟子的，因为事前不久海德格尔已经脱离纳粹主义，并已经在自己的讨论班上保护过犹太人和教授过天主教徒，但这毕竟是后话。另一方面，更为重要的是，他们也不知道如何与在某些方面仍然与纳粹有关联的海德格尔打交道。于是，他们作为天主教徒和祭司出于谨慎起见，投到马丁·昂纳克（Martin

---

① William Dych, *Karl Rahner*, London & New York: Continuum, 2000, p.6.

Honecker）门下做博士生 ①，当时昂纳克是教廷条约（Concordat）哲学教席的天主教教授。

　　拉纳回忆弗莱堡大学的学习生活说："我主要在已经成名和变得著名起来的马丁·海德格尔手下学习。他曾任纳粹统治下该校的第一任校长，而且我们两个年轻的祭司 J.B. 洛茨和我本人不愿意把我们的好坏命运在他身上赌一把，所以我们跟了天主教经院哲学教授马丁·昂纳克。不过，我们与海德格尔的会遇却是决定性的、令人难忘的经历。"② 拉纳还进而补充解释说："我们实际上注册在神学系……这能够使我们更容易悄悄溜掉。但是我们——就是说洛茨和我自己——只学习哲学，所以我们参加了马丁·海德格尔四个学期的讨论班课程。而且我相信从那位伟大的哲学家那里受益良多。"③ 拉纳对于从海德格尔那里获得的有关前苏格拉底哲学、柏拉图、亚里士多德和康德方面的哲学训练和思想砥砺总是这样深表感激。④ 正如阿道夫·达拉普说到拉纳时提醒的："切勿忘记有时被忽视的一点，即马丁·海德格尔的思考对他的巨大影响。……它们更多是方法论上的，而非材料上的影响。他（拉纳）自然是一位神学家，但是他戴着哲学'镣铐'。"⑤

　　除了上述零散的说法之外，拉纳在 1982 年 5 月的一次采访中较为全面地概括了他的整个择师考量："我和洛茨选择了昂纳克作为导

---

① Karl Rahner, *I Remember*: *An Autobiographical Interview with Meinold Krauss*, trans. Harvey D. Egan, New York: Crossroad, 1985, p.42.

② Paul Imhof and Hubert Biallowons, eds, *Karl Rahner in Dialogue*: *Conversations and Interviews*, *1965—1982*, New York: Crossroad, 1986, p.337.

③ Karl Rahner, *I Remember*: *An Autobiographical Interview with Meinold Krauss*, trans. Harvey D. Egan, New York: Crossroad, 1985, p.41.

④ Ibid., pp.45—47.

⑤ Andreas R. Batlogg, Melvin E. Michalski, Barbara G. Turner, eds. & trans., *Encounters with Karl Rahner*: *Remembrances of Rahner by those who knew him*, Marquette University Press, 2009, p.105.

师，但是海德格尔更合我们的兴趣。因而在那些年间，我们参加了海德格尔的讲座课和讨论课。当然我们有充分的理由选择昂纳克作为博士论文导师。我们之所以选择他，是因为在纳粹最初的兴旺时期我们置身像昂纳克这样的一位天主教教授的羽翼之下看来更为安全。海德格尔尽管已经不是那所大学的校长，但是他毕竟做过纳粹庇护下的第一任即 1933—1934 年间的校长。当我们在这家大学注册的时候，我们尚不了解海德格尔。毫无疑问，海德格尔以一种正确和友好的方式对待我们。我和洛茨被接纳为他的研究生讨论班上的成员。但是起初我们无法预知所有这些。况且，我们还有别的理由做哲学博士方面的学习，尽管我们注册在神学系——这是那时管理规定显然允许的一种可能性。一个人不会有来自纳粹的危险，而且，例如，不必手持锡罐沿街为纳粹冬季救济基金募捐。"①

求学期间，拉纳上了导师昂纳克这位新托马斯主义者的几门课程，主要有一门希腊哲学、两门伦理学课和一门有关布伦坦诺的讨论班。②根据当时的博士管理条例，要取得博士学位还要有另外两个专业的课程，所以另外两名著名的弗莱堡大学的学者也成为拉纳的老师，就是法哲学家埃里克·沃尔夫（Erik Wolf）和史学家约翰内斯·施珀尔（Johnnes Sporl）。

就像拉纳本人所言，尽管身在昂纳克门下，而没有直接以博士生的名义在海德格尔的名下学习，但是他对海德格尔的哲学思想情有独钟，参加了海德格尔的许多相当难以加入、要求很严格的讨论班。"以 1934—1936 为特征的海德格尔的哲学与他后来的哲学大为不同。我

① Karl Rahner, *Faith in a Wintry Season: Conversations and Reviews with Karl Rahner in the Last Years of His Life*, New York: the Crossroad Publishing Company, 1990, pp.43—44.
② Thomas Sheehan, *Karl Rahner, the Philosophical Foundations*, Athens, Ohio: Ohio University Press, 1987, p.5.

所师从的海德格尔是《存在与时间》的海德格尔，发出战斗呐喊的海德格尔，甚至是形而上学的海德格尔。"[1]拉纳终生一直保留着他所参加的海德格尔讲座课和讨论课的课程目录[2]：

冬季学期，1934—1935 年：

讲座课：赫尔德林的诗学（Holderlins Hymnen）

讨论课，高级：黑格尔《精神现象学》

夏季学期，1935 年：

讲座课：形而上学导论（Einfuhrung in die Metaphysik）

讨论课，高级：黑格尔《精神现象学》

冬季学期，1935—1936 年：

讲座课：形而上学的基础（Grundfragen der Metaphysik）

讨论课，中级：莱布尼茨的世界观与德国唯心主义（Leibnizens Weltbegriff und der Deutsche Idealismus）

夏季学期，1936 年：

讲座课：谢林《关于人类自由的本质的哲学探讨》（Uber das Wesen der menschlichen Freiheit）

讨论课，高级：康德《判断力批判》（Kritik der Urteilskraft）

海德格尔不仅要求讨论班上的学生作完整、独立的笔记，而且要在下一次讨论课上当众朗读："我的确参加了马丁·海德格尔的讨论班，长达两年。在这些讨论班中我与其他研究生是一样的。我不时得就先前讨论班上的内容作简短的摘要（在海德格尔的讨论班上我们称

---

① Paul Imhof and Hubert Biallowons, eds, *Karl Rahner in Dialogue*: *Conversations and Interviews*, *1965—1982*, New York: Crossroad, 1986, p.257.
② Thomas Sheehan, *Karl Rahner*, *the Philosophical Foundations*, Athens, Ohio: Ohio University Press, 1987, p.5.

之为"议定书")。我得大声读出来，这让我有些害怕和颤抖，如果大师称赞我的概括我则非常高兴";①"那时如果你听到马丁·海德格尔一本正经地说'笔记好极了'，你的感受就好像赢得了奖章一样"。②拉纳保留了这些笔记，记录下了海德格尔对柏拉图、亚里士多德、康德和前苏格拉底哲学家们的诠释。

海德格尔对于拉纳的重要意义在于，"他教导我们如何以一种新的方式研读文本，追问文本背后的东西，看清一个哲学家的个体文本与他的那些不会即刻打动普通人的陈述之间的联系，等等。这样，他发展出一种重要的存在哲学。就自身看来上帝是而且保持是不可表达之奥秘的一个天主教神学家而言，那种哲学能够有而且将总是有迷人的重要性。"再者，"在我的思维方式方面，在对传统中那么多被视为自明的东西加以再质疑的勇气方面，在奋力把现代哲学整合进当今基督教神学方面，我当然从海德格尔那里有所得，而且因而将总是对他抱有感恩之心。"③

正是在这个意义上，人们可以把拉纳与所谓的"天主教的海德格尔学派"中的洛茨（J. B. Lotz）、西韦特（G. Siewerth）、韦尔特（B. Welte）和穆勒（M. Muller）等人一样称为海德格尔的学生。对此，拉纳也直言不讳："马克斯·穆勒、古斯塔夫·西韦特、洛茨神父和我自己，全都写的是圣托马斯。我们四人是海德格尔的弟子，然而从我们所写的东西来看，显然我们对于托马斯怀有巨大的敬意。"④

---

① Paul Imhof and Hubert Biallowons, eds, *Karl Rahner in Dialogue: Conversations and Interviews, 1965—1982*, New York: Crossroad, 1986, p.257.

② Karl Rahner, *I Remember: An Autobiographical Interview with Meinold Krauss*, trans. Harvey D. Egan, New York: Crossroad, 1985, p.44.

③ Ibid, pp.45、46. 参见 Karl Rahner im Gespräch / P. Imhof; H. Biallowons（Hrsg.）. Bd. 1. München: Kösel, 1982, 31f.; Karl Rahner im Gespräch / P. Imho f; H. Biallowons（Hrsg.）. Bd. 2. München: Kösel, 1983, 50, 151f。

④ Paul Imhof and Hubert Biallowons, eds, *Karl Rahner in Dialogue: Conversations and Interviews, 1965—1982*, New York: Crossroad, 1986, p.14.

据载，海德格尔与拉纳之间的这种惺惺相惜也是双向的。20世纪50年代末一向不愿多动的海德格尔到因斯布鲁克拜访了拉纳，并且在一封1973年2月24日写给拉纳当年的学生沃格利姆勒（Vorgrimler）的信中提到，"我对1934年至1936年期间在讨论班上与拉纳神父的共事留有至为美妙的记忆"。① 拉纳对此亦有印证："在后来的生活中我与他有过几次事后接触。我在因斯布鲁克遇到他一次，而且一起喝了咖啡。"②

如上所述，拉纳一生敬重海德格尔，但是总体上对于他与海德格尔的关系却着墨甚少，并无借大师名头彰显自己的意思，甚至多次谦逊地直言自己只是早期海德格尔没有博士师徒名分的课程弟子、思想弟子，"我在他的后期与他的接触少于我的同事施洗约翰·洛茨和格尔德·黑夫纳（Gerd Haeffner），后者更是海德格尔宣称真正理解他的为数不多的人中的一位。"③ 尽管如此，"我会说马丁·海德格尔是令我生发出弟子对于大师的那种敬重情感的唯一老师。这与我神学的个体问题和个体表述没有关系。"④

著名的拉纳研究者托马斯·希恩（Thomas Sheehan）曾邀拉纳为他的著作《卡尔·拉纳的哲学基础》作序。尽管拉纳因病无法应邀为这本书特地作序，但是允许作者托马斯·希恩把自己已有的一段文字充作《卡尔·拉纳的哲学基础》一书"前言"，这段宝贵的文字罕见而富有价值地直接论述到他与马丁·海德格尔的师生关系以及他对于这种师生关系的定位⑤：

---

① Herbert Vorgrimler, *Understanding Karl Rahner*: *An Introduction to His Life and Thought*, trans. John Bowden, London: SCM Press Ltd., 1986, p.59.

②③④ Paul Imhof and Hubert Biallowons, eds, Karl Rahner in Dialogue: Conversations and Interviews, 1965—1982, New York: Crossroad, 1986, p.257.

⑤ Thomas Sheehan, *Karl Rahner*: *The Philosophical Foundations*, Athens: Ohio University Press, 1987, pp.Xi—xii. 另请参见 Martin Heidegger im Gesprach, ed. Richard Wisser, Freiburg and Munich: Aber, 1970, pp.48—49。

　　我，马丁·海德格尔的一个学生，就他应该说点什么？我是一个神学家，且是如此程度的一个神学家，以至于我绝不声言是一个哲学家。然而，尽管我是一个神学家，但我把他敬为我的导师。

　　我或许说，要是没有马丁·海德格尔，当今这般的天主教神学就不再能够为人想象；因为，即便是那些希望超越他和追问与他不同的问题的人们，也无不把他们的发端归功于他。

　　我或许非常简明而谦恭地承认，尽管在我求学的课堂上有很多良师，但是唯有一人我可以尊为我的老师，这个人就是马丁·海德格尔。

　　我还或许说，这样的一种鸣谢之于我并非在于它是一个简单和显然的事，因为我希望哲学和神学的主旨对于我而言一直比从事这些学问的那些个人更重要。

　　或者我也许带着同等的清醒和希冀力图说，我深感海德格尔还留下了许多未竟之事业，深信他的工作在未来的思想史中将产生进一步的影响，纵使今天在那个佯装智力裁判庭的市场上几乎听不到对他的谈论。

　　我抑或径直向他致以一种出自完全的内心关系的谢意和致意，尽管我在那个时期与他只有为数不多的个人接触，但是这种内心关系三十年来一直活在我的心中。

　　不管怎么样，即便像我确实感恩地、尊敬地向他报以最美好的致意那样，我也并不确切肯定这事实上意味着什么。但可以肯定的是，他教给了我们一样东西：在每一处和每一物之中，我们都能够而且必须找出置诸我们头上的无法言说的神秘，纵然我们几乎不能够用语词来命名之。这是我们必须做的。即便海德格尔本人在他的著作中、以一个神学家看来有些奇怪的方式放弃对这个神秘有所言语，该神学家也必须发出言语。

二、博士论文事件——老派导师旧瓶难容新酒

尽管拉纳在精神上更加认同海德格尔的思想，立意要言海德格尔本来可言却未言之处，但是又不得不与新托马斯主义者、导师昂纳克就博士论文达成一致。拉纳博士论文的有关选题是托马斯·阿奎那有限认识论的形而上学。作为那个时代的学生，拉纳受到作为教会主流思想的新经院主义的严格训练。正如拉纳所言："在我的哲学和神学学习期间，我享有 20 世纪上半叶教给我们耶稣会士的新经院主义。……这个运动难以鉴定……但是至少就我们在德国而言，它带有一种苏亚雷斯印记（a Suarezian stamp）。耶稣会士在罗马教授的是'二十四论题的托马斯主义'……其中存在和本质的区分扮演了更本性的角色。但是我们教的是苏亚雷斯种类的、略显单薄的新经院主义。然而，非常清楚和毋庸置疑的是，它符合所有教会教导。"①

但是拉纳也看到了他学习神学时那个时代新经院主义的局限和痼疾："它是一种在问题和答案方面囿于有限边界的神学。我们与现代时期毫无关系。我们那时当然听说过康德和黑格尔，但一般却是为了拒斥他们的观点。这点同样适用于我们这个世纪头 20 年的现代主义的情况。即便我们与托马斯的接触也必须如实描述为异常轻微的。例如，如果看一下我在法尔肯堡（Valkenburg）的一位老师赫尔曼·朗格（Hermann Lange）的《恩宠》（De gratia），就会看到它是以一种非常精确的历史风格讨论托马斯的。基本上就是表达一种崇敬，就是一种纯粹的装饰。那时我自然不可能与托马斯有一种活生生的和启发性的接触。"②

尽管拉纳无法从体制性的学习模式和内容获取具有生命力的思想

---

①② Karl Rahner, *Faith in a Wintry Season*: *Conversations and Reviews with Karl Rahner in the Last Years of His Life*, New York: the Crossroad Publishing Company, 1990, p.42.

养料，但是拉纳自己的阅读却为他未来学术和思想上的推陈出新打下了良好的基础。在某种意义上，拉纳选择托马斯作为自己博士论文研究对象的问题意识可以回溯到在普拉赫学习时的学术兴趣："在普拉赫学习哲学的第三年，我异常急切、非常仔细地阅读约瑟夫·马雷夏尔《形而上学的出发点》的第五卷。我从中还做了长段长段的摘录，当然这些都没有留存到现在。在这种阅读中，我相信，我以一种令我入迷的更为个人的方式会遇了托马斯；当然，这以马雷夏尔的方法作为中介。我当然不再能够清晰地忆起，但完全可能的是，我有关托马斯的博士论文就是源于这种阅读。我相信我要比那时也在弗莱堡的洛茨神父受到这种马雷夏尔主义的影响要更清晰、更早一些。在我这里，这种马雷夏尔主义被改造成他人后来所称的'超验哲学和神学'。在这种马雷夏尔主义发端于托马斯，而且在马雷夏尔一次又一次地努力通过托马斯来证明他的思想这样的意义上，我能够肯定地说托马斯主义形成了我的哲学，而且进一步形成了我的神学。"①

至于为什么选择托马斯有限认识论的形而上学这样一个主题，拉纳在1982年5月的一次访谈中说："我现在不再清楚地、确切地记得我为什么做托马斯·阿奎那的认识论。当然，古斯塔夫·西韦特（Gustav Siewerth）在真正受到托马斯启发的意义上所做的工作已经为其在弗莱堡获得学位，这点意味重大。而且既然我们在谈论弗莱堡，那时马克斯·穆勒（Max Muller）刚刚完成学业，成为我的博士导师昂纳克的助手。"② 更为重要的是："我们感到我们对于托马斯都有一种基本的依赖。所以托马斯绝非某个其名字只是我们可能作为来自哲学史的一个观念而知晓的人物。"③

---

①② Karl Rahner, *Faith in a Wintry Season: Conversations and Reviews with Karl Rahner in the Last Years of His Life*, New York: the Crossroad Publishing Company, 1990, p.43.

③ Ibid., p.45.

在这样的背景上，拉纳正是想从哲学而不是历史的角度来处理托马斯·阿奎那。根据拉纳对阿奎那的读解，人的认识首先发生在经验世界之中，因为人的灵总是指向现象。拉纳从人已经发现自己处于世界之中并且追问作为整体的存在的时候所提的人的问题的本质出发，在他对阿奎那的读解中系统地发展了这一点。拉纳这样谈及他那代人与托马斯·阿奎那的关系：

> 我相信我的哲学博士论文能够在某种程度上表明我那一代人如何看待自己与托马斯的关系。这种关系不同于经典的托马斯主义者与他的关系，特别是不同于道明会士与他的关系。对于他们而言，托马斯的著作就像一种第二《圣经》，对此人们应当加以评注。就请想一下雷金纳德·加里古-拉格朗日（Reginald Garrigou-Lagrange）。我绝不想否认，即便这种与托马斯的接触也是某种重要的东西。我们耶稣会士当然熟悉并且研读著作，比如加里古-拉格朗日的《上帝》。但是我们那代人读托马斯不像道明会士那样读托马斯，我们把他当作一位伟大的教会教父来读。……我们读托马斯的著作；我们允许他警醒我们注意到某些问题，但是归根结底我们带着我们自己的问题和问题陈述来着手处理他。所以我们并非真的实践一种托马斯式的经院哲学，而是力求对他保持一种姿态，对他保持一种对奥古斯丁、奥利金和其他伟大的思想家的姿态可比的姿态。我们真的赞赏托马斯；他对于我们而言绝非一个乏味、枯燥的经院哲学家，而是某个我们真正想与之会遇的人物，就像会遇柏拉图、亚里士多德和巴斯葛等人那样。从而，我们与托马斯的关系牵涉一种完全特有的"启发"。①

---

① Karl Rahner, *Faith in a Wintry Season*: *Conversations and Reviews with Karl Rahner in the Last Years of His Life*, New York: the Crossroad Publishing Company, 1990, p.45.

拉纳的这个进路影响深远。不过，负责拉纳博士论文的导师、当时弗莱堡大学的天主教哲学教席教授昂纳克对拉纳以这种进路处理托马斯的认识论和它所开启的更广阔的视野不以为然。尽管拉纳 1936 年在弗莱堡大学所提交的哲学博士论文后来以《在世之灵》(*Geist in Welt/Spirit in the World*)为题发表，不久就被普遍当作先验托马斯主义的力作，但是当年却令人吃惊地被他的导师马丁·昂纳克所拒绝。

他批评拉纳有关托马斯的出发点有问题，认为他被误导到屈从于主体的能动性，而且具有过多的海德格尔特征。而根据对于天主教这个词汇的一种偏狭的、新经院主义的理解，拉纳的博士论文对于昂纳克而言显得的天主教色彩不足。其中，拉纳通过对阿奎那、海德格尔和康德的一种独特的综合成功地构建了一种基督教人类学，而昂纳克所需要的却是一种更符合传统、更可预见和更加安稳的东西。还有人认为昂纳克之所以否决拉纳的哲学博士论文与他对海德格尔的反感和对其名声的妒忌有关。① 无论如何，现今颇具讽刺意味的是，据信昂纳克为人所知晓主要是拜他当年拒绝拉纳的博士论文、剥夺拉纳的哲学博士头衔所赐。

对于哲学博士论文遭拒的这种结果，拉纳说："我因为过多地受到海德格尔的启发而被天主教的昂纳克判定为不合格。"② 拉纳对自己所使用的处理托马斯的方法有清晰的认识："如果在这个意义上读者的印象是书中对托马斯的解释源于现代哲学，那么作者不把读者所观

---

① 参见 Herbert Vorgrimler, *Understanding Karl Rahner: An Introduction to His Life and Thought*, trans. John Bowden, London: SCM Press Ltd., 1986, p.62；参见武金正:《人与神会晤：拉内的神学人观》，台湾光启出版社 2000 年版，第 10—12 页。

② Karl Rahner, *I Remember: An Autobiographical Interview with Meinold Krauss*, trans. Harvey D. Egan, New York: Crossroad, 1985, p.42.

察到的这一点当作一种缺陷，而是当作一种优点，恰恰因为本人不知道在那些关乎自己的哲学和自己时代的哲学的问题之外还有什么别的基础可以用来研究托马斯。"① 可见，这个他有清醒认识的方法就是他从马雷夏尔和海德格尔那里所学到的方法："我得承认，例如，倘若我没有学习马雷夏尔和海德格尔的哲学的话，我就不会以一种先验的方式做哲学了。"②

在 1965 年的一次访谈中被问及《在世之灵》的时候，拉纳重审了自己的立场，捍卫自己理解托马斯的那种方式的正当性："《在世之灵》是对于托马斯的知识本体论的一种研究。原初的构想是作为我在弗莱堡大学的博士论文。不过那时纳粹当道，而且因为过于复杂而在此无法解释的原因，我没能在海德格尔名下做论文。代之以我到了天主教教授 M. 昂纳克的门下，后者正在弗莱堡大学教授哲学。昂纳克教授否决了我的这篇论文，因为他感到我过多地根据现代哲学（尤其是海德格尔的观念）和德国唯心主义的基本原则而错误地诠释了圣托马斯的学说。但是我确信我的诠释是正确的。如果以恰当的视角分析圣托马斯，非常清楚他是一个现代人（penseur moderne）。在现代的处理方法和那个可能称为先验的问题之间当然存在一种符合、亲近和对应。即便在圣托马斯的著作中也可以发现这一点。把握这个事实对于在现代的人之概念和托马斯的人之概念之间达成任何真正的、双向的理解都是非常重要的。"③

遗憾的是，昂纳克并未能够"把握这个事实"，导致他否决了拉纳的论文。但是当年这种哲学博士论文被否的结果，并没有令拉纳过多烦恼；事实上他事先早就被上峰重新指派了任务，即要他回到

---

① 《在世之灵》英文版，第 13 页。

② Paul Imhof and Hubert Biallowons, eds, Karl Rahner in Dialogue: Conversations and Interviews, 1965—1982, New York: Crossroad, 1986, p.132.

③ Ibid., p.12.

因斯布鲁克去改教教义神学。① 为了澄清有关他是因为没有拿到哲学博士学位才去改学神学这种可能存在的误解，拉纳在自传性的访谈录中多次专门说到这个事件："鉴于所发生的，有关我论文遭拒才转往因斯布鲁克和转入教义神学的说法是以讹传讹。临近1936年夏季学期结束的时候我就业已交上了我的论文，然后我不得不去因斯布鲁克，因为我的上峰已经改变了对于我的分配，我要在教义神学方面获得更高的学位。在约翰·施图夫勒（Johann Stufler）和约瑟夫·穆勒（Joseph Muller）[弗朗茨·米茨卡和我自己的前任]退休之后，因斯布鲁克需要教授。这些原因导致我被重新分配。而且只是在我已经开始准备神学方面的博士学位之后，我才收到昂纳克那封信，告诉我他没有接受我的博士论文。所以，即使他当年已经接受了它，我本来也会成为因斯布鲁克的一位教义神学家，而且是完全欣然赴命。"②

　　总之，根据拉纳自己的说法，他对于自己博士阶段的遭遇和被临时调配任务的境遇可以说无怨无悔："那时这样的事情并不被当作令人不快的事，甚至恰恰相反；因为，不要忘记，我哥哥已经是因斯布鲁克的一位教会历史学家。而且坦率而言，我自己内心对于哲学史并未感到巨大的吸引力。当然，我或许本来会成为一个相当受人尊敬的哲学史家，但是当我的上峰重新分配我的时候，我的心并未流血。况且，我在1936年12月之前就很快完成了我的神学博士论文。我然后经由因斯布鲁克的一家小出版社费利希安·劳赫（Felician Rauch）出版了我论托马斯·阿奎那的博士论文。这家出版社没有向我要任何赞

① Karl Rahner, *I Remember: An Autobiographical Interview with Meinold Krauss*, trans. Harvey D. Egan, New York: Crossroad, 1985, pp.42—43.

② Karl Rahner, *Faith in a Wintry Season: Conversations and Reviews with Karl Rahner in the Last Years of His Life*, New York: the Crossroad Publishing Company, 1990, p.44.

助就出版了《在世之灵》，因为我把我的一本小册子《遭遇寂静》交由他们一同出版。"而且，令拉纳欣喜的，也算是为拉纳的遭拒博士论文正名的是，"我记得，格里高利大学的一位名叫阿洛伊斯·纳贝尔（Alois Naber）的德籍哲学教授担任（耶稣会）修会的检察官，他允许《在世之灵》原封不动地出版"[1]。

对于拉纳的《在世之灵》和《遭遇寂静》联袂出版的原委，奥托·穆克有过这样的印证："1939 年他的著作《在世之灵》出版。出版社这么做的条件是，他写一本更通俗、更畅销的著作。他给了出版社 10 篇业已分别单独发表的冥思文章，出版社作为《遭遇寂静》结集出版。质言之，这是他的上帝教条。这本小书是挑战性的，而且包含了他的非常个人的、存在性的思想基础。他希望他在神学上所发展出来的东西总要引致基督教信仰的核心。当考虑拉纳神父后来生活岁月中对教会进行的批判性评述的时候，这点恰是不应忽略的东西。"[2]

三、《在世之灵》——为神学建构哲学的根基

拉纳在弗莱堡的哲学博士论文《在世之灵》[3]，尽管没有得到导师昂纳克的认可，但是发表之后，并没有"遭遇寂静"，而是逐渐被人

---

[1] Karl Rahner, *Faith in a Wintry Season*: *Conversations and Reviews with Karl Rahner in the Last Years of His Life*, New York: the Crossroad Publishing Company, 1990, p.44.

[2] Andreas R. Batlogg, Melvin E. Michalski, Barbara G. Turner, eds. & trans., *Encounters with Karl Rahner*: *Remembrances of Rahner by those who knew him*, Marquette University Press, 2009, pp.67—68.

[3] 拉纳的《在世之灵》(*Geist in Welt. Zur Metaphysik der endlichen Erkenntnis bei Thomas von Aquin*) 有两个德文版本：因斯布鲁克第一版（Innsbruck: Rauch, 1939），梅茨（Johannes B. Metz）修订的慕尼黑第二版（Munich: Kösel, 1957）；译自德文第二版的一个英译本：William Dych, S. J., *Spirit in the World*, New York: Herder and Herder, 1968。

们尊为现代哲学中出现的有关托马斯·阿奎那认识论的最为重要的著作。①

拉纳的《在世之灵》可以在两个意义上说是他建构"哲学根基"之作。在第一个和首要的意义上说这部著作是"奠基性的",是因为它致力于成为一种"基本本体论",即在诠释人的本质的基础上探究一般形而上学的可能性和限度。在第二个和派生的意义上说这部著作是"奠基性的",是因为它不仅为拉纳整个先验神学的设计而且为进一步的局部性研究(例如,对人承纳神圣启示的可能性的探究:《圣言的倾听者》)奠定了基础。②

尽管《在世之灵》在很大的意义上是一本哲学著作,但是它却指向他讨论认识问题所服务的一个神学目标,就是把人解释为向着与基督教信仰的自我传达的上帝的可能啮合敞开着。实际上,拉纳就阿奎那的哲学所得出的结论最终也可以运用于拉纳的著作本身:"在这个语境③之中,只是在它是一个神学事件的场所的意义上,在它能够接受一种启示与之交谈的意义上,'灵魂'才被作为人的本质性的根基来加以终极地考虑。"④

在《在世之灵》就像在其他形而上学著作中一样,至关重要的问题是人的灵的本质问题,尤其是人向实在的根基或者无根基性的敞开限度的问题。这就是为什么我们在有关康德的部分,所论述的拉纳所寻找的哲学基础始于有关人的形而上学出现现代性转折的地方的原因:康德的《纯粹理性批判》。拉纳不断强调,形而上学并不给予人们什么"新"知识,而只是煞费苦心地对于人对于自己已经有的非主

---

① Thomas Sheehan, *Karl Rahner: The Philosophical Foundations*, Athens: Ohio University Press, 1987, p.1.
② Ibid., p.135.
③ 指托马斯·阿奎那的《神学大全》。
④ 拉纳《在世之灵》英文版,第15页。

题性的知识进行反思。因而，如果拉纳希望确立起人向启示的可能性敞开这一点的话（它的现实性从哲学上并不能知道），他首先必须揭示，人的统一中心已经超越到存在和真理合而为一的本体论的纬度。但康德的《纯粹理性批判》恰恰是否定人的主体性具有这种东西。处于《纯粹理性批判》之后的学术环境之下的拉纳，事实上面临两条道路选择：要么绕过康德的先验主体性的问题意识，但是这要冒着使自己游离于现代思想的轨道之外的风险；要么是努力"通过康德来克服康德"。得益于约瑟夫·马雷夏尔和马丁·海德格尔思想的襄助，拉纳选择了第二条道路。

在本书的有关康德的部分我们提到，康德对于自然神学或者基于思辨理性的神学进行的相关探讨所得出的结论是，没有根据假设一个与先验理念或一种必然存在这样一种观念相应的对象。没有途径证明上帝的存在，也没有像可以运用于诠释现象世界那样的、可以运用于自在领域的语言诠释方法。理性凭自身试图为神学提供根据则超出了它的适当用法。

显然，拉纳在其《在世之灵》中采纳了康德有关知识的可能性条件的先验反思方法。此外，他不仅接受了康德有关形而上学的可能性的问题，而且接受了康德的这样一个假设，就是说，任何真正科学的神学必须植根于传统意义上的形而上学的可能性之中，即，对绝对的认识之中。但是拉纳与康德存在很大的不同，康德否认了那种可能性，而且转向实践理性和道德形而上学，而拉纳则力图表明这种从哲学上开启通往"绝对"的路径具有合理性的和批判性的可能性。像康德一样，他阐明人的知性中的先天主观形式，以及所有有效知识的经验性的和时空性的基础。但是，对于拉纳而言，认识并不局限于可能的经验性的经验；它同时超越感官经验的"世界"，到达对于绝对存在本身一种朦胧却真实的认识。

拉纳在《在世之灵》写道，"只有在人已经把之运用于他的形而下学（physics）的程度上，对人而言才有形而上学（metaphysics）。"①
尽管拉纳追随康德强调先验综合判断，但是他坚决主张，判断远
不止是对材料的综合。②无论他认为康德有关这个问题所说的是什
么，拉纳追随马雷夏尔对阿奎那的解释，努力表明判断包含一种肯定
（affirmation），这种肯定达到现象领域的彼岸，接触到物自体性的存
在本身。③他是这样来做到这一点的，就是通过假设一个出发点，而
这个出发点避免了康德在感性和知性之间、知性和理性之间、理论理
性和实践理性之间的二分法。《在世之灵》就像他的其他著作一样，
佐证他的这样一个基本信念，就是人类认知者和人类认识是统一的，
并致力于展示这一点，并最终确立一种形而上学的可能性。我们认
为，拉纳致力于谈论和确立形而上学的可能性的关键是说明对上帝的
认识不是对一般对象的认识，也不是对一般在者的那种认识，而是一
种形而上学的先验认识。这种认识在拉纳看来不能说不是一种认识。

尽管拉纳的那些思想渊源或所受的影响在《在世之灵》中都有所
反映，但是正如拉纳本人在《在世之灵》这本书所说的："本书的有
限论域，不允许对于从康德到海德格尔的现代哲学与托马斯之间，加
以显明的（explicit）、具体的对质；对我来说，通过合乎时宜地指出
这样的一些对应来更加彰显本书所论述的那些问题的相关性，也没有
什么吸引力。那么，我所希望的是，那些熟悉更切近的哲学的人们自
己注意这些接触点。"④

有关海德格尔，拉纳说："我从［他］那里所获得的不是什么具
体的学说，而是现在已经证明最有价值的一种思考和研究风格。"⑤这

---

① 《在世之灵》英文版，第391页。
② 《在世之灵》英文版，第122页及以后诸页。
③ 《在世之灵》英文版，第126页、132页。
④ 《在世之灵》英文版，第14页。德文第一版，第xiii页；德文第二版，第lii页。
⑤ Dom Patrick Granfield, "An Interview: Karl Rahner, Theologian at Work," *The American Ecclesiastical Review*, XV, 3/4, October, 1965, p.220.

里所指的是从阿奎那的文本中重溯到"未说出来"的东西。但是除了这个进路问题之外，事实上在《在世之灵》和《存在与时间》之间也存在着惊人的趋同。除了像抽象和转向影像这些关键论题之外，《在世之灵》的要点在很大程度上都是由海德格尔所塑造的。《在世之灵》与海德格尔著作之间在一些主要策略上的这种相似性在很大程度上归于拉纳意识到，海德格尔和阿奎那的共同之处——尽管以非常不同的方式——是亚里士多德。此外，拉纳常常声言，对《在世之灵》产生最大哲学影响的是马雷夏尔神父的著作："我把我自己最基本的、决定性的哲学方向，在它来自某个别人的意义上，归功于比利时哲学家和耶稣会士约瑟夫·马雷夏尔。他的哲学已经超出传统的新托马斯主义。我把来自马雷夏尔的那个方向用到我对海德格尔的研究，而且它并未被他所代替。"① 所有这些影响汇聚在两个主要方面，用拉纳的用语来说，人的主体性的本质和主体性的先验相关物的本质——简言之，人和存在。而且既然人的本质是他向存在的超越性，那么《在世之灵》所研究的主要关乎的是拉纳的"先验主义"：它的源头，它的内在结构，以及作为一种哲学立场它的充分性。

尽管作为拉纳在弗莱堡的哲学博士论文，《在世之灵》没有得到导师昂纳克的认可；但是发表之后，逐渐被人们尊为现代哲学中出现的有关托马斯·阿奎那认识论的最重要的著作。② 《在世之灵》表面上是对阿奎那有关心灵的判断行为的形而上学的一个历史研究。但事实上，拉纳远远超出了这一点，他把马雷夏尔对阿奎那的解释带入与康德和海德格尔的批判性的对话之中。拉纳发现了海德格尔的"亲在"（Dasein）或者"在世"（being-in-the-world）概念与阿奎那的人的心灵

---

① Karl Rahner, "Living into Mystery: Karl Rahner's Reflections at Seventy-five," ed. Leo J. O'Donovan, *America*, 140, March 10, 1979, p.177.

② Thomas Sheehan, *Karl Rahner: The Philosophical Foundations*, Athens: Ohio University Press, 1987, 1.

的动力概念之间的某种契合。对于海德格尔而言，人通过对存在这个根本问题的追问而意识到自我，这个根本问题是一个在可感的东西所主导的世界中追寻真理或者意义的问题。人的判断是及于和关于世界的。不过，正如拉纳效法阿奎那所指出的，每个判断都必须经过一个抽象过程，以及经过人所感知到的东西到一个形象或者影像的转化。"抽象"过程反过来又要求一种普遍性的概念形式的应用，这些形式比有待认知的个体对象有冗余。

对拉纳而言，这就不得不把认知者置于与存在的绝对者的真实联系之中，这个存在的绝对者概念比所可能形成的任何有限概念都有冗余。海德格尔的论点——对于人的存在的意义的追问必然在某个方面受到对世界的存在地平圈的一种"在先把握"的指引，被拉纳改造为这样一种断言，就是说，对自身和自身存在意义的真正认识要求一种对于无限的存在或者上帝的一种反思前的"在先把握"。如此一来拉纳越过了海德格尔对于任何超出有限的和历史的存在之外的东西拒绝断定的做法，也超越了康德以及海德格尔在上帝问题上的不可知主义。相反，拉纳论证说，人的心灵的动力是由上帝自己的无限量之动力启发的，上帝自己的存在是无边无际的地平圈，为人的一切意义追求提供了"鹄的"（Woraufhin）。鉴于人植根于物质的和可感的世界，按照拉纳的论证人们会以某种方式到达绝对者，因为存在的绝对者已经在把一种失宁性（a restlessness）植入人的灵中，并且提供了一个具有无限吸引的地平圈。①

严格说来，《在世之灵》既不是对阿奎那所说的东西的评述，也不是径直的解释。而是海德格尔所说的一种"重溯"或曰 Weiderholung，

---

① 参见 Francis Fioreaza 为拉纳的《在世之灵》英文版所写的导言——"卡尔·拉纳与康德式疑难"：*Spirit in the World*, New York：Herder and Herder, 1968, pp.xix—xlv。另请参见 Anne Carr, *Theological Method of Karl Rahner*, Missoula, Montana：Scholars Press, 1977, pp.59—88。

一种清晰说出哲学文本中"未说的"但潜在地可说的东西的努力，他所选择的这样的一个文本就是托马斯·阿奎那《神学大全》第一部第八十四论题第七条。这一条原文不过 700 字左右，所论证的是，如果不"转向影像"（turned to the phantasm）的话，就是说，如果没有感性直观（sense intuition）的话，人在今生一无所知，甚至不能认识形而上学的对象。但是拉纳花费了 400 页的篇幅从这一短小文本中抽出阿奎那形而上学的整个基础，而且最为打动人心的是，他从那些文字中"重溯"到作为形而上学新基础的一种面向主体的先验转向。他坦承，他自己的诠释在很多情况下只是暗含在这个中世纪的文本中，但是他坚持认为，《在世之灵》所表达的观念是真正的托马斯式的。"①

拉纳用来称呼人之局限于感性直观的托马斯式的术语是"转向影像"（conversio da phantasma），总是处在转向可感事物（the sensible）的状态。拉纳的著作的革命性质寓于这种对于人的尘世性的无情印证。对于拉纳来说，"自由的灵成为，而且必须成为可感性，以便成为灵，而且如此一来它把自己暴露给地球的整个命运。"② 更通俗一点但是同样有力地说："所有思想［因而甚至在一种可能的来生中的思想］只是为感觉直观而存在。"③

拉纳无意以那么多的新经院主义式的评注所用的方式来重弹托马斯的老调。他后来写道，"过去只能够由某个承担起未来责任的人来保存在它的纯度之中，他克服多少就保存多少。"④ 而且对拉纳而言，

---

① Dom Patrick Granfield, "An Interview: Karl Rahner, Theologian at Work," *The American Ecclesiastical Review*, XV, 3/4, October, 1965, p.220.
② 《在世之灵》英文版，第 405 页。德文第一版，第 294 页；德文第二版，第 405 页。
③ 《在世之灵》英文版，第 407 页。德文第一版，第 295 页；德文第二版，第 405 页及以后。
④ 《神学研究》英文版，1：7。

保存阿奎那意味着克服他的对象性的语言（objectivistic language），以及在一种存在性的—先验性的"哥白尼革命"的框架中重述他的真知灼见。在《在世之灵》一书的导言中，拉纳印证了这一点。他说这本书"以当今哲学的难点为条件"，而且的确"我不知道除了这些问题激发起我的哲学和我时代的哲学之故以外，还会有什么别的理由来忙于托马斯。"①

对拉纳而言，他借以重读的阿奎那的现代哲学的基本特征是他所称的主体转向。"现代哲学（尤其是从笛卡儿经由康德和德国唯心主义到当今的存在主义哲学这个长达数世纪的过程）是人把自己理解为主体的一个过程，即便在有的地方——就像在当代海德格尔式的哲学中那样——他并不承认自己的这一点。"② 为了在托马斯·阿奎那当中发现主体转向（有人会指责他把这一点解读到他里面），拉纳拾起天使博士的认知形而上学，不过不是因它自身，而是出于表明下面这一点这样一个目的，就是，与康德相对，在把人的认识限定在感觉世界的对象的基础上，在没有什么精神性的"彼岸"（beyond）的异象的情况下，存在之为存在的形而上学是可能的。一旦所有的隐秘的柏拉图主义、来世性和理智的直观主义都从托马斯传统中抽离，《在世之灵》的主体性及其意向对应物的范围就是得失攸关的了。

排除了人假定可以前看先验的存在、后观世界的任何双面视力之后，拉纳借助得自海德格尔的可观助益，驾轻就熟地表明，每次人认知一个世界实体的时候，人投射性地"在先把握"（但永远把握不到）如此存在（being-as-such）之永远难以捉摸的统一性。人没有对上帝的视力，只有对世界的知识。但是那种知识之可能性的条件是实在之无限根基的一个本体论的预兆。根据拉纳的说法，形而

---

① 《在世之灵》英文版，第 lii 页，德文第一版，第 xii 页；德文第二版，第 14 页。
② Rahner, "Anthroplogie (theologische)," in Lexikon fur Theologie und Kirche by K. Rahner and J. Hofer, vol. I, 1957, p.621.

上学这个学科不是某种"空穴来风",而只是人类认知力的这种统一的二值性(unified bivalence)的主题化或外显,甚至是人类的这种统一的二值性的主题化或外显。也就是说,形而上学只是费力拼写出人的实际本质:人对于存在之整体性——这构成人的"属灵性"(spirituality)——的投射性"在先把握"是接近物质事物——人的"尘世性"(worldliness)之基础。拉纳称之为一种"在世之灵"的形而上学。① 而用海德格尔的语言来说,就是一种"事实性的解释学"。

四、《圣言的倾听者》——顺从启示之能力本体论

在拉纳1937年7月被任命为因斯布鲁克神学讲师和10月冬季学期教学实际开始之间,有一段空闲时间;拉纳于是利用1937年的这个夏天为"萨尔斯堡暑期学校"(Salzburg Summer School)开设"宗教哲学的基础"系列讲座。这些有关宗教哲学的讲座在拉纳的神学发展中极为重要,他把《在世之灵》中发展出来的认识哲学,应用于通过历史启示认识上帝这个问题。这15次讲座的内容后来以《圣言的倾听者》② 为题出版,与《在世之灵》一道成为拉纳哲学神学的基石。

正如研究者们所指出的,《圣言的倾听者》与《在世之灵》存在某种"姊妹篇"关系。拉纳在《在世之灵》中所分析的作为形而上学起点的存在问题,成为《圣言的倾听者》中的中心性的和建构性的原则。而且尽管《圣言的倾听者》并未聚焦于阿奎那的任何一个特定的

---

① Thomas Sheehan, *Karl Rahner: The Philosophical Foundations*, Athens: Ohio University Press, 1987, p.2.
② 拉纳的《圣言的倾听者》(Horer des Wortes)有两个德文版本:德文第一版(慕尼黑 Munich: Kösel, 1941),经梅茨(Johannes B. Metz)修订的德文第二版(Munich: Kösel, 1963)。主要译本有:(1)英文版(Richards译本,根据德文第二版翻译,纽约,1969年;Donceel译本,根据德文第一版翻译,纽约,1994年),(2)法文版(整合德文第一版和第二版译出,巴黎,1967年),(3)中文版(根据德文第二版翻译,北京,1994年)。

文本，但是自身呈现出对于托马斯形而上学的某种参照和依赖。"在作为一部哲学著作的《在世之灵》中，所涉内容的神学意义一直隐存于背景之中，只是在最后一段中才明显展现出来。在《圣言的倾听者》中重心出现转移：哲学和神学的关系，以及哲学观念的神学意义成为中心关切；哲学上的论证和对于阿奎那的诠释并不像《在世之灵》中那样完全发挥，其功能主要是用来充实拉纳想要勾勒的有关宗教哲学与神学之间关系的画面。"①

《在世之灵》的最后一段提供了将要在《圣言的倾听者》中呈现的内容的一种预期性的概括。在得出了他所讨论的内容在托马斯更大的上下文中具有神学性这个论断之后，拉纳写道：

> 人在这样一点上引发神学家托马斯的关切，即上帝以他启示的圣言得到倾听的那般方式展现自己……为了能够倾听上帝言，我们必须认识上帝在；唯恐他的圣言到达一个已有认识的人，他必须向我们隐藏自己；为了向人言语，他的圣言必须在我们已经在和总是在的地方际遇我们，在一个尘世的地方，在一个尘世的时间……如果以这种（借助抽象和转向）方式来理解人，那么人能够听而听到上帝大概尚未言说的东西，因为他知道上帝在；上帝能够言说，因为上帝是那位"未识之神"。而且如果基督教并非永恒的和全在的圣灵这样一个观念，而是拿撒勒的耶稣，那么当托马斯的认识形而上学把人召回人的有限世界的此时此地的时候，它就是基督教的，因为那位永恒者也已经进入这个世界——以便人可以发现他。②

---

① Karen Kilby, *Karl Rahner: Theology and Philosphy*, New York, NY: Routlege, 2004, p.51.

② Karl Rahner, *Spirit in the World*, tr. William Dych, S. J., New York: Herder and Herder, 1968, p.408.

拉纳正是接续《在世之灵》的上述余绪，在他的第二部奠基性的著作《圣言的倾听者》之中，致力于"关于对启示之顺从能力的本体论"，阐发人接受启示的可能性。按照拉纳自己的说法，"我的著作《圣言的倾听者》为基础神学呈现必要的思辨背景。在那里我讨论了在人的内在属灵本质向神的启示敞开的意义上人的先验结构。"[1] 他的目的是要表明，人类认知者的追问揭示的不仅是存在的敞开性和隐匿性，而且揭示出人的存在的历史性和自由。如果历史性是人的存在的一种本体论结构，那么历史就是上帝保持静默或上帝可能发出言语的场所。启示的事实和内容，因为是历史性的，所以仍然是自由的和难以预料的。于是拉纳在一种明确的神学语境之内探究人的超越性与历史性的关系。

这本由演讲结集而成的著作的要点是通过先验问题来把握这样一个预设，就是上帝已经用历史和用人的语言启示自己。[2] 拉纳晚年在与基督论相关的话题采访中说："首先让我再次强调一下，在《圣言的倾听者》中已经奠定了一种基督论的基础。我在那里说，我对人的终极理解是，人是一种必须转向历史的、一种超越性的存在者，一种能够把自己当作神的可能启示的承纳者来把握的存在者。我还说，人是这样一种造物，他在历史中承纳上帝对人的问题之回答的最终实在。这样，我至少已经勾勒出一种基督论的那些本质性的东西。"[3]

可见，《圣言的倾听者》根本不是一般意义上的哲学，而是拉纳后来所描述的"形式的和基础的神学"。"他想勾勒一种本体论和一种

[1] Paul Imhof and Hubert Biallowons, eds, Karl Rahner in Dialogue: Conversations and Interviews, 1965—1982, New York: Crossroad, 1986, p.11.
[2] 拉纳在《圣言的倾听者》第一版的序言中解释了这本书的简短性的原因，以及这本书对于《在世之灵》的依赖。但是梅茨修订的第二版删除了这方面的内容。
[3] Wintry Season, p.28.

形而上学的人学，能够充当神学的一种有益的绪论而又不跨越界限或蚕食神学自己的领地。"[①]这种新科学不同于传统的基础神学，因为它不是在通常的含义上"护教性的"：它并不尝试强迫证明任何东西，尤其是对于那些会承认它的基督教前提的那些不信者。但是它作为对于神学之绪论，和作为已经做出的信仰——委身的一种说理的解释，却是微妙地护教性的。拉纳提出，形式的和基础的神学是系统神学的一部分，在后者必须试图以某种理智的合理证明来为自己奠基的意义上。但是与教义的或系统的神学的质料内容相比，它仍然是"形式的"；它的关切是使人能够承纳启示的生存结构，以及可能启示的结构。《圣言的倾听者》在某种意义上是罗马天主教第一部力图在启示的先验根基方面来理解启示的宗教哲学著作。[②]

简而言之，《圣言的倾听者》的主题是：并非在与抽象的上帝而是在与启示自己的上帝的关系中，如何来理解《在世之灵》中发展起来的那种本体论和人学。那么居于《圣言的倾听者》中心的就是最终把人们自己理解为"能够听而听到上帝大概尚未言说的东西"的那些人。

值得注意的是，拉纳对于人所进行的这番"哲学"描述是由其神学信念所决定的：启示作为一种给定的启示、它对于人的神学特征化从一开始就含蓄地起着作用。于是有人认为，把人的本质定义为向上帝的不可限定的敞开是一种哲学还是神学定义仍然是《圣言的倾听者》中的一个问题。结果，拉纳的宗教哲学既可以受到哲学又可能受到来自神学观点的批评。从哲学方面，有批评者认为，作为哲学它既太少了——因为人学只是宗教哲学的一部分，又太多了——因为它如此多地是一种基础神学而不可能是真正的哲学。从神学方面，《圣

---

① Karen Kilby, *Karl Rahner: Theology and Philosphy*, New York, NY: Routlege, 2004, p.53.

② 参见 Anne Carr, *The Theological Method of Karl Rahner*, Missoula: Scholars Press, 1977, 第88—89页。

言的倾听者》被批评说是既单独强调理智的一面——只有通过"显现"才能理解启示、只有在感觉和抽象中才能理解圣言，又是对象性的——因为上帝被理解为对象性的、感觉知识的可能性条件。[①] 在某种意义上，下面将要论述的拉纳的"超自然实存"（the supernatural existential）神学概念就是面对可能批评和误解而对有关思想的进一步阐发。

事实上，"无论《圣言的倾听者》在其范围和内容方面有什么局限，它都代表罗马天主教神学中在方法论上跨出的重要一步。它开始把天主教思想与近现代哲学的'主体转向'连接起来，而且从方法论上给把神学与人的经验联系起来的当代关切奠定了基础。这正是拉纳的'基督教哲学'的意义之所在。"[②] 如果按照这样的视角，把《圣言的倾听者》作为拉纳思想的一个有机构成部分，而不是一般教科书意义上的"宗教哲学"，恐怕上述的质疑也就不复存在了。我们或许可以得出结论，《圣言的倾听者》根本不是一般意义上的哲学，而是拉纳后来所描述的"形式的和基础的神学"。这种新科学不同于传统的基础神学，因为它不是在通常的含义上"护教性的"：它并不尝试强迫证明任何东西，尤其是对于那些会承认它的基督教前提的那些不信者。但是它作为对于神学之绪论，和作为已经做出的信仰—委身的一种说理的解释，却是微妙地护教性的。拉纳提出，形式的和基础的神学是系统神学的一部分，在后者则必须在试图以某种理智的合理证明来为自己奠基的意义上。但是与教义的或系统的神学的质料内容相比，它仍然是"形式的"；它的关切是使人能够承纳启示的生存结构，以及可能启示的结构。

---

① 参见 Anne Carr, *The Theological Method of Karl Rahner*, Missoula: Scholars Press, 1977, pp.104—106。

② Anne Carr, *The Theological Method of Karl Rahner*, Montana, Scholars Press, 1977，p.109.

第三节　二度执教　声名鹊起

一、因斯布鲁克——教学生涯的起点

1936 年拉纳在弗莱堡提交的哲学博士论文尚没有结果之前，耶稣会的上峰就已经改变初衷，从把拉纳"定向培养"为普拉赫的哲学教授变为让他成为执教因斯布鲁克的神学教授，所以拉纳 1936 年回到因斯布鲁克。得益于早年在教父学研究方面打下的坚实基础，拉纳得以在较短的时间内完成了满足要求的神学方面的博士论文 [①]，并于 1936 年 12 月 19 日在因斯布鲁克获得博士学位。

拉纳的神学博士论文论述的是教会自基督被扎的肋旁的诞生这个主题，名为《自基督的肋旁：作为夏娃的教会自第二亚当基督肋旁的起源——对《约翰福音》19 章 34 节 [②] 的预表意义的考察》。论文基于教父文本，就拉纳早期对于《约翰福音》中耶稣的行动为教会和基督教生活所提供的象征意义的关注而言，相当重要。在他的神学方面的博士论文中人们也看到他熟悉教父文献和颇具历史神学功力的证据。这种才能在他的《神学论集》第十一卷中得到进一步的发挥，其中包括他早期对于忏悔这一圣事的历史研究。

---

① 除了获得因斯布鲁克神学博士学位之外，拉纳后来还陆续获得了世界各国的 15 个哲学、人文和法学方面的荣誉博士头衔。

② "唯有一个兵拿枪扎他的肋旁，随即有血和水流出来。"(《圣经》，英语"新标准修订版"和汉语"简化字和合本"双语对照版，中国基督教协会，南京，2000 年。) 非常耐人寻味的是，就任教宗以来本笃十六 2006 年发表的题为《神就是爱》的第一个通谕也十分重视"基督被扎的肋旁"："通过冥思基督被扎的肋旁 (比较《约翰福音》19：37)，我们能够理解这个通谕的出发点：'神就是爱'(《约翰一书》4：8)。这个真理正是在那里能够得到冥思。我们对于爱的定义正是必须始于那里。在这个冥思中基督徒发现他的生命和爱必须沿着运动的那条路径。"(Benedict XVI, Deus Caritas Est, Washington, D.C.: United States Conference of Catholic Bishops, 2006, p.17.)

　　1936 年神学博士学位的取得，连同 1932—1934 年间业已发表的有关奥利金和波拿文都拉等人的著述使之满足法定教学资格的要求，以及 1937 年教义神学方面的就职论文的完成 ①，确保了拉纳 1937 年 7 月 1 日被正式任命为因斯布鲁克大学神学讲师。他只是谦逊地把这一任命说成是拾遗补缺："我宗教方面的上峰们的想法是，我不会比许多人做得更糟" ②。随后拉纳利用 10 月冬季学期开始之前的夏季空闲时期为第七届"萨尔斯堡暑期学校"开设 15 讲的"宗教哲学的基础"系列讲座，以《圣言的倾听者》为题出版后与《在世之灵》一道成为拉纳哲学神学的基石。接下来开始的 1937 年冬季学期对于拉纳而言意味着长达 34 年的神学教授生涯的正式开始。按照一种周期循环的课程安排，拉纳讲授的内容依次涵盖了创世、原罪、恩宠、称义、信心、希望和慈爱等教义，以及忏悔、终敷等圣事。很快地，他作为一个创造性的神学家的才能开始得到公认。

　　根据因斯布鲁克"拉纳档案馆"馆长、《拉纳兄弟》的作者卡尔·H. 诺伊费尔德（Karl H. Neufeld）的说法，拉纳之所以能够到因斯布鲁克任教离不开兄长雨果·拉纳的影响。"就雨果·拉纳而言，荣耀岁月当属 20 世纪 50 年代；而就卡尔·拉纳而言，他的荣耀岁月，至少就公共感知来说，包含了梵二会议时期和后梵二会议时期。……但是雨果·拉纳在卡尔·拉纳的生活中扮演了一个极为重要的角色。倘若没有雨果，拉纳就不会成为因斯布鲁克的教授，就不会能做自那开始去完成的东西。不止于此，人们还能够察觉到拉纳兄弟在学术生涯方面成系列的平行之处。……我相信，归根结底人们不能简单地把他们分开，否则就不能理解其中的任何一个。……他们分享彼此的兴趣，人们可以说拉纳·雨果成全了卡尔，而卡尔·拉纳成全

---

① Wintry Season, p.9.
② 转引自 Kress, *A Rahner Handbook*, Atlanta：John Knox Press, 1982, p.3。

了雨果。"①

拉纳开始教学生涯的时候，因斯布鲁克是所谓的"福传神学"（kerygmatic theology）或"宣道神学"的发展中心。拉纳的兄长雨果和礼仪学家约瑟夫·容曼（Josef Jungmann）等人深深置身其中，立意在为学生提供经院神学训练的同时，提供另一种神学；后者本身能够宣道，而前者却不能。正如卡尔·莱曼所说："在因斯布鲁克的耶稣会教授当中有一种所谓的'福传神学'倾向。雨果·拉纳写下名为《一种宣道神学》的著作绝非偶然。该书在神学上并非真的是关于'如何'宣道的，而是关于宣讲什么的。这是一部精彩著作，一度由达姆施塔特市的科学书籍学会重印，但是现在已经无人谈及。"②

尽管雨果和容曼等人无法想象后来会有梵二会议的那些突破，但是他们的思想"就他们那个时代而言是非常进步的"③。这个运动因为罗马深感不快而夭折，因为罗马视之为对于作为神学院训练主体的经院神学的一种威胁："因为'福传神学'呈现出与'思辨神学'的某种对立，所以罗马带着一种挑剔和怀疑的目光来看待它。"④ 在相关问题上，人们的观点也出现了分歧，例如："施洗约翰·洛茨从价值哲学的角度试图表明这样一种神学的合法性：它不仅关乎'真'，而且关乎'善'……关于'宣道神学'卡尔·拉纳写过一篇文章，但非常奇怪的是发表在一个匈牙利杂志上。……卡尔·拉纳对于'宣道神学'有很多保留意见，对他而言它有点过于幼稚。"⑤

虽然拉纳对于兄长等人开启的"福传神学"亦感不满，但是不满的原因不同于罗马当局。他完全认同"福传福音"所发现的问题症

---

① Andreas R. Batlogg, Melvin E. Michalski, Barbara G. Turner, eds. & trans., *Encounters with Karl Rahner: Remembrances of Rahner by those who knew him*, Marquette University Press, 2009, pp.160—161.

②④ Ibid., p.120.

③ Ibid., p.162.

⑤ Ibid., pp.120—121.

结，就是经院神学并未预备好学生从事教牧工作。但是他并不认为
解决之道在于提供第二神学或平行神学，而是认为对于经院神学本
身得做点什么。按照他的说法，"从实践的观点看，所谓的'福传神
学'加以捍卫或至少予以鼓励的自身最严重的误解是，这种神学基于
其上的这样一种不断增长的信念，就是认为思辨神学可以保持像现在
这样，只要'在其一旁'建立起一种'福传神学'就行。质言之，就
是用一种略微不同的方式'福传地'说出经院神学中系统表达出来的
'相同'的东西，再辅以一些实际修正。但是事实上，最为激情满怀
地唯独献身实际的、总是对于新问题保持警醒的最严格的神学，最科
学的神学，本身长远看来才是最福传的。"①

　　拉纳晚年接受采访时说："20 世纪 30 年代曾经有段时间，在因
斯布鲁克形成这样一种理论，就是倡导对于未来的祭司进行双重教
育：应有一种'福传神学'，直接服务于培养祭司去布道这个任务；
还要有另一种基于哲学和神学反思的学术神学。尽管我承认在实践当
中神学和教育学可能都有不同变体，但是我从不接受这种理论。"② 在
拉纳看来，一种神学无论多么学术、多么科学，如果触及它所反映的
信仰，贴近生活和实际，那么它就将是能够宣道的。这也正是拉纳多
年教学生涯的指导原则。他认为，学术神学本身不是目的，学术并非
因其本身之故而存在，而是服务于教会的信仰生活及其在当代世界传
布上帝圣言的使命。

二、秉笔辩驳书——小荷初露尖尖角

　　随着 1938 年 3 月纳粹吞并奥地利，拉纳刚刚开始一年的因斯布

① 拉纳:《神学研究》(英文版) 1:7。
② Karl Rahner, *Faith in a Wintry Season: Conversations and Reviews with Karl Rahner in the Last Years of His Life*, New York: the Crossroad Publishing Company, 1990, p.9.

鲁克教书生涯面临危机。1939 年纳粹关闭了该校的神学院。拉纳和其他一些耶稣会士撤退到耶稣会自己的住所继续教授神学，直到后者也遭到纳粹整肃。随着耶稣会住所被没收，耶稣会修士们也被驱离蒂罗尔地区（Tyrol）。拉纳把这些行动归于纳粹蒂罗尔地区长官霍费尔（Hofer）的敌视心态。拉纳猜度，对于霍费尔而言，"有个耶稣会神学系这种想法是绝对不能忍受的。所以他很快加以遣散。我们在因斯布鲁克为教区神职人员所开设的嘉尼削神学院（Canisianum）① 遭到没收。之后很快，供我们神学教授居住的耶稣会寓所也被占据和没收。我们被限期赶出因斯布鲁克。然后我们又收到那份地区限制令。那意味着我们不再允许待在蒂罗尔地区。"②

在这样困难的情况下，包括拉纳的兄长雨果在内的一些人去了瑞士，以求保全教师队伍，但拉纳仍然留在了奥地利。正如拉纳的回忆所言："我们被从因斯布鲁克赶出去的时候，我去了维也纳。尽管在战争开始的时候我们越来越多的东西遭到没收，但是我们努力继续向维也纳的耶稣会会士讲授神学。我在维也纳的那家牧灵学院和别处工作。我在维也纳一直待到 1944 年夏季。然后我在假期期间去了下巴伐利亚，就没有再回维也纳，在下巴伐利亚度过了战争的最后一年。"③

拉纳之所以没有遭受更多的颠沛流离，是因为他于 1939 年 8 月 15 日幸运地受到维也纳红衣主教因尼策（Innitzer）的邀请，履新了他作为一个耶稣会会士的最后一份职业，即以"元老顾问"（curial counsellor）的头衔到牧灵学院（the Pastoral Institute）工作。这样他

---

① 奥地利的嘉尼削神学院是世界上众多以宗教改革后在德国恢复天主教的圣伯多禄·嘉尼削（Peter Canisius）的名字命名的神学院之一，建于 1910—1911 年期间，1938 年 11 月 21 日被纳粹关闭，直到 1945 年 10 月才重启。

② Karl Rahner, *I Remember: An Autobiographical Interview with Meinold Krauss*, trans. Harvey D. Egan, New York: Crossroad, 1985, p.49.

③ Ibid, p.50.

得以在大战时期的绝大多数年份在该学院和那个方济各教堂继续从事讲学，涉及"基督教有关人的图景说、作为神学起点的人类学，以及海德格尔的哲学。他还开设一些有关教义学的完备课程，谈论禁欲主义、神秘主义、性伦理诸般问题，以及教会中平信徒的那些难题。"①期间拉纳作为沃格利姆勒笔下的"旅行演讲家"还不时离开维也纳，前往莱比锡、德累斯顿、斯特拉斯堡和科隆发表讲演，继续其对于基督教人类学、教义神学和那些仍然令其感兴趣的问题，尤其是神秘主义的探索研究。与其同时，这些旅行讲演也不断为他的神学文章提供新的材料。

1939 年到 1944 年的这段时期不仅是他在艰难情况下继续进行神学教学的时期，也是他实际从事布道和牧养的一个时期，而且帮助卡尔·鲁道夫阁下（Monsignor Karl Rudolf）把这所牧灵学院从某种官僚机构改造为一个牧灵护养中心。"我的神学无论多么抽象和学究，归根结底一直有一种牧灵的和牧职的灵感。……我的确曾相对频繁地布道……尽管并非大量，但我也做过教牧工作。战争期间我在下巴伐利亚，帮忙做平常的教区牧职工作。1939 年到 1944 年的这段战争期间，我是维也纳牧灵学院的一员。早已过世的卡尔·鲁道夫阁下发起并建起了一个以前人们几乎闻所未闻的一种教区牧灵学院，我想，至少之前在中欧闻所未闻。先前，那些机构或多或少实际上都是些官僚行政中心。鲁道夫通过建立、发展和组管该牧灵学院，把教区行政中心的重心从官僚体制转变为一些充满活力的教牧关怀中心机构。在那一年，我也是与他一道经历了这一切的一位适度参与的同工。"②

至于拉纳在维也纳工作期间最为突出的事件，当属接受红衣主教

---

①　Herber Vorgrimler, *Understanding Karl Rahner: An Introduction to His Life and Thought*, trans. John Bowden, London: SCM Press, 1986, p.68.

②　Paul Imhof and Hubert Biallowons, eds, *Karl Rahner in Dialogue: Conversations and Interviews, 1965—1982*, New York: Crossroad, 1986, p.192.

因尼策的委托起草了一份辩驳书，这份辩驳书所针对的是弗莱堡的康拉德·格罗贝尔（Conrad Grober）大主教 1943 年 1 月 18 日致德国和奥地利所有主教的公开信中对天主教教牧、神学和礼仪革新方面的冗长指责。根据拉纳昔日的学生和他的传记作家沃格利姆勒的说法，这份《维也纳备忘录》是拉纳非常重视的有关他的传记中的三大事件之一。当 1962 年弗莱芒语版和 1963 年德语版的《卡尔·拉纳：生活、思想和著作》出版之后，"拉纳本人还列出了它所包含的那些神学主题，并口述给我那时的秘书格尔达·罗特蒙德（Gerda Rothmund）。在这本传记中拉纳特别重视三件事：年轻时与皮耶尔·乔治·弗拉萨蒂（Pier Giorgio Frassati）的友谊，弗莱堡哲学博士论文的命运和他在战争期间所写的《维也纳备忘录》。"①

格罗贝尔大主教在这封至"最尊贵的大德意志主教区"的长达 21 页的信中对维也纳危险的革新分子们提出了 17 项责难，其中包括：对于新经院主义和自然法的兴趣衰落；天主教教义学中有太多的新教影响；过于强调礼拜和试图把圣餐作为弥撒的一个本质部分；倡导本土语言；没有肯定教会是一个"完美的社会"；过于强调神秘主义和更具新教特色的全称僧侣概念；过于顺从普世教会运动；夸大使用保罗的神秘体隐喻来证明该运动的正当性。简言之，格罗贝尔的这个责难文件是一系列谴责的罗列，反映了特伦托大公会议的色彩和防波堤心态，以及该文件作者神学上的不安全感。在这封信的结尾，他甚至大声疾呼："大德意志的主教们，我们还能保持沉默吗？罗马还能保持沉默吗？"

对于该信的措辞，一些主教不仅感到过于轻率，而且感到有违集体共治性。维也纳红衣主教责成其教牧办公室撰写辩驳书，这项任务

---

① Herber Vorgrimler, *Understanding Karl Rahner: An Introduction to His Life and Thought*, trans. John Bowden, London: SCM Press, 1986, p.45.

便落到拉纳肩上。拉纳晚年回答相关采访问题时曾说："弗莱堡大主教康拉德·格罗贝尔产生了这样一种奇怪的想法，就是抗议教会方面的——而非政治方面的——某些倾向。在一个备忘录，即他所称的致大德意志主教区的一封信中，表达了他对于礼仪、流行神学和教牧实践方面的某些倾向的观察和担心。这时我受红衣主教因尼策和卡尔·鲁道夫所主持的维也纳教牧学院的委派，起草一份应对备忘录。而且我这么做了。回头来看，人们对于这两个备忘录可能所知甚少。德国主教们与康拉德·格罗贝尔有不同的关切，而且战后德国和奥地利成为两个国家，也就不再有这方面的谈论了。不久前出版的康拉德·格罗贝尔的一本传记对整个事件给出了某种历史陈述。该书混淆了那些议题，而且淡化了这个事件的意义。尽管如此，人们仍然能够在那读出维也纳备忘录对于那段历史时期的重要性。"①

当年拉纳在长达 53 页（另有 2 页内容目录）的辩驳书中用 34 页主要来谈论神学。拉纳考虑到了一些基本难题：时间的演化、新时代的黎明对于神学究竟有何意义？面向年轻的一代有何说辞？尽管有新的语言，但如何保持教会传统？拉纳还指出了讨论和争议的重要性，指出了满怀怨恨而沉默不语的致命性。他还全面阐述了那时德国神学的状况，与法国进行了对比，并且稽考了释经学与教义学的关系。通过这些方面，拉纳直面那封所谓的《弗莱堡备忘录》书信中的那些诘难，最终致力于表明，教会官方没有理由禁止和警示神学研究，反而有无数理由正面鼓励神学发展；天主教传统正是被敌视发展的封闭心态所误，那些发展不仅对追求真理的教会而言是需要的，而且对触及教会起源于基督的动力而言也是需要的。拉纳所做回应中有一句话因其洞察力而十分显著，指出了倘若教会的当权者们窒息革新和发展就

---

① Karl Rahner, *I Remember: An Autobiographical Interview with Meinold Krauss*, trans. Harvey D. Egan, New York: Crossroad, 1985, p.53.

有把年轻的那些世代的天主教徒与他们的传统异化开来的危险："只有当诚实地尝试找到新道路和新手法的时候，维护传统的意愿才有可能在未来也有效。"①

此外值得一提的是，辩驳书的另外 19 页涉及哲学。拉纳强调了现代哲学的一些经典人物及其思想活力，以及基督教徒和神学家与这些思想家进行接触的必要性；尽管这些人的著作，包括康德和尼采的著作，已经列为天主教禁止阅读的禁书目录，但是他认为应当允许人们自己发问，允许人们向那些思想家学习，并且"把一种哲学语言翻译为另一种哲学的语言"。可见，他考虑的是如何把古老信息翻译成今天信息的问题，以及如何使之"交通"的问题。

拉纳的辩驳书既有学者气质又有说服力，其中的很多重要观念出现在拉纳《神学论集》第一卷的第一篇文章《教义神学的方方面面》中。尽管无法得知当年德国和奥地利的主教们的反响如何，但是他们和相关机构的确都收到了拉纳的一份辩驳书。这份辩驳书表明拉纳已经是一位思想敏锐、观念丰富、直面具体实践问题和胸怀教会大"战略"的神学家；"拉纳的回应表明他对于教会在教义和礼仪方面所需要的那种改革的敏感，而这种改革在 20 年后终于事实上由梵二会议加以落实。"②

三、劫后有余生——重拾教鞭育人忙

在第二次世界大战期间拉纳就是如此活跃和初露锋芒。但是及至 1944 年夏，来自盖世太保的强烈压力使他的教牧工作不再可能正常进行，甚至使他身陷危险之中，所以只好如前文所述离开维也纳前往下巴伐利亚的一个农村（Mariakirchen），在战争的最后一年在那里

---

① 转引自 Herber Vorgrimler, *Karl Rahner*: *His Life*, *Thought and Works*, trans. Edward Quinn, Glen Rock, N. J.: Deus Books, Paulist Press, 1966, p.35。

② William Dych, *Karl Rahner*, London & New York: Continuum, 2000, p.9.

做教区神父；这向人们揭开了拉纳教牧工作的全新一面。事实上，拉纳终其一生频繁布道和退修一直继续保持着这个维度的工作："例如，在因斯布鲁克，在长达十年的时间内我每个礼拜日都布道。我较为年轻的时候，我相对更加经常地举办退修活动；尽管并非为一切人，例如，并非为高中生，但是我事实上仍然为各行各业的各色人等举办过退修活动：祭司、修会成员、信女和受过教育的群体等等。"①

拉纳十分注意理论和实践的结合。"我从不或鲜有像'为艺术而艺术'那样为神学而神学的情况。……简而言之，既是出于个人性的和存在性的关切，又是出于对于教牧需要的这般理解，我希望并认为我的神学从未真的像在我之前的学术神学、至少教义神学中司空见惯的那种'为艺术而艺术'的情况发生。"② 例如，他在二战最后数月在慕尼黑所遭受的毁灭性轰炸中对于悲惨情形的一手经历，导致他当年在这个被炸毁的城市从事广泛的减轻痛苦的工作。这反映在他 1946年在慕尼黑圣米海尔教堂所作的大斋节（Lenten）系列演讲《论祈祷之需要和祝福》之中。根据拉纳的一位学生的说法，这个系列演讲被"作为一个现代灵修经典"③ 来对待，"事实上时至今日仍然吸引大量的读者"④。

拉纳当年的学生、曾担任奥地利因斯布鲁克蒂罗里亚出版社和德国弗莱堡赫尔德出版社编辑的瓦尔特·施特罗尔斯（Walter Strolz）教授这样说到拉纳及其《论祈祷之需要和祝福》："1949—1959 这段时间他对我有决定性的影响。当我开始学习德国语言和文学、哲学和历史的时候，我开始关注他，期间他是因斯布鲁克的大学教堂即耶稣会

---

①② Paul Imhof and Hubert Biallowons, eds, *Karl Rahner in Dialogue*: *Conversations and Interviews*, *1965—1982*, New York: Crossroad, 1986, p.192.

③ Kress, *A Rahner Handbook*, Atlanta: John Knox Press, 1982, p.5.

④ Andreas R. Batlogg, Melvin E. Michalski, Barbara G. Turner, eds. & trans., *Encounters with Karl Rahner*: *Remembrances of Rahner by those who knew him*, Marquette University Press, 2009, p.344.

教堂的布道者。那时我正在读他的书《论祈祷之需要和祝福》。令我印象深刻的是他语言的独特语调，还有他用以探索艰困和痛苦意义的穿透力，以及同时与哲学洞见的贯通。"①

在拉纳看来，那种纯粹学究式的和内省式的神学总是异己的异数；"作为属灵性的一种结果，作为那种以当下性的和存在性的方式令我感到责无旁贷的东西的一种结果，作为教牧或牧职工作的一种结果，我相信，我的确经见了全新的和重要的任务摆到了系统性的和思辨性的神学面前。"②事实上，拉纳对于人们的教牧关切在很多方面也都是显而易见的。根据他的学生威廉·戴克的回忆，他自己和他人都不止一次地陪同拉纳到过超市；拉纳在那里会买下大量的食物，然后送往某个穷人家。这些人家或许是他数年前结识的，但是对于他们的需要他仍然记在心上。

在1945年8月美国占领德国之后，纳粹的统治终结了，拉纳得以被指派到慕尼黑附近的普拉赫（Pullach），在那里恢复教授年轻一代耶稣会会士教义神学，而且还作为成人教育项目的一个组成部分教授天主教教义学。拉纳本人后来回忆说，德国历史上这段动荡时期对于他而言无异于流放。他没有什么食物可吃，但是他仍然幸运地成为"那些免遭那段日子中最为骇人恐怖的人们之一"。③对于"希特勒现象"和那么多人卷入其中，他认为难以理解。尽管的确有少数人不怕牺牲奋起反抗，尽管有不少人冒险关怀犹太人，但是大多数人"不识庐山真面目只缘身在此山中"："总体上人们相当被动地经

① Andreas R. Batlogg, Melvin E. Michalski, Barbara G. Turner, eds. & trans., *Encounters with Karl Rahner: Remembrances of Rahner by those who knew him*, Marquette University Press, 2009, p.341.

② Paul Imhof and Hubert Biallowons, eds, *Karl Rahner in Dialogue: Conversations and Interviews, 1965—1982*, New York: Crossroad, 1986, p.193.

③ Karl Rahner, *I Remember: An Autobiographical Interview with Meinold Krauss*, trans. Harvey D. Egan, New York: Crossroad, 1985, p.59.

受了这种疯狂。回想起来我们必须扪心自问事实上我们本来应当做些什么。"①

1948 年 8 月拉纳再次被指派到因斯布鲁克大学嘉尼削神学院，他在那里用拉丁文教授那些论述创世、原罪、神恩和圣事等方面的教义学著作。过了还不到一年，1949 年 6 月 30 日，他就被提名并被聘为因斯布鲁克大学神学院的教义学教授（Ordinarius Professor of Dogmatics）。这些战后年份成为他作为耶稣会神学家生涯的一个全新的开始，也开启了拉纳令人难以置信的一个著述多产期。因为拉纳的存在，因斯布鲁克成为吸引全世界年轻神学家的一个国际中心。

大量学生慕名参加他的讨论班，不仅是要获得亲耳聆听大师教诲的荣誉，对于一些人而言还是请拉纳指导自己进行神学研究的良机。这些博士生中有一些人固然凭其自身"扬名立万"，但也承认拉纳对他们后来的发展的影响。拉纳在因斯布鲁克的讲课同样提供了后来结集为《神学研究》的许多论文的原初背景。他的一位先前的学生和后来的同事赫伯特·沃格利姆勒（Herbert Vorgrimler）把拉纳这个阶段的生活作了这样一番描述："以一种几乎令人难以想象的工作和周游强度，拉纳开始一些计划、捕获一些首创灵感，并且把他在因斯布鲁克锡尔噶瑟（Sillgasse）的简朴书房和卧室转化成一条独特的生产线。"②

在教书育人方面，拉纳给学生带来理智上的砥砺。这些学生当中有一位叫罗伯特·克雷斯（Robert Kress），他回忆起在战后这些年中拉纳教学中的一个特征，就是"神学自由谈"。"星期五晚餐之后，拉纳和任何想来参与的人们集中在一个教室中。他会接受听众所提出的

---

① Karl Rahner, *I Remember*: *An Autobiographical Interview with Meinold Krauss*, trans. Harvey D. Egan, New York: Crossroad, 1985, p.52.

② Herbert Vorgrimler, *Understanding Karl Rahner*: *An Introduction to His Life and Thought*, trans. John Bowden, London: SCM Press Ltd., 1986, p.72.

任何问题和所有问题，然后会边想边说两个小时。"① 据在"拉纳档案馆"工作二十多年的罗曼·希本罗克说："从那些参加 20 世纪 50 年代后期讨论班的学生笔记中，人们能够看到他原初形式的神学方法：构想问题；围绕问题和神学材料，这对他而言是次要的，他信手拈来；分析所有这些材料对于应对当今挑战的可能贡献。"②

　　针对坊间所传拉纳讲课风格方面的不足，也许是出于对老师的维护，克雷斯追忆说，拉纳"决不是一个索然无味的演讲者……他在 250 多位学生面前，在与教室同宽的大讲台上，一边踱步一边用深沉的隆隆之音讲出他的思想……他的讲课还充满着机敏、儒雅的用词和家常、世俗的隐喻。在适当的语境中，拉纳会把流行的教科书神学指为'树林和草坪神学'（Wald und Wiesen Thologie）……经他之口，这唤起的是一种有关风景完全单调乏味、毫不令人兴奋的言外之意……在被罗马和其他权威所围困的那些时日，他仍然能够像早先的彼得·奥利维（Peter Olivi）一样打趣说，他的确成为诋毁者们炮轰的靶子，但是他们脱靶了……他的著述也充满讥讽……神学家们当然无法幸免，尤其是拉纳自己。在医生和牧师之间的一场'论睡眠、祈祷和其他诸事的对话'中，拉纳借前者之口断言说：'我总以为神学家们通过演说和著述为睡眠所做的贡献最大。'"③

　　这当然并非孤证。他当年的另一位学生汉斯·伯恩哈特·迈尔的说法对克雷斯的说法有所印证。当被问及拉纳是否教过他的时候，他说："是的。我既听过卡尔·拉纳的课，也听过雨果·拉纳的课，还听过约瑟夫·安德烈亚斯·容曼的课，其中后者是一个相当乏味的讲

① Kress, *A Rahner Handbook*, Atlanta: John Knox Press, 1982, p.6.
② Andreas R. Batlogg, Melvin E. Michalski, Barbara G. Turner, eds. & trans., *Encounters with Karl Rahner*: *Remembrances of Rahner by those who knew him*, Marquette University Press, 2009, p.372.
③ Kress, *A Rahner Handbook*, Atlanta: John Knox Press, 1982, pp.7—8.

者，轻声轻语，几乎没有演讲口才。辞藻华丽不是他的风格，天长日久我才认识到他的价值。卡尔·拉纳并非如此；他的讲课真的令人兴奋。他即兴演讲，一边走来走去，一边大声说出他的思考，而我们则努力跟上他的思想。这种宣讲风貌是他的特点，正如在他的整个思想中所能看到的那样。他能够在最为困难的思辨反思与实践性的教会虔敬生活之间进行一步到位的转换，所以人们可以看清一个与另一个是如何关联的。那是一种伟大的天分，给我们留下了深刻的印象。"①

当年的学生、后来的因斯布鲁克神学系主任（1969—1970）并一度出任校长（1975—1977）的基督教哲学教授奥托·穆克（Otto Muck）对于拉纳有这样的回忆："我从1956年到1959年跟着拉纳在因斯布鲁克学习教义神学。那非常令人感兴趣。那时他有一段时间是用拉丁语教课，其他一些时间则用德语授课。尽管在我的记忆中并非绝对清晰，但是我想他是用德语讲授'教义历史'和'圣经神学'，用拉丁语讲授'系统神学'。我还上过弗朗茨·拉克纳（Franz Lakner）、恩格尔伯特·古特文格尔（Engelbert Gutwenger）和约瑟夫·费尔德勒（Josef Felderer）的'系统神学'。拉克纳比拉纳更加经常地用拉丁语授课。甚至在我成为一个耶稣会士之前，那时我是维也纳的一个学习哲学、数学和物理学的学生，就对神学和哲学感兴趣。我仍然能够记起我们学校的学生如何讨论拉纳那篇有关'多个弥撒、一个牺牲'的文章，以及他论玛丽亚的那些文章。1953年到1954年我非常集中地研读他的著作《圣言的倾听者》。我们聚成一个小组来讨论这本书，争论它在多大程度上是一种类型的人学。一个人越集中地研读拉纳的著作，对于理解他的方法论的需要就变得愈加清楚。"②

① Andreas R. Batlogg, Melvin E. Michalski, Barbara G. Turner, eds. & trans., *Encounters with Karl Rahner: Remembrances of Rahner by those who knew him*, Marquette University Press, 2009, p.58.
② Ibid., p.65.

四、声名出校园——现身社会大课堂

有一段时间，拉纳的时间越来越多地被校园外面的讲座所占据。这与拉纳在教会中作为一个创新神学家的声名远播相应。教会中的许多人不再满足于所受宗教教育之中那些新经院主义谜题的平淡无奇的重复，开始渴望更多的东西。拉纳在其漫长的神学生涯中的演讲不胜枚举，他演讲的身影几乎出现在世界各地的每一个宗教中心。

从听众的规模和水平来判断，拉纳对于演讲邀请基本上是来者不拒。[①] 他的演讲对象有《神操》辅导员、各种修会的上层、修道院长、医生、心理理疗师、年轻的住堂神父、新闻记者、社会学家、教师和各行各业的学者、社会工作者、妇女组织、教牧大会、家庭和教育组织、哲学学会，以及德国的礼仪委员会和比利时的"生命之光"（Lumen Vitae）研究群体等。他还应邀前往（前）西德、瑞士、荷兰和罗马的那些大学进行客座演讲。

其中特别值得一提的是拉纳 1948 年在德国威斯特伐利亚的巴特德里堡（Bad Driburg）所举办的首届新教和天主教神学家大会上的演讲。这次大会诞生出一个讨论团体，就是人们所知的"耶格尔—施塔林小组"（Jaeger-Stahlin Group），这个小组得名于德国帕德博恩大主教耶格尔和该地区的新教主教施塔林的名字。拉纳在这个天主教参与正在萌芽的普世教会运动的独特形式之中，很快变得活跃起来；其时尚在普世教会合一成为梵二会议的一个主题之前，那时这样交换意见的方式还为梵蒂冈所不齿。不过该小组的年会成为 1960 年在罗马所建立的"促进诸基督教会合一秘书处"（the Secretariat for Promoting Unity of the Christian Churches）的雏形。[②] 而上述小组的许多参加者

① Herbert Vorgrimler, *Understanding Karl Rahner: An Introduction to His Life and Thought*, trans. John Bowden, London: SCM Press Ltd., 1986, p.72.
② Herbert Vorgrimler, *Karl Rahner: His Life, Thought and Works*, trans. Edward Quinn, Glen Rock, N. J.: Deus Books, Paulist Press, 1966, pp.44—45.

后来成为梵蒂冈的这个秘书处的成员。

此外，小组的成员中还有后来成为红衣主教的赫尔曼·福尔克（Hermann Volk），以及联邦德国派驻梵蒂冈大使馆一秘普雷拉特·约瑟夫·霍费尔（Prelate Josef Hofer）。特别是后者对于拉纳非常重要，此人与罗马的那些圈子保持有良好的关系，例如与后来成为红衣主教的耶稣会士奥古斯丁·贝亚神父（Fr Augustine Bea SJ）交往甚密。这些人在拉纳后来面临教廷审查的时候，为他奔走呼号，起到不小的代为陈情和保护作用。

作为拉纳与这个小组密切联系的一个后续结果，以及随着他开始整合更易被改革宗传统所接受的一种教义学的基础和动机，拉纳的神学对其他基督教派别具有强烈的开启普世教会维度的作用。尽管拉纳热衷这种普世教会活动，以及在学术圈子（他业已成为其中心）之外的演讲花费了他大量的时间，但是他的主要担当还是在因斯布鲁克的那些神学学生。当他出现在讲台的时候，演讲大厅中仍然是人山人海。

除了上述"耶格尔—施塔林小组"的社团活动之外，拉纳还参与那时的另外两个讨论组的活动，这些活动对拉纳的神学和教学产生了富有成果的影响。其一是1957年所设立的用以支持自然科学与信仰进行对话的特别国际机构"格雷斯科学促进社"（the Gorresgesellschaft for Advancement of Science）。作为其中的一位活跃成员，拉纳经常应邀在该小组的年会上（通常在巴伐利亚的Feldafing）宣读论文，阐述其在人化、基因工程等方面问题的观点。其中的第二个机构也是意在抵消科学与信仰之间看似的异化。这个组织是在天主教神学家埃里希·克尔纳博士（Dr Erich Kellner）首倡下于1950年代成立的"保卢斯社"（Paulusgesellschaft），这个社团定期聚会，以促进科学家和学者之间就感兴趣的各种问题进行讨论，包括人们所说的科学技术与宗教的主宰出现交叉的那些领域，甚至在1960年开启了一场"基督教徒—马克思主义者的对话"。从 1958 年开始拉纳积极参与其中的活动，很快他的最为著名的学生之一施洗约翰·梅茨（Johann Baptist Metz）也一同参加到其中。

在拉纳所参加的这些圈子的讨论中，批判性的和争论性的领域不仅限于交叉学科水平上的科学领域，而且广泛涉及当代公共生活领域。拉纳在这些圈子中的活动给许多人留下的印象是，他是一个相当乐意鞭策同侪进行自我批评的左翼神学家。尽管拉纳在所有的这些圈子中以坚定的罗马天主教徒为人所知，但是他对天主教在相关问题上的立场既不是防卫性的也不是偏护性的。事实上，他通过批判性地审视追求真理的那些不同路径来理解别人观点的能力，给这些小组的人留下了深刻印象。对他们而言，拉纳"批判性地超脱他自己的体系（及其）对吐故纳新和向他人开放的意识"赢得了他们的尊敬。① 对拉纳而言，他参与这些学术性的、跨学科的团体是方兴未艾的一个防止罗马天主教自我陶醉在文化象牙塔之中的开放与对话努力的重要组成部分。

---

① Herbert Vorgrimler, *Understanding Karl Rahner: An Introduction to His Life and Thought*, trans. John Bowden, London: SCM Press Ltd., 1986, p.73.

第三章
革新与成就

第一节　笔耕不辍　著作等身

一、理论探索——《神学论集》或《神学研究》

1982 年拉纳曾经面对采访者提出的这样一个问题："就你所唤起的众多现代神学问题而言，有没有一个在你作为一个神学家看来恐怕最为重要的问题？"拉纳则做出了这样的回答："是的，有这样一个问题。大概是这样的：人的存在是荒谬的呢，还是拥有一种终极意义？如果是荒谬的，何以人类对于意义有一种不可遏制的渴望？这岂不是上帝存在的一种结果吗？因为，如果上帝真的不存在，那么对于意义的渴望则是荒谬的。"[①] 这正是帮助我们统领拉纳所有理论探索和牧职关切的总纲。

当年，随着上述活动，以及《在世之灵》和《圣言的倾听者》等著作业已产生的影响，拉纳作为神学家的名声远远飞出了因斯布鲁克；而且随着他把自己的那些散见的文章结集出版，拉纳在天主教传统中作为一个具有创见的思想家的才干也与日俱增。

---

① 冬季，163。

在位于艾恩西登（Einsiedeln）的本齐格出版社（Benziger Verlag）的奥斯卡·贝特沙尔特博士（Dr.Oscar Bettschart）的努力下，拉纳原先分散的那些文章结集成书，第一卷于 1954 年问世。出于出版上的技术性考虑，这套系列文集以一个非常具有弹性的标题《神学论集》（Schriften zur Theologie）来命名。贝特沙尔特发现这些文章非常适合达成他的一个目标，就是在说德语的人中间"更新"神学。让拉纳和贝特沙尔特两人感到喜出望外的是，论集前三卷的销售量各自超过 16000 册（第一卷，1954 年，专家神学方面的论文；第二卷，1955 年，灵性方面的论文；第三卷，1956 年，灵性方面的论文）。

汉斯·洛特评论说："前三卷有一个概念，这个概念对于拉纳和本齐格出版社而言证明是一个巨大的成功。渐渐地又有更多卷出版了。最终出到 16 卷（德语）——这是 1954 年第一卷出版的时候没有预见到的。依我之见，最初三卷在神学上是革命性的。它们产生了巨大影响。"①

拉纳的作品之所以畅销，很重要的一个原因是读者感到契合实际、直指人心。当年的读者、后来的基础神学教授彼得·克瑙尔（Peter Knauer）回忆说："我记得自己还是一位见习耶稣会士的时候就已经听闻拉纳神父。那是《神学研究》前几卷面世的时候。你会有这样的印象，就是他所回答的总是你以某种方式装在内心的那些问题，但是他却能清晰地把它们表述了出来。这是我最初的印象。"②

这点在一位仰慕拉纳和自学拉纳的读者伊姆加德·布斯特（Irmgard Bsteh）女士那里得到更详细的印证："通常你可以通过个人接触而了解某人，但是你也可以通过阅读他们的作品而认识他们。至

---

① Andreas R. Batlogg, Melvin E. Michalski, Barbara G. Turner, eds. & trans., *Encounters with Karl Rahner: Remembrances of Rahner by those who knew him*, Marquette University Press, 2009, p.229.

② Ibid., p.315.

少，我与拉纳的接触就是这么来的。……我的第一印象是：这是一个对于真正的当代问题有所言说的人；那是一些不时引发我们关切的问题，一些有关我们信仰的问题，一些我会感同身受的问题。那时还在哪里能够发现这样的人？……几乎难以置信的是，我观察到这位耶稣会士不仅追问早在我内心最深处纠结不已的同类问题，而且对于那些所谓自明的东西和'传统智慧'发声诘难。……我简直上了瘾。凡是我能触及的拉纳所写的东西，我都买！"①

在随后的 30 年间拉纳的这些论集的其他各卷陆续出版。② 第四卷结集于 1960 年，其中拉纳的专家神学退居一般性的、普世性的、面向梵二会议的进路之后。尽管遭到罗马的特别审查，第五卷还是得以于 1962 年出版，该卷的文章就像第六卷（1965）中的那些文章一样，强烈地被梵二会议背景上所讨论的那些问题所主导。第七卷（1966）就像第八卷（1967）一样，收录了一些灵性方面的文章，包括第三卷出版以来所汇集的那些非常短小的文章。第八卷是这套文集中篇幅最长的一卷，汇集了梵二会议所引发的那些讨论和对话中的文章，体现了拉纳与马克思主义者（"基督教人道主义"）和自然科学家（"实验人"）之间的对话成果。这一卷和第九卷（1970）令人印象深刻地反映了拉纳非凡的学习能力，尤其是表现出他如何以一种正面的方式借鉴梅茨（J.B.Metz）的政治神学。甚至更加令人瞩目的是，第九卷在诸如与"世界"对话这类重要问题方面对神学的更新。这种向神学、神学组织以及向神学中的哲学功能的"回归"在第十卷（1972）中更为明显。

---

① Andreas R. Batlogg, Melvin E. Michalski, Barbara G. Turner, eds. & trans., *Encounters with Karl Rahner: Remembrances of Rahner by those who knew him*, Marquette University Press, 2009, pp.305—306.

② Herbert Vorgrimler, *Understanding Karl Rahne: An Introduction to His Life and Thought*, trans. John Bowden, London: SCM Press Ltd., 1986, pp.73—74.

　　此外，第十一卷（1973）汇集了拉纳有关忏悔的历史和忏悔实践方面的论文。第十二卷（1975）集中在一些终极的和激进的问题：上帝的经验、隐匿性和不可把握性，耶稣基督的经验，当今信仰基础的可能性，以及普世教会急迫的新问题等。这些主题在第十三卷（1978）中得到进一步展开，并且给出了更为深刻的解答。相反，第十四卷（1980）则只是关乎教会中的生活，表明拉纳作为一个神学家对教会未来的深深关注。第十五卷（1983）拉纳在自然科学和无神论所提问题的背景下进一步关注当代信仰的基础；他比以往更加清晰地聚焦救赎这个主题，更多考虑当今尤其需要的美德问题；在该卷中他对积极从事和平、坚决拒绝核武器的勇气大书特书。第十六卷（1984）包括那些论述社会的人道化，以及致力于教会的未来、教会内的虔诚和圣事方面的文章；该卷具有天主教的独特烙印。这套文集的德文版总页数超过 8000 页。

　　这套文集的始作俑者可以说是拉纳的一位苏黎世学生理查德·古茨维勒（Richard Gutzwiller SJ，1896—1958），正是他首倡把拉纳散见的那些文章结集出版的。拉纳首先寻求德国的天主教出版商的支持，在几经努力出版无望的情况下，又是听取了这位学生的建议，拉纳才在 1953 年找到了准备支持他的本齐格出版社的奥斯卡·贝特沙尔特博士。这家出版社原先位于艾恩西登（Einsiedeln），后来迁到了苏黎世。

　　在帮助拉纳出版这套文集的"贵人"当中，除了上述两位之外，还有一些最初的志愿助手，大学执教时的助教，以及来自耶稣会的合作者；他们在拉纳准备原稿方面给予他大量的技术性的帮助，首先是在作为文章发表的环节，然后是在编入《论集》的环节。"他们是在因斯布鲁克时的阿道夫·达拉普（Adolf Darlap）和弗里德里希·考尔特（Friedrich Korte），在慕尼黑时的卡尔·莱曼（Karl Lehmann）和约尔格·施普勒特（Jorg Splett），在明斯特时的艾尔玛·克林格

（Elmar Klinger）、莱奥·卡尔特（Leo Karter）、库诺·福赛尔（Kuno Fussel）和赫利伯特·韦斯特曼（Heribert Woestmann），在慕尼黑时的卡尔·海因茨·诺伊费尔德（Karl-Heinz Neufeld）和罗曼·布利施泰因（Roman Bleistein），以及后期在慕尼黑和因斯布鲁克时孜孜不倦的保罗·伊姆霍夫（Paul Imhof）。"①

这套文集英译本题为《神学研究》（*Theological Investigations*），共分为 23 卷。第一卷《上帝、基督、玛利亚和恩典》（1961），对应于德文版第一卷。第二卷《教会中的人》（1963），对应于德文版第二卷。第三卷《灵性生活神学》（1967），对应于德文版第三卷。第四卷《新近文选》（1966），对应于德文版第四卷。第五卷《后续文集》（1966），对应于德文版第五卷。第六卷《关于梵二会议》（1969），对应于德文版第六卷。第七卷《进一步的灵性生活神学》（1971），对应于德文版第七卷上。第八卷《进一步的灵性生活神学》（1971），对应于德文版第七卷下。第九卷《1965—1967 年文集上》（1972），对应于德文版第八卷上。第十卷《1965—1967 年文集下》（1973），对应于德文版第八卷下。第十一卷《对质上》（1974），对应于德文版第九卷上。第十二卷《对质下》（1974），对应于德文版第九卷下。第十三卷《神学、人类学和基督论》（1975），对应于德文版第十卷上。第十四卷《教会学、教会中的问题和世界中的教会》（1976），对应于德文版第十卷下。第十五卷《早期教会中的忏悔》（1977），对应于德文版第十一卷。第十六卷《圣灵经验——神学之源》（1979），对应于德文版第十二卷上。第十七卷《耶稣、人和教会》（1981），对应于德文版第十二卷下。第十八卷《上帝与启示》（1983），对应于德文版第十三卷上。第十九卷《信仰和牧师》（1984），对应于德文版第十三卷下和第

---

① Herbert Vorgrimler, *Understanding Karl Rahner: An Introduction to His Life and Thought*, trans. John Bowden, London: SCM Press Ltd., 1986, p.75.

十四卷文选。第二十卷《对教会的关怀》(1981)，对应于德文版第十四卷文选。第二十一卷《科学和神学》(1988)，对应于德文版第十五卷。第二十二卷《人性社会与明日教会》(1989)，对应于德文版第十六卷前三部分。第二十三卷《最后文集》(1992)，对应于德文版第十五卷文选和第十六卷文选。

这套文集中的文章几乎涵盖了神学和灵修的整个领域，尽管不像一本专著那样具有系统性，但是完整体现了拉纳在对真理的真挚追求中和对教会实践的反思中的当代意义问题的批判性追问和探究。有人认为，可以通过这些神学研究文集来追溯拉纳的文献目录。[1]拉纳不愿把这些文章称作学术性的，因为他认为自己所发表的这些文章论及的都是些单独的问题，"我只是试图澄清现代读者们有兴趣加以更好理解的那些个别问题。我要说，我总是带着宣讲福音、布道和教牧护养的观点来做神学的。"[2]

拉纳在学术上的多产，离不开他超乎常人的勤奋、忘我和自律。他给自己规定每天都有写作定量，即便要休假，也要事先完成定量。迈尔回忆说，他经常超负荷工作："他自己设定了工作标准，就其工作模式而言这有些不近人情。例如，他相信每天都要写下特定数量的文字；那是令人难以置信的数字——大约30页左右。"[3]对此，他的妹妹举例说："我的一个儿子一度曾经与卡尔和几个耶稣会士前往我嫂子在西班牙的庄园去度假。卡尔早就想离开去休假，但是他坚守一种非常严格的自律，要求自己在放松之前要完全集中精力进行一定小时数的工作。只有当他兑现自己加给自己的定量，然后才能够放松和

[1] Kress, *A Rahner Handbook*, Atlanta: John Knox Press, 1982, p.12.
[2] Rahner, "On Becoming a Theologian: An Interview with Peter Pawlowsky," in Imhof and Biallowons, *Karl Rahner in Dialogue*, p.256.
[3] Andreas R. Batlogg, Melvin E. Michalski, Barbara G. Turner, eds. & trans., *Encounters with Karl Rahner*: *Remembrances of Rahner by those who knew him*, Marquette University Press, 2009, p.60.

度假。"①

出版社方面的弗朗茨·约拿（Franz Johna）对拉纳的勤奋也有印证："我可以为他的工作纪律作证。甚至他晚年在加工其《基督教信仰的基础》手稿并想予以完成的时候也是如此。他来到弗莱堡，住在出版社附近的一家宾馆里。每天上午九点半出版社预先安排的秘书准时到达他的住处，他来回走着口述他的著作，几乎毫不间断地一直持续到晚上十二点半。……当他完成工作定量的时候，他才感到如释重负和心满意足。"②

不过，我们在感佩拉纳自律和勤奋的同时，更应该想到作为人而非神的拉纳也一定经受了不为外人所知的一些压力和无奈。他的学生、后来的耶稣会省督阿尔方斯·克莱恩在追忆拉纳时的一番话提供了拉纳与赫尔德出版社一则相关秘事，让我们窥见了拉纳有生之年作为一个人在出版社的巨大压力下有时难免脆弱和无奈的一面：

> 我在因斯布鲁克学习的时候，我们住在耶稣会寓所的同一座房子里。他常到我的房间，问我是否可以待一会。有时他只是想找个安静的地方。他会长达 20 分钟左右望着窗外，然后说声谢谢而离开。他不愿意人们不停地向他打招呼。显然他来到我这里是因为我可以感到他那个时刻想要的是什么。他不愿意无休无止地牵涉到神学谈话中间去。拉纳神父有时只是想要某种平静。有次我到他房间，发现他在流泪。我问他出什么事了。他说："赫尔德出版社不断地要求我给他们写些东西。我感到很有压力。我写过 5 页纸头，又全撕掉扔到废纸篓里了。不要逼我总是产出些什么！"与我在一起的时候，他不需要产出什么或回答什么问

---

①② Andreas R. Batlogg, Melvin E. Michalski, Barbara G. Turner, eds. & trans., *Encounters with Karl Rahner*: *Remembrances of Rahner by those who knew him*, Marquette University Press, 2009, p.244.

题。……出版商们知道拉纳所写的任何新东西甚至在写出来之前都会售出。拉纳总是带着这样的压力生活。正是在身负这样的重压的时候，他才会呐喊："我只是一个人，我不可能总是产出！"感到不快和愠怒的他说："不是因为我想写或者因为有话要说而写，我写是因为这个愚蠢的赫尔德要求我给他们一些东西出版和卖钱。"①

拉纳作为弗赖堡人，与家乡的赫尔德出版社和赫尔德家族有着密切交往。"在编辑层面，他与总编罗伯特·舍雷尔博士关系密切，做学生的时候就认识。在管理层面被称作'赫尔德人'的那些人不是学术人士，而是混到顶层的一些高度谋利的书商。作为书商他们对于一本书是否畅销拥有一种本能，而且深知如何营销来吸引人。弗朗茨·约拿就是拉纳与之保持密切联系的那些人中的一个。他还与赫尔德出版社辞书研究所的历史学家奥斯卡·科勒过往甚密。拉纳一生保持着与赫尔德的密切关系，但是并非唯独与赫尔德捆绑在一起。他还与本齐格出版社（艾恩西登-苏黎世）关系密切，尤其是与奥斯卡·贝特沙尔特博士。当拉纳在赫尔德出版社的朋友罗伯特·舍雷尔无法决定是否接受那些文章汇集而加以出版的时候，是他从一开始促成了《神学研究》(始于 1954 年）的出版。"②

弗朗茨·约拿这样谈到拉纳与赫尔德出版社以及与他本人的关系，印证了拉纳所感到的那种来自出版社的压力是的确存在的："拉纳神父在个人和专业层面都与赫尔德出版社保有非常密切的关系。本出版社成为传播其观念的一个重要工具。……编辑有任务，就是一年

① Andreas R. Batlogg, Melvin E. Michalski, Barbara G. Turner, eds. & trans., *Encounters with Karl Rahner: Remembrances of Rahner by those who knew him*, Marquette University Press, 2009, pp.216—217.
② Ibid., p.125.

春秋两次提出可行的出版计划。出版是一种生意，要出版一定数量的书籍才能维持生计。我不时会对拉纳神父说我们需要一本新书……拉纳神父总是非常平易近人。他提供建议而且敞开胸怀接受别人的建议。我们曾经启动一个'袖珍沉思'系列……对此他从善如流，并在其中扮演了一个积极的角色。我们以《神学反思和充满信仰的沉思》为名出版。这样的系列一旦开始，要想取得成功，一年至少得要出版两本。拉纳神父是一位广为追请的演讲者，一旦演讲完，他就会把讲稿给我：'亲爱的约拿先生，如果你对此感兴趣……'尽管并非全是，但那些神学系列中的许多小书是本出版社需要出版一定数量的图书的结果。"①

在出版社眼中拉纳非常值钱，这点从伊姆加德·布斯特女士的有关访谈那里也得到侧面印证。在谈到拉纳愿意帮助她的语境中，布斯特女士说："我向拉纳的研究助手阿道夫·达拉普问起拉纳的薪酬。达拉普回答说：'啊哈！拉纳神父值他体重那么多的金子。'"② 平心而论，尽管拉纳面临这样大的压力多少出乎常人的预料，但是拉纳与赫尔德等出版社的合作是双赢局面：出版社赚了钱，拉纳通过著述为教会赢得了人心，并利用自己可以动用的那部分稿酬帮助了需要帮助的人。

二、牧职关切——《使命和恩典》与《教牧神学手册》

拉纳的那些直接涉及教牧护养方面的论文和数篇论教会实践的论文没有被放入他的《神学论集》的前三卷之中。实际上，自 1943 年那篇论教牧的文章以来，拉纳在实践神学方面的著述颇丰。1959 年他

---

① Andreas R. Batlogg, Melvin E. Michalski, Barbara G. Turner, eds. & trans., *Encounters with Karl Rahner: Remembrances of Rahner by those who knew him*, Marquette University Press, 2009, pp.75—76.

② Ibid., p.307.

把这些文章另行收集起来，欣然交由当时因斯布鲁克的蒂罗里亚出版社（Tyrolia Verlag）的编审沃尔特·施特罗尔斯（Walter Strolz）博士予以编辑出版，就是长达 561 页的鸿篇巨制《使命和恩典》（Sendung und Gnade）（英译本于 1963—1966 年分三卷在伦敦出版）。至于为何拉纳把《使命和恩典》交由蒂罗里亚出版社，而非当时出版《神学论集》系列的本齐格出版社，当时的编审沃尔特·施特罗尔斯回忆说："作为我与拉纳神父在他位于锡尔加瑟（the Sillgasse）的办公室的商谈结果，蒂罗里亚出版社单独取得了出版权。我通过与耶稣会寓所的耶稣会士的接触，还遇到了埃默里希·考雷特，他的《形而上学》1961 年由蒂罗里亚出版。"[1]

拉纳在《使命和恩典》前言中写到，该书"无非一些论文的一种适度收集，大概对于'理论'与'实践'的互惠关系略有贡献。书的题目力求对于这样一种信念提供支持，就是使徒职份和教牧服侍的使命是天主的恩典使之可能的一种救赎事件。"[2]《使命和恩典》首先以一种基础分析、一种对于基督徒在当代世界中的位置的诠释开始，然后转向教牧护养方面的基本神学问题。它包含一些有关教会内的部门和"状况"的文章，并且业已预先带着后来梵二会议的眼光进入各种各样的实践主题（诸如火车站传道、监狱中的教牧护养和教区图书馆等等），最后以有关教牧护养之虔敬方面的贡献而结束。正如该书1989 年版的导言所说到的，第一版的 24 篇文章"当时打开了将对梵二会议的工作变得重要起来的一系列新视角"。[3] 也正如巴特洛格所说："接近 1950 年代结束的时候，他为（因斯布鲁克的）蒂罗里亚出

---

[1] Andreas R. Batlogg, Melvin E. Michalski, Barbara G. Turner, eds. & trans., *Encounters with Karl Rahner: Remembrances of Rahner by those who knew him*, Marquette University Press, 2009, p.344.

[2] Ibid., p.343.

[3] Ibid., p.342.

版社完成了一部文集《使命和恩典》；该书被翻译成许多欧洲文字，在梵二会议前夕为扩大拉纳的国际声誉发挥了重要作用。"①

正是因为对基督教徒在世界中的角色、教会实践的基本问题和精神援助的实践方面进行了翔实的基础分析，此一著作出版之后吸引了比早先几卷《神学论集》还要广泛的注意力、获得了更为广泛的反响，甚至后来的梵二会议上许多主教都在阅读这本书。②这一著作的成功和影响进一步引来位于弗莱堡的赫尔德出版社（Herder Verlag）的约稿，请拉纳编纂一本《教牧神学手册》(Handbucch der Pastoraltheologie)。

正如施特罗尔斯所言，"《使命和恩典》应当被看作《教牧神学手册》的序曲。我作为出版人介入有关这个项目 1962—1963 年期间的商谈，我知道卡尔·拉纳立意为牧职确立一种新的神学基础。因而，一种对于'救赎的现实性与神创的现实性'之间关系的反思就出现在他汇集的第一批稿件中。教会实践如此避免了短期行为这个危险。拉纳神父坚持认为，如果基督教的拯救信息面对的是在其受造性上属人的人，那么神创必须被看作绝对必要的。至于作为教义神学和教义史教授，拉纳为何如此投入教牧神学，在我看来与他的思维方式有关。他的形而上学的哲学的—人学的背景包括作为整体的大写的存在问题，整合了源于海德格尔《存在与时间》主要概念的在世性和历史性。作为实际存在的属人的人是拉纳发问、挂虑和相关视野的主题。"③

---

①　Andreas R. Batlogg, Melvin E. Michalski, Barbara G. Turner, eds. & trans., *Encounters with Karl Rahner: Remembrances of Rahner by those who knew him*, Marquette University Press, 2009, p.15.

②　Herbert Vorgrimler, *Understanding Karl Rahner: An Introduction to His Life and Thought*, trans. John Bowden, London: SCM Press Ltd., 1986, pp.75—76.

③　Andreas R. Batlogg, Melvin E. Michalski, Barbara G. Turner, eds. & trans., *Encounters with Karl Rahner: Remembrances of Rahner by those who knew him*, Marquette University Press, 2009, pp.342—343.

在他原先所指导的博士生海因茨·舒斯特（Heinz Schuster）（其博士论文就是关于教牧神学方面的）的协助下，拉纳于1960年开始着手该手册繁重的编务工作。拉纳对这本手册的构想根本不同于流行的教牧护养观点，流行的那些观点只是强调教牧工作本身，而不是像拉纳自己所倡导的那样深入挖掘实践神学和教会战略的历史根基。他感到，主导教牧神学的应该是人们已经"更新"的、对教会和对交织在历史境遇之中的最迫切的存在性需要之理解。于是《手册》要涵盖两个重大方面：一是要表明教会是如何形成现在这种形式的，二是要具体表明当今教会真正关乎的是什么，亦即对于教会而言"历史地适当的"是什么。

正如可以预期的那样，拉纳的编纂思路最初遭到许多教牧神学家的抵制，其中有图宾根的 F.X. 阿诺德（F. X. Arnold），以及美因兹的副主教 J.M. 罗伊斯（J. M. Reuss），他们认为拉纳的思路对于年轻一代的神学家而言过于危险，在他们眼中那些年轻一代不必学习教会战略，而只研究教牧工作本身，谦卑地接受指导就可以了。但是经过1960年11月21日开始的多次圆桌会议之后，拉纳最后说服了教牧神学界的一些主要反对者，甚至把一些"反对派神学家"成功地纳入编务工作之中。继而为了具有更加广泛的代表性，拉纳在赫尔德出版社的罗伯特·舍雷尔和舒斯特的协同下，还力图赢得国外，特别是法国同行的参与，并于1961年4月与法国道明会的 M.D. 舍尼（M. D. Chenu）、A.M. 亨利（A. M. Henry）和 P.A. 列日（P. A. Liege）举行会商，但终因德国和法国神学家之间在很多议题上、在心态上、在教会组织喜好和在反思的学术语言等方面的分歧太大，"另外那些法国道明会成员对于拉纳也有所防范"，只好无功而返。

经过艰苦努力和协调，最后编委会主要成员除拉纳之外还有德国的 F.X. 阿诺德、V. 施努尔（V. Schnurr）、奥地利的 F·克洛斯特曼（F. Klostermann）和瑞士的 L.M. 韦伯（L. M. Weber）。"结果新《手册》主要代表的是德语世界，尽管后来也被翻译成他国语言。"① 在他们的帮助下，拉纳得以于 1964—1969 年间陆续出版了《教牧神学手册》（共 4 卷，每卷分 5 个部分），随后出版了一部与之配套的辞书，由克洛斯特曼、拉纳和 H. 席尔德（H. Schild）编辑，279 人撰稿。② 不过，"与其他编辑相比，拉纳是唯一自始至终完成这个项目的人，拉纳所写内容超过 500 页（相形之下：阿诺德 25 页，韦伯 20 页，施努尔 63 页，克洛斯特曼 150 页）。"③

拉纳本人之所以在《教牧神学手册》中写有不少重要条目，是力图为手册所指向的"实践神学"奠定牢固的神学基础；他的文章主要集中在以下几个方面：作为实践神学的教牧神学的基础、教会的基本本质、上帝的真与爱的临在、上帝自我传达的临在，以及教会自我实现的载体、作为主体的教会整体、教牧人员的神赐魅力、教阶和圣事等（第一卷）；还有神学人类学、教会当前的状况等（第二卷第一部分），传教使命、教会和世界（第二卷第二部分），生命时期（第三卷），以及忏悔圣事和神职人员培训等（第四卷）。事实上，拉纳围绕手册所做的工作进一步证明，在作为一个系统神学家所取得的文字造诣中一直深信他的教义学服务于实践，从而在某种意义上与教牧神学联动。

迈尔就《教牧神学手册》说道："他的《神学研究》绝大部分是理论性的：不是在一种负面的意义上，而是在完全正面的意义上如此。还有其他一些著述更多地指向个体、教会和共同体的实践性基督教生活。在这方面他写了《教牧神学手册》，但并非那本书中的所有条目都总是完全实践性的。某些事情有点过于乌托邦，例如，他有关

---

① Herbert Vorgrimler, *Understanding Karl Rahner: An Introduction to His Life and Thought*, trans. John Bowden, London: SCM Press Ltd., 1986, p.84.

② Ibid., pp.83—85.

③ Andreas R. Batlogg, Melvin E. Michalski, Barbara G. Turner, eds. & trans., *Encounters with Karl Rahner: Remembrances of Rahner by those who knew him*, Marquette University Press, 2009, p.347.

教区作为一个'特定教会'的概念——教会在某个具体区域的完满存在。他说：各个教区都需要具有完美构成教会的一切事物，要以一种接日常教牧功能之地气的、一种有辨别力的神学作为开始。我认为这并不完全具有现实性，例如，意大利和其他地方的很多教区会发现难以符合那个概念。他在有些领域非常集中地工作，努力把他神学的—理论的进路的核心真理应用于教会实践，但是他对于地区教会的具体实践并不足够熟悉。"①

即便迈尔所言拉纳在教会具体实践方面不够熟悉这一点不是事实，也是虚怀若谷的拉纳不会否认的。他曾经说过："40年前，我所明白的东西与所呈现的难题、洞见和方法论之间的比例大概是1:4，如今大概是1:400。这赋予我做一个才疏学浅之辈（dilettante）的权利，并且承认我是一个才疏学浅之辈；而且我会在某种程度上就这样一个事实责怪我那些同事，就是他们并不承认自己是才疏学浅之辈。他们在一种狭窄的、非常专门化的学科内执业；这令人赞叹，况且我还会说他们是好的基督徒、好的祭司，他们甘心忍受当今基督徒面对的所有通常的神学难题。我要承认，这或许是一种有失公平的批评，但是它指出了对我至关重要的是什么：某种程度上我要做一个反思才疏学浅之辈身份的才疏学浅之辈。"②

拉纳还说道："就我的情况而言，我深信占主导地位的东西是宗教性的存在关切。对我而言，我要说，我的那些所谓的虔信著作与我的那些神学作品同样重要，甚至更为重要。《信仰的实践》就是一个例子。一本我所编纂的祷告文集《终生的祷告》即将面世。甚至更早

① Andreas R. Batlogg, Melvin E. Michalski, Barbara G. Turner, eds. & trans., *Encounters with Karl Rahner: Remembrances of Rahner by those who knew him*, Marquette University Press, 2009, p.59.
② 转引自：Andreas R. Batlogg, Melvin E. Michalski, Barbara G. Turner, eds. & trans., *Encounters with Karl Rahner: Remembrances of Rahner by those who knew him*, Marquette University Press, 2009, p.166。

些时候，我就总是强调就职业这个事实而言，我从未宣称自己是一个科学研究者，无论在哲学方面和神学方面都不是。我从未像为艺术而艺术那样从事神学。我想我可以说，我的那些出版物通常都是从教牧关怀当中生发出来的。但是与职业学者相比，我一直是一位神学方面的才疏学浅之辈。"①

正是由于伴随拉纳一生的这种理论联系实际的问题意识和努力，为他将来在"梵二会议"发挥这方面影响打下了基础。诺伊费尔德说过：

我知道拉纳是一位教义神学家，一位教义史学家，然而在他的著作《使命和恩典》与《教牧神学手册》中，他着眼于对于教会的有用性，力图反思理论与实践的联系问题。这也是梵二会议的立意。会议发表了《论教会在现代世界牧职宪章》，以此宪章"梵二"创造出某种之前从未存在过的东西。必须承认，卡尔·拉纳只从事了牧职宪章的一些段落的工作。他的根本工作在于《教会宪章》和《天主的启示教义宪章》的理论或教义基础的教牧维度。在这两方面，他与约瑟夫·拉辛格一道出版了《争议问题：主教制度与权力》，另一本是《启示与传统》。人们可以看出，他是带着对于教会生活的关切来做这个工作的。他希望提供一种神学上根基扎实的教牧实践，提供一种既有神学价值又非单一维度地应用的观念。……当拉纳神父自谦为"才疏学浅之辈"的时候，他本质上的意思是说，他所致力的并不只是出产学术研究，这在教会中只扮演一种较小的角色，相反他想要的是切实地服务于教会。②

① Karl Rahner, *Faith in a Wintry Season*: *Conversations and Reviews with Karl Rahner in the Last Years of His Life*, New York: the Crossroad Publishing Company, 1990, pp.173—174.
② Andreas R. Batlogg, Melvin E. Michalski, Barbara G. Turner, eds. & trans., *Encounters with Karl Rahner*: *Remembrances of Rahner by those who knew him*, Marquette University Press, 2009, pp.161—162.

尽管拉纳这方面的思想所产生的影响有些缓慢，有很多不尽如人意，但是教牧神学家们毕竟开始重视并接受拉纳的一些建议。例如诺伯特·梅特（Nobert Mette）在拉纳在世的时候就开始与他进行建设性的对话。在拉纳辞世的 1984 年有两部有关教牧神学的著作问世，人们在其中再次聆听到拉纳的声音。这两部著作就是瓦尔伯特·布尔曼（Walbert Buhlmann）的《世界教会》(*Weltkirche*，Graz，1984）和保罗·M.楚勒纳（Paul. M. Zulehner）的《因为你以你的恩典分有了我们的行动》(*Denn du kommst unserem Tun mit deiner Gnade zuvor*，Dusseldorf，1984）；前者中有拉纳的文章《未来教牧护养的诸视角》，而后者则是就当今的教牧护养神学与拉纳进行对话。

三、辞书载道——《神学和教会百科全书》与《世界的圣事》

拉纳作为梵二会议神学专家期间所从事的另一套系列和他在《教牧神学手册》方面的工作，进一步强化了拉纳日益增长的世界声誉。早在 1955 年的时候弗莱堡的赫尔德出版社就力约拉纳重新编纂《神学和教会百科全书》(*Lexikon fur Theologie und Kirche*)，当时所给出的吸引拉纳的条件是，让拉纳督导这个项目，重新表述与教会相关的神学中的一切重要之处，于是拉纳便答应了下来。因而从 1956 年 2 月开始他便把一半的时间投入这个独特纲目的编纂中。

一方面，因为这部辞书主要是面向神职人员和在神学教育中使用，所以资助该《百科全书》的教会当局密切关注编纂工作的进展，特别在乎它的内容要局限在天主教会中那些所谓普遍接受的学说，只为当时对神学有所针砭的新问题留出非常小的口子。为了确保此点，教会进行了相关的人员安排。雷根斯堡（Regensburg）年迈的布赫贝格尔（M. Buchberger）大主教作为早先版本的编辑，更确切说作为《百科全书》前一版的编辑，具有法律保证的参与权，所以教会当局邀请他和弗莱堡的塞特里希大主教（Archbishop Seiterich）一同作为新版《神学和教会百科全书》的监护人。他们同意监护这个项目，只要他们具有对任何词条的绝对否决权。另一方面，鉴于历史上享有盛誉的老版《神学和教会百科全书》的一个版本在 1930—1938 年之间创下行销 15000 套的佳绩，拉纳设想自己接受的这次编辑工作也应当对于神学的更新做出实质性的贡献，进一步突破新经院主义所施加的限制。为此，在预备会议和讨论中，拉纳为了一种更新神学的权利向两位主教不断进行争取。

最初的一些编辑工作，诸如词条的长度、教义术语和编辑规范的确定等，是由阿道夫·达拉普（Adolf Darlap）协助拉纳来做的。通过达拉普自己回忆的他与拉纳的结识模式，人们可以看出拉纳选择他合作的缘由：

当面结识他之前，我作为独立神学家通过他在《时代的声音》和《精神与生活》上发表的文章对他已经有所认识。在完成古典语言学和哲学学习之后，我开始学神学……那是接近 1940 年代末叶的时候。在因斯布鲁克我很快联系上了拉纳。那时他正在讲授《论基督的恩典》的小册子（De Gratia Christi）。我主动提出把讲义（因为他 1938—1939 年就讲这门课，他已有讲稿）打到蜡纸上以便印制。讲义有 350—450 页之多。我就是这么认识他的。1950—1951 年冬季学期，在他的那些研讨班上我与他非常密集地一起工作，因为它们总是为我开启新的思想视野。假以时日，一个寻求与他建立更密切工作关系的学生群体形成了。有那么三四个学生，其中包括沃尔特·克恩神父。拉纳神父每周向这个小组提供一个特殊的研讨会——一种高级研讨班。这滋养了一种与他的更加密切的关系。20 世纪 50 年代中期，出现了出版新的《神学和教会百科全书》的建议。赫尔德出版社想请拉纳担任总编。他立刻找到我，请我参加这个项目。①

1956年3月编辑部刚刚组成的时候只有三个成员，各自有一帮专业顾问、著名教师等组成的团队予以支撑，这些支撑团队要推荐各个学科的词条作者，并负责审读原稿。拉纳请来的达拉普自然发挥着自己的作用："我起草了新版计划，编辑了前两卷。当向我提供了担任弗莱堡大学伯恩哈德·韦尔特（Bernhard Welte）的助理这个职位的时候，我不得不离开编辑工作。"② 在达拉普1958年因为自身的学术兴趣追求而离开编辑部之后，沃格利姆勒接替他的工作。拉纳在达拉普和沃格利姆勒的先后协助下，殚精竭虑，从1957年至1965年陆续推出了这部由2400位作者参与撰写、辞目达3万条的10卷本辞书。撰稿人中几乎包括相关领域的每一位有声誉的天主教和新教学者，其中不乏一些红衣主教、主教和修道院长。之后不久，索引和有关梵二会议的三卷又得以面世。

尽管拉纳本人写有其中的134个条目，而且对撰稿人的选择和重大词条的编辑工作具有重大的影响，但是《神学和教会百科全书》并非意在成为他自己的神学的一个论坛。他所关心的是神学整体及其各个部分的进步。拉纳之所以最终写下了相对较多的词条，一方面是因为当时没有足够多的教义学方面的神学家，更是因为有些作者最后爽约，在出版商出版时间的催逼下，只好亲力亲为。不过，它展开天主教神学的方式反映出拉纳的用心所在，就是把教会教义学与喜欢思考的人们在批判性地审视自己信仰的过程中向教会学说所提出的存在性问题联系起来。

---

① Andreas R. Batlogg, Melvin E. Michalski, Barbara G. Turner, eds. & trans., *Encounters with Karl Rahner*: *Remembrances of Rahner by those who knew him*, Marquette University Press, 2009, pp.99—100.

② Ibid., p.100.

因为拉纳更为开放地对待传统教会教义学，一些条目在《神学和教会百科全书》的早期形态中遭到教会当局的抨击，因为就教会当时的状况而言那些条目比当今更具危险。例如，大主教布赫贝格尔等人就批评一些条目的语言过于存在主义化，并且涉及一些超出了所谓的教会确定学说之外的问题。① 更有甚者，《百科全书》编纂项目还曾两度陷入危机，一次是因为拉纳本人在第三卷中论"末世论"的词条，另一次是因为沃格特勒（A. Vogtle）在第五卷中有关"耶稣基督"的词条。每当遇到这类情况，拉纳本人总是给予编辑鼓励和支持。

经过《神学和教会百科全书》编辑工作的锤炼，拉纳渐渐喜欢上了辞书编辑工作。一本辞书作为一个整体不仅带给他这样一种感觉，就是他在其中所处理的一切对他而言都是重要的事情，而且赋予他这样一种机会，就是关注细节并且把细节与整体关联起来的机会。所以，还在拉纳编纂上述百科全书中途，他就已经与阿道夫·达拉普一道开始多卷本的《世界的圣事：实践神学百科全书》(*Sacramentum Mundi：Lexikon fur die Praxis*) 的编辑工作（初步拟定的规模是 3 卷，最终规模是 4 卷）。达拉普回忆说："后来——教宗约翰二十三世召开一次大公会议的打算引发人们街谈巷议的时候——出版社决定推出一部国际《教牧神学百科全书》，同时以数国语言出版，而最后面世的时候名为《世界的圣事》。这次的企划再次委托给我。但是接着大公会议开始了。拉纳神父带着我去了罗马。"②

梵二会议之后，达拉普随同拉纳去了慕尼黑，继续百科全书的编辑工作。"拉纳神父自然非常抢手。他总是收到讲座和大会邀请，以

---

① Herbert Vorgrimler, *Understanding Karl Rahner：An Introduction to His Life and Thought*, trans. John Bowden, London：SCM Press Ltd., 1986, pp.76—77.

② Andreas R. Batlogg, Melvin E. Michalski, Barbara G. Turner, eds. & trans., *Encounters with Karl Rahner：Remembrances of Rahner by those who knew him*, Marquette University Press, 2009, p.100.

及前往其他国家的邀请。越来越多的工作期待着他。他不想再承担《世界的圣事》的后续工作，所以我得一个人工作。那很困难，因为文本要以不同的语言出版。"① 最终，《世界的圣事：实践神学百科全书》在 1967 年到 1969 年间以德语、英语、法语、西班牙语、意大利语和荷兰语六种语言联袂推出；"但是没有法语版——因为遭到耶稣会士让·达尼埃卢（Jean Danielou）的阻止，他对'德国神学'持一种怀疑态度，尽管他在自己的著述中总是提及。"②

一方面，《世界的圣事》与编纂《神学和教会百科全书》时的那种"本国无专人才求助外国专家"的情况相比，具有更明显的国际特色。③ 另一方面，就像拉纳在解释《神学和教会百科全书》与这部百科全书之不同的时候所说，他立意吸纳在当代学术研究成果基础上信仰理解方面的发展，因而这部新的百科全书带有"显著的未来取向——其历史纬度——以及……对于其他基督教会、诸非基督教宗教和一般世界的显著开放性——其社会纬度。"他期许这部百科全书能够为那些善于探索、头脑开放的普通人所用，能够"向力图说明自己的信仰、希望及其所蕴含的承诺的那些信众提供常备而生动的真理。"④ 拉纳本人为这部百科全书撰写了 68 个条目。

作为拉纳辞书编辑工作的衍生产品，从 1972 年开始，赫尔德

---

①② Andreas R. Batlogg, Melvin E. Michalski, Barbara G. Turner, eds. & trans., *Encounters with Karl Rahner: Remembrances of Rahner by those who knew him*, Marquette University Press, 2009, p.100.

③ Ibid., p.79.

④ Rahner, "General Preface," in Rahner, with Cornelius Ernst and Kevin Smyth, ed., *Sacramentum Mundi: An Encyclopedia of Theology*, New York: Herder and Herder; London: Burns and Oates, 1968, 1: v. 参见 Herbert Vorgrimler, *Understanding Karl Rahner: An Introduction to His Life and Thought*, trans. John Bowden, London: SCM Press Ltd., 1986, p.78; Geffrey B. Kelly, ed., *Karl Rahner: Theologian of the Graced Search for Meaning*, Minneapolis: Fortress Press, 1992, p.16。

出版社利用拉纳辞书工作的神学材料，特别是《世界的圣事》中的材料，编纂了8卷本的《赫尔德袖珍神学百科全书》(*Herders Theologishe Taschenlexikon*)。

四、问题引领——《争议问题》与《诸教会的合一》

在这同一时期，拉纳就新的一套天主教丛书的设想与《新约》学者海因里希·施利尔（Heinrich Schlier）接洽。施利尔曾师从布尔特曼、巴特和海德格尔，从而在新教和天主教两大传统中的历史的、批判的《圣经》学术方面颇有功力。在拉纳看来，许多长期以来认为被教会法令解决了的问题实际上仍然是悬而未决的公开讨论的问题，所以这套新书会促进教会中的探究。最后施利尔加入了拉纳的这次历险。他们所进行的项目开启了影响深远的对数个"争议问题"的讨论，而且就把这套书定名为《争议问题——1958年以降》(Questiones Disputatae，1958—　　)。他劝说沃格利姆勒于1964年承担起该丛书的神学编辑工作。他们或组织或实际写作，使这套丛书共达100卷之多。

这套书中有拉纳本人的著作8本，还有与人合写的另外8本。现撷取其中一些重要的著作标题，以飨读者：《论圣经的灵感》(1958)、《论死亡神学》(1958；英译本1961)、《异象与预言》(1958；英译本1963)、《教会中的动力因素》(英译本1964)、《教会与圣事》(1960；英译本1964)、(与拉辛格合著)《主教制度与教宗首位》(1961；英译本1964)、(与P.奥弗哈格（P.Overhage）合著)《人化问题》(1961；英译本1961)、(与沃格利姆勒合编的)《基督中的执事——论执事制度的更新》(1962)、(与拉辛格合著)《启示与传统》(1965；英译本1966)、《圣餐庆礼》(1966；英译本1968)、《论神学研究的改革》(1969)、《原罪神学》(1970，编辑)《论永无谬误问题》(1979，与W.图辛合著)《系统的和解释的新基督论》(1972；英译本1972)、《有关教牧的一种教会合一理解的预备问题》（1974）和《诸教会的合一：一种现实的可能性》（1983；英译本1984）。

从这些书目标题可见，拉纳首先是要把"松绑"意识和运动引入庇护时代的教会；甚至在二战之前，拉纳就深信需要破除天主教神学是一块安稳独石的观念，所以需要一个讨论争议问题和取得神学进步的论坛。然后以《教会与圣事》开启了一个业已与后来的梵二会议相关的主题。正如汉斯·洛特所说："这些是真正的'争议问题'：它们迫使人们与新的神学概念斗阵。在后来的那些卷次中，拉纳的神学获得更加充分的发展，但令人更感兴趣的是他应用于不同论题的神学进路。不过，对于神学世界来说的惊喜还是要到最初的那些卷次中去寻找。"①

在梵二会议召开前夕和早期会期阶段，当务之急是要尽可能出版有关教会的自我理解问题的著作，以及有关教会有待讨论或有意不予讨论的那些主题的著作；相关出版物对于梵二会议上所发生的产生了巨大影响。甚至有些著作，即便预先知道读者圈子不大，只要选题与梵二会议相关都受到鼓励，例如《基督中的执事——论执事制度的更新》就是如此。应当与梵二会议关联来看的著作还有：孔汉思的《教会的结构》（1964），拉纳与P.奥弗哈格（P. Overhage）合著的有关人化和进化问题的《人化问题》（其时教会已经禁止阅读德日进的书，而且已经考虑一种人类单一起源说教义），J.R.盖泽尔曼（J. R. Geiselmann）的《圣经与传统》，拉纳与拉辛格合著的那两本著作，J.海斯贝茨（J. Heislbetz）和H.R.施莱特（H. R. Schlette）论非基督教宗教的著作，以及L.M.韦伯（L. M. Weber）论教会向计划生育开放的可能性的著作等。

---

① Andreas R. Batlogg, Melvin E. Michalski, Barbara G. Turner, eds. & trans., *Encounters with Karl Rahner：Remembrances of Rahner by those who knew him*, Marquette University Press，2009，pp.229—230.

拉纳在这套丛书的第一卷中陈述了出版这套书的理据，而且描述了他希望打开来进行研究的那些问题的广阔范围："这套丛书会为作为基督教徒所力求澄清的一切留有空间，以便成为更好的基督教徒，设若这样的澄清是以使反思成为学术研究的客观性和概念的严谨性来进行的。"① 他还补充说，希望通过这套丛书来拓展神职人员和普通百姓的神学视野。正是带着这同一种关切，拉纳 1964 年帮助募集国际神学杂志《会诊》(Concilium) 的基金，并且与爱德华·施里贝科斯于 1965 年共同编辑了创刊号，而且生前一直是这个杂志的编委。他希望这份以 6 种语言同时出版的杂志为教会提供全球范围神学讨论的论坛，特别是着眼借此进一步推进梵二会议的神学发展。在一种真正国际水平上，这份杂志面向当代人的具体问题，不放过一些成问题的教会实践形成的道德难题和信仰威胁。及至 1972 年巴尔塔扎伙同拉辛格等人创办他们自己的、得到主教们资助的《国际天主教杂志》，《会诊》更加成为教会中一种特定神学立场和最新运动的代言者。

"争议问题"丛书的历史还在某种程度上反映了梵二会议以后的情况。先是丛书获得巨大成功，即便从销量这个角度而言也是如此，因为那是一个人们有着巨大神学兴趣、教会内出现演进的时期；然后丛书遭到批评，因为在一些人看来格调太闲适，而在另一些人看来则太学术、太难懂；再后来人们的神学兴趣出现减弱，探索的问题变为生活援助，变为向那些"对灵修感兴趣的人"提供冥想引导之类，神学隐退到一个小得多但更稳定的群体之中。自从 1970 年的第 51 卷之后，教义和基础神学家年会的论文集也收入其中，到后来也收入了《旧约》和《新约》会议的论文集，甚至有一次教牧神学家的会议论文集也收入了这个系列。正是在这些会议上，中世纪所称的那些"争

---

① Herbert Vorgrimler, *Understanding Karl Rahner: An Introduction to His Life and Thought*, trans. John Bowden, London: SCM Press Ltd., 1986, p.80.

议问题"在一个神学饥馑的时代再次最为清晰地得到讨论。

"争议问题"这套丛书中的第 100 卷题为《诸教会的合一：一种现实的可能性》(Unity of the Churches—An Actual Possibility)，是由拉纳和新教学者海因里希·弗里斯（Heinrich Fries）共同执笔的。这本书关乎教会和神学更新这一普世教会问题的潜在性。正如卡尔·莱曼所说："后来拉纳对于参与普世主义变得越来越积极。与海因里希·弗里斯一道，他出版了一本论这个问题的著作，即'争议问题'第 100 卷《诸教会的合一：一种现实的可能性》。……尽管从他自己神学背景的观点来思考问题，但是他的思想提供了人们可以提取的丰富馈赠。"①但是该书却受到时任罗马教廷"信理部"(the Sacred Congregation for the Doctrine of the Faith) 部长即领衔红衣主教约瑟夫·拉辛格的谴责，所按的罪名是拉纳出于短视的政治迁就而曲解问题。②

"红衣主教拉辛格称拉纳和弗里斯的那些论题是一种'强词夺理'和'神学杂技，不幸经不住实际检验。'"③尽管如此，该书在那些仍然具有生命力的普世教会圈子中仍然受到不少重视："他与朋友弗里斯 1983 年所写的那本书我看作是一类指导普世教会运动发展的指南。这本书里有许多具体的建议，提供了达成这一目标的神学行进路线。当这本书面世的时候引发巨大的扰动……例如，我知道巴塞尔的伟大普世教会人士奥斯卡·卡尔曼就非常郑重地谈过拉纳和弗里斯的这本书。"④

---

① Andreas R. Batlogg, Melvin E. Michalski, Barbara G. Turner, eds. & trans., *Encounters with Karl Rahner: Remembrances of Rahner by those who knew him*, Marquette University Press, 2009, p.117.

② Herbert Vorgrimler, *Understanding Karl Rahner: An Introduction to His Life and Thought*, trans. John Bowden, London: SCM Press Ltd., 1986, p.87.

③ Andreas R. Batlogg, Melvin E. Michalski, Barbara G. Turner, eds. & trans., *Encounters with Karl Rahner: Remembrances of Rahner by those who knew him*, Marquette University Press, 2009, p.128.

④ Ibid., p.336.

1983 年拉纳在一次接受采访的时候，作为教会存在喜欢"盲目顺从"这种倾向的一个例子，谈及拉辛格对《诸教会的合一》的批评："红衣主教拉辛格在近来的一次访谈中声言，我（拉纳）与弗里斯写的那本《诸教会的合一》无论从哪点上看都是完全胡说。他说书中包含的更多的是杂技而非逻辑，与现实没有什么关系，我是在把教会变成一个演兵场，等等。"但是拉纳认为，事实上拉辛格是作为红衣主教和以前的神学家说这番话的，显然对于他拉纳没什么绝对的责成效力；即使拉辛格作为"信理部"部长说这些话，他拉纳也有责任以一种不偏不倚和自我批评的方式去琢磨和检验这些话，但是一旦表明拉辛格的话是站不住脚的，那么他还是会说："非常抱歉，我的观点与你不同，我会继续坚持。"①

拉辛格（现荣休教宗本笃十六）当年指控拉纳和弗里斯玩弄"神学杂技"，说它"不幸经不住实际检验"，可以说在他那里就是指天主教会的学说是"不刊之论"的实际。拉辛格的这一批评无庸讳言反而增加了该书的影响力和知名度。

第二节　罗马发难　动辄得咎

一、开拓进取招罪——对于教会爱之深责之切

拉纳可以说是一位著作等身的思想家，除了上述提及的作品之外，还编辑有 30 卷的百科全书《现代社会中的基督教信仰》（1980—1983）等。德语国家有一种说法，就是"学者没有传记，学者只有书目"，这再适合拉纳不过了。相关文献目录开列了拉纳超过 4000 种著作和文章，即便除去其中包含的不同版本和译本，他的作品的数量也

---

① Karl Rahner, *Faith in a Wintry Season：Conversations and Reviews with Karl Rahner in the Last Years of His Life*，New York：the Crossroad Publishing Company，1990，pp.143—144.

达到了 1800 种之多。① 根据一种估算，拉纳的作品已经销售了不下 70 万册，单单他所编辑的、带有评述的《梵二会议文献》就已经售出 10 万册。② 拉纳在所有这些作品中都贯彻一种神学更新的精神。

但是并非每个人都像拉纳那样看到神学更新的需要，他们也并不乐见拉纳神学的方向和日益扩大的影响。而且俗话说得好，"言多必失"。在罗马教廷看来，善于"标新立异"的拉纳就有许多"失言"之处。而且，"当有人像拉纳那样写了那么多东西的时候，总是存在这样一种危险，就是被那些从未涉猎某些话题的人们作为理想的醒目标题的来源加以援引。人们总是寻找权威在负面或正面的意义上为我所用之处"。③ 这种断章取义和借题发挥的情况又进一步引发教会对拉纳的误解和戒惧。

上述拉辛格对拉纳最后著作之一《诸教会的合一》的公开谴责，绝非教会当局对拉纳著作的首次发难。事实上，他在一系列神学议题上与天主教官方立场的冲突可以回溯到二战刚结束的时期。他原先的学生和后来的同事沃格利姆勒把拉纳与官方教会圈子的麻烦溯源到他坦言到"粗率的程度"。④ 众所周知，拉纳的坦率，辅以他对真理的激情，以及对自负的教权主义和傲慢的确信主张的不齿，导致他在许多已有教会结论的领域对于教会当局进行公开挑战。可以想见，他的努力并不总是得到教会当局的善意回应。

---

① Andreas R. Batlogg, Melvin E. Michalski, Barbara G. Turner, eds. & trans., *Encounters with Karl Rahner: Remembrances of Rahner by those who knew him*, Marquette University Press, 2009, p.19.

② Thomas F. O'Meara, O. P., *God in the World: A Guide to Karl Rahner's Theology*, Collegeville, Minnesota: Liturgical Press, 2007, pp.29—30.

③ Andreas R. Batlogg, Melvin E. Michalski, Barbara G. Turner, eds. & trans., *Encounters with Karl Rahner: Remembrances of Rahner by those who knew him*, Marquette University Press, 2009, p.299.

④ Herbert Vorgrimler, *Understanding Karl Rahner: An Introduction to His Life and Thought*, trans. John Bowden, London: SCM Press Ltd., 1986, p.87.

正如沃格利姆勒所注意到的，在德国的心境已经开始转向对过去进行批判性反思的一个时代，拉纳处于其神学生涯的鼎盛期。在一个刚刚开始从恐怖的犯罪政府的束缚之中摆脱出来的德国，这种转向包括对于二战期间因为只在乎教会部门的名声和权利、对屠杀麻木不仁而被控犯有"教会法西斯主义"的教会进行仔细审查。拉纳认同此种合理关切，但是也看到对教会的批评或许有转向完全拒斥教会的危险。"他想公平处理对教会的批评和对教会的拯救。"① 拉纳本人努力使教会过去的教条主义真相大白于天下，意在鞭策教会忠诚于自己领受的在对时代意义的追求中见证基督的自由的使命。在这个方面，他的动力源泉是对于天主教的挚爱，以及对于把天主教会从绝对主义和傲慢的僵化中拯救出来的渴望。

卡尔·拉纳是一个非常虔敬的、属灵的、祷告的人，一个以"爱之深责之切"的方式对待教会和捍卫教会的人。汉斯·伯恩哈德·迈尔见证说："伴随拉纳一同成长的个人虔敬继续在他整个人生中塑造着他——它加持着拉纳。放下个人特质不谈，他无疑是一个深刻虔敬的人，例如，他不仅在自己的著述中谈论祈祷，而且在他的讲座中继续这么做。我还听过他很多次的布道。他的布道显然浸透着一种深深的个人确信和虔敬。可以说，他的人和他传布的信息是一个统一体，彼此无法分开。"②

红衣主教柯尼希回忆说："尽管有气质型的脾气，但是拉纳神父非常激励人。你不会接受他所说的一切，他的情绪经常压倒他的理性。但是谈话中他总是对于别人的论说保持一种开放态度，然后会修

① Herbert Vorgrimler, *Understanding Karl Rahner: An Introduction to His Life and Thought*, trans. John Bowden, London: SCM Press Ltd., 1986, pp.87—88.

② Andreas R. Batlogg, Melvin E. Michalski, Barbara G. Turner, eds. & trans., *Encounters with Karl Rahner: Remembrances of Rahner by those who knew him*, Marquette University Press, 2009, pp.57—58.

正他的立场。他是一个伟大的、创造性的思想家，而且他是一个虔敬的人，以他自己的方式做着一个非常虔敬的人，非常有才智，但是他会写一些非常简单的祷文。他担心被认为不像他自己实际上所是的那样正统。他总是要保持对于教会的忠信。"①

但是教会对于拉纳的一片冰心和忠心护教并不领情。教会中占据位置的许多人认为教会要重新开始是一种非常肤浅的想法。对他们来说，教会是唯一在纳粹的野蛮主义面前维持了自身完整无损的一种权威，并且骄傲地大肆夸耀这种观点。他们认为没有什么必须重建的东西，只要严格地、毫无批判地顺从教会的圣统制度就可以了。教会的地区性的当局对于拉纳的公开发言极为愤慨，从拉纳的"罪人的教会"（1947）到"现代世界中基督徒位置之神学诠释"（1954），再到"不要消灭圣灵的感动"（1962），无不引发他们的一片讨伐之声。

正如沃尔夫冈·西贝尔所总结的那样，"卡尔·拉纳那时遭遇到的与罗马的麻烦对于那些并非简单重复神学的传统进路而是呈现某种全新的和创造性的东西的神学家而言，并不异乎寻常。在这个程度上，他与诸如伊夫斯·康加和亨利·德·吕巴克这样的神学家情投意合。梵二会议之前拉纳神父遭受罗马的审查，他所写的任何东西都要交给审查官审查。所以他说：'我不会再写任何东西。'后来他变成梵二会议神学家！"②

尽管后来的梵二会议让教会理解了拉纳实属堪用之才，拉纳也慢慢消除了对于罗马的一些成见，但是拉纳追求神学更新和教会更新的脚步并没有停止；特别是他对于教会体制和机制的犀利看法，导致梵二会议之后他逐渐被罗马当局冷遇和冷冻。1984年拉纳葬礼规格不相

---

① Andreas R. Batlogg, Melvin E. Michalski, Barbara G. Turner, eds. & trans., *Encounters with Karl Rahner: Remembrances of Rahner by those who knew him*, Marquette University Press, 2009, p.53.
② Ibid. p.94.

称地偏低就是一个明证。即便低到耶稣会这个层面，葬礼也只是由省督主持，总会长也并未出席。甚至有迹象表明罗马阻止一些重要人物参加葬礼，例如，梵二会议前后都与拉纳密切合作的红衣主教柯尼希面对"你参加他的葬礼了吗？"这个采访问题的时候，做了这样一种意味深长的回答："没有，不幸的是，我被阻止这么做。但是容我再重复一遍：人们经常忘记拉纳神父也写祷文，简单的、几乎赤子般虔敬的祷文。他既是一个复杂的神学家，又是一个蒙恩的作者。"①

二、共祝圣餐问题——质疑圣餐主领倍增带来总神恩倍增

拉纳在重新思考天主教徒视为当然的东西方面的一次冒险，出现在 1949 年那篇有关共祝圣餐方面的长文《多个弥撒、一个牺牲》中。其中，拉纳提出了各种各样的问题，例如，有关教会所庆祝的弥撒与弥撒使之临在的十字架上的牺牲之间的关系，有关"弥撒的果实"和弥撒数量倍增的价值，有关祭司共祝圣餐的可能性等等。

尽管共祝圣餐现今在教会中是一件当然的事，甚至"今天的人们对于这些主题竟然一度被认为是有争议性的问题可能百思不得其解"②，但是那时罗马天主教会倾向于在圣餐主领的倍增中看到总神恩的倍增（有时当然是神职人员酬劳的倍增）。当时庆祝圣餐的情况确实正如拉纳的妹妹伊丽莎白·克莱默的有关回忆所呈现的那样："我的祖母每天上午九点去大教堂，而且每次总是兴冲冲地回家说：'今天我拥有五个神圣的弥撒。'那时有某些来自大主教管区办的祭司在那些边上的祭坛庆祝他们各自的弥撒。他显然从一个祭坛到下一个祭坛，每个祭坛都有一个祭司在主持弥撒。在那些时日，弥撒可以说是

---

① Andreas R. Batlogg, Melvin E. Michalski, Barbara G. Turner, eds. & trans., *Encounters with Karl Rahner*: *Remembrances of Rahner by those who knew him*, Marquette University Press, 2009, p.54.

② Ibid., p.246.

'收集'来的。"①

拉纳早先对此的批判是如此强烈，以至于当教宗庇护十二世1954年公开否定由100位神职人员共同主领弥撒"与100个神职人员分别主领的100个弥撒一样"这一论点的时候，心中好像直接想着的就是拉纳。教宗强调说，基督的行动就像主领仪式的神职人员的数量一样多。在教宗看来，主领私人弥撒的那些神职人员的行动要比那些出席一个神职人员或者主教的一个弥撒上的信徒的行动高几个层级。而拉纳所提的共祝圣餐则好像弥平了与弥撒或者圣餐的效率相关的僧侣和平信徒之间的区别。拉纳于是被置于与教宗公开抵触的一个并不值得羡慕的地位。因为他在这个问题上的立场受到教宗不点名的批评，拉纳博得了当时"圣职部"（后易名为"信理部"）的又一个禁令，就是永远不要再对共祝圣餐说三道四。

拉纳在这个问题上的辩解出现在后来的梵二会议上。他在晚年的一次电台采访节目中也曾描述过梵二会议之后与教宗保罗六世的意见交换："我对他说：'您看，圣父，10年前教廷圣职部禁止我对共祝圣餐再多说一句话，而今天您自己也共祝了。'他轻声笑着说：'几时欢乐几时忧。'在那个场合下这应该是什么意思对我而言并不那么清楚，但他的意思显然是说时代和心态改变了，甚至在上帝的教会中也是如此，没有什么可以逃过这一点。"② 这样看来，拉纳的文章只是先于了他那个时代而已；不过这些都是后话，就梵二会议之前他当时的情形而言，由于教会决心封杀和惩罚他，拉纳的生活更是一个"忧"的时候。

---

① Andreas R. Batlogg, Melvin E. Michalski, Barbara G. Turner, eds. & trans., *Encounters with Karl Rahner: Remembrances of Rahner by those who knew him*, Marquette University Press, 2009, p.246.

② Rahner, "New Theological Impulses since the Second World War: Interview with Peter Pawlowsky," in Imhof and Biallowons, *Karl Rahner in Dialogue*, 263. 参见 William Dych, *Karl Rahner*, London & New York: Continuum, 2000, p.11。

三、玛利亚论问题——阐发对所有人而言的正面蕴含

为了应对拉纳对教会官方已有定论的那么多看似"不刊之论"的天主教教义所进行的重新思考，教会当局发起了一场不动声色的反制运动，旨在使拉纳缄默或者消弥拉纳那些恼人的问题及其蕴含的对于梵蒂冈所认可的神学的批判效果。

首先，因斯布鲁克的同事因拉纳"离经叛道"的玛利亚论而向罗马教廷告发他。"他不愿意继续待在因斯布鲁克。他与上峰和同事有些分歧。这在 1951 年的时候就已是一个大问题。那时，他的一些同事因为他在玛利亚论上的一些立场而向罗马告发过他。他在玛利亚论领域发表的作品达到 400 页左右。"① 进而，一些主教接触拉纳在耶稣会中的上峰，表达自己的不满，特别是质疑在教宗庇护十二世（Pius XII）《人的起源》（Humani Generis）通谕颁布之后拉纳的正统性，以便迫使拉纳的上峰更加挑剔地仔细审查他的作品，并禁止他就某些争议性的问题发表看法。

1951 年拉纳被剥夺了发表长达 500 页的有关《当代圣母玛利亚论之难题》手稿的权利。尽管这部手稿可能缓解那些迫切介入普世教会讨论的新教神学家的焦虑，但是鉴于他们所认为的罗马天主教对于《圣经》中的话所做的玛利亚论方面的歪曲，以及当年［最初被指定为检查官的雨果·拉纳和弗朗茨·拉克纳（Franz Lakner）感到对拉纳的文本无力判断之后］进行二审的罗马检察官、罗马格里高利大学的耶稣会士 E. 达尼斯（E. Dhanis）的严重保留态度，拉纳的这部著作手稿迟迟未见天日，直到 2004 年才收入拉纳德文全集第 9 卷中发表出来（《拉纳全集》共 32 卷）。就此拉纳在 1980 年的一次访谈中说

---

① Andreas R. Batlogg, Melvin E. Michalski, Barbara G. Turner, eds. & trans., *Encounters with Karl Rahner: Remembrances of Rahner by those who knew him*, Marquette University Press, 2009, p.100.

道:"当格里高利大学的某某神父没让我有关玛利亚升天的著作通过审查的时候,我仍然坚持己见,即对的人是我而不是他,而且现在对此我更加确定。"① 尽管拉纳晚年说起这件事有些轻描淡写,但是当年拉纳对罗马在这个问题上的轻视态度却让比拉纳更懂其中厉害的兄长雨果心急如焚、夜不能寐。

1955 年 2 月 18 日雨果·拉纳给卡尔·拉纳写了一封语重心长的长信:一是告诉拉纳,作为真心关心拉纳的兄长,他雨果不会站在"外人一边",但是希望拉纳要听劝,因为"我请你相信我比激昂地卷入其中的你更能看透情势";二是告诉拉纳,圣职部对此类问题极为紧张,耶稣会总会长要应对德国或奥地利的某些人表达的对拉纳的不信任态度;三是恳请拉纳接受一个事实,就是耶稣会总会长及其助理非常重视拉纳及其成就,不要辜负他们有关拉纳不会因不当应对而让针对拉纳的指控坐实的期望;四是恳请拉纳理解一种机制,就是总会长等人并未帮腔攻击拉纳,耶稣会启动相应的程序是按章办事;五是提醒拉纳别忘一个教训,就是拉纳以往那种以"王顾左右而言他"的方式回应罗马审查的拒绝态度已经留下了不好印象;六是建议拉纳一种做法,让他就像响应传召那样主动前往罗马,亲自向那些真想帮扶他的上峰提供辩驳论证,以便总会长派出一位通情达理、见多识广的人做出拉纳并无不妥的判定。

雨果除了疏通人脉和指点拉纳之外,还在信中警醒拉纳:"你一言不发,不做任何解释,这种无视罗马审查的做派是自毁性的。……简言之,卡尔,我真的相信你必须尽快平心静气地处理你那本论玛利亚的书的问题,必须重新审视这个话题。为了书里的漂亮内容之故这么做吧!书里的漂亮内容甚至都得到审查官的承认,所以面对圣职部

---

① Paul Imhof and Hubert Biallowons, eds, *Karl Rahner in Dialogue: Conversations and Interviews*, *1965—1982*, New York: Crossroad, 1986, p.261.

所做的那些可笑的、但仍然危险的指控，你是能够得到维护的。当他们对你的善良意志深信不疑的时候，不再怀疑你已经变得执拗地反罗马的时候，这会更容易做到。……请修正你日益硬化的逢罗马必反的态度。你在这里是尊贵的人，恰如德·吕巴克（de Lubac）曾是的那样。试试吧，无需总是让那些导致你的书籍遭遇审查的不幸事件一再发生，无需让与'新神学'相关的悲剧性的误判重演，对于那些掌权的人真的想为你争取最好的结果要自我感到满足。他们恰切地知道你在德国的神学方面占据何种突出地位，你工作如何努力，取得了何种成就；而且他们正在试图尽一切可能保护你免遭那些经由圣职部业已递交教廷的'外部'指控。"①

正如雨果所言，《当代玛利亚论之难题》这部著作"内容漂亮"，是拉纳的佳作。其中他批判性地探究了玛利亚教条的意义，尤其是庇护十二世 1950 年刚宣布的玛利亚升天的教条。这部著作在导言之后分为四章和一个附记。在第一章中，拉纳论述了教条的发展问题，以及新教条的起源问题。第二章描述了玛利亚肉体和灵魂升天教条的历史（玛利亚升天的教条并未见诸《圣经》，而且迟至公元 5 世纪才在现存的教会文献中被提及），提供了对于其中包含庇护十二世 1950 年颁布的有关玛利亚升天这个新教条的那个教宗谕令的一种诠释。第三章包含拉纳有关这个教条的神学，力图完全肯定这个教条；只不过，鉴于来源材料的缺乏和 20 世纪信仰的缺乏，以及在教会合一圈子所引发的爆炸性反响，拉纳要在某些要点上缓和一下调子。拉纳力图用一种整体的人观思考问题；尽管有圣灵的引导，鉴于人在死亡之中整体圆满的可能性，也包括一种肉体的圆满。既然是现在就这样，这就意味着并不只是在最后审判的时候如此。换言之，根据这种观点，玛

---

① Andreas R. Batlogg, Melvin E. Michalski, Barbara G. Turner, eds. & trans., *Encounters with Karl Rahner: Remembrances of Rahner by those who knew him*, Marquette University Press, 2009, pp.361—362.

利亚并非个体案例，而是每一个亡者都会被上帝提升到一个圆满状态，这种状态包含肉体存在，尽管是以一种不可思议的、完全改变了的形式存在。这个"死中复活"的观念在现代很多神学家那里已经司空见惯，但是他们未必都知道拉纳是这个观念的始作俑者。在这点上拉纳还寻求《圣经》经文的支持，《马太福音》27 章 52 节及以后几节，就讲到耶稣死后"已睡圣徒的身体多有起来的"。

拉纳在书中当然关涉玛利亚，但是清楚表明，要在该教条对于人的身体存在和圆满的这种指涉中，有待发现对于所有人而言的那些正面蕴含。这正是他在第四章中所关切的，其中他还是致力于缓和调子，并把对于该教条的诘难加以相对化。附记则涉及死亡神学，其中拉纳进一步阐发他的死中圆满的观念，并且把这种观念与那种先前有关死中分离的灵魂持续存在的令人不满意的观念加以比较。

总体而言，拉纳并非质疑玛利亚升天的教条，亦非质疑这个教条颁布的合法性，而是认为这个教条提出了关于传统之本质与教义之发展方面的问题；而且，倘若从教会合一的观点看来更是如此。他通过追问，该教条的意义是否无非是象征所有那些受召"死中复活"的人们的命运，或死亡中达到肉体的圆满，来力图寻回这项宣布的核心意义。但是他对显然是梵蒂冈加入玛利亚论中的东西加以低调处理的做法，无法赢得罗马的那些书报检察官的欢心。

四、童贞生育问题——导向这一教条中的象征意义

当年的相关禁令预示着针对拉纳的进一步行动已经开始，他会麻烦不断。例如，1960 年拉纳写过一篇论玛利亚童贞感孕的文章，质疑天主教有关玛利亚生育耶稣期间和之后仍然永保童贞的"童贞生育"（virginitas in partu）教条，就给他造成了另一次麻烦。

拉纳力图诠释这个教条，用其"典型的"方式传达那些确立已久的有关神之母永贞玛利亚的表述程式。他寻找这个教条表述的"核

心"，并且尽其所能维系这个核心。他探求这个核心的呈现及其之上的那些添加，探寻这个历史条件下的教条表述之中永恒有效的东西；致力于陈明为什么所有时代的人们最终得用那些添加，以便能够表达"实体本身"。既然历史上对于玛利亚的"童贞性"有所言说的古代作家们表达的是非生物学的或者解剖学的那些方面，所以拉纳要追问那个"童贞性"核心"实际上"是什么。

他提出一种宗教的和神学的内涵说，认为童贞是指那些完全朝向上帝旨意之成全的人，那些"听凭上帝差遣"的人。在这种更深层的含义上，已婚的人当然也可以称为童贞。以这样一种解决之道，拉纳成功地化解了《圣经》中因为提到耶稣的兄弟们而产生的所有那些难题。[1] 总之，拉纳区分了教义的真正内容或实质与其历史表达形式，力图重新把天主教的相关观点导离玛利亚童贞性的生物的或者生理的方面，而导向这一教条中那个象征意义的核心。

就是这样一篇文章在罗马的那些圈子里引发一阵骚动。开始有传言说，这次真要针对拉纳采取措施了。这些流言促使一直赞赏和同情拉纳的红衣主教德普夫纳（Julius Dopfner）1961 年 1 月 24 日觐见教宗约翰二十三世的时候不得不为拉纳打抱不平。[2] 这种介入产生了效果，拉纳非但没有遭受诉讼，反而于 3 月 22 日被约翰二十三世任命为梵二会议一个有关圣事的预委会的顾问。这是官方高层的一种"安排"。

五、"不要消灭圣灵的感动"——批评教会固步自封

如果这可以理解为某种休战的话，这种休战状态也没有持续多长时间。随着拉纳 1962 年 6 月 1 日在萨尔斯堡大学的"奥地利天主

---

[1] Herbert Vorgrimler, *Understanding Karl Rahner*: *An Introduction to His Life and Thought*, trans. John Bowden, London: SCM Press Ltd., 1986, p.91.

[2] Ibid., pp.91—92.

教日"庆祝活动上发表"不要消灭圣灵的感动"的演讲（副标题为"1962 年奥地利天主教日庆祝活动的难题和要务"）。在这个标题引自《帖撒罗尼迦前书》5 章 19 节经文的演讲中，拉纳劝勉教会在一个文化和历史变革的大时代更加勇敢地自我批评，不是窒息圣灵而是容许圣灵在教会的权威之外自由呼吸，应该更加自信地接受圣灵的感动。这种做法再次令其陷入自身与罗马教廷的麻烦之中。

在演讲中拉纳一方面批评教会因为"刚愎自用和固步自封之过"而令圣灵的感动在很多方面陷入无效，另一方面鼓励信徒勇敢地重新理解对于教会的顺从精神："真正的顺从精神并不怎么出现在教会的官方机器运转平稳而没有摩擦的地方，也不怎么出现在推行专制政权的地方，而是出现在那些非官方的圣灵运动得到官方教会在普遍为上帝的旨意而奋斗的情况下所承认和尊重的地方。"① 这些批评和劝勉引起罗马教廷中许多人的不悦，他们对号入座，认为拉纳是针对他们有感而发。

拉纳的老友、奥地利电台"晚间播音室"节目的资深制作人暨施蒂利亚州格拉茨出版社学术编辑格哈德·路易斯（Gerhard Luis）回忆说："那是在 1962 年圣灵降临节。1962 年 6 月 1 日，拉纳在奥地利天主教日上发表了正式演讲'不要消灭圣灵的感动！'在那里他满怀激情地恳请基督徒们，尤其是主教和祭司们选择'冒险的稳妥主义'（Tutiorismus des Wagnisses）道路。"② 恰恰是"拉纳这里的直言不讳成为教廷要让拉纳噤声运动背后的原因之一。"③ 之后不到一个星期拉纳就得到耶稣会上峰的通知，说今后他写的任何东西都要事先经过梵

① 《神学研究》英文版，7：82。
② Andreas R. Batlogg, Melvin E. Michalski, Barbara G. Turner, eds. & trans., *Encounters with Karl Rahner*: *Remembrances of Rahner by those who knew him*, Marquette University Press, 2009, p.336.
③ Geffrey B. Kelly, ed., *Karl Rahner*: *Theologian of the Graced Search for Meaning*, Minneapolis: Fortress Press, 1992, p.238.

蒂冈的审查。为此拉纳发出一封长信，除了吁请福尔克（Volk）主教和前联邦德国驻罗马教廷大使馆一秘普雷拉特（Prelate）注意这个发展之外，还呼吁柯尼希（König）和德普夫纳两位红衣主教注意这个发展。在觐见教宗的时候，红衣主教德普夫纳曾吁请对拉纳进行官方保护。

拉纳在 1962 年 6 月 10 日从因斯布鲁克写给沃格利姆勒的信中提到这个遭遇，但是一度要求对方不要对外公布，因为拉纳认为，一旦公之于众"我就必须准备好火药。"① 拉纳知道这个针对他的行动是来自圣职部。6 月 23 日拉纳为此前往罗马拜见耶稣会总会长，后者深表同情，但也爱莫能助。

他在同年 6 月 26 日写给沃格利姆勒的另一封信中重申了他与罗马教廷的审查做斗争的决心："我告诉总会长［Jean Baptiste，S.J.——作者注］（而且他与我并不矛盾），我不打算交什么给罗马教廷审查，而是宁可什么都不写。我也不会对这件事保持沉默，而会坦率地讲出一切，结果受创的那些人会是别人而不会是我……其实我并不在乎我自己。我本来甚至可以欣然花几年时间自己静静地来写点东西，等到后来再发表。但是我的感觉告诉我，我们不应当让这些差劲的要人们轻易得逞。如果他们得起来面对抵抗，那么至少下一次他们就要慎重一些，要更加三思而后行。"②

他甚至请沃格利姆勒探知是否可以发动平信徒发出取消审查令的抗议，因为"这个不公的手段……伤害并毁坏了德国教会的声誉。"③ 沃尔克建议德普夫纳和柯尼希两位红衣主教和弗林斯（Frings）呈递一封正式要求解除梵蒂冈钳制拉纳言论的禁令。6 月末，三位说德语

① Herbert Vorgrimler, *Understanding Karl Rahner*: *An Introduction to His Life and Thought*, trans. John Bowden, London: SCM Press Ltd., 1986, p.148.
② Ibid., pp.150—151.
③ Ibid., p.150.

的红衣主教，慕尼黑的德普夫纳、科隆的弗林斯和维也纳的柯尼希联名致函教宗，要求解除对拉纳的审查令。柯尼希为此还觐见过教宗。

随着拉纳被禁止讲话和发表文章的消息传播开来，德国人文和自然科学精英教授社团"保卢斯社"（Paulusgesellschaft）当中的很多成员和朋友草拟了维护拉纳的陈情书，共有 250 人签名，并通过外交渠道送达教宗，但是就像三位红衣主教的说情一样，这种陈情也并未即刻得到梵蒂冈什么说法。

第三节 时来运转 梵二扬名

一、教宗立意开大会——身负使命喜获舞台

一方面拉纳在接受罗马的特别审查，另一方面历史和罗马也在发生着一些重要事件，逐渐为拉纳和其他改革派神学家完全改变了周围气候。

1956 年 10 月意大利威尼斯的红衣主教隆卡利当选教宗，成为教宗约翰二十三世。当选后不久，这位曾经当过教廷多国大使职务、了解外面世界的教宗就有了在梵蒂冈召开大公会议的想法。但问题是，教宗年事已高，会议能否围绕合适的主题如期进行，以及要什么类型的神学家和要他们以何种方式参与会议。对此，曾任萨尔斯堡大学道德神学教授的维也纳大主教柯尼希回忆说："我带着怀疑的眼光看待教宗约翰二十三世召开大公会议的宣告。整个世界的反应也是怀疑主义的，都说这个人已有 78 岁高龄了，他真能做到吗？许多红衣主教和主教们也有同样的一些保留。教宗 1956 年 10 月当选之后没过几个月就有了召开大公会议的计划，这令所有的人感到震惊，显得有些好笑。一年之后——我同约翰二十三世关系良好——他在一个私下场合告诉我，他在基督徒合一祈祷礼仪周期间有了这个想法，即他作为教宗必须召开大公会议。这个想法令他惊诧，心想：'这是件难事。我

做不到。这个想法来自魔鬼，魔鬼想为难我，所以才给我这种想法。不，我不会这么做。'但是这个想法一再出现。他祷告说：'亲爱的天主，请帮助我！如果你要这个，我就去做，但是我不认为你要这个——魔鬼要它。'他祈祷澄清。在基督教徒合一祈祷礼仪周的最后一天，他深信这个想法来自上帝，并决定去做。第二天，即1959年1月25日，他告诉一小群红衣主教，他要召开一次大公会议。红衣主教们处于震惊之中，整个世界处于震惊之中，而不仅仅是天主教教会。但是然后准备工作开始进行，教会之外人们的兴趣也在增长。"①

拉纳对于耳闻的大公会议能否举行尽管有几分疑问，但更多的是期盼和希冀。1959年2月17日的一封信展露了他当时的想法，也预示了他后来在梵二会议上的努力方向："迄今在罗马的很多圈子里人们认为如今再召开一次大公会议已经不可能，对此我毫不吃惊。我本人也将信将疑，但纯粹是出于议事方面的技术原因的考虑。倘若这些困难能够克服和真被克服，那么一次新的大公会议不仅本身取得成就，而且代表着针对过去为数不多的世纪中才有的单边集中制的一股真正的动力，只要我们有足够多的带有自己头脑的主教。所以我们希望这个大公会议有所成就。"②

因为拉纳的出书和演讲的影响日隆，他的名声在德语世界之外也已经如此之大，以至于很多对他的神学感兴趣的人和教会里的人都认为拉纳参与其中是理所当然的事。但是拉纳除了陷入与罗马之间的上述麻烦之外，还在罗马有不少敌手，例如，在耶稣会内就有充当"圣职部"顾问的教义神学家特龙普（Sebastian Tromp）和道德神学

---

① Andreas R. Batlogg, Melvin E. Michalski, Barbara G. Turner, eds. & trans., *Encounters with Karl Rahner: Remembrances of Rahner by those who knew him*, Marquette University Press, 2009, p.47.
② Herbert Vorgrimler, *Understanding Karl Rahner: An Introduction to His Life and Thought*, trans. John Bowden, London: SCM Press Ltd., 1986, pp.141—142.

家许尔特（Franz Hurth），另外当时的圣职部部长红衣主教奥塔维亚尼（Ottaviani）和圣职部评估官帕伦特（P. Parente）都属拉纳的对手之列。

正是因为有这样一些顾虑，最初拉纳对于维也纳大主教柯尼希选他做顾问前往罗马还有些犹疑，怕给柯尼希带来不必要的麻烦，当然最后柯尼希还是说服了拉纳："我知道我会参加这次大公会议。我获知——我事先并不知道——每位主教如果愿意，可以带上一个神学顾问。我环顾四周并且想，卡尔·拉纳令人感兴趣；他是一位非常弹性的神学家，而且有新观念。我给他打电话，请他陪我前往。他的反应现在已经是路人皆知了，即他犹豫不决，因为他认为自己在罗马没有好声誉，他想留在因斯布鲁克。我请他考虑我的邀请，并且说我理解他的迟疑。同时，我清楚地向他表明，他应当信赖我。我向他保证，我将竭尽所能，保他一切安然无虞。他最终同意了。"①

后来事实表明，尽管情况并非像拉纳所担心的那样糟糕，但从柯尼希的另一番话可以看出拉纳原初的担心还是有一定道理的："当圣职部——信理部的前身机构——部长红衣主教阿尔夫雷多·奥塔维亚尼得知拉纳要到罗马的时候，他的反应带着怀疑和不信任。而拉纳对于将会发生什么也充满好奇。但他一旦开始与奥塔维亚尼讲话，我们全都能够看到没有什么冲突。他们的谈话相当开诚布公。我曾经直接问过奥塔维亚尼：'你反对拉纳吗？'奥塔维亚尼回复说：'是的，拉纳不仅现代，而且总是把没有经过检验的观念带入神学讨论之中。'我建议他倾听拉纳的诉说，并与拉纳交谈，结果这在圣职部与拉纳神父之间产生了一种完全交心的关系。我确保了拉纳到'神学委员会'

---

① Andreas R. Batlogg, Melvin E. Michalski, Barbara G. Turner, eds. & trans., *Encounters with Karl Rahner: Remembrances of Rahner by those who knew him*, Marquette University Press, 2009, pp.47—48；参见 Thomas F. O'Meara, O. P., *God in the World*, Liturgical Press, 2007, p.20。

工作。大公会议有10个委员会来完成所有的工作;'礼仪委员会'、'教义委员会'和'神学委员会'这些都是核心委员会。拉纳神父到了'神学委员会'工作,而且在那里相当有影响。"①

正如柯尼希所言,1960年教宗正式设立了大会预备机构,包括1个中央委员会、10个专门委员会和2个秘书处,以便准备议事日程、起草预备文件和处理来自世界各地的提案和要求。在梵二会议的预备性工作中处于审查之中的拉纳的作用不彰。相关预备委员会接到恢复永久执事团的要求之后,鉴于拉纳写过相关内容的文章,拉纳才像前文所述那样被教宗任命为这个有限问题方面的相关委员会的顾问。为了给拉纳打开更大的活动空间,柯尼希做了一定的游说工作:"我的确经过一番游说,把他送入那个委员会。游说的绝大多数人是中欧的那些主教:法国、比利时、荷兰、德国、奥地利和一些在罗马的主教。"② 这时期,拉纳一方面在神学委员会工作,另一方面作为维也纳红衣主教柯尼希自己在所有梵二会议文献方面的正式私人顾问,兼慕尼黑的红衣主教德普夫纳的非正式私人顾问。这样一来,尽管罗马的审查令没有正式取消,但是无形中失去了实际效力。

拉纳进入上述"神学委员会"是他在梵二会议上能够发挥越来越大影响的关键转折点。首先,拉纳通过"神学委员会"的工作帮助大会定向和定量。梵二会议筹委会收到的提案有60个主题之多,而且都是非常传统和非常常规的主题;尽管筹委会建议广开言路,以便收到来自各个方向的新提案,但是毕竟大会只能考虑数量有限的话题。这样"大公会议经历了它的第一场危机。它简直不知道哪个主题更加急迫或更加必要。"所以,筹委会协同"神学委员会"一道决定哪些主题对于当时的教会而言是重要的:"最后浮出的最为重要的问题是

①② Andreas R. Batlogg, Melvin E. Michalski, Barbara G. Turner, eds. & trans., *Encounters with Karl Rahner: Remembrances of Rahner by those who knew him*, Marquette University Press, 2009, p.48.

这样一些问题：教会如今想要什么？教会得对世界有何言说？最重要的是，令人最感兴趣的是普世教会对话。"① 其次，拉纳通过"神学委员会"的工作在主题方面吐故纳新。"梵二会议的'神学委员会'不仅倡导宗教自由，而且为那些强有力的冲动背书，诸如礼仪更生、一般的天主教会的新观念、平信徒的传教使命、普世运动之内的对话，以及与其他宗教对话乃至合作等等。拉纳导入许多这样的建言并且促使它们开花结果。"②

柯尼希晚年的下述回忆让我们得以窥见拉纳在梵二会议上如何通过"神学委员会"的工作发挥影响之一斑："对于一个大公会议而言谈论教会这个话题是某种完全新鲜的事！何为教会？教会有何任务？教会得对世界有何言说？为何有教会？有许多立场，有保守立场和其他立场。拉纳神父感到我们必须以一种新的方式彼此交谈；我们不应当害怕或过度小心和防范。他有一种非常正面的和根本上说来能动的态度，而且鼓励他人开放。那时的主要工作将是那个有关教会的《天主的启示教义宪章》。这个讨论有许多阶段，经常是整天都在教皇大会堂辩论某些立场正反两方面的理由。然后那些结果再返回神学委员会，后者得要对一切加以综合。然后整个事又重新回到大会上。那是一个有来有往的过程。拉纳神父不仅认识许多主教，而且认识许多其他神学顾问。他有大量的人际接触，所以对于这些商酌的结果拥有巨大的影响。而且正如我已经说过的，他是带来处理事物的一种全新进路的人物。"③

柯尼希说过，他一度担心别的主教率先抢走拉纳充任顾问："整个德国主教会议都想要他。我与（慕尼黑和弗赖辛）红衣主教朱利叶

① Andreas R. Batlogg, Melvin E. Michalski, Barbara G. Turner, eds. & trans., *Encounters with Karl Rahner: Remembrances of Rahner by those who knew him*, Marquette University Press, 2009, p.49.
②③ Ibid., p.50.

斯·德普夫纳在一起的时候告诉他说，'我亲爱的朋友，拉纳神父是我在这个大公会议上的神学家！你可以同他讨论问题，但是他仍然是我的大公会议上的神学家。'这样，尽管他经常受到德国主教会议的邀请发表讲话，但仍然作为我的大公会议神学家。有人有时断言拉纳既是我在大会上的神学家，又是德国主教会议在大会上的神学家，真实情况并非如此。我庆幸自己邀请到拉纳陪我到罗马，因为这只抢先红衣主教德普夫纳邀请拉纳一点点，而且因为他在因斯布鲁克教书，他感到对于我比对于德普夫纳更有义务，尽管拉纳本人是一位德国人。"①

除此之外，柯尼希之所以成功选择到拉纳，另一个原因是他与拉纳之前有过不少交往。1937 年 8 月拉纳进行萨尔斯堡系列讲座的时候，柯尼希是当年的协助人之一："我的角色是综述拉纳有关宗教哲学与神学之间关系的那些讲座。后来这些讲座 1941 年以《圣言的倾听者》为名出书。但那时我与拉纳神父只是一种偶尔交往的关系。他告诉我他在弗莱堡研读哲学，对存在主义哲学特别感兴趣。与马丁·海德格尔的际遇对他影响最大。我接下来遇到拉纳是在后来表明是战前他的最后的神学系列讲座上——因为纳粹当局禁止了该系列讲座的继续进行。在纳粹占领奥地利，而且教会几乎被迫转入地下之后，我的确不时遇到拉纳神父。"②实际上，战后拉纳与柯尼希也一直存在交往，柯尼希不仅曾经邀请拉纳为 1956 年出版的一部宗教词典撰写条目，而且自 1957 年第一卷开始就担任《神学和教会百科全书》的顾问，彼此互相了解。

---

① Andreas R. Batlogg, Melvin E. Michalski, Barbara G. Turner, eds. & trans., *Encounters with Karl Rahner: Remembrances of Rahner by those who knew him*, Marquette University Press, 2009, pp.51—52.

② Ibid., p.46.

二、力否官方老预案——推倒了多米诺骨牌

实际上，在梵二会议正式开始之前，拉纳就已经开始为梵二会议工作了。一方面，正如上文所言，1961 年 3 月 22 日拉纳已经被教宗约翰二十三世任命为"圣事纪律委员会"的顾问。这个委员会由红衣主教 B. 阿卢瓦西·马塞拉（B. Aloisi Masella）领导，秘书是耶稣会士 R·比达高（R. Bidagor）。在很多问题之中，该委员会要处理恢复永久执事的问题，要向筹备会议的中央委员会提交一个概要。尽管拉纳并未获邀参加罗马的相关会议，但是与（前）南斯拉夫大主教斯佩尔（F. Seper）一道，拉纳在因斯布鲁克打造出一份意见书，而这个意见书被包含在圣事委员会的那个概要之中。另一方面，拉纳在梵二会议正式开始、随同柯尼希前往罗马与会之前，早已开始忠实履行柯尼希的神学顾问之职。1961 年 10 月，维也纳红衣主教弗朗茨·柯尼希请求拉纳帮他审读各个分委会打算提交中央委员会的那些材料。

拉纳在 10 月 28 日的一封信中说到此事："我听说教宗 12 月 8 日将要宣布明年秋季召开大公会议。红衣主教柯尼希最近打电话给我说，从现在开始他会交给我中央委员会那些会期的基本材料。"拉纳的长期助手和梵二会议期间的助手阿道夫·达拉普对此有这样的见证："那次大公会议对他是一个巨大的挑战，而且这种挑战在大会正式开始之前早就开始了。红衣主教弗朗茨·柯尼希把那些会前委员会的那些提案给到拉纳，而拉纳要写出他的那些评估。因为这样一个过程之故，他对所有的材料变得非常熟悉……而且他知道成败关键之所在。"①

---

① Andreas R. Batlogg, Melvin E. Michalski, Barbara G. Turner, eds. & trans., *Encounters with Karl Rahner*: *Remembrances of Rahner by those who knew him*, Marquette University Press, 2009, p.105.

达拉普还说道："那些会前提案不仅真是会前的，而且它们的神学之根深扎在先前世纪之中。那对拉纳形成巨大挑战。他懂得那些材料，明白各种各样的那些立场；这些文本中还再现了他以前的老师的一些教导。"[①] 为迎击这种挑战，拉纳还在两个方面为大会预做准备。其一，拉纳感到那些预备文本完全无法令人满意，因为它们并没有穷尽大公会议的诸多可能性，而且它们并没有用"今天"不得不用的那种语言说话。所以他开始在各种各样的杂志上撰文，展望大公会议。例如，他把文章"大公会议神学"（Zur Thelolgie des Konzils）投给当时的《时代的声音》（Stimmen der Zeit）杂志的主编耶稣会士 O·西梅尔（O. Simmel）予以发表（1962 年第 169 期 321—339 页）；1962年 1 月 15 日他在文章问世前曾满怀期待又不无担心地谈到他的文章："西梅尔采用了我论大公会议的文章。那有一定危险。……里面会有不少罗马的观点中没有的东西。"[②] 其次，拉纳为梵二会议的准备方面还包括编辑论执事制度更生的文集，这是他应执事群体所请、在沃格利姆勒的帮助下编辑完成的。这本 1962 年出版的文集（Diaconia in Christo）第 285—324 页中有拉纳的文章 "Die theologie der Erneuerung des Diakonats"，其中有不少拉纳 1961 年为圣事委员会起草的那个罗马观点文本中所没有的东西。

　1962 年春，拉纳就中央委员会打算提交大会的那些议案用拉丁文为柯尼希提交报告。同时，红衣主教德普夫纳也向拉纳索要其为柯尼希准备的报告文本。期间拉纳在众多议案中尤为感兴趣的是那些得由对手特龙普和许尔特提交的教义学和道德神学领域的文本：有关保

---

① Andreas R. Batlogg, Melvin E. Michalski, Barbara G. Turner, eds. & trans., *Encounters with Karl Rahner: Remembrances of Rahner by those who knew him*, Marquette University Press, 2009, p.105.

② Herbert Vorgrimler, *Understanding Karl Rahner: An Introduction to His Life and Thought*, trans. John Bowden, London: SCM Press Ltd., 1986, p.143.

持纯粹的信仰积淀的，有关于启示源头的，有关于教会的，有关于蒙福的神之母和人之母童女玛利亚的，有关于贞洁、贞操、婚姻和家庭的，还有关于道德秩序的。为会议预做准备的那些群体有这样的印象，就是尽管这些文本只是重复人们尤其在过去的那些世纪老生常谈的那些东西，没有丝毫顾及当今的人们，但是它们是如此牢固地打造出来的，以至于预计会议可以没有多大问题地给予它们祝福，从而预期会议本身很快就会结束。他们提出，时代需要的只是现行哲学和神学"错误"的一种概要、一种大纲。另一方面，在这个筹备阶段，还有一些神学家和主教并不如此看问题，他们的反应和策略是必须阻碍那些可以阻碍的。对于放行和抵制这两种举措，拉纳都不赞许，而是像后文所见那样，采取了吐故纳新的第三种举措。

1962 年 10 月 11 日，经过一年左右的准备，为了"跟上时代"和"向世界开放"，天主教进行改革的梵二会议终于由教宗约翰二十三世宣布隆重召开。教宗在名为《慈母教会》的开幕致辞中说：

> 现今……基督的配偶宁愿使用慈悲的良药，而非严酷的猛药。她考虑通过展现她的教导的有效性而非通过惩罚来满足当下的需要……有鉴于此，天主教会借助本届大公会议擎举宗教真理的火炬，渴望表明自身是所有人的慈母，温和，耐心，对于那些与她分开的儿女充满了慈悲和美善。对于饱受困苦的人类，她就像从前的彼得对于求他周济的穷人那样说："金银我都没有，只把我所有的给你。我奉拿撒勒人耶稣基督的名，叫你起来行走。"（徒 3：6）……她打开了赋予人生命的教义之泉，容让那些被基督之光照亮的人们好好理解他们真正是什么，他们高扬的尊严和目的是什么，而且最终经由她的儿女，她把基督教完完满满的周济散布到一切地方；较之再没有什么在根除纷争的种子方面更加有效用了，较之再没有什么在促进和睦、正义的和平和所有人的

兄弟般的统一体方面更加有效验了。①

教宗一番本身反对纯粹重复教义公式的宣示为会议定下了基调，即教宗想要鼓励更新力量，裁定言者无罪。"约翰二十三世想要一场对话；他并不想气势汹汹地捍卫信仰。他想要打开窗户。欧洲的罗马天主教——这是我个人的意见——是防卫性的：不仅害怕科学、害怕新教、害怕现代运动、害怕历史方法，而且还要与开明派作斗争，等等。教会在某种程度上跛脚太长时间了，落后于近来的发展。拉纳神父就是在这样的境况中开始其神学生涯的。他的工作在那些已经做好改革准备的圈子里受到赞许。事实上他做了教宗在他的开窗暗喻中所表达的事情。"②

正是因为这种"心有灵犀"或"因缘际会"，以及为了化解因为对拉纳这位德国最著名神学家的审查举动所引发的教会方面的和政治方面的紧张，教宗10月底进而钦定拉纳为梵二会议官方神学专家顾问之一。这项任命被广泛解读为恢复拉纳清白的举动，铺平了他在梵二会议期间正式履行作为红衣主教柯尼希的神学顾问之职的道路。借由柯尼希，拉纳得以接触到更为重要的一项工作，就是神学委员会有待做的对启示进行研究的工作，围绕启示议题进行的那些预备讨论曾险些使与会的主教们陷入分裂。

尽管钦定官方专家的身份使拉纳得以进入在圣彼得大教堂内举行的一些正式大会和小组会议，但是他在梵二会议上的真正工作和真正影响却是在正式会议之外。为了达成他会前文章中所展望的大会成功

---

① Paul Crowley, S. J. eds., *From Vatican II to Pope Francis*：*Charting a Catholic Future*, Maryknoll, New York：Orbis Books, 2014, pp.xiii—xiv.

② Andreas R. Batlogg, Melvin E. Michalski, Barbara G. Turner, eds. & trans., *Encounters with Karl Rahner*：*Remembrances of Rahner by those who knew him*, Marquette University Press, 2009, p.49.

条件，即"只要我们有足够多的带有自己头脑的主教"，他向那些说德语的主教和其他地区的主教团发表演说，参加德国和法国神学家们的讨论。正所谓功夫不负有心人，"前两个会期期间他在罗马发表的无数演说坚定了主教们寻求某些新方向的决心。"① 例如，就《圣经》与传统之为启示源头这个棘手和争议问题，拉纳联手拉辛格起草了一个文本，希望用以替代预委会所提交的那个文本；这个新起草的文本不仅被德国主教会议所采纳，而且呈递给了其他国家的主教团。

在 1982 年 1 月所接受的一次采访中，拉纳印证了他与拉辛格在梵二会议上的这次合作："在那次会议上，我们几乎从一开始就合作一个拉丁文本，关涉的是上帝的启示和耶稣基督中的人性。"② 对于这一点，乃至此事件中拉纳的主导地位，拉辛格自己在后来的相关表述中也有印证：

> 应红衣主教弗林斯的要求，我那时起草一个力图表达我的观点的简短议案。我有机会在红衣主教在场的情况下，向一些德高望重的红衣主教读了我的文本，他们发现这个文本非常有意思，但是他们自然既不想而且那时也不能对此做出任何判断。那个我小小努力的文本在很大程度上是一种急就章的结果，所以在充实性和缜密性方面自然无法与官方议案相匹敌，后者经过了一个长期精心制定的过程，而且经历了很多有才能的学者们的修订。显然我那个文本得要重新加工和予以深化。因此，需要另请明眼人和高明人。结果，大家一致同意卡尔·拉纳和我一起打造第二个更加成熟的版本。这第二个文本更多仰仗的是拉纳的工作而非我的工作，然后在神父们中间分发，引发相当激烈的反应。当我们

---

① Thomas F. O'Meara, O. P., *God in the World*, Liturgical Press, 2007, p.20.
② Paul Imhof and Hubert Biallowons, eds, *Karl Rahner in Dialogue*: *Conversations and Interviews*, *1965—1982*, New York: Crossroad, 1986, p.317.

一起合作的时候，有一点变得明显起来，就是尽管我们在很多愿望和结论方面一致，但是拉纳和我生活在两个不同的神学星球上。在诸如礼仪改革、释经学在教会和神学中的崭新地位问题上，以及在其他许多领域，他与我持守相同的东西，却是出于完全不同的原因。尽管他早期研读教父们的著作，但是他的神学总体上受到苏亚雷斯式的经院主义传统的限制，以及从德国唯心主义的角度吸纳这个传统和海德格尔这一点的限制。他的神学是一种思辨性的和哲理性的神学，其中《圣经》和教父归根结底并未扮演重要角色，而且其中历史维度实在只具有微不足道的重要性。而就我而言，我整个的智力形成则是由《圣经》、教父和深刻的历史思考所塑造出来的。我在其中接受训练的慕尼黑学派与拉纳的学派之间的巨大差异在那些日子对我而言就已经变得清楚了，尽管从外面看清我们分道扬镳仍然需要一些时日。①

虽然经过激烈的辩论，但是拉纳和拉辛格希望用来替代官方预备议案的那份议案在 11 月 20 日还是遭到拒绝，就像拉纳后来惋惜地说道的——"即便这个文本几乎很快就从会议的讨论中消失（这并非什么大的损失），但是这个事实本身表明，那时候我们两个在神学上比如今更接近一些"②。不过，令人可喜的是，尽管反对官方预备议案的人们没有取得必须的多数，以至于拉纳和拉辛格的议案被否，但是这个少数是如此有资格和有影响，以至于 21 日教宗约翰二十三世撤回了官方预备议案，并组成了一个混合委员会，责令他们提交新的议案文本。拉纳所肇始的、最终促成教宗约翰二十三世要求用新文本替

---

① John F. Thornton and Susan B. Varenne edited：*The Essential Pope Benedict XVI*：*His Central Writings and Speeches*，Harper One，2008，p.206.

② Paul Imhof and Hubert Biallowons，eds，*Karl Rahner in Dialogue*：*Conversations and Interviews*，*1965—1982*，New York：Crossroad，1986，p.317.

换论启示方面的官方预备文本的事件，对梵二会议的进程产生了深远的多米诺骨牌式的影响，成为会议的一个真正分水岭，因为这开启了对事先在罗马准备的所有官方预备文本进行彻底修订的大门。"这是一个突破。从那以后，事先在罗马预备的那些文本不再被当作不刊之论。"①

对于由他肇端的，原先在罗马准备好的那些预案被纷纷推倒重来的事件，拉纳在 1980 年 7 月的一次访谈中有这样一段谦逊的说法："一开始我就同拉辛格一道，在红衣主教弗林斯（Frings）的主持下，准备那份《教会宪章》（Lumen Gentium）的一个草案，复印之后由德国主教们分送所有（出席国的）主教会议。那个草案很快就遭到废弃，但是与这样一个事实并无多大关系，就是会议之前准备的所有预案几乎都被废弃，而且会议开始就所有的宣言和宪章另起炉灶。会前种类的那些议案是罗马的那些神学家在会议之前和为了会议而拼凑起来的，充满了新经院主义；所以在很多领域人们真的应该感谢上帝——它们被废弃了！除却实际上约翰二十三世在红衣主教德普夫纳和弗林斯等人影响下所促发的这一推进，除却废止会议之前的那些方案和容许含有完全不同的神学思想的那些新方案，我不会说我做了人们可以让我承认的什么特别的事情。"②

三、最强有力的人物——幕前幕后纵横捭阖

当年随着梵二会议的继续，拉纳的工作模式也不断重复着。随着 11 月 23 日有关教会和玛利亚的预备文本散发到与会者手中，以及随着 12 月 1 日有关教会的预备文本的讨论开始，他再次得要提供相关

---

① Herbert Vorgrimler, *Understanding Karl Rahner*: *An Introduction to His Life and Thought*, trans. John Bowden, London: SCM Press Ltd., 1986, p.97.
② Paul Imhof and Hubert Biallowons, eds, *Karl Rahner in Dialogue*: *Conversations and Interviews*, *1965—1982*, New York: Crossroad, 1986, p.262.

的口头和书面意见。那些专家提交的文件多如潮水。拉纳一度在这个阶段报告说，在一些助手的帮助下，他曾经复制了5万张文件。"我的确努力工作；那是令人疲累得要命的工作。"①

1962年12月5日，拉纳本人的决定性突破开始了：红衣主教柯尼希径直带着拉纳参与上文所述那个混委会的一次会议。这个混委会由奥塔维亚尼和贝亚（Bea）两位红衣主教共同指导，要奉命制定出论启示的新文本。奥塔维亚尼有权排除拉纳，但是他并没有这么做。拉纳与会这一举措12月7日又重复了一次。随后，拉纳以其有关传统方面的渊博知识，娴熟运用的拉丁文和犀利的逻辑论证，还赢得了另一方神学家，即那些意大利神学家和那些在罗马受到训练的其他神学家的巨大尊重。总之，拉纳被接受了。

1962年12月8日梵二会议第一会期结束之后，各个分委员会的会议仍然在一些国家和罗马进行着。1963年2月拉纳被正式任命为顾问和制定关于教会的新议案文本（即后来的《教会宪章》）的七人神学专家组成员之一。在这方面拉纳对大公会议的贡献颇丰，特别是《教会宪章》第16条有关普救的问题上的论述更彰显了拉纳的影响。其中有这样的说法："原来那些非因自己的过失，而不知道基督的福音及其教会的人，却诚心寻求天主，并按照良心的指示，在天主圣宠的感召下，实行天主的圣意，他们是可以得到永生的（19）。还有一些人，非因自己的过失，尚未认识天主，却不无天主圣宠儿勉力度着正直的生活，天主上智也不会使他们缺少为得救必须的助佑。在他们中所有任何真善的成分，教会都会视之为接受福音的准备（20），是天主为光照众人得生命而赐予的。"正如柯尼希所说："那是著名的一段，也是困难的一段。它显示了拉纳神父的巨大影响。上帝的普遍救

---

① Paul Imhof and Hubert Biallowons, eds, *Karl Rahner in Dialogue*: *Conversations and Interviews*, *1965—1982*, New York: Crossroad, 1986, p.262.

赎旨意是他整个神学的基础——具有广泛而长远的影响，在他有关无意识的或匿名的基督徒定理中得到表达。可以说，很多人是一些没有意识到自己已经走在通往基督教之路上的基督徒。他总是保持这一观念。后来当'匿名基督徒'这个称谓兴起的时候，它得到不少支持，也遭受不少反对。"①

与其同时，拉纳在梵二会议上对于与启示相关的议案的创造性贡献也进展神速，而且红衣主教柯尼希还添加了重新计划的有关现代世界中的教会议案的大纲。拉纳孜孜不倦地为德国和奥地利主教会议书写他的意见，其中包括一个有关玛利亚论的意见书。柯尼希回忆说："事情是以这样一种方式进行的，即我在教皇大会堂发表陈述，辩论之后我对拉纳说我们应当谈谈此事。例如，天主的母亲是一个非常重要的话题。这方面所产生的问题是：那份论教会的文献要不要有一章来论述天主的母亲？许多人说不要：如果能有两个分别的文本会更好一些，一个论教会，另一个论天主的母亲。我说：'不！只要一个文献搞定一切，天主的母亲归属那份论教会的文献。'那些玛利亚论的极端捍卫者很快为两个分别文本主张提出论证。我的关切在于，存在一种玛利亚变得几乎比教会还要重要的危险。教皇大会堂内的气氛紧张。然后主持人说：'好吧，到底是一个文本还是两个文本？我们必须票决。'投票前两个讲者要进行陈述。马尼拉红衣主教代表两个不同文献说的一方讲话，我代表一个文献说的一方讲话。在发表讲话之前，我请拉纳神父为我列出一个提纲。我还请其他神学家提供给我他们的想法。然后我与拉纳神父讨论那些论证，问他针对这个或者那个陈言会怎么说。拉纳神父在神学委员会具有影响力，每当我要在大会上发言（一切都用拉丁语）和需要一个成文的立场陈言的时候他也发

---

① Andreas R. Batlogg, Melvin E. Michalski, Barbara G. Turner, eds. & trans., *Encounters with Karl Rahner: Remembrances of Rahner by those who knew him*, Marquette University Press, 2009, p.52.

挥了影响。最为经常的是，他列出讲话提纲，或者我与拉纳一起润色我的手记。"①

1963 年秋拉纳在比利时的马利内斯（Malines）参加了一个神学小组的会议，这个会议是红衣主教休嫩斯（Suenens）（9 月 6—8 日）召集召开的。此次会议所做的工作是有关现代世界中的教会的文本，后来这个文本发展成梵二会议神学委员会秘书、比利时教义神学家杰拉德·菲利普斯（Gerard Philips，1899—1972）的一个议案。这样拉纳与菲利普斯成为好朋友，随着梵二会议的进展他们的默默合作变得十分重要。在梵二会议工作的这个第二阶段，人们遵循了关于那些新文本的一条不同道路，因为纯粹的阻碍业已证明是成功的：尽可能使那些文本保持"开放"，不说任何过快导致某种教义断言的话。

在拉纳"戴罪立功"，在梵二会议上发挥越来越大影响的同时，罗马对拉纳的审查结果也有了正式说法。1963 年 5 月 28 日，拉纳得到耶稣会总会长的通知，获悉圣职部转变了在审查方面的原有立场，从此把对拉纳著述的审查权留给了他在耶稣会中的上峰，恢复了事前的做法，自此之后拉纳可以像耶稣会中的其他人那样遵循相同的程序了。②尽管如此，保守派射向拉纳神学的明枪暗箭从未真正停止过，但所幸的是拉纳再未面对圣职部的禁令。至于拉纳在整个事件中对那些责难者们的态度，其轻蔑之情在上文所引述的那些信件中清晰地溢于言表。③

梵二会议第二个时期从 1963 年 9 月 29 日持续到 12 月 4 日，围绕一些议题进行了一些重要的咨询和投票，其中拉纳扮演了一种重要

① Andreas R. Batlogg, Melvin E. Michalski, Barbara G. Turner, eds. & trans., *Encounters with Karl Rahner*：*Remembrances of Rahner by those who knew him*, Marquette University Press, 2009, p.51.

② William Dych, *Karl Rahner*, London & New York：Continuum, 2000, p.12.

③ Herbert Vorgrimler, *Understanding Karl Rahner*：*An Introduction to His Life and Thought*, trans. John Bowden, London：SCM Press Ltd., 1986, pp.149—151.

角色：9月30日讨论关于教会的新文本，10月29日有关玛利亚论应当单独形成大会文本还是整合到关于教会的议案之中进行了投票，10月30日就5个包括执事制度在内的与教会议案相关的问题进行了测试投票。拉纳参加了教会议案委员会的工作，尤其把注意力放到主教与教宗分权原则和主教与教宗的关系，以及当地共同体的地位方面。他像红衣主教柯尼希那样认为，必须向那些主张把有关玛利亚的表述整合进教会议案的主教提供建议。他还参与有关修会成员的文本委员会的会议。在梵二会议的这个第二阶段，尽管也有一些像"玛利亚战役"这样的激烈争议，但是总体上第一阶段原有的易怒和好斗心绪让位给更理性、更平和的氛围。据研究，拉纳在缓和大会气氛方面做出了重大贡献。①

这个时期拉纳同样围绕大会进行了无数演说，包括一些对南美主教和他的特殊朋友巴西主教的演说。在这个会期阶段，新教宗的朋友、意大利教义神学家卡洛·科隆博（Carlo Colombo）为《世界的圣事：实践神学百科全书》的神学家们组织了大型公开招待会。现在，用"保守的"玛利亚论学者C. 巴利克（C. Balic OFM）的话说，拉纳也被另一方当作大会上"最强有力的人物"来看待了。②

1964年上半年，拉纳除了在家忙碌有关圣经与传统之间关系的大会文本和有关玛利亚的大会文本之外，还积极参与罗马相关委员会的活动。接着梵二会议进入1964年9月14日持续到11月24日的第三个时期。其间，同样进行了大大需要拉纳的一些文本讨论：9月15日开始关于教会的讨论，9月16日开始关于玛利亚的讨论（现在的《教会宪章》第八章），9月30日开始关于启示的讨论，10月20日开始关于现代世界中的教会的讨论。拉纳的参与十分重要，尤其

①② Herbert Vorgrimler, *Understanding Karl Rahner: An Introduction to His Life and Thought*, trans. John Bowden, London: SCM Press Ltd., 1986, p.99.

是在教会议案中的《圣经》无谬主题方面，以及确立基本的神学倾向和在现代世界的教会文本中阐述基督教的人观方面。至此，按照拉纳的观点，大会的一个第三阶段开始了，用他的话说就是"开始的一种开始"。

梵二会议的第四个时期开始于 1965 年 9 月 14 日，结束于 12 月 8 日。从 9 月 21 日开始讨论那个有关现代世界中的教会的冗长文本；无数文献的最后定稿正在紧锣密鼓地进行之中。11 月 9 日拉纳再次在圣彼得大堂中发挥到淋漓尽致的程度。这一天讨论新的特赦法令。讨论中，东仪天主教主教马克西米斯·IV·赛格（Maximus IV Saigh），以及红衣主教阿尔弗林克（Alfrink）、德普夫纳和柯尼希代表了拉纳的特赦神学。也许正是因为类似情况的存在，"在其评估性的梵二会议史中，维尔特根（Wiltgen）断言梵二会议被德国人主导，而那些德国人本身又处于拉纳的霸权之下。"①

"在会议结束的时候，拉纳的文章和演说，以及对所有文献的评论，推进了梵二会议的影响。"② 的确，在梵二会议文献中拉纳的影响痕迹除了四个文件之外无所不在。③ 后来拉纳和沃格利姆勒合作修译和编辑了梵二会议 16 个文件的一个德文简装本——《梵二文献简编》（Kleine Konzilskompendium），于 1966 年 12 月问世。④ 拉纳写了有关梵二会议的总序，沃格利姆勒写了 16 个文件的分序。

"无疑，及至 1965 年 12 月梵二会议结束的时候，拉纳对于许多会议文件的最终形成已经产生了巨大影响。他的神学痕迹可以见于会议论教会、论教宗首位和主教职务、论启示、论圣经与传统之间的关

---

① Kress，*A Rahner Handbook*，Atlanta：John Knox Press，1982，p.9.

② Thomas F. O'Meara，O. P.，*God in the World*，Liturgical Press，2007，p.20.

③ Herbert Vorgrimler，*Understanding Karl Rahner*：*An Introduction to His Life and Thought*，trans. John Bowden，London：SCM Press Ltd.，1986，p.100.

④ Ibid.，pp.100—101.

系、论《圣经》的启发、论圣事和执事、论教会与现代世界的关系、论教会之外（甚至对于非信徒）拯救的可能性等领域的教导之中。具有讽刺意味的是，前不久还刚刚受到高度怀疑并经受特别审查的一位神学家的观念现在已经变成教会官方学说的一部分。梵二会议不仅终结了拉纳与罗马的官方困难，而且也成就了他作为教会领衔神学家之一的国际地位。"①

总之，正如《莱茵河汇入台伯河》一书的作者拉尔夫·维尔特根（Ralph Wiltgen）所言，梵二会议之所以成就改革大业，是"因为说德语的主教们的立场照例被欧洲同盟采纳，而且因为该同盟的立场一般都被大会采纳，所以一个神学家孤身或许可以让他的观点被整个大会所采纳，如果它们已经被说德语的主教们所接受的话。真的就有这样一位神学家，他就是耶稣会士卡尔·拉纳神父。"②而这位拉纳神父，"与那个时代的很多神学家相比，其最拿手的强项之一就是对于经院哲学的前前后后烂熟于心，所以在与梵二会议的那些委员会的讨论当中，他能用对手自己的武器打败对手。而且他说一口流利的拉丁语。"③

四、转战慕尼黑大学——继任瓜尔蒂尼讲席

拉纳在梵二会议期间神学命运出现转折的同时，一些重要大学也向他敞开了欢迎的怀抱，主要是著名的慕尼黑大学和明斯特大学。尤其是明斯特大学，"遵照 1962 年已经成为美因茨主教的明斯特教义教

---

①　William Dych, *Karl Rahner*, London & New York: Continuum, 2000, p.13.

②　Ralph Wiltgen, The Rhine Flows Into the Tiber, Rockford: Tan Books, 1985, p.80.

③　Andreas R. Batlogg, Melvin E. Michalski, Barbara G. Turner, eds. & trans., *Encounters with Karl Rahner: Remembrances of Rahner by those who knew him*, Marquette University Press, 2009, p.94.

授赫尔曼·沃克（1903—1988）的指示，于 1962 年和 1963 年两度力图为明斯特赢得拉纳"。①

1963 年 2 月慕尼黑大学邀请拉纳接替另有所任的罗马诺·瓜尔蒂尼（Romano Guardini）留下的"基督教和宗教哲学讲席"教授之职。之前他曾经两度收到过明斯特大学前往教授教义神学的邀请，但是耶稣会总会长要他继续留在因斯布鲁克。这次拉纳则更为急切地想接受慕尼黑大学的邀请，因为他认为，一方面德国大学会提供更多的针对罗马审查一类的保护，另一方面德国大学应比耶稣会神学院能够提供更多的助手。"我感到这十分诱人、十分荣幸，因为这项任命归根结底是来自瓜尔蒂尼本人。"②拉纳下了决心之后，1963 年 5 月拉纳的上峰为他清除了前往慕尼黑道路上的障碍，使他能够得以在 1964 年 5 月开始在慕尼黑上课，成为他所赞赏的罗马诺·瓜尔蒂尼的继任人③。

对此，当年因斯布鲁克大学的学生、后来成为因斯布鲁克大学道德神学教授和一度出任神学系主任的汉斯·罗特（Hans Rotter）有所回忆，提供了一个学生的视角："我 1961 年来到因斯布鲁克；那时他在梵二会议上。拉纳神父待在罗马，只是偶尔才回耶稣会的寓所。但是他总是抓住机会向青年学生谈论梵二会议，以及他那时候的计划。这些谈话总是非常生动和令人印象深刻。在我看来，梵二会议、他在会上的那些际遇和讨论中的一切都让他激动不已。他还告诉我们他正在为赫尔德出版社所做的那些项目。后来他离开了因斯布鲁克。他告诉我们，我们有很好的系统神学教授，不需要他了。当然，这是他的

---

① Andreas R. Batlogg, Melvin E. Michalski, Barbara G. Turner, eds. & trans., *Encounters with Karl Rahner*: *Remembrances of Rahner by those who knew him*, Marquette University Press, 2009, p.323.

② Thomas F. O'Meara, O. P., *God in the World*, Liturgical Press, 2007, p 21.

③ Herbert Vorgrimler, *Understanding Karl Rahner*: *An Introduction to His Life and Thought*, trans. John Bowden, London: SCM Press Ltd., 1986, p.104.

解释。"①

据迈尔的说法，这次拉纳离开因斯布鲁克可能还有别的原因：
"他与一些耶稣会同事相处并不愉快，因为他本来指望从他们那里可
以得到更多协助的。在共同体中他与耶稣会神父恩格尔伯特·古特文
格尔（Engelbert Gutwenger）以及其他一些人也有一些张力。人们经
常引用的那个表述就源于费尔德勒（Felderer）神父与拉纳神父之间
的一场热烈讨论。拉纳神父在与约瑟夫·费尔德勒神父的讨论期间相
当激动；后者是一位非常守成的神学家，是在旧有意义上的经院派，
而且与拉纳神父的风格迥异。他们无法达成一致。最终拉纳神父说，
'跟你的意见不离不弃吧！对你而言它足够好了！'温文尔雅的费尔
德勒神父红着脸起身走了。有一些拉纳无法控制自己的显著例子。"②
而达拉普的见证为我们提供了他与某些人"交恶"的真正深层原因：
"他不愿意继续待在因斯布鲁克。他与上峰和同事有些分歧。这在
1951 年的时候就已是一个大问题。那时，他的一些同事因为他在玛
利亚论上的一些立场而向罗马告发过他。他在玛利亚论领域发表的作
品达到 400 页左右。"③

可见，拉纳自身在人际交往方面的某种性格缺点不能不说也是招
致他频吃苦头的因素之一。例如，在汉斯·罗特看来，"他在因斯布
鲁克当教授的时候吃过苦头，尽管他难辞其咎。如果他应邀离开去
演讲，回来的时候往往延长演讲一小时，会像人们所知道的那样说：
'既然我们失去了太多时间，那就让我们再继续一个小时。'这么做的
结果是，排在他之后上课的教授被撂在讲堂的门口，无法使用自己分

① Andreas R. Batlogg, Melvin E. Michalski, Barbara G. Turner, eds. & trans.,
Encounters with Karl Rahner: Remembrances of Rahner by those who knew him,
Marquette University Press, 2009, pp.225—226.
② Ibid., p.61.
③ Ibid., p.100.

配到的时间段。当然，这种做法不是什么好事。系里的每位教授都知道拉纳神父是位天才，但是就共同体内的生活而言就另当别论了。一个人不可能在拉纳面前一味屈膝。拉纳神父常常感到一种对他的排斥和拒不承认。每当耶稣会共同体中有人发表了新作，习惯上都要举杯庆祝。所以当拉纳神父有新作发表的时候，循例加以庆祝。其中有位耶稣会士半开玩笑地评论说：'这么说拉纳神父又孵蛋了？'拉纳神父显然感到受到侮辱，说：'好吧，如果你无意庆祝，那就算了。'接着他扬长而去！他容易得罪。"[1]

　　一方面拉纳容易得罪人，另一方面又常常得罪了人而浑然不知。迈尔曾追述过发生在拉纳身上的一件事："例如，他曾邀请另一个系的教授到一个晚上的研讨会上讲演。这位同事是一位语言学家，有一条假肢或一条假腿。该教授靠近讲台坐着，等着他可以开始讲座的那个时刻的到来。拉纳介绍了来宾，然后开始解释讲题是什么。然后拉纳开始反思那个讲题，他说啊说啊，持续了45分钟，而那个可怜的人一直站在那里等着。最后拉纳终于停下来，邀请嘉宾上讲台。然后那位教授只是说了句：'我想要说的很多东西，拉纳教授都已经说了。我不能再狗尾续貂了。'然后他回到了自己的座位上。拉纳甚至未曾意识到他多么大地惹恼了他的嘉宾。"

　　拉纳到慕尼黑大学那年正是他60岁生日的时候。除了报纸上刊登海因里希·弗里斯（Heinrich Fries）的长篇文章介绍他的影响之外，还出版了2卷本的纪念文集《在世之神》。沃格利姆勒说："1964年3月5日，即卡尔·拉纳的60岁生日，标志着拉纳获得一系列荣誉的开始，一直不间断地延续到他生命的终点。这些荣誉见证了广泛

---

[1] Andreas R. Batlogg, Melvin E. Michalski, Barbara G. Turner, eds. & trans., *Encounters with Karl Rahner: Remembrances of Rahner by those who knew him*, Marquette University Press, 2009, pp.234—235.

而深刻的影响和国际承认，以及无数人因为拉纳的服侍而生发的巨大感恩。早在 1962 年拉纳最早的四位弟子（达拉普、克恩、梅茨和我）就为他的生日准备一个大型的纪念文集。我问他对于文集中刊印贺词清单这个想法怎么看。他回答说：'我想是这样的：这样的清单本身并非一个没有道理的想法。它可能给'圣职部'和其他地方留下印象，就是如果他们要开动针对我的机制，他们就会得罪太多的人。如果有人想做这么一个清单，在那个意义上我是赞同的。'"①

《在世之神》文集收录了 71 篇文章，上下两卷长达 1714 页，其中有 61 页是来自神学家、主教和哲学家们的贺词。正如编者之一沃格利姆勒所言："贺词清单包含世界各地的 900 多人的名字。它以 14 位红衣主教开始，接着是两位大主教，以及无数的主教和修道院长。其中有卡尔·巴特、鲁道夫·布尔特曼和其他著名新教神学家的名字，有马丁·海德格尔的名字，有塔伊兹两兄弟罗杰·舒尔茨和曼克斯·图里安的名字，政治家海因曼的名字，还有拉纳的无数同事的名字和许多自然科学家和学者的名字。"②

文章的作者大多是大名鼎鼎的人物，例如，耶稣会士洛茨（Lotz）和埃弥尔·戈雷特（Emil Coreth）写有论现代存在论的文章；伯纳德·韦尔特（Bernard Welte）和奥托·泽梅尔罗特（Otto Semmelroth）处理的是像自由和人格主义这类的基础神学问题；古斯塔夫·魏格尔（Gustave Weigel）把保罗·蒂里希的协同方法（method of correlation）和约翰二十三世的梵二会议开幕讲话放到一起，强调信仰应当用人们能够理解的语言加以表达；伊夫斯·康加（Yves Congar）的文章考查了教会的大公会议制度，而伯纳德·哈林（Bernard Haring）讨论的则是道德与教会的关系；约瑟夫·拉辛格的文章论述的是世界的各种宗教；埃里希·普鲁茨瓦拉（Erich

---

①② 沃格利姆勒，102。

Przywara）的文章写的是天主教制度和教会合一。[1]"这是首次有文献证明拉纳的影响超出了他的专业领域、超出了德语世界，固然也超出了他的认信边界。"[2]

不过，尽管拉纳的影响和声望日隆，但是据说拉纳在慕尼黑上课的风格、主题和思想的复杂性使他并未像人们所预期的那样吸引大批学生，在面向全校的课上并没有像前任瓜尔蒂尼那样成功吸引那么多学生。当年的学生奥托·马克就此说："对拉纳而言，他的最高关切不是修辞，而是他用以论述问题的精确性和逻辑性。结果，听他讲课非常困难，但是对于能够跟上拉纳对于问题的思考的人而言，则非常富有成果。不幸的是他的一些句子非常冗长，难以理解。"[3]

另一位学生、后来弗赖堡大学的大学图书馆助理馆长和教义神学荣誉教授阿尔伯特·拉菲尔特印证说："我在慕尼黑继续我的学业，那时拉纳教授主持基督教哲学方面的罗曼诺·瓜尔蒂尼讲席。我必须承认，我没有参加他的讲座。我有一次去过他的课上，他手持《教牧神学手册》第一卷说：'我现在要讲的将会出现在第二卷中。'课程如此困难，以至于我想：'读起来或许会更容易些。'所以，我不再上他的课，转而参加了当时的访问教授新教神学家海因里希·奥特（Heinrich Ott）的讲座。"[4]

拉纳当时的助手达拉普则说得更加具体一些："他的讲座不像罗马诺·瓜尔蒂尼的那些讲座那样好地受到接纳。瓜尔蒂尼在他的讲座中包含了陀思妥耶夫斯基、里尔克、荷尔德林和帕斯卡，这些作家的观念能触动一般的学生。拉纳基本上是在教一种'稀释'的教义

---

[1]　Thomas F. O'Meara, O. P., *God in the World*, Liturgical Press, 2007, p.21.
[2]　沃格利姆勒，103。
[3]　Andreas R. Batlogg, Melvin E. Michalski, Barbara G. Turner, eds. & trans., *Encounters with Karl Rahner: Remembrances of Rahner by those who knew him*, Marquette University Press, 2009, p.67.
[4]　Ibid., p.70.

神学。"①

此外，还有一个不能忽视的导致拉纳课上学生数量不如预期的原因，就是与拉纳早起习惯有关的上课时间安排过早的问题。阿尔伯特·凯勒（Albert Keller）回忆说："当他（拉纳）在慕尼黑担当瓜尔蒂尼教席的时候，他把自己讲课的时间安排在上午可能的最早时间开始。我相信他早晨七点一刻开始上课。他只想要那些真正感兴趣的学生来听课。这就是他为什么把课安排在可能的最早时间的原因，再没有别人这么早开始上课。"②

即便拉纳有通过尽可能早地上课来遴选真正感兴趣的学生这样一种考虑，我们认为他也可以借此给自己一个说法，但测试结果毕竟学生人数并不令人特别满意。对此凯勒从拉纳与瓜尔蒂尼风格和重点不同所做的分析显得最为全面、中肯和深刻："1971 年他离开明斯特，直接回到慕尼黑。他遗憾的是，当年在慕尼黑的时候没有像他的前任罗曼诺·瓜尔蒂尼那样成功。瓜尔蒂尼是一位出色的修辞家，尽管不是'秀男'，但是一个审美家，说一口出色的德语，而且是一位文学家。拉纳则不然。他也能非常雄辩地表达，但是他更注重观念，而非它们的表达形式。在瓜尔蒂尼那里，则恰恰相反。如果有人偏好稍微有些疾言厉色的批评风格，那么可以说瓜尔蒂尼的东西会令人感到畅快，但是并不令人激动。一切都那么美、那么稳，没有废话，但是这不能与拉纳相比，他有自己的想法和洞见。另一方面，瓜尔蒂尼的讲堂都是满满的，在最大的礼堂上课，吸引了所有院系的学生，而不仅仅是学哲学的或学神学的。可以说瓜尔蒂尼是一个令人膜拜的人物，可以感觉到这点。拉纳的讲堂则不满员，而这使之颇感痛楚。没有像

① Andreas R. Batlogg, Melvin E. Michalski, Barbara G. Turner, eds. & trans., *Encounters with Karl Rahner: Remembrances of Rahner by those who knew him*, Marquette University Press, 2009, p.100.
② Ibid., p.207.

瓜尔蒂尼那样得到赏识，令他伤心。这就是他1967年接受邀请去了明斯特的一个原因。"①

　　无论情况如何，按照达拉普等人的说法，拉纳在慕尼黑这段时间有些忙不过来却是一个事实："拉纳神父大约凌晨4点起床，然后处理信件。接着他进行冥思，做圣职祷告和弥撒。经常是因为我们编纂那本《百科全书》的缘故，我们得旅行到弗莱堡。我凌晨4点就要到耶稣会住所。我充当做弥撒时的助手，然后乘5点的火车前往弗莱堡。其他情况下，他一周充满学术责任。他一周要上两三次课，一周要主持两三次讨论班，然后还有一次晚上的讨论会。此外他收到很多邀请……"②

　　尽管如此忙碌，但是拉纳在那里并没有得到原先允诺给他的合作和协助条件，这也是他自己对于在慕尼黑的这个阶段不够满意的一个原因。对此，达拉普分析说："因为各种各样的原因，拉纳的周围形成了一种'阴谋蜂群'。这引致许多紧张，因为带有不同志趣的各色群体在慕尼黑的那个机构中都有呈现。个人议题是其中的一部分。我只想表明那里的氛围并非百分之百正面。拉纳神父是一位格外反省的和非常虔敬的人，但是他对于人的本性的认识有限。这是我的印象。"③

　　更重要的是，他不仅在哲学方面而且在神学方面也没有得到带博士生的机会；④ 而很多学生慕名而来，本来是要跟他学神学的。⑤ "拉

① Andreas R. Batlogg, Melvin E. Michalski, Barbara G. Turner, eds. & trans., *Encounters with Karl Rahner: Remembrances of Rahner by those who knew him*, Marquette University Press, 2009, pp.208—209d.
② Ibid., pp.101—102.
③ Ibid., pp.100—101.
④ Herbert Vorgrimler, *Understanding Karl Rahner: An Introduction to His Life and Thought*, trans. John Bowden, London: SCM Press Ltd., 1986, p.101, pp.104—105.
⑤ William Dych, *Karl Rahner*, London & New York: Continuum, 2000, p.14.

纳从瓜尔蒂尼所得到的教授席位是在哲学系，而神学系的那些满怀嫉妒的教授裁定，拉纳不能在神学方面指导博士生。"① 达拉普印证说，尽管"难以判断他是否想回神学系，但是因为这个失望，他接受了前往明斯特的召唤。"② 拉纳自己也说："出于完全实际的目的，（慕尼黑大学）神学系拒绝了我（带神学博士生）这个完全无害而且在其他方面显而易见和合情合理的请求。那么我唯一能说的只是：'好吧，那么我就接受去明斯特的任命。'瓜尔蒂尼对我有点失望，对此有些苦恼，但是我无能为力。"③

可见，种种不如人意之处导致拉纳重新考虑明斯特（Munster）大学原先对他的邀请，他最初是因为已经答应慕尼黑大学在先才回绝明斯特大学的再三邀请的。这时明斯特大学神学系则不失时机地再次敦促拉纳重新考虑前往明斯特的可能性。但是在接受新的邀请之前，拉纳要求他们考虑两个问题。第一个，用拉纳的话来说就是，"是否可能在接下来的几年中与那里的人们一道按照拉纳的思路来开始全面的神学研究方面的改革"。第二个，这个改革计划"以某种方式辅以……一种召唤"，以避免人们留下他是在慕尼黑遭到失败才移师他往的印象。④ 拉纳自然接到了这一"召唤"，并且于 1967 年 4 月 1 日被命名为天主教神学系的"教义学和教义史教席教授"（Ordinarius Professor of Dogmatics and the History of Dogma）。

① Thomas F. O'Meara, O. P., *God in the World*, Liturgical Press, 2007, p.21.

② Andreas R. Batlogg, Melvin E. Michalski, Barbara G. Turner, eds. & trans., *Encounters with Karl Rahner: Remembrances of Rahner by those who knew him*, Marquette University Press, 2009, p.101.

③ Karl Rahner, *I Remember: An Autobiographical Interview with Meinold Krauss*, trans. Harvey D. Egan, New York: Crossroad, 1985, p.75.

④ Herbert Vorgrimler, *Understanding Karl Rahner: An Introduction to His Life and Thought*, trans. John Bowden, London: SCM Press Ltd., 1986, p.105.

五、移师明斯特大学——际遇梅茨政治神学

其实在拉纳正式加盟明斯特大学神学系之前，曾于1964年获颁明斯特大学荣誉博士学位，"时任系主任埃尔温·伊泽洛（Erwin Iserloh）曾经邀他做过客座讲座"①，特别是拉纳因梵二会议而来的名声在明斯特大学的学生中早已如雷贯耳。当年的学生阿尔伯特·拉斐尔特教授回忆说："1964年，我开始在明斯特学习神学。那正是梵二会议召开之际，对神学感兴趣的任何学生都不可避免地最终知道了卡尔·拉纳这个名字。那时有赫尔德出版社选自《神学研究》(《神学论集》)的简装本系列丛书。我购买了这些书，其中之一是《当代基督教》(Gegenwart des Christentums)。我读了其中的一些书，外加汉斯·昆（译孔汉斯，Kans Küng，1928—   ）的一些书，后者恐怕是梵二会议之前的那个时期最出名的神学家了，他四处旅行讲座。不过，拉纳神父却是最受尊重的名字。"②

在拉纳的明斯特教学方面，还是那位阿尔伯特·拉斐尔特所说的另一番话，再次印证了不管在哪里都是"师父领进门修行在个人"的道理，也算为拉纳在慕尼黑的教学正了名："正所谓世事难料！1967年拉纳神父去了明斯特，我也回到明斯特，而且他是我必修课的老师。然后我整个学期就不得不非常集中地研究卡尔·拉纳。我在假期也只读拉纳。那是我经历了一种突破的时候，因为我是如此集中地让自己忙于拉纳。"③

在明斯特所度过的教学生涯的这段暮年时期，对拉纳而言是一个

---

① Andreas R. Batlogg，Melvin E. Michalski，Barbara G. Turner，eds. & trans.，*Encounters with Karl Rahner*：*Remembrances of Rahner by those who knew him*，Marquette University Press，2009，p.317.

② Ibid.，p.69.

③ Ibid.，p.70.

自我实现的良好时机。他在慕尼黑没有实现的愿望在这里得到实现。他不仅在各方面配有六位助手①，更重要的是可以教授有关恩典、玛利亚论、创世教义和基督教概念等方面的课程，而且还与他当年的学生、其时的神学系主任梅茨一同主持讨论班。而他那些留在慕尼黑的博士生则主要由他此时的博士后卡尔·莱曼代为具体指导："实际上我每两三个星期就要旅行回慕尼黑，待上一两天，与那些学生见面，讨论他们的草稿，对他们的工作写好评估，拉纳签署。"②

这个时候正是 1968 年初开始的欧洲学生运动风起云涌的时代，出现了许多变化，拉纳对这些表现出了很大兴趣。拉纳对学生运动的诉求也留下了深刻印象，他在某种程度上理解这些年轻人，而且并不拒绝向他们发表谈话；据说他甚至试图前往很多学生租住的慕尼黑施瓦宾（Schwabing）区，实地观察他们的活动，包括他们如何抽大麻。③就这一时期，拉纳档案馆馆员希比罗克披露过拉纳的一则相关轶事："人们告诉我的'疯狂的 20 世纪 60 年代'明斯特的一则掌故，我仍然感到有趣和典型：一次他把椅子放到寓所前面的马路上，在那里抗议马路噪音，尽管因为听力困难，他几乎听不到噪音。他'出于团结'才这么做。"④拉纳自己追忆说："1968 年我在明斯特，所以在了解学生事务方面若有所得。有一次一些学生，他们不是我班级的学生，吵吵嚷嚷地进到教室，要讨论主教们的幼儿园或类似的话题（我记不真切了）。"⑤

这时的梅茨本人业已开始形成自己的"政治神学"。在梅茨对比

---

① Andreas R. Batlogg，Melvin E. Michalski，Barbara G. Turner，eds. & trans.，*Encounters with Karl Rahner*：*Remembrances of Rahner by those who knew him*，Marquette University Press，2009，p.154.

② Ibid.，p.113.

③ Ibid.，p.229.

④ Ibid.，p.374.

⑤ Paul Imhof and Hubert Biallowons，eds.，*Karl Rahner in Dialogue*：*Conversations and Interviews*，*1965—1982*，New York：Crossroad，1986，p.263.

拉纳在慕尼黑和在明斯特的相关情况的回忆中，透露了两人交往中与政治神学有关的一些情况："慕尼黑对他而言是去错了地方，不是因为那座城市，而是因为'罗曼诺·瓜尔蒂尼哲学教席'对他而言并不合适。他大概也太思辨了，太过于是个神学家了，尽管不是在严格的意义上，太不够文学，太不够通俗了。尽管现在说起来听着有点怪，但他也太多地是一位修士了。另一方面，明斯特则是一个良好的经历。拉纳来明斯特的时候我是系主任，需要在1968年1月9日他的开讲仪式上代表院系介绍他：'……拉纳神父在我们大学的就职讲座属于本学期系里'图画—文字—符号'系列讲座框架……'他在明斯特期间，我们工作上密切合作，但是在那些学期中神学—学术的冲突也在增多。有一群像卡尔·莱曼那样的'忠于拉纳'的群体，也有一群代表政治神学的'我的人'。我们一起合开讨论班，彼此争论；尽管有时紧张，但可惜的是我们在一起的时间有些短暂。……尽管或者可能因为我们有很多有关政治神学——这种神学'面向世界'和'眼观奥秘'——的争执，但是对我而言那是一段快乐和令人丰富的时光。重要的是那是一段会话的好时光。学生们非常珍视拉纳，他的讲座总是人满为患。"①

　　实际上拉纳与弟子梅茨之间围绕"政治神学"的争论取得了"教学相长"的结果。拉纳就教会中存疑的"政治神学"曾经澄清说："在天主教领域，施洗约翰·梅茨——我曾经的学生、明斯特大学时的同事、我的朋友，正在努力发展一种所谓的政治神学。现在这并非意味着这位神学家捍卫具体的社会政治教导或倾向，或发展一种日常政治学，而只是（说来简单起见）意味着：在神学中、在教义神学中和在基础神学中，人类生活的社会政治背景必须纳入考虑之中。再

---

① Andreas R. Batlogg, Melvin E. Michalski, Barbara G. Turner, eds. & trans., *Encounters with Karl Rahner: Remembrances of Rahner by those who knew him*, Marquette University Press, 2009, pp.143—144.

者，这意味着人们从社会需要中获取从事神学的刺激，而且必须反过来问自己这样的问题，即从基督教福音和天主教教义神学产生什么样的社会结果。"① 拉纳还表示，尽管自己没有发展任何政治神学，但是认为真正的基督徒不能满足于只做一个道德高尚的人，还应该有社会关怀，教会也应该把诸如反对堕胎等事项的能量同样倾注到其他更多议题上面。②

拉纳还在一次访谈中，就访谈者提出的有关他的学生梅茨的政治神学是否是其思想所催生的产物这个问题，作过如下回应："你本该亲自问梅茨自己，我并不确切知道。无论如何梅茨自己深信真正的政治神学是他自己的发明，并非来自我，所以严格说来政治神学并非从我那里继承而来，尽管我对之并不反对。至于在什么程度上，梅茨带着从我而来的而非从新经院主义而来的某种遗产从事他的神学这一点则会是一个值得讨论的问题，而且对于该一点他或许会非常高兴地退而予以承认。"③ 对此，不出拉纳所料，梅茨的确是欣然承认的："尽管我们并非总是意见一致，但是我们的谈话非常奇妙。这就是我如此怀念他的原因。就神学与神秘主义（信仰经验）的根本关系而言，再也没有人比他对我和对于我的政治神学影响更大了。"④ 针对坊间有关两人不合的传闻，他进而澄清说："在我与拉纳之间从来没有一些人所说的任何争执。自然我从植根于政治神学的一种后—超验的或后—理念论的范式说话，但是我的那些批评工具是从他那里学来的。"⑤

或许正是因为这种"一脉相承"，后来时任红衣主教的约瑟

① Paul Imhof and Hubert Biallowons, eds., *Karl Rahner in Dialogue: Conversations and Interviews, 1965—1982*, New York: Crossroad, 1986, p.181.
② Ibid., p.269.
③ Ibid., pp.263—264.
④ Andreas R. Batlogg, Melvin E. Michalski, Barbara G. Turner, eds. & trans., *Encounters with Karl Rahner: Remembrances of Rahner by those who knew him*, Marquette University Press, 2009, p.137.
⑤ Ibid., p.136.

夫·拉辛格因施洗约翰·梅茨的政治神学而动用《巴伐利亚协定》
所赋予的权力否决梅茨出任慕尼黑大学的天主教神学教授之职的时
候①，拉纳起而维护梅茨："我针对红衣主教拉辛格而捍卫梅茨"②。
拉纳甚至在一封致拉辛格的公开信中对拉辛格的不当做法提出诘难：
"梅茨不正统或者不道德吗？倘若如此，这些年为什么从来没有任何
针对他的指控？我只能假设真正的原因是你个人反对梅茨的政治神
学。"拉纳接着类比性地提及他本人1950年代曾被禁止就共祝圣餐发
表观点一事："那是教会官僚们的一种毫无意义的、非科学的操纵。
据我判断你针对梅茨采取的行动属于同一范畴。"③

就此阿尔伯特·凯勒回忆说："拉纳神父极想让梅茨接替海因
里希·弗里斯的位置。但是红衣主教拉辛格和文化部长汉斯·迈尔
（Hans Maier）拒不允准。拉纳神父不再徒劳地努力为他的朋友和学生
梅茨争取这个位置。他干脆在报纸上写了一篇长文，起了一个让人联
想到德赖富斯事件（the Dreyfus affair）的题目'我抗议！'其中拉纳
神父激昂地严词挑战拉辛格和迈尔，一点都不平和。但是最后他的干
预没有奏效。"④在1982年的一次采访中，拉纳分析了拉辛格抵制梅茨
的个中缘由："施洗约翰·梅茨想要做一种随着神学而来的基础神学；
另一方面，拉辛格是要先于神学本身来做基础神学。因为这个原因，
红衣主教拉辛格不让梅茨去慕尼黑大学。"⑤

---

① Rupert Shortt, *Benedict XVI*: *Commander of the Faith*, London Sydney
   Auckland: Hodder & Stoughton, 2005, p.56.

② Paul Imhof and Hubert Biallowons, eds., *Karl Rahner in Dialogue*: *Conversations
   and Interviews, 1965—1982*, New York: Crossroad, 1986, p.264.

③ Rupert Shortt, *Benedict XVI*: *Commander of the Faith*, London Sydney
   Auckland: Hodder & Stoughton, 2005, p.57.

④ Andreas R. Batlogg, Melvin E. Michalski, Barbara G. Turner, eds. & trans.,
   Encounters with Karl Rahner: *Remembrances of Rahner by those who knew him*,
   Marquette University Press, 2009, p.211.

⑤ 冬季，47—48。

对此，拉纳晚年在1984年维也纳哈罗德出版社出版的、乔治·施波尔希尔所编的拉纳《自白：八十年述评》(*Bekenntnisse*: *Rückblick auf 80 Jahre*[Wien：Herold，1984])中仍然难以释怀："梅茨是慕尼黑神学系继任海因里希·弗里斯的不二人选。红衣主教伙同也不赞同梅茨的汉斯·迈尔确保了梅茨在遴选过程中被部里刷掉。法律上这没有错，但问题是（文化）部是否有资格裁定哪种神学更好。就红衣主教而言，作为一个私人身份的神学家，他有权喜欢或者不喜欢梅茨的政治神学。但是在这个事件中，依我之见，在这个选择公立大学的教授候选人的问题上他超越了主教所拥有的权能。当考虑某个神学家就职教授职位的时候，主教有权检验这个人的正统性和道德品性。在这两个方面，他都无以反对梅茨。有关拟议选择梅茨到慕尼黑神学系一事，我给拉辛格写了一封'公开信'。它刊于《公共论坛》，而拉辛格平心静气地拒绝了我的意见。当然他不赞同，但是邀请我共进晚餐，然后安排司机送我回家。餐前我们有关此事谈了大约一个小时，但是毫无结果。"①

尽管拉纳的干预最后没有成功，但是拉纳这种违背教会纪律的做法是冒着一定风险的，是需要巨大勇气的，甚至有传言说拉纳为此遭受了皮肉之苦。更为难能可贵的是他事前撇清他人与这个事件的关系，独自承担责任，不愿意累及他人：

　　我属于一个宗教修会，而且抗议的是教会内的高阶官员的决定。经过慎重的长考之后，我决定不顾我这么做要事先征得上峰允准的有关要求，径直发表这篇檄文。大概他不仅根本不会允准，而且因为与此事无干的原因也不能这么做。我想在这种冲

---

① Andreas R. Batlogg，Melvin E. Michalski，Barbara G. Turner，eds. & trans.，*Encounters with Karl Rahner*: *Remembrances of Rahner by those who knew him*，Marquette University Press，2009，p.236.

突的境况下，我别无他法，只能如此。我只能寄希望教会官员
们不要因为我的行为而对我的省督或我的宗教修会采取惩罚性
措施。我不想做没有根据的对比，但是弗里德里希·冯·施佩
（Friedrich von Spee）有一次就没有事先征得修会的允准而发表了
他著名的《慎用刑事》（Cautio Criminalis）。[①]

就这个事件，拉纳所提到的省督克莱恩有着这样的回忆："有一
次拉纳神父针对红衣主教拉辛格写了一篇文章。这发生在耶稣会遭受
教宗和教廷恶劣对待的时期，而且拉纳神父因文招苦。……拉辛格成
功地阻止了对于梅茨的任命。他（拉纳）知道，我作为省督得要告
诉他不应这么做，他需要事先知会我。后来他对我说：'我并未知会
你，因为你责任所系只能说不行。我不想给你制造难题。你总是那么
慷慨，总是那么维护我。'通过这种'特立独行'，拉纳意在保护我，
这样便没有人会要我为他的行为负责。但是事后我还得对他的行事方
式表示不赞成，尽管我承认他的公开抗议就他个人而言有着良好的动
机。我传唤他到我的办公室。然后便有流言传出，说我罔顾他的年龄
和他这个人的重要性着实对他动了手。"[②]

后来，阿尔方斯·克莱恩在收入保罗·伊姆霍夫和胡波特·比
亚娄旺斯所编的《一生图片》一书的《抗议和服从修会》（Protest und
Ordensgehorsam）一文中对所谓体罚拉纳的流言做了如下澄清："然
后所发生的事本就会造成一个那时早已等在我办公室门外要见我的一
个人会不无理由地断定，耶稣会的上峰们那时仍然进行体罚，而罔顾
他是共同体里的何人。亦即，当拉纳神父按照事先约定的时间进入省

---

① Andreas R. Batlogg, Melvin E. Michalski, Barbara G. Turner, eds. & trans.,
   Encounters with Karl Rahner: Remembrances of Rahner by those who knew him,
   Marquette University Press, 2009, pp.223—224.
② Ibid, p.220.

督办公室的时候，他昂声说：'省督神父，现在你可以打我了！'那一刻或许有人听到痛苦的哭泣和呼号——拉纳神父如此有力地一屁股坐进沙发里，把头碰到了护墙板上。谈话本身则没有那么痛楚。"①

尽管拉纳为"政治神学"自愿吃了苦头，但是当被问及如何评价梅茨颇有争议的政治神学的时候，拉纳回答说："我并不是政治神学的一个代表人物，但是我深信梅茨所代表的那种政治神学是完全正统的……如果我是主教的话，我还应该让这些神学家们说出谁的神学对我没有吸引力，即便我相信我的那些诘难是中肯的，当然前提是不会宣称这样的一种神学不再是天主教的。"他还指出，人们可以把红衣主教拉辛格剥夺梅茨出任慕尼黑大学的神学教授资格这一做法理解为天主教教会官场上出现倒退运动的征兆。②

客观而言，梅茨继任海因里希·弗雷斯职位的任命之所以被否，除了拉辛格的坚定否面态度之外，"神学系内对于此任命也有强烈的不同看法。系里有些人强烈反对梅茨。他被视作不安分的精灵，而很多人要的是'一帆风顺'，所以选择了莱奥·舍夫奇克（Leo Scheffczyk, 1920—2005）。"③最终被任命的莱奥·舍夫奇克先前是图宾根的教义神学教授，自此转到慕尼黑，并于2001年成为红衣主教。

三个候选人中拉纳支持的梅茨落选，拉辛格属意的海因里希·德林（Heinrich Doring）也没有成功，在某种程度上这个结果反映了拉纳与拉辛格不相上下的影响力。而且更加意味深长的是，就此我们不

---

① Andreas R. Batlogg, Melvin E. Michalski, Barbara G. Turner, eds. & trans., *Encounters with Karl Rahner*: *Remembrances of Rahner by those who knew him*, Marquette University Press, 2009, p.224.

② Paul Imhof and Hubert Biallowons, eds., *Karl Rahner in Dialogue*: *Conversations and Interviews*, *1965—1982*, New York: Crossroad, 1986, p.234.

③ Andreas R. Batlogg, Melvin E. Michalski, Barbara G. Turner, eds. & trans., *Encounters with Karl Rahner*: *Remembrances of Rahner by those who knew him*, Marquette University Press, 2009, pp.228—229.

难看出，梅茨被否除了拉辛格的反对之外，还与他继承了拉纳在守成教会所认为的某种"不安分"基因大有关系，他们更看重的是不越红线的顺从。

六、《基督教信仰之基础》——神学思想之集成

尽管像前文所说，拉纳因故和应邀离开了慕尼黑，但是拉纳在慕尼黑非但不是一无所成，反而在那里成就了他自己的一段学术沉淀期。拉纳在慕尼黑所上的那些课程之一的内容后来成为他唯一的主要系统著作《基督教信仰之基础——基督教观念导论》①的框架和内核。尽管该书并非拉纳神学的一种概括，但是比已经出版的任何一部著作都更接近对他的思想进行一种统一而系统的阐发。

《基督教信仰之基础》是拉纳在慕尼黑和明斯特大学执教成果之大成。但 1976 年最终面世之前，却经历了可谓一波三折的过程。最初，拉纳设想还是像以前一样在助手的帮助下完成该书；这次的助手刚开始时是他的博士后卡尔·莱曼（Karl Lehmann）。根据阿尔伯特·拉斐尔特的说法，拉纳提供基本的观念、材料和最初的预备草稿，莱曼加工和编辑，但是"1968 年莱曼接到了前往美因茨当教义神学教授的召唤，所以《基督教信仰之基础》项目在那时无疾而终。"②事后，尽管拉纳仍然尝试独力进行，伊丽莎白·冯·德·丽忒帮他进行材料分类，耶稣会神父辛道夫（Schondorf）和诺伊费尔

---

① 德文本为：*Grundkurs des Glaubens：Einfuhrung in den Begriff des Christentums*，1976；英译本为：*Foundations of Christian Faith：An Introduction to the Idea of Christianity*，trans. William V. Dych（New York：Seabury Press，1978）。英译本译者 William V. Dych 是美国福特汉姆大学（Fordham University）系统神学教授，当年拉纳门下的博士生，拉纳美国讲座之旅的陪同者和翻译。他是应拉纳之邀约把该书从德文译成英文的。

② Andreas R. Batlogg，Melvin E. Michalski，Barbara G. Turner，eds. & trans.，*Encounters with Karl Rahner：Remembrances of Rahner by those who knew him*，Marquette University Press，2009，p.71.

德（Neufeld）也伸手帮助，但是项目起死回生的转机还是在明斯特时期出现的："坦率而言，《基督教信仰之基础》的手稿是明斯特讲座的一种集成，因为那是这个项目的最后阶段。慕尼黑讲座包含更多的内容，而且他继续在那些内容的基础上加以扩展。拉纳神父在明斯特教过基督论。那些讲座得到拓展，并且把它们与从拉纳的其他论文中获得的补缺内容尽可能精确地转写成一体。拉纳实际上口授了论《圣经》的那一小部分。"①

出版社方面的弗朗茨·约拿的补充进一步让人们了解了一些细节："从出版社的角度我想做些补充。我们敦请拉纳神父创作一部会被当作他的神学之冠的大型的、全面的基本作品，所以要完成《基督教信仰之基础》。我们所牵心的是按部就班地进行，以便实际上可以出版。拉纳神父对此有所担心。他想写些东西，但是明白独力难支。在出版准备的最后阶段，阿尔伯特·拉斐尔特接手相关手稿，这实际上是最富有成果的阶段。我们在弗莱堡距离出版社不远的卡尔宾馆为拉纳神父预定了房间，而且我们安排施瓦布女士（Ms. Schwab）当他的秘书，每天去拉纳那里，拉纳则向她口授那些缺失的部分。一旦能够独力工作，拉纳神父非常感激。能够看到取得进展和项目向前发展，对他而言非常重要。他按照非常严格的时间表工作。"②拉纳审阅所有材料和进行一些更正之后，再把稿子交由编辑"斧正"一番——缩短一些句子、变换一些表述、进行一些分段，终于大功告成。

1979 年 4 月 14 日拉纳在接受迈诺尔德克劳斯为斯图加特的南德电台（SDR）所做的采访节目中，对"你最后出版的那本书的情况怎样？"这个问题的回答，让我们看到这部书极受欢迎："最后那本主要著作叫作《基督教信仰之基础》。德语版已经达到 3 万册，而且已经

---

①② Andreas R. Batlogg, Melvin E. Michalski, Barbara G. Turner, eds. & trans., *Encounters with Karl Rahner*: *Remembrances of Rahner by those who knew him*, Marquette University Press, 2009, p.72.

被译成西班牙语、英语和荷兰语。"① 在 1982 年的一次访谈中，拉纳又
一次被问及《基督教信仰的基础》："如果我得说我的神学是什么，那
么我只得指向《基督教信仰的基础》……一般而言，人们在这本书中
能够读到我在神学中试图说些什么……现在的信理部部长红衣主教
拉辛格曾经写道，即便有一天当今绝大多数神学文献都被遗忘，《基
础》也会有其意义。"② 就在拉纳 1984 年 3 月逝世当月的一次采访中，
拉纳就什么是他对于神学的最大贡献这个问题回答说："这真的不是
一个我能回答的问题，而是他人得从一种批评视角来做的事。但是为
了不至于完全回避这个问题：最为重要的一切或多或少地包含在我的
《基督教信仰的基础》之中。人们读起来应该要仔细，从我在那里铺
陈的那些起点开始。"③

　　在 1976 年版的"前言"中拉纳说，《基础》是为受过教育的读者
而不是为专家而写的。他旨在呈现一种基督教观念，提供对基督教信
仰的一种概念性的概观。拉纳说，《基础》是为每个人提供一种拯救
知识而不是仅仅为神学专业的学生。在前言中拉纳作了两个断言。首
先，他说，一种基督教"观念"是存在的。他称之为一种形式概念。
这个概念可以通过研究基督教的五花八门的表达式而获得。换言之，
基督教信仰的那许多方面反映一种单一的观念，我们称作基督教信仰
的一种统一性。其次，拉纳断言说，他对基督教观念的搜索在某种意
义上是"前—科学的"。不是以通常的科学方式、以对于神学文献的
全面考察和引证相关资料的方式来进行的。他说，一种科学的考察不
会产生出对于基督教信仰的一种说明。拉纳的鹄的是，把基督教信仰

① Paul Imhof and Hubert Biallowons, eds., *Karl Rahner in Dialogue: Conversations and Interviews, 1965—1982*, New York: Crossroad, 1986, p.206.
② Ibid., pp.352—353.
③ Karl Rahner, *Faith in a Wintry Season: Conversations and Reviews with Karl Rahner in the Last Years of His Life*, New York: the Crossroad Publishing Company, 1990, p.39.

当作处于许多神学专门研究的底部的一个单一整体来对待。

在"引言"部分拉纳勾勒出了《基础》的基本目的、方法和该书有关属灵的知识方面的假设。其中的第一部分表明，该书意在帮助基督徒和想成为基督徒的人们理解基督教和存在整体之间的关系。第二部分使我们得以洞察拉纳贯串整个《基础》中的一般方法。这是一种把哲学和神学在信仰之中结合起来的方法。针对那些使哲学服从于神学的人，拉纳想整合两者。他写道，哲学把人呈现为一个问题，一个有关生活的目的和意义的问题。而神学是把基督教作为对那个有关人的问题的一种回答来反映。上帝想同所有人分享神圣的生命，并向所有人提供的正是这个回答。在第三部分，拉纳确定了我们如何能够认知自己和认识上帝等一些有关的难题。其中一些问题涉及认知者与基督教信仰的关系，我们向实在敞开与我们对实在的有限知识之间的关系，我们认识的东西与我们如何把之概念化之间的关系，等等。大体上，拉纳提出，基督教信仰的基础是可靠的。尽管属灵的知识是有限的和不完美的，但仍然是真理性的知识，基于经验，植根于历史，通向超越。本章的中心主题是人，能够听到上帝信息的人。人们不是作为与他们的生活无关的纯粹有关上帝的信息而倾听到这个信息的，而是他们在每种经验中明确地或含糊地听到这个信息。事实上，拉纳说这正是使我们成为人的东西。我们生来具有在日常经验中邂逅超越性的上帝的能力。

在第一章，拉纳开始解释这种邂逅以及什么使之成为可能。本章分六部分：在第一部分，拉纳表明对人的本质的哲学分析交织着一种神学反思。他说，本质上人能够与神建立关系。询问人的本质、人的潜质和人的确当目的，归根结底是一个神学问题。第二部分，拉纳把信息的倾听者定义为一种人（person）和一种主体。"人"这个词意味着倾听者不能够被归约为塑造他的那些力量的一种纯粹产物。而是，倾听者不仅能够倾听，而且能够自由地作出回应。"主体"这个词也具有专门的意义。主体是能够反思自我的人。他们能够询问自己他们实际上是谁，能够追问他们的真正自我是什么。第三部分陈述，信息的倾听者是一种超越的存在（a transcendent being）。倾听者们认识到他们是有限的。但正是在这个认识本身之中，他们开始想象如何可以超越他们的局限。这是实际上去超越它们的第一步。第四部分把信息的倾听者描述为负责的和自由的。每个人都可以问某个选择是否比另一个选择要好，而且做出那个选择。每当我们这么做的时候，我们承担责任并且自由地行动。第五部分把信息的倾听者与拯救联系起来。认识到自己局限的那些人们开始想象如何超越那些局限。超越性（transcendence）把选择赠与他们。当他们选择更好的一种选项的时候，他们不但是在自由地和负责地行动。他们成为拯救的行动者（agents）。他们是在意识到上帝召唤他们去是什么。在第六部分拉纳承认信息的倾听者是一种依赖性的存在。即便是自由的人也受到时空的限制。我们只能设想历史放在我们手边让我们支配的那些可能性。然而，即便是在这种受限和依赖的情形之中，人也经验到属灵的（精神？）自由。我们人能够倾听一种信息并且自由地做出回应。这个信息邀请我们成为上帝打算要我们成为的东西。

第二章的标题并不包括"上帝"这个词。严格说来，这个标题标明本章是有关人的。不过，人是在绝对的神秘（的在场之中的人）面前的人。本章聚焦于这种神秘。本章追问这种神秘是什么，为什么是绝对的，以及它是如何在场的。本章有五部分：第一部分是对"上帝"这个词的冥想。该冥想区分了这个词以及这个词所代表的东西。拉纳说，即使这个词被从词典中去除，暗含在这个词中的问题——有关生活的起源和命运的问题——仍然会存在。在第一部分提出这个问题之后，第二部分讨论我们是否能够认识上帝。这部分提出了拉纳的中心论题，即，我们是在对于上帝的神圣奥秘的一种超验经验中邂逅上帝的。每当我们经验到我们的局限的时候，想象一下在它们的彼岸有什么，我们开始超越它们。在那种经验中，我们认出我们存在之奥秘，而其起源和命运尚不清楚。拉纳说，要认识那个奥秘，就是要认识超越的源头。不过，超越的源头不是一种盲目的非人格的力量。第三部分陈述说，这个源头是人格性的上帝。我们借助类比把上帝说成是人。上帝不是在我们人是人的同样意义上是人。但是上帝的确是人，因为上帝不能归约为一种物。上帝是所有存在物的绝对根基，它之所以是"绝对的"是因为不能归约为任何别的东西。作为一种受造物与创造源头之间的关系，人与上帝处于关系之中。第四部分解释人何以能够"认识"（know）上帝。我们通过在与我们的生活的奥秘的关系中认识我们自己而认识上帝。这种神秘只不过是确立我们在时间中的位置并邀请我们实现分配给我们的可能性的东西。在第五部分，拉纳陈述说，神圣的奥秘作为世界的根本根基而呈现"于"（in）世界。它之所以是神圣的是因为它能够使我们完善。它帮助我们成为我们打算要成为的。无疑我们是在历史的宗教、在它的圣地、人民和事物之中发现上帝的。但是上帝可能并不局限于现象。相反，这个世界的现象，包括那些神圣的符合、圣所和宗教行为，作为上帝在场的中介，并且教导我们如何去辨别它。但是我们已经直接地把这种上帝认作我们的超越性的根基。

在第三章，拉纳指出，基督徒可能错误地相信，在基督之前世界是罪恶的，而在基督死后世界以一种切实的方式发生了本质变化。拉纳消除了这种误解。他把罪定义为，从人类历史开始迄今，拒绝接受上帝的自我奉献。罪不纯粹是有关自己这个或者那个有罪的行为的一种懊悔感。从根本上，它是对于上帝的一种拒斥。它极端地威胁到人，拉纳说，因为拒斥上帝的自我交通的人拒绝真正的自由。该章分四部分：在第一部分，拉纳表明人如何难以从罪中摆脱出来。没有人能够靠自己逃脱有罪状况——拒绝了上帝的自我馈赠的状况。的确，倘若没有上帝，我们甚至意识不到罪为何物。不过，一旦我们承认我们自己已经把自己同上帝隔离开来，我们就能够自由地、负责地选择摆在我们面前的善。随着这种选择，我们认识到上帝的超越奉献，那种我们等同于神圣仁慈和宽恕的奉献。拉纳在第二部分说，负责地行动的自由对于上帝与人的交通而言是本质上不可或缺的。通过他们的负责行动，人们完成他们生命的工作并且界定他们自己。但是人的自由从来就是不完善的。我们总是在历史所强加的一种背景中行动。我们仍然保持是上帝圣言的倾听者，永远不是圣言的主人。于是乎我们永远不能知道我们到底如何自由或者永远不能完全评估我们行动的道德性质。这是第三部分的论点。自义的人（self-righteous person）总是能够拒斥上帝。这样的人们自欺欺人地认为，他们是在自由而负责地行动，但可能恰恰相反。反之，一个人可能以人的自由的名义坦言无神论，而且从而肯定上帝，虽然是间接的和含糊的。神秘的上帝，赋予人以自由并邀请他们负责地行动的上帝，仍然是人们生活的道德品质的唯一判官。人不能逃脱下述事实，即他们的生活受到一种历史的决定，在这种历史中他们拒绝上帝向他们的奉献。根据第四部分，这正是原罪的含义。这不是人的本罪，而是人在一种以不断不去回应上帝的召唤为特征的一种历史中人们的普遍的罪。这种罪是极端的，因为他威胁到人的自由之根。

在第四章，拉纳阐明上帝的自我交通是超越性的。它超越历史中所有切实可触及的手段，诸如神圣的民族、地点和事物等等，而通过它们我们已经认识到上帝。上帝不可能被它们所囊括。如果这样，我们如何认识上帝？我们认识上帝是在上帝交通的时候，即在给予我们那个神圣的自我的时候。该种禀赋发生在人身上，发生在作为上帝的召唤之"事件"的人身上。当上帝给予人们以神圣自我的一个份额的时候，上帝不仅赋予他们做出回应的自由，而且给予宽恕。上帝通过不断更新地奉献一种与神的关系而宽恕人。第四章通过四个部分具体阐述这个论点。在简短的第一部分，拉纳清除了两个错误观念。一个错误的观念是，上帝赐予人的禀赋是一种东西，即有关上帝的信息或启示。拉纳说，不是如此，上帝赋予人的是分享神圣的生命。第二个误解是，上帝的自我馈赠要么是一个历史事件，要么是一种超验经验。拉纳说，上帝与人的交通是两者。历史福音邀请我们去回应，而我们的回应使我们能够超越我们以前曾是的。超越的上帝如何向人交通神圣的生命？这是第二部分的主题。上帝通过变得"紧靠"（immediate）我们而交通。在我们自己的经验中，在我们的自我反思、自我认识和自我超越中，我们识认上帝是那个召唤并支持我们的人。认识到我们的不完善，我们渴望某物来填充我们的空虚。拉纳说（124页）上帝的爱"创造出想要自由地填充的空虚。"上帝通过邀请人和使人能够做出自由和负责的选择而填充虚空。这样，上帝形成与人的一种关系。在第三部分，拉纳陈述说，上帝的自我馈赠呈现为一种"超自然的实存"（supernatural existential）这样一种形式。它是一种存在感，因为它是一种给予每一个人的。每个人注定与上帝会晤。但是上帝的自我馈赠是超自然的。它是超自然的，因此与上帝的交通就会是不可能的，倘若上帝没有赋予我们这种潜质的话。那些把自己向这种馈赠敞开的人们把这经验为宽恕。对于上帝就一种关系的不断馈赠的接受，克服过去的罪。上帝自己的生命是我们的新生命的源泉。在第四部分，拉纳表明人与三位一体的上帝的关系。"一个上帝、三个位格"的说法难以把握，因为它提出带有他们自己内在生活的三个个体。这种"内在的三位一体"不是上帝的那个完全隐匿的内在生活，而是等同于拯救经世的三位一体。我们"经世地"观看上帝，即把上帝当作在历史中活跃的。上帝的历史，上帝用三个位格来揭示神性并把它与人性结合起来，是拯救的历史。

第五章有六部分。在第一部分拉纳解释基督教何以既是一种"历史的"宗教，在历史中具体化，又是"绝对的"宗教。它是历史的，因为它基于拿撒勒的耶稣的生命、死亡和复活。它是绝对的，因为在耶稣基督的历史中，基督教宣示人对神的超验经验。第二部分表明我们的超越经验总是发生在历史中，自由的超验性的行动和良知使历史成为可能，而且"超自然的存在感"使人能够与上帝"造就"（make）拯救的历史。在第三部分，拉纳描述世界历史与拯救历史之间的关系。当人对上帝的召唤做出回应的时候，世界历史成为拯救性的。它是启示的历史，因为与上帝邂逅的每个表达都是一种启示。第四部分解释上帝的超验性的启示（至少作为一种奉献所有人都是可用的）与上帝在历史中（例如，以色列人的历史）的特别启示之间的关系。在第五部分，拉纳描述启示的实际历史的结构。拉纳说，亚当和夏娃的故事，表现人与上帝的超验性的邂逅，正如以色列人的历史的所有故事那样。第六部分总结了启示概念。它谈到，范畴性的（categorical）和历史的启示充当先验性的启示的中介。

第六章是全书最长的一章，表明拿撒勒的耶稣与永恒的逻格斯或道（圣言）的统一性。在这种道中，上帝一直有意让我们接受那个神圣的自我。本章分 10 部分。第一部分在一种世界进化观中呈现基督论。在这种观点中，人们响应上帝的道而进化和超越自己。第二部分表明，超验性的基督论是如何基于与上帝的拯救馈赠的一种"绝对的"关系之上的。上帝并不是从远处拯救人。上帝通过馈赠一种对那个神圣生命的分有来拯救人。第三部分呈现一种超验的基督论。它把耶稣基督理解为能够使人们超越他们自己。耶稣享有与天父的一种协和，一种如此完美的协和，以至于上帝最终和不能取消地肯定耶稣的超越性——而且现在也向我们馈赠超越性。在第四部分拉纳解释了道成肉身。他说，通过成肉身，逻格斯使人的实在成为上帝自己的实在。当上帝具有人的本质的时候，人的本质达到它一直倾向的目标。35 页长的第 5 部分集中讨论对拿撒勒的耶稣的生与死的历史的一种神学理解。拉纳的主要重点是要表明耶稣自己知道要成为上帝的拯救馈赠之实际上的道成肉身。第六部分使用 20 页集中讨论耶稣的死亡和复活。拉纳论证说，耶稣的死亡不应当理解为神怒的安抚，而是上帝拯救我们的旨意的一种圣事。它是成全它所宣示的东西的一种圣事。在第七部分，拉纳把他的超验基督论与古典基督论调和起来。他想要表明，耶稣基督的死亡和复活——其中上帝永恒地确认了耶稣的世俗生命——构成所有人都可能希望分有的一个事件。第八部分旨在表明拉纳的先验基督论与正统信仰之间的统一性。上帝意图让所有的人经由耶稣基督的例证接受分享上帝生命这样一种馈赠。当人们接受上帝的邀请对生命的责任做出回应的时候，他们表达的希望是，上帝将像肯定耶稣那样肯定他们。第九部分描述基督徒与耶稣基督之间的人格关系。拉纳说，基督徒与耶稣基督的关系等同于他的毕生事业和命运，即，一个人接受上帝的生命馈赠并且自由而负责地生活的那种方式。第十部分探讨非基督教宗教中的耶稣基督这个话题。基督呈现在那些宗教之中，拉纳说，经由圣灵。圣灵可以说已经"导致"（caused）基督的道成肉身、死亡和复活。通过类比，基督本身可以说是上帝向人自我交通的"最终因"（final cause）。正如两个原因统一在一道一样，所以基督徒们的直白的基督论与非基督徒的含蓄的基督论是统一的。它之所以是含蓄的，是因为非基督徒（可能并不知道耶稣基督）仍然可能回应上帝的超验圣言（超验之道）。

第七章是第二长的一章，其中拉纳表明教会解不开地属于基督教本身。该章分六部分：第一部分解释教会不是基督教的首要真理，但仍然是根本性的。第二部分解释，说教会是由耶稣基督建立的是什么意思。耶稣并没有亲自授权后来基督教的所有的直白的特征，但是他把它们作为可能性而给予了教会。第三部分表明教会与《新约》之间的关系。拉纳综合新约中各种教会形象，表明教会是一种结构，各种地区教派（教会）的一个统一体，统一于基督之中。第四部分拉纳勾勒了他所称的那些"基督教的教会本质的基本原理"。基督教可以说是自治的，是一种加诸它自身的神圣律法。因此，它属于那个必然历史性的和社会性的拯救中介。第五部分用20页提供了一种"间接的"方法，用以表明天主教会的合法性。拉纳通过提供衡量真正基督教的三个"规范"来开始这个方法：它从开始一直存在到宗教改革时代，许多人在天主教基督教中发现它，而且它以独立于信徒的一种权威的方式运作。这些规范巩固了天主教基督教。第六部分，拉纳论证说，《圣经》的形成在基督教传统中是一个"根本契机"（fundamental moment），并不是与传统并存的一个独立的真理来源。第七部分定义教会的"教义部"（teaching office）。它帮助教会坚持真理，因为它使基督徒面对基督的充满挑战的、去信仰的要求，即去进入与上帝的一种活生生的关系。第八部分提出，基督徒的生命是必需而有限的。正如我们即便认识到家庭的有限性，我们还受家庭的约束（be bound to）一样，所以我们受教会的约束。

第八章分两部分。第一部分，拉纳描述基督徒的生命的那些一般特征。它不是一般性的人的生命的一个方面，而是人的生命真正的样子——向实在的完全性敞开，包括上帝的实在性。自然基督徒们有一种"悲观的现实主义"（pessimistic realism），因为基督徒认识到死亡的不可避免性和个人生命的最终意义。但是基督徒们从根本上把他们的希望寄予上帝之中，确信他们分享上帝的未来。在第二部分，呈现有关七圣事的一种基本的教义问答。他这么做根据的是着眼于教会是基本的圣事。在圣事中，教会把自己以一种可触及的、官方的和不可逾越的方式展现为上帝贯穿在历史之中的拯救旨意。圣事是上帝在教会中的拯救馈赠。当基督徒接受这些圣事的时候，他们是在向上帝所提出的馈赠做出回应。基督徒的生活不是一种特殊类型的生命，而是生命真正所是的样子，是上帝所赋予的生命。

第九章分三个部分。第一部分，拉纳奠定了用以理解末世论的一些前提。他说，我们必需把那些末世论的陈述理解为基督教共同体有关自己未来的一种投射。那种未来不应当理解为纯粹是个人的未来，而且还要理解为所有人的集体命运。它不能被归约为一种单一的可能结局。在第二部分，拉纳考察末世论的个人方面。拉纳区分了个人的末世论（个人死亡时的命运）和集体的末世论（作为正体的造物的命运）。不过他拒斥有关两个末世论的观念，因为它们一道构成一个单一的实在。永恒的生命（上帝对于人所抱有的旨意）是人分有善，上帝邀请我们去选择的那种善。一旦他们选择了它，他们分有上帝就具有公共的结果。第三部分着眼末世论的集体方面。个人的死亡不是他借以逃脱历史的一个契机，而是个人对历史有所贡献的一个契机，即，实现人的命运，开始获得它的最终形式。个人具体的爱心行动是分享上帝的拯救和爱心，并且对此做出贡献。

第十章是一个简短的章节，其中拉纳用三个简短的信经来结束他这本《基础》。他首先解释为什么需要这些信经。这些简明信经把信仰浓缩为一种公式，凸显它们对于当代人而言的那些最为重要的纬度和意义。其次，拉纳解释他的这些简短公式与那些官方信仰象征之间的关系，像使徒信经。尽管使徒信经不能被取代，但是新的公式，反映不同的世界状况，是可以允许的，而且是合法的。此后，拉纳列举了制定简短信经的那些要求。它应当把基督教信仰的基础表达为植根于耶稣基督的历史之中。最后，拉纳提出了三个信仰公式。首先，是"神学的"宣言，强调人的超越经验的条件或目的在圣父之中，他邀请并维系超越的可能性。第二，"人学的"信经，把人彼此之间的爱与爱上帝联系起来，上帝与人的关系在耶稣基督身上达到顶点。第三，"未来取向的"信经，把基督教信仰描绘为向一种绝对的未来敞开。上帝通过与人分享圣灵而把人拽向这个未来。在呈现这些简短的信经之后，拉纳反思了基督教的"三一"信仰——一个上帝成就对所有的人的拯救的三个神圣的"位格"。

第四节 老骥伏枥 志在千里

一、冬冷季节当中的信仰——永葆改革进取之初心

梵二会议之后的一些年间，拉纳不仅得到了学术承认，也得到了梵二会议之前与之无缘的制度承认。"有一个事实就是，卡尔·拉纳在梵二会议上扮演了重要角色，而且在会议之后的贯彻落实方面扮演了决定性的角色"。① 教宗约翰二十三世对于拉纳的高度赞扬，有过公开的报道。教宗保罗六世也鼓励拉纳继续勇敢地沿着自己开拓的道路前进。② 例如，教宗保罗六世于 1969 年创立了"国际神学委员会"，创会伊始拉纳就被教宗钦定为委员（1969 年 4 月 27日），"在那时这不仅是对其能力和功绩的承认，而且是对其正统性的承认"。③

不过，拉纳不仅清醒地意识到罗马对他的著述所持的怀疑态度仍然阴云不散，而且实际上不时遭到不能认同他的观点的群体和个人的口诛笔伐，甚至人身攻击。即便如此，他仍然一如既往地对那些他认为缺乏牢固神学基础的梵蒂冈文件发表勇敢的、措词微妙的不同意见，其中就包括 1968 年教宗所颁布的、含有禁止所有形式的"人工"节育内容在内的《人的生命》（Humanae Vitae）通谕。当然，拉纳并非一味挑战教会和通谕的权威："作为一个没有官方职位的神学家，我个人就像对于最近发布的性道德宣言那样对于《人的生命》通谕有许多的保留。但是不要忘记教会领导对于性领域内的恶化拥有表明立场的权利和职分。至于做的是否非常审慎、非常精准和非常有效则是

---

① Andreas R. Batlogg, Melvin E. Michalski, Barbara G. Turner, eds. & trans., *Encounters with Karl Rahner: Remembrances of Rahner by those who knew him*, Marquette University Press, 2009, p.160.

② Kress, *A Rahner Handbook*, Atlanta: John Knox Press, 1982, p.10.

③ Ibid., p.11.

另一回事。只是说现今人们想要在性道德领域听到某种新鲜的东西，那么教会就必须让步——对此我并不认可。"①

拉纳主要从人的良知、自由和历史发展几个角度表达了自己对于《人的生命》的总体立场：尽管"当前我们有《人的生命》，而且我们不能期待在未来的二十年内针对避孕药的禁令会被某种官方声明推翻。……教会心态方面的真正的深刻变革只会缓慢发生。教会中的变革不可能像政治决定那样加以颁布。"② 但是，"我认为，那些个人必须自己想明白在具体情况下如何去做。每个人都拥有他人不能剥夺的责任。一个人不仅应当批评教会，也应当批评自己。在这个程度上，每个人也都享有德国主教会议在《柯尼希施泰因宣言》中，例如关乎教宗保罗六世《人的生命》里的教导，所赋予的自由。"③ 况且，"本世纪就有为数不少的教义部门最初采取某种特定立场，但后来又或明或暗地予以回撤的著名事例。不妨想一想庇护十世在针对现代主义的斗争中，就那时的一些《旧约》学者所做的真实而威压的教导。除却少数例外，当今没有释经学家会支持教宗庇护十世有关摩西亲自写就《摩西五经》的观点。我不是说，《人的生命》必定等待上述现代主义战场上教宗文本所遭遇到的同一命运。这点没有人知道。我们必定等待历史及其发展，而且从之获得结果。"④

1971 年 9 月，在到达 68 岁的法定退休年龄和体力出现衰退之后，拉纳从明斯特的繁忙教学之中退休，最初以荣休教授的身份返回慕尼黑西郊宁芬堡（Nymphenburg）的耶稣会写作坊。阿尔伯特·凯

---

① Paul Imhof and Hubert Biallowons, eds., *Karl Rahner in Dialogue*: *Conversations and Interviews*, *1965—1982*, New York: Crossroad, 1986, p.139.

② Karl Rahner, *Faith in a Wintry Season*: *Conversations and Reviews with Karl Rahner in the Last Years of His Life*, New York: the Crossroad Publishing Company, 1990, pp.72—73.

③ Ibid., p.113.

④ Ibid., pp.113—114.

勒回忆说:"当拉纳以荣休教授的身份离开明斯特之后,他重回慕尼黑,生活在簇卡丽街(Zuccalistrasse)的'作者之家'"① 期间,在以促进罗马天主教研究为宗旨的"格雷斯科学促进社"的支持下,拉纳得到耶稣会派来的卡尔·H.诺伊费尔德这位助手:"1971年夏天我要被省督派往慕尼黑,担任卡尔·拉纳的助手。这意味着我要中断正在法国为博士学位所进行的工作两年之久。我1971年秋天开始与他在慕尼黑一道工作。我的任务是准备《神学论集》第十卷,然后是论补赎历史的《神学论集》第十一卷,还开始为他的著作《基督教信仰之基础》预做准备。这是我的正式任务——做他的助手,这是一个'格雷斯社'使之成为可能的岗位。由于拉纳神父退休后不再有任何学术助手帮他,为了拉纳神父著作的出版工作得以继续,'格雷斯社',特别是保罗·米卡特(Paul Mikat)教授,授权为拉纳神父指派一位为期两年的助手。然后省督便找到了我。"②

根据诺伊费尔德的说法,他充任拉纳助手期间,拉纳并非总是静静地在"作者之家"写作,而是经常为了学术活动而东奔西走:"1972年4月和5月我同他一起在罗马。拉纳神父在格利高里大学进行基督论方面的系列讲座。我频繁地陪同他去讲座。有一次我们被邀请到雷根斯堡大学的学生共同体。这个邀请很可能是想让约瑟夫·拉辛格难看。拉辛格是那里的教授。他与约翰·奥尔(Johann Auer)一起坐在前排。之后出现了有关解释学的争论。另一次我与拉纳神父在奥格斯堡。我们之所以到那里,是因为赫伯特·沃格利姆勒所编辑的国际《对话杂志》里开始了与共产主义者的一场讨论。卡尔·拉纳想要继续'保卢斯社'早先开始、俄国人进军捷克斯洛伐克之后中断了

---

① Andreas R. Batlogg, Melvin E. Michalski, Barbara G. Turner, eds. & trans., *Encounters with Karl Rahner: Remembrances of Rahner by those who knew him*, Marquette University Press, 2009, p.207.

② Ibid., p.153.

的对话。那场对话中断的原因，显然就像某人所说的：我们将不能彼此对话，因为那是一种纯粹的独裁。因为沃格利姆勒不想中断所有联系，所以他创立了这个期刊。这个期刊由德国主教们提供财政支持。它为一些共产主义作者提供了一个论坛。这惹怒了一些主教，因为他们相信这个杂志依他们之见是在服务于支持所谓的共产主义宣传。出现了激烈的讨论，最后该期刊的出版被叫停。"①

此外，退休后拉纳在与神学更新相关的许多问题上的知识专长仍然使当时西德的教区主教联合大会总是非常欢迎他能够到会和参与，其中最为重要的当属沃尔茨堡主教会议。卡尔·莱曼回忆说：

1971—1975 年，沃尔茨堡主教会议（the Wurzburg Synod），即德国众教区共同主教会议，召开。会议期间拉纳非常易怒。会议一开始就有一场非常困难的投票，等于是拉纳和拉辛格之间的一场竞赛，在很大程度上与他们人格的差异有关。因为按照字母顺序安排座位，所以他们坐在一起。对于主教会议上的年轻成员而言，拉纳是一种象征性的人物。人们感到拉辛格自从1969/70左右开始走向另一个方向。经过三四轮投票之后，拉纳神父以微弱多数当选，而拉辛格完全难以接受，有些伤心。这从他在《圣言与真理》杂志所说的话中透露出来："我不相信什么委员会，但是相信预言性的存在。"他过去就已经表现出对于各种委员会的反感，这次只是增加了这种反感。之后拉辛格很快离开了大会，而大会在没有他的情况下继续进行。

拉纳神父尤其敌视科隆红衣主教约瑟夫·霍夫纳（Hoffner）。每当这位红衣主教站起来要说什么，拉纳就已经蓄势待发地要予

① Andreas R. Batlogg, Melvin E. Michalski, Barbara G. Turner, eds. & trans., *Encounters with Karl Rahner: Remembrances of Rahner by those who knew him*, Marquette University Press, 2009, p.155.

以回应，甚至在知道霍夫纳要说什么之前就已经举手。他的听力已经出现了问题，但是当获得发言机会的时候，总是立刻"回击"。这并非总是最为明智的做法。

会议纪要已经发表，今天人们都能够读到。有些著名人物把票投给了拉辛格而非拉纳，诸如汉斯·迈尔（Hans Meier）和艾达·弗里德里克·格雷斯（Ida Friederike Gorres）。但是那些年少"轻狂"的祭司们却投票支持拉纳。这是件有趣的事，但是拉纳神父享受这个事实，即年轻人捍卫他而拒斥拉辛格。[①]

从莱曼的上述说法，我们窥见当时会议上存在着某种保守与进取之间的张力或冲突；如果从拉纳代表继续推进梵二成果的一方，拉辛格代表对梵二会议有所回潮的一方而言，拉纳的当选和拉辛格的落逃，标志着进步战胜了倒退。但是后来随着拉辛格在教会中的地位不断提高，而拉纳在教会眼中和实际感受中遭到教会冷落，则意味着总体上教会信仰进入了一种拉纳所说的冬冷时期。

另外，施洗约翰·梅茨有关沃尔茨堡主教会议的相关说法，也为我们提供了拉纳的一些重要信息：

德国众教区的沃尔斯堡主教会议在1970年代上半叶召开。我起草了那份呈给委员会讨论的文件《我们的盼望》。红衣主教德普夫纳对我的积极参与心怀感激，有一天问我："我能为你们做点什么吗？"我告诉他，他可以为拉纳神父和我在巴伐利亚我家乡地区提供一个空的教区房屋，以便我可以免于"普鲁士流亡"，至少有时如此。红衣主教说："我非常高兴这么做。我就

---

① Andreas R. Batlogg, Melvin E. Michalski, Barbara G. Turner, eds. & trans., *Encounters with Karl Rahner*: *Remembrances of Rahner by those who knew him*, Marquette University Press, 2009, p.116.

还了你和你的老师卡尔·拉纳的一个人情。"就这样我们到了那个没有祭司的教区度假,而且在那里为人们服侍。从 1973 年到 1996 年期间我通常生活在上巴伐利亚文德尔施泰因山脚下的一个小教区里。起初,拉纳神父经常从慕尼黑到那里去,但是当他 1981 年秋天回到因斯布鲁克之后,我从罗森海姆旅行到相距不远的因斯布鲁克。①

至于卡尔·莱曼在上面所说的拉纳在会上易怒和敌视霍夫纳,则事出有因。这要追溯到在为这次会议预做准备期间所发生的一件事,就是拉纳与《圣经》正典学者海因里希·弗拉滕(Heinrich Flatten)教授和科隆的红衣主教霍夫纳在有关耶稣的神性和婚姻的不可拆散性方面发生冲突。这场冲突的余韵出现在会上在所难免。重要的是,这种冲突和愠怒激发拉纳写出了最充满火药味和最有争议性的著作之一《作为任务和机会的教会结构变革》(Strukturwandel der Kirche als Aufgabe und Chance),英译本名为《未来教会的形态》(The Shape of the Church to Come)。在这本著作中,拉纳提出了三个问题:我们立足何处?我们应做何事?我们如何构想未来的教会?拉纳围绕这三个问题,对天主教会中最为保守的那些要素,对于天主教会在结构变革方面和从教会权威先前的教义和道德宣言中追寻神学意义方面的那种固步自封的态度,都进行了最尖锐的批判;立意推进教会、特别是德国教会的进一步改革。

尤其是在题为"去祭司化的教会"一章中,拉纳呼吁教会允许平信徒承担更大的责任;不仅主张进一步鼓励小型的、基层的基督教共同体,而且主张给予它们进一步的权利。拉纳后来解释说:"谈论教

① Andreas R. Batlogg, Melvin E. Michalski, Barbara G. Turner, eds. & trans., *Encounters with Karl Rahner: Remembrances of Rahner by those who knew him*, Marquette University Press, 2009, pp.138—139.

会的去祭司化，并非要否认基督委任给获得按立的祭司、主教等等的恰当使命和任务。我的论述所关切的毋宁是当今存在的、业已受到宗教和文化因素影响的祭司群和平信徒之间的关系。恰恰因为教会在当今世界中不再受到可见的社会结构或因素的支撑，因其切实存续的可能性之故，教会需要所有平信徒的一种更加个人的和真实的参与。当然，就这些事物的本质而言，这意味着平信徒需要更大的权利和更大的影响。如果一个人仍然被教会当作一个简单的仆人来对待，而教会又自视为由圣统和祭司构成，对于祭司而言所谓的平信徒又只是教牧关怀的对象，那么就不能指望任何人的合作。"①

在同样重要的另外一章中，拉纳呼吁一种更加强劲的教会合一实践，所表达的一个核心观念就是认信有别的众教会要在实践方面追求统一性。就此拉纳说："作为一个神学家我深信，那些导致教会分化的经典教条差异今天并不像以往那样存在。让我们假定，大概除了教宗职位这个问题之外，教义方面的差别不再具有认信方面的区分性，或者那些的确存在的也相当容易克服。如果情形如此，那么在我看来，需要向教会圣统和教会恰当地、合乎教会规范地指定的那些领导人提出这样一个问题，他们是否真的具有承认这个事实的勇气，并且从而向各种各样的教会（例如，欧洲那些教会）提供某种真正组织性的和社会性的统一。这并不必然意味着，而且对此我完全确信，所有那些如此统一成一个真实的和真正的统一体的教会，在按照现存的教会法来实现一种罗马天主教统一体的过程中，要不得不否定他们自己的历史起源。这并非必须。信仰和神学都不做此要求。一言以蔽之，我是说，我们最终需要从存在于现代神学的境况中获得实践性的成果。"②

---

① Paul Imhof and Hubert Biallowons, eds., *Karl Rahner in Dialogue: Conversations and Interviews*, *1965—1982*, New York: Crossroad, 1986, pp.197—198.

② 对话？198—199。

尽管后来的事实表明，"卡尔·拉纳的《作为任务和机会的教会结构变革》(1972)，即《未来教会的形态》，因其激情，迄今不是一个获得承认的选择，并未替代那个自满的教会——这种教会无疑至少在德国需要裁减。若非被迫这么做，教会会自如地这么做吗？无论如何，根据卡尔·莱曼的说法：'聆听作为我们处境的独立观察家的拉纳，是件受益匪浅的事。他既是一个准确无误的诊断者，又是一位祭司，为时常悲苦的处境散发大量的勇气和信心。'"①

当1976年信理部排除女性充当神职人员资格的那份指令《更卓越的》(Inter Insigniores)颁布的时候，拉纳也发表了自己的相关看法。拉纳对梵蒂冈的这个指令的评论无异于一种反向宣言，因为拉纳认为禁止女性担任神职这一点在基督教启示的确实性方面没有清楚的根据，它在原则上既是在未来可修改的，又是无法排除掉基本结论有错这种可能性的。他指出，无论是哪一种情况，神学家都有"对这个《罗马宣言》进行批判性考察的权利和义务，甚至达到视之在基本命题上犯有客观错误这一程度"。②值得注意的是，现任教宗方济各在很多论述中非常重视妇女，而且已经历史性地允许在涤足礼中为女性信徒涤足，并且在梵蒂冈接见了北欧新教的女主教。在妇女在教会中担任圣职方面，新教宗方济各能否再迈出历史性的一步值得观察和期待。

拉纳上述对于《人的生命》和《更为卓越》这两份教会文件的态度表明拉纳尽管获得了体制的容纳，但是他始终与体制保持一种距离，保持批判精神。一方面，他积极参与体制内的活动，例如1969年10月6日"国际神学委员会"举行的第一次会议上，拉纳就当代

---

① Andreas R. Batlogg, Melvin E. Michalski, Barbara G. Turner, eds. & trans., *Encounters with Karl Rahner: Remembrances of Rahner by those who knew him*, Marquette University Press, 2009, p.25.

② 《神学研究》英文版，20: 38。

重要的神学问题发表了纲领性的讲话,翌年(1970 年 10 月 10 日)又就进化神学向这个委员会发表讲话;另一方面,他在体制内又一如既往地率直,不仅为个体神学家的权利仗义执言,而且为天主教传统中的多元主义得到应有的承认,以及为形成对待异议者的宽容态度,而大声疾呼。这也部分解释了梵二会议期间的一些著名神学家,诸如亨利·德·吕巴克、伊夫斯·康加和汉斯·优尔思·冯·巴尔塔扎,后来纷纷被任命为红衣主教,而唯独拉纳没有在教会体制内得到任何重用这个现象。"拉纳对此有所意识,也略感受伤——缺乏罗马的承认。他打趣说:他或许想过有朝一日在自己的教士长袍上加上红色条纹什么的,但是他自己的神学有点太具进攻性和对抗性了。"①如此,"作为主教或作为红衣主教的拉纳——对于我而言是不可思议的事!"②

结果,1974 年拉纳在"国际神学委员会"5 年任期未满的时候就从这个委员会辞职,理由是"它令我感到厌烦,令我感到它太无所作为"③;"在与信理部具体相关的一些问题方面,我本来希望该国际神学委员会得到信理部的严肃咨询。那时的信理部部长、现今已经谢世的红衣主教泽佩尔(Seper)显然不想这样。所以罗马的这个委员会不再是有才智的神学家们彼此明智对话的一个神学家俱乐部。况且,我的印象是我不需要为此前往罗马。我不妨与我德国的同事们对话。而且,在德国获得的结果与在这个罗马神学委员会里获得的结果大致相同。那么,我何苦还要旅行到罗马呢?!"④

---

① Andreas R. Batlogg, Melvin E. Michalski, Barbara G. Turner, eds. & trans., *Encounters with Karl Rahner: Remembrances of Rahner by those who knew him*, Marquette University Press, 2009, p.233.

② Ibid., p.330.

③ Karl Rahner, *I Remember: An Autobiographical Interview with Meinold Krauss*, trans. Harvey D. Egan, New York: Crossroad, 1985, p.83.

④ Ibid., p.84.

可见，拉纳之所以提前从"国际神学委员会"辞职的主要原因是"因为它已经变得多余，丧失了功能。信理部不再严肃对待该委员会的建议。没有罗马设立的委员会，神学家之间也可以进行学术讨论。"[①] 另据学者研究，除了罗马信理部在很多重要的问题上对这个神学委员会的无视态度令他忍无可忍之外，拉纳之所以辞职"还因为他发现那里的年轻同事们心怀恶意、装腔作势。氛围已经不再是梵二会议时候的氛围。"[②] 对他而言，这个国际神学委员会对教会已经不再有任何有意义的帮助。

令人扼腕的是，拉纳对于教会一如既往地"爱之深责之切"的态度，导致他在他所说的天主教信仰进入冬冷季节的时候，他几乎被教会冷冻起来；他一以贯之地把信仰当前化的做法和把信仰诉诸个人主体性的主张，导致那些因循守旧和缺乏信仰自主意识的普通信众的怀疑和指责："当卡尔·拉纳相信教会在做某种不对的事的时候，总是要说出来。及至他生命终点的时期，他经常遭到那些不同意他的神学立场的人们的批评。有一次，慕尼黑的一个邮递员侮辱了他，骂他是一个不信者或一个异端。这个例子清楚表明，那些一点不理解神学，从未读过他所写的东西的人，确信教会领导反对他，感到可以肆意侮辱他。拉纳从不同的人群那里收到令人难以想象的糟糕信件和明信片。他们感到他们的行为受到官僚教会的支持。拉纳神父并未把这些信件一撕了之，而是把其中的一些给我看了。他有三个装满了这类愚蠢而负面的糟糕信件的文件夹，里面的信件满纸都是'叛徒'和'异端'一类用词。他本来就不会说：'扔了！'拉纳神父告诉我，他总是想做一个教会的人，去捍卫真正的信仰。谁料现

---

① Karl Rahner, *Faith in a Wintry Season*: *Conversations and Reviews with Karl Rahner in the Last Years of His Life*, New York: the Crossroad Publishing Company, 1990, p.154.

② 参见 Herbert Vorgrimler, *Understanding Karl Rahner*: *An Introduction to His Life and Thought*, trans. John Bowden, London: SCM Press Ltd., 1986, p.108。

在有人侮辱他，而且坚持认为他在毁掉他们的信仰。这对他的伤害非常深。"①

二、居贝希曼斯退而不休——为解放神学仗义执言

在拉纳退休生活中，除了在1971年召开的沃尔茨堡主教会议上与拉辛格票决取胜之外，还有一件值得称道的事，就是1973年拉纳前往智利一段时间，了解那里如火如荼的解放神学。②拉纳说过："拉美神学家对我的神学有所注意，而且我即便这个年纪也非常乐意向拉丁美洲及其神学学习。"③事实也正如很多研究成果所表明的那样，"解放神学家们的确把拉纳应用于一个实践世界"；从而"拉纳在七十多岁的时候关注起解放神学，而且乔恩·索布里诺（Jon Sobrino）视拉纳对于那种神学的影响寓于下述方面：一种对于现实的首要性的强调、一种存在性的信仰形式、上帝奥秘的实在性、神学之为引致奥秘和灵性的神学、现实的圣事性质和上帝历史在这个世界里的统一性……拉纳还编有一本论解放神学的书，其中他的神学不是引致一个特定的政治方向，抑或一种德国的或巴西的政治神学，而是引致这样一种实践神学，其中对于政治的和经济的方向都有所谈论和评说。"④

在与解放神学相关的问题上，他毫无保留地支持1974年耶稣会总会议和总会长阿鲁佩（Arrupe）的观点，即，拉丁美洲、菲律宾和其他地方的教会都不得不为人们的完整的解放而努力，因而教会永远不可能被局限在一个假定的纯粹宗教领域，因为那会是对非正义的接

---

① Andreas R. Batlogg, Melvin E. Michalski, Barbara G. Turner, eds. & trans., *Encounters with Karl Rahner: Remembrances of Rahner by those who knew him*, Marquette University Press, 2009, p.220.

② Thomas F. O'Meara, O. P., *God in the World*, Liturgical Press, 2007, pp.21—22.

③ Paul Imhof and Hubert Biallowons, eds., *Karl Rahner in Dialogue: Conversations and Interviews, 1965—1982*, New York: Crossroad, 1986, p.202.

④ Thomas F. O'Meara, O. P., *God in the World*, Liturgical Press, 2007, p.53.

受和巩固。在他看来，"拉丁美洲教会以其解放神学已经开始发展一种植根于其独特境况的神学，并且对于那种状况有着有效的言说。最终将会有某种像'亚洲神学'这样的东西，肯定也会有某种'非洲神学'，尽管后者要慢慢浮现。"①

就解放神学的命运和可能发展，拉纳曾经充满希望地说："我并不知道教宗会怎么说，也不知道在拉丁美洲主教会议里谁最有发言权，但肯定有一些达成妥协的努力，大概这是一种好事。总体上我希望普埃布拉（Puebla）能够继续而且容许继续促进（1969）麦德林会议的那些目标。"②故此，"我希望我们的公开信对于南美所需的进步解放神学得以继续的可能性有所贡献。当然关于在普埃布拉可能发生什么我有我的关切。我并不期待一种激进转变，即便在普埃布拉对此我也并不期待。在教会内你总是不得不指靠某种精明。教会将不会端上什么激进的东西。恰恰因为这个原因我并不预期会有任何出自普埃布拉的灾难。此外，即便在那里，梵二会议也不可能被破除"。③

事实上，担任信理部部长的红衣主教拉辛格对于解放神学秉持一种否定的态度，并且亲自到拉丁美洲平息解放神学运动。首先，用拉辛格自己的话来说，"解放神学是一种具有极多层面的现象。它的整个变动幅度从彻底的马克思主义立场到正确的教会神学框架内的那些努力——其中正确的教会神学，就像我们从麦德林到普埃布拉的'拉美主教会议'的那些文件中所见的那样，强调的是基督徒必须承担起对于那些穷人和受压迫者的责任。"④然后，则假借反对解放神学中抱

---

① Paul Imhof and Hubert Biallowons, eds., *Karl Rahner in Dialogue: Conversations and Interviews, 1965—1982*, New York: Crossroad, 1986, p.235.

② Ibid., p.202.

③ Karl Rahner, *Faith in a Wintry Season: Conversations and Reviews with Karl Rahner in the Last Years of His Life*, New York: the Crossroad Publishing Company, 1990, p.64.

④ The Essential Pope Benedict XVI, p.217.

持"马克思主义的根本选择"的神学家，不分青红皂白地给整个解放神学定性："对解放神学现象的分析揭示出，它构成对于教会的一种根本威胁。"① 因为，"尽管当今解放神学的重心在拉美，但它绝非一种单单属于拉美的现象。离开欧洲和北美神学家们的统治性的影响，它是不可想象的。它也出现在印度、斯里兰卡、菲律宾、中国台湾和非洲，尽管后者对于'非洲神学'的追求占据前台。'第三世界神学家联盟'的强烈特点就是强调解放神学的主题"。② 在他看来，这种"危机"不但有可能伤害天主教的统一性，而且有可能把天主教矮化为实现世俗目标的工具。

尽管拉纳并不认为每一种解放神学都是一种真正的天主教解放神学，但是"深信一种真正的天主教解放神学能够存在而且必须存在"。③ 针对拉辛格的相关否面看法，拉纳意有所指地认为"把解放神学定性为一种'邪恶'展现是危险的"④，其实"解放神学开启了我们有关结构性不公的视野"⑤；认为神学家古铁雷斯（Gustavo Gutierrez）因思想之故而导致在教会中的存在受到威胁，并因而使之在肉体上的存在受到威胁是不可接受的，甚至当拉纳病入膏肓的时候，仍然不忘在一封致秘鲁诸位主教的信中声援和支持古铁雷斯。⑥ 尽管拉纳有时发现解放神学的实践热忱需要建立在更为深刻的理论反思之上，但他的态度和理论表现出与影响颇大的"解放神学"的一种同契性，以至

---

① The Essential Pope Benedict XVI, p.217.

② Ibid., p.216.

③ Paul Imhof and Hubert Biallowons, eds., *Karl Rahner in Dialogue*: *Conversations and Interviews, 1965—1982*, New York: Crossroad, 1986, p.201.

④ Karl Rahner, *Faith in a Wintry Season*: *Conversations and Reviews with Karl Rahner in the Last Years of His Life*, New York: the Crossroad Publishing Company, 1990, p.62.

⑤ Ibid., p.64.

⑥ Herbert Vorgrimler, *Understanding Karl Rahner*: *An Introduction to His Life and Thought*, trans. John Bowden, London: SCM Press Ltd., 1986, p.138.

于很多人把他当作解放神学的卫士。①

　　1973 年 8 月拉纳移居位于慕尼黑普拉赫地区的贝希曼斯学院（Berchmanskolleg），成为这所耶稣会神学院的"居家作家"。至于拉纳为何移居到贝希曼斯学院，至少有两个方面的原因。一是，"格雷斯社"所提供的两年助手资助到期，拉纳在宁芬堡的"作者之家"不再有人协助其工作。诺伊费尔德回忆说："我的两年助手期结束，我还没有完成我的博士学位。拉纳神父本来想让我继续为他工作，但是并没有索求使我能够这么做的新资助。然后我重回巴黎……拉纳神父转到贝斯曼斯学院……他想他或许在那里能够找到助手。"二是，据认为"当他不再从事教学的时候，他在宁芬堡的写作坊感到孤独，因为在贝希曼斯学院有更多的耶稣会士，他便来到这里"。② 无论如何，拉纳来到这个学院，无形中成为很多学生和教员就近请教的良师益友。

　　当时在这所学院的一位学生约翰内斯·赫茨格塞尔（Johannes Herzgsell）后来回忆了拉纳当时生活的一些侧面："我第一次遇到拉纳的时候正作为见习修士生活在贝希曼斯学院。那时候拉纳神父在这里也居住在学院上面的公寓里。我正在慕尼黑的一家医院实习，卡尔·拉纳周末过来与我们共用晚餐。我在那里与他不时碰面。他相当矜持，在餐桌上不怎么说话。他倾听，而且看起来很泰然，但是很少说什么。我记得，有一次他很欣赏一位学生的打火机，拿在手里试用。拉纳神父吸烟多年，想要知道那个打火机如何操作。他看起来对这个打火机相当着迷，仿佛满怀敬意：他可以像孩子一样自得

① Karl Rahner, *Faith in a Wintry Season: Conversations and Reviews with Karl Rahner in the Last Years of His Life*, New York: the Crossroad Publishing Company, 1990, p.61.

② Andreas R. Batlogg, Melvin E. Michalski, Barbara G. Turner, eds. & trans., *Encounters with Karl Rahner: Remembrances of Rahner by those who knew him*, Marquette University Press, 2009, p.37.

其乐。"①

当采访者进一步对这位当年的学生说，尽管拉纳神父不善交流，但是"我猜想他莅临贝希曼斯学院受到赏识"的时候，这位现任慕尼黑耶稣会哲学学院宗教哲学和系统神学讲师的昔日学生印证说："这完全是真的。一次偶然的机会我恰巧碰到他正坐在绝大多数都是年轻同事围成的圈子里——那是在餐厅里——而且显然他与这些年轻耶稣会士在一起有居家的感觉；他们高兴他在他们中间，他享受待在那里。他双手抱着后脑勺坐在餐桌那里，当我进去的时候他看着我，一定在想：我一点不认识他。他立刻对我产生了兴趣。他是敞亮的，事实上，非常敞亮。这就是他留给我的印象——即便那时——让我换一种说法——他发现难以纯粹谈论日常的事。他是一位过于复杂的思想家，所以我们所称的'寒暄'对他而言并非易事。"②

当时贝希曼斯学院的认识论和哲学教授暨院长（1970—1976）阿尔伯特·凯勒对于拉纳在该院"被神学占据"的工作提供了更多方面的见证："当拉纳以荣休教授的身份离开明斯特之后，他重回慕尼黑，生活在簇卡丽街（Zuccalistrasse）的'作者之家'。然后来到贝希曼斯学院，在这里生活了数年。他有一个房间和一间办公室。他不旅行的时候，每天都口授他的思想。他有秘书，他们得非常耐心。早晨他会在9点开始口授，直到大约中午时分才有一个大约30—45分钟的茶歇。他出口成章，作品就像他口授的那样发表出来。他不进行编辑或者重写。人们可以感觉到很多文章都是口授的：经常有非常长的句子。他嫌恶上午被打扰，如果他正在口授文字，则会非常生气。我们全都知道上午不要去打扰拉纳神父。除非是耶稣会总会长或职位极高

① Andreas R. Batlogg, Melvin E. Michalski, Barbara G. Turner, eds. & trans., *Encounters with Karl Rahner: Remembrances of Rahner by those who knew him*, Marquette University Press, 2009, p.35.

② Ibid., p.37.

的人打来电话，也都不会把电话转接过去。"①

上午是人们不能打扰的做神学的时间，下午拉纳则通常写信、回信或看书。据他妹妹伊丽莎白·克莱默的说法，拉纳经常为收到一摞一摞的信件而烦恼，但是他又有信必复。对此，弗朗茨·约拿回忆说："那就是他的做法。就我所知，他回复每一封信。总是有信寄到出版社，要求'请转呈拉纳神父'。尽管担着许多出版社的责任和受到许多天主教会议的围困，尽管有许多来自杂志的问题，有许多电台和电视台要求访谈、索要文章等等，但是他并不忽视个人人际的一面。"

退居贝斯曼斯学院期间，拉纳参加了许多学术活动，其中有件事最为值得称道，就是他不辞劳苦前往因斯布鲁克从事雪中送炭的教学工作。根据时任因斯布鲁克神学系主任的汉斯·罗特的说法，起因是"许普神父受到指责。两位评估者所做调查产生这样一种判断，就是他的教学并不充分符合天主教会的教导。省督的意见是，许普（Schupp）神父应该维护自己，陈明立场。他拒绝这么做。他说，当有人像这两人那样写出如此愚蠢的评估的时候，那么与他们讨论任何问题都是毫无希望的。然后他立刻辞职离开了。他既离开了神学系，也离开了耶稣会。突然间我们没了教义神学家。教义神学一直是课程表上最为重要的，自然无法忍受没有教义神学教授就开学。那个节骨眼上很难找到人，好在拉纳神父愿意代课救急。他那时住在慕尼黑，每两周来上两堂课或大致的时间。……他喜欢同年轻人交谈，这样的非正式谈话对他而言更为舒服；他被接纳，而且没有尔虞我诈。他无需说服任何人相信他的观点，也不必证明其合理性。他可以不那么复杂地说话，而这显然是他非常珍视的一点。那时我与他保持一种非常

① Andreas R. Batlogg, Melvin E. Michalski, Barbara G. Turner, eds. & trans., *Encounters with Karl Rahner: Remembrances of Rahner by those who knew him*, Marquette University Press, 2009, p.207.

友好的关系。他非常愿意伸出援手帮助我们学院和学生。我们当然努力物色新教授。一旦有眉目，拉纳神父便离开了我们。"①

尽管拉纳又一次离开了因斯布鲁克，但是他的影响却一如既往地留下了。当年的波兰学生、1996 年起担任因斯布鲁克教义神学教授、2004 年起担任该校神学系主任的倪维亚多姆斯基回忆说："我第二次遇到拉纳是在因斯布鲁克。我 1972 年已经（从波兰）来到蒂罗尔。许普神父是教义学教授，他请拉纳过来就启示举行一次讲座。那是一次非凡的经历；圣母演讲厅是最大的讲堂之一，听众满到一个座位都不剩。……拉纳神父对许普神父的评价很高。当许普神父失去教职的时候，人们理解这无疑发出了拉纳会来替代他的清晰信号。我的硕士论文是许普神父指导的最后一篇，事前已经被接纳。拉纳神父接手了基督论和救赎论方面的那些课程。那是 1974—1975 的冬季学期，他从慕尼黑赶过来上课。许普神父总是站在讲台那里念稿子。令我着迷的是拉纳神父来回走动着讲课。我发现自己也在学着他的样子，也是来回走着，而且欣欣然；我不待在讲台那里不动。这只是要表明一个学生是如何留下印象的。显然拉纳神父头脑里的概念，不是对某种旧有东西的重复，而是新发展出来的观念。我当时感到扮演了一个目睹他概念构想活动的角色。"②

拉纳从 1971 年到 1984 年逝世为止的这段 13 年的退休时期，绝对不等于一个学术隐退和衰退的时期。事实上，他在这期间所发表的东西甚至比许多神学家终生发表的东西都要多。1976 年出版的《基督教信仰之基础》自不待言。此外，他不仅又出版了四卷《神学论集》，扩版了与沃格利姆勒和库诺·菲塞尔（Kuno Fussel）合编的

① Andreas R. Batlogg, Melvin E. Michalski, Barbara G. Turner, eds. & trans., *Encounters with Karl Rahner*: *Remembrances of Rahner by those who knew him*, Marquette University Press, 2009, pp.226—227.
② Ibid., pp.325—326.

《神学辞典》，还写下了论述祈祷、爱邻人和爱基督的大量论文。这些论文 1977 年由梅茨编辑起来，分两卷用英文发表出来的就是《祈祷的勇气》（1981 年）和《爱耶稣与爱邻人》（1983 年）。他晚年一直忙于这样的论文集和自传性的访谈回忆，后者主要有本书多有引用的《记忆如斯》（德文版 1984；英文版 1985）、《对话拉纳》（德文版［上］1982，德文版［下］1983；英文版 1986）和《冬冷信仰》（德文版 1986；英文版 1990）。

三、因斯布鲁克落叶归根——终显属人的交际一面

接下来，1981 年秋季拉纳受耶稣会之邀重回因斯布鲁克——那个拉纳于斯度过了自己最富有成果的一段时光的地方，那个拉纳于斯经历了梵二会议之巨变的地方。在促成拉纳最终回到因斯布鲁克方面，他的一些朋友和以前的学生发挥了不小作用。例如，他的早期助手之一、因斯布鲁克大学教会史教授达拉普说道："当他后来退居慕尼黑的时候，我费了很大劲让他重回因斯布鲁克，尤其是把他的那些书和档案运回那里。他的回答是：'我不仅把我的书转移到因斯布鲁克，我自己也要回到那里。'"① 甚至有人说，"他显然带着卷尺来的，要量一量房间，看看是否有足够的空间放下他的书。"②

约翰内斯·赫茨格塞尔对于拉纳重回因斯布鲁克说道："间接而言，我把这当成意味着他被撤退回家。他在因斯布鲁克教书多年；那是他开始神学生涯的地方，他显然在那里比在慕尼黑更有居家的感觉。大概，他与那里的同事相处也更加舒服。在贝希曼斯学院这里的餐厅，他总是在同一个座位吃午餐，而且在他看来午餐时间太长。半

---

① Andreas R. Batlogg, Melvin E. Michalski, Barbara G. Turner, eds. & trans., *Encounters with Karl Rahner*: *Remembrances of Rahner by those who knew him*, Marquette University Press, 2009, p.101.

② Ibid., p.248.

个小时之后，他要么中午休息一下，要么继续工作。急躁的时候，他会开始在椅子上前后摇动，他搬走之后我注意到墙上有一个他的后脑勺不断摩擦留下的一处印痕。他的急躁是有名的；这些癖性甚至那些伟人也在所难免。"①

　　拉纳以退休之身于1981年最终回到因斯布鲁克之后，仍然以特定方式继续履行教书育人的使命。倪维亚多姆斯基回忆说："1981年他以退休之身回到耶稣会的居所。之前我已经被聘到这里当系里的助理，而且在教义神学所工作。这是我第三次际遇拉纳，而且与前两次的经历完全不同。拉纳神父创制了一个周三晚上的讨论会，讨论上帝和世界。事先会拟定一个题目，拉纳径直就题目发表谈话。他会定期到所里，几乎每天如此，所以我能够经见他作为人的那一面。那时我们作为助理还要到图书馆值班，要求坐在大阅览室里'守卫'图书。拉纳神父会走进来，翻阅陈列的图书，而且会小声发表评论，但是却大到让那里所有的人都能听到。……陈列的书中有一本阿道夫·考普林关于基础神学的一本。那本书相当厚，他拿起那本书前后左右端详。那天我值班，面对学生坐着；他用手指示意我过去，好像有什么要对我悄悄说，但是却说得整个房间都能听到：'你知道吗？这个考普林就是一个大……'这也是卡尔·拉纳！根本说来，他真想做的就是与年轻助理和学生说话，出去吃冰激凌。作为助理，自然会仰慕伟大的拉纳。就后知后觉而言，我后悔没有更多地陪他出去吃冰激凌。我总是觉得他指望人们和他谈论学术问题；但是基本说来，他年龄越大，这一点就变得愈加明显，就是他只是希望参与人的正常交际，经常是完全平淡无奇的会话。可惜我后知后觉。"②

①　Andreas R. Batlogg, Melvin E. Michalski, Barbara G. Turner, eds. & trans., *Encounters with Karl Rahner*: *Remembrances of Rahner by those who knew him*, Marquette University Press, 2009, pp.37—38.
②　Ibid., pp.326—327.

尽管与如火如荼的梵二会议相比，拉纳把当时描绘为"冬冷季节"——在他看来梵二会议的承诺未得完全实现的季节，但是回到因斯布鲁克这样一个"落叶归根"的地方，拉纳告诉他的学生威廉·迪克说，他非常高兴。拉纳晚年在因斯布鲁克不仅找到家的感觉，不仅变得愿意与年轻人交往，开始"食人间烟火"，尽管有点晚，毕竟也开始展现出常人的一面："在所里他感到就像在家里，他很高兴去那里。他参加了所里的所有聚会。一次令人难忘的场合就是瓦尔特·克恩神父 60 寿辰的时候。拉纳神父与恩格尔伯特·古特文格尔神父同桌就餐。两人一辈子一直争执不休，现在他们都老了，像两个孩子一样坐在一起，彼此开着玩笑。注视这一幕的感觉妙极了。尽管他们过去意见不合，我看到的纯粹是两个人，他们从前仿佛彼此隔离地住在两个孤岛上。无论如何，在这样一个庆祝活动上，我认出他这个非常属人的品质。"①

雷蒙德·施瓦格回忆了拉纳在因斯布鲁克的最后岁月的一些侧面，让我们对于作为常人的拉纳的认识更加立体起来："我只是在他从慕尼黑回到因斯布鲁克以后他生命中的那最后几年认识他的。当然他总是非常忙，但是他喜欢搭车外出，喜欢和人们一道出去吃冰激凌。年轻的耶稣会士们经常开车带他到南蒂罗尔。他只是想离开一下。当他与那些年轻的耶稣会士同车外出的时候，他能够放松下来。他在那时那个年龄，工作能力有些受限。……正如我所说，我认识他的时候，他已经一大把年纪，而且被那些仰慕他的人所包围。我还发现他耐心不够。吃饭的时候，好像总是焦虑不安。与他交流并非易事，因为他听力困难，当被更多的人围绕的时候情况更糟。他 1981年秋天回到因斯布鲁克对我们而言是一件令人高兴的事件，而且好像

---

① Andreas R. Batlogg, Melvin E. Michalski, Barbara G. Turner, eds. & trans., *Encounters with Karl Rahner*: *Remembrances of Rahner by those who knew him*, Marquette University Press, 2009, p.327.

也令他欣喜。他显然把因斯布鲁克当成了他的家。"①

这个时期他同样不时应邀外出讲座。例如，慕尼黑耶稣会哲学学院宗教哲学和系统神学讲师约翰内斯·赫茨格塞尔回忆说："20 世纪 80 年代早期我们邀请卡尔·拉纳到纽伦堡的见习学院，以便一睹这位著名的耶稣会同事的风采。他欣然接受了邀请。在这个年轻耶稣会士圈子里，他有宾至如归的感觉。在共同体的房间里，他把第二把椅子搁在腿下，实际上与其说他是坐着，毋宁说是在躺着。我们问他一些预先准备好的问题。那时在我看来他的回答与他在某些地方发表的东西几乎只字不差。他的那些思想过程在他心中如此根深蒂固，以至于他可以随时记起它们，所以在他的自发回应、他的讲座和他已写的东西之间实际上没有多少差异。"②

四、回归寂静的上帝之家——八十寿诞之后的葬礼

随着 1984 年拉纳 80 岁生日的临近，许多地方都在准备纪念和庆祝活动，给他带来了巨大荣誉。2 月 11 和 12 日，拉纳被弗莱堡天主教科学院邀请回家乡参加为期两天的会议，该校大礼堂被挤得水泄不通；拉纳不但自始至终参加会议，而且一如既往地敏锐而机警地参与讨论。参加完家乡举办的会议之后，拉纳马不停蹄地前往伦敦大学的海斯洛普学院（Heythrop College）演讲，随后又到达匈牙利布达佩斯科学院参加会议。他还应邀前往巴黎参加《基督教信仰之基础》法文版的首发式，并发表了演说。所有这些都还只是 3 月 5 日在因斯布鲁克举行的拉纳实际生日活动的预热。

他曾经的助手、后来格利高里大学和因斯布鲁克大学的神学教授诺伊费尔德回顾了他在拉纳有生之年的最后一年与拉纳的交往，提供

---

① Andreas R. Batlogg, Melvin E. Michalski, Barbara G. Turner, eds. & trans., *Encounters with Karl Rahner: Remembrances of Rahner by those who knew him*, Marquette University Press, 2009, pp.81—82.

② Ibid., p.40.

了不少难得的信息：

> 在巴黎他发表演讲，亨利·德·吕巴克和让·马里耶·吕斯
> 蒂热（Jean-Marié Lustiger）莅临，他们当时已经是红衣主教。拉
> 纳神父想让我代读他的演讲稿，就像他在美国让某人代劳那样。
> 但是我告诉他，当两位红衣主教应邀参加的时候，他必须亲自读
> 演讲稿。尽管在学校学过法语，这对他而言也是件难事。法语是
> 继拉丁语之后他用以最好地表达他自己的那种语言，但是他久未
> 演练。尽管如此，听众对于他亲自演讲这个事实感赞不已。我们
> 还在其他一些招待会上彼此相见。
>
> 他辞世之前不久，我们在意大利和匈牙利相遇。1984 年 1
> 月我与他在米兰附近的加拉拉泰（Gallarate）待了一个星期。那
> 里举办了一个有关其神学的会议，与会者是意大利的神学教授和
> 博士生。论题是"神学和文化"——典型的意大利话题。拉纳神
> 父用德语发言，但这并不需要翻译。在随后的讨论中，我得做翻
> 译——从意大利语到德语。我认为他在那里感到开心。之后我们
> 驱车前往马焦雷湖（Lago Maggiore）、贝拉岛（Isola Bella）和大
> 查洛纳（Gran Carlone），后者是他的主保圣人查尔斯·博罗梅奥
> （Charles Borromeo）的家乡。
>
> 然后他邀请我与他一道参加 1984 年 2 月与布达佩斯无神论
> 者的会议。会议在 2 月末举行。会议令他非常感兴趣，但是他
> 感到有点被抛弃了，因为所有他期待见到的那些人事前突然宣
> 布取消行程，没有参会。来自巴黎的耶稣会士让-伊夫斯·卡尔
> 维斯神父，以及耶稣会士卡尔-海因茨·韦格尔神父，沃尔夫哈
> 特·潘嫩伯格教授夫妇和我出席了为他举办的一个小型庆生会。①

---

① Andreas R. Batlogg, Melvin E. Michalski, Barbara G. Turner, eds. & trans.,
Encounters with Karl Rahner: Remembrances of Rahner by those who knew him,
Marquette University Press, 2009, p.159.

在实际生日 3 月 5 日，拉纳受到因斯布鲁克的耶稣会士、因斯布鲁克神学系、蒂罗尔区和因斯布鲁克市的人们众星捧月般的追捧。"拉纳在致辞中谈到上帝，那个不可把捉的、无以命名的和高深莫测的奥秘，对之人们只能用类比结结巴巴地说及，尽管如此，也不能保持沉默。"① 在庆生会上不仅当年梵二会议的观察员、"世界基督教会联合会"（the World Council of Churches）的卢卡斯·菲舍尔（Lukas Vischer）到场致辞，拉纳还收到了教宗约翰·保罗二世祝贺他八十大寿的亲笔签名的贺卡。此外还设立了促进神学发展的"卡尔·拉纳奖"。"拉纳神父本人则面向所有前来道贺的人写了一封感谢信。"②

遗憾的是，拉纳在人们为他庆贺完 80 岁生日 3 天之后不幸病倒，症状是呼吸困难和鼻孔流血。最初人们以为是劳累过度所致。由于医生嘱咐完全静养，从 3 月 9 日开始他接下来在因斯布鲁克的一家疗养院度过了 3 个星期。在休息了几天之后，他曾经试图进行日常散步，无奈体力不支，只好放弃。其间来探视拉纳的耶稣会士络绎不绝，其中就包括雷蒙德·施瓦格尔（Raymund Schwager）："他逝世前不几天我去医院探望了他。之前他接到来自德国的电话，邀请他去讲座，他当时立刻就答应了。但后来我打电话给他们，强调那只是一个初步意向。"③

即便已经十分羸弱，拉纳仍然设法向他的秘书奥格尔女士口授了一封致秘鲁各位主教的信，呼吁保护和理解古斯塔夫·古铁雷斯及其解放神学。正如 J·索布里诺在其《解放神学》一文中所说："就在辞世前两周拉纳在致利马红衣主教的一封信中写道：'穷人的声音必须

---

① Andreas R. Batlogg, Melvin E. Michalski, Barbara G. Turner, eds. & trans., *Encounters with Karl Rahner : Remembrances of Rahner by those who knew him*, Marquette University Press, 2009, p.311.

② Ibid., pp.159—150.

③ Ibid., p.82.

能够让人听到.'这确保拉纳理解了解放神学的核心。"①

以往"像这样住院对于拉纳而言并非那么异乎寻常。他会去诊所治疗心脏，在那里住上两三个星期，然后就又能够继续他的那些活动了。实际上，我总是惊讶就一个年届八十的人而言他怎么能有那么多的精力。但是这次他并没有反弹回来。"② 从 3 月 23 日开始他的状况明显地逐渐恶化。3 月 29 日他被转到因斯布鲁克的大学医院。尽管他那时已经呼吸困难、十分虚弱，但是当发现一个护理员的制服上有一枚证章，表明该人是反对其观点的良心反对者的时候，还是与之攀谈起来。即便打上了点滴，他还不忘一边警觉地注视着输液过程，一边不时对此发些诙谐的评论。

翌日，即 1984 年 3 月 30 日，拉纳被送入重症监护室。傍晚，拉纳病情出现恶化，先是医院附属教堂的神父为他行了涂油礼，随后耶稣会学院的院长米尔内神父（Fr Müllner）为拉纳做了祷告，之后瓦尔特·克恩（Walter Kern）神父替换了院长穆尔内神父，并与奥格尔女士守护着拉纳。晚上较晚的时候，拉纳另一位多年的女性老友来到病房。最后在三人的注视下，拉纳于 1984 年 3 月 30 日周五晚上 11 点 26 分安详地归回上帝之家。③ 耶稣会在拉纳的官方讣告中写道："为教会的圣事所强化，由耶稣会兄弟们的祈祷所陪伴，卡尔·拉纳神父在度过他的 80 寿辰不久回归上帝之家……他爱他的教会、爱他的修会，并且终其一生在它们之中服务。"④

---

① 转引自 Thomas F. O'Meara, O. P., *God in the World*, Liturgical Press, 2007, p.53。

② Andreas R. Batlogg, Melvin E. Michalski, Barbara G. Turner, eds. & trans., *Encounters with Karl Rahner：Remembrances of Rahner by those who knew him*, Marquette University Press, 2009, p.160.

③ Herbert Vorgrimler, *Understanding Karl Rahner：An Introduction to His Life and Thought*, trans. John Bowden, London：SCM Press Ltd., 1986, p.138.

④ Harvey D. Egan, *Karl Rahner：The Mystic of Everyday Life*, New York：the Crossroad Publishing Company, 1998, p.9.

拉纳的离世给他的朋友和喜欢他的人带来了巨大悲痛。例如，因斯布鲁克教育学院神学教育教授、因斯布鲁克神学系名誉教授、因斯布鲁克教区代理主教克劳斯·埃格（Klaus Egger）回忆了他与拉纳的最后交往以及听到他人转述电台播报的拉纳辞世消息时的反应："那时我与他有一种独特的个人交往。那是 1984 年 3 月底，他躺在因斯布鲁克附近的霍赫鲁姆（Hochrum）疗养院里休息，我问他是否可以在复活节我按立圣职 25 周年的时候讲道。他爽快地答应了。我然后前往萨尔斯堡参加一个宗教教育教师的会议，但是我感到有些挂虑。我不知道会议同时拉纳神父已经被转到因斯布鲁克的大学医院。周六早晨吃早饭的时候，一个参会者说，他从电台上听到卡尔·拉纳已经辞世的消息。这个消息令我如此心烦意乱，以至于直到下午都痛苦无语。这令我完全失语了。我然后驱车回家，打电话给奥格尔女士，她告诉了我拉纳辞世的情况。"①

耶稣会杂志《时代的声音》副主编、《拉纳全集》共同主编、"卡尔·拉纳档案馆"馆长耶稣会士安德烈亚斯·巴特洛格（Andreas Batlogg）则回忆了从广播电台亲自听到噩耗的一幕："我 1981 年在因斯布鲁克开始我的学习，那时拉纳神父来到这个蒂罗尔州的首府。我有不少次遇到他：在大街上，在神学系，在周三晚上的讨论会上。拉纳神父有两次来到神学院……给我们做讲座。我本能地感到这个人不简单！耶稣会士沃尔特·克恩神父是我的第一个神学教授。他总是鼓励我们学生自己读拉纳，而不仅仅读那些有关他的著作或文章。1984年夏天我在以色列度过一个学期。在那里我读了卡尔·拉纳的一本小书《爱耶稣意味着什么？》，给我留下了深刻印象，并且对我有所塑造。……卡尔·拉纳八十大寿之后不几天，我在 3 月中旬飞往特拉维

---

① Andreas R. Batlogg, Melvin E. Michalski, Barbara G. Turner, eds. & trans., *Encounters with Karl Rahner*: *Remembrances of Rahner by those who knew him*, Marquette University Press, 2009, pp.260—261.

夫。1984 年 3 月 31 日，我正坐在耶路撒冷的一个宾馆里。拉纳神父的密友耶稣会士乔治·施波尔希尔神父（Fr. Georg Sporschill, SJ）就坐在我旁边。我们从电台听到这样的播报：'昨天，在奥地利的因斯布鲁克，神学家和耶稣会士卡尔·拉纳辞世。'旋即施波尔希尔神父开始痛哭。起初我感到那有些令人尴尬，但是随后我也难免动容。我不禁心想：一个耶稣会士，一个与牢狱释放的罪犯和青年打交道的社会工作者，听到这个讣告变得如此动情，竟会引发这样的反应，卡尔·拉纳该是何等人啊?!"①

接着，数周前刚参加了拉纳庆生会的一些人，自然又重回因斯布鲁克参加他在耶稣会三一教堂的葬礼；最终也有了对于"卡尔·拉纳该是何等人"的盖棺论定。据耶稣会北上德意志省省督（Provincial of the Upper German Province of the Jesuits）阿尔方斯·克莱恩回忆："他的很多著名门生参加了葬礼，比如，施洗约翰·梅茨；很多主教也到场——卡尔·莱曼、赫尔曼·福尔克、弗里德里希·维特、恩斯特·特维斯、伊岗·卡普拉利和莱因霍德·施戴歇。"②大家经过一番讨论，商定不是由主教或红衣主教而是由耶稣会省督克莱恩在葬礼上讲道："那时我与我的那些耶稣会同事讨论了很长时间。拉纳首先而且最重要的是一位耶稣会士。这就是我们最终决定应由一位耶稣会士讲道的原因。耶稣会是他的命，是他的家。……拉纳是一位真正的耶稣会士——肩负每日工作、拥有全部优势、际遇一切艰困、遭受所有痛苦，这些无不与之相关。我们认为，因为他的神学事业而对他表达敬意的合宜场合有许多，但不是在他的葬礼上。这样一来，应该请谁在葬礼上讲道的困难问题解决了。……对我们耶稣会士而言，重要的

---

① Andreas R. Batlogg, Melvin E. Michalski, Barbara G. Turner, eds. & trans., *Encounters with Karl Rahner: Remembrances of Rahner by those who knew him*, Marquette University Press, 2009, pp.291—292.

② Ibid., p.215.

是要表明拉纳神父是如何作为一个人来生活的，作为一个人、一位祭司和一个耶稣会士是什么样的。我们相信，在他的葬礼上他的神学成就不应成为他是何许人的那个最为显著的方面。"①

正是基于这种考虑，以及彰显依纳爵的灵修思想对拉纳的影响，克莱恩在讲道中按照耶稣会的惯常做法用拉丁短语的形式援引了耶稣会的一些主要原则（诸如 Deus semper maior, adiuvare animas, sentire cum ecclesia, discretio spirituum）。正如克莱恩自己所言："这些是依纳爵灵修的'关键短语'。我是以一个耶稣会同事而非一个学者在讲道。《神操》在拉纳神父身上留下了它们的痕迹。他的生命扎根其中，我努力在我的讲道中表明此点。"在讲道结尾的时候，克莱恩还援引了拉纳对他说过的话："如果我在我的一生中哪怕就那么一点点帮人发现了对话天主、思念天主、信靠天主以及望和爱的勇气，那么我想我就过了值得过的一生。"然后讲道以这样的文字画上句号："亲爱的卡尔·拉纳，这样的努力是值得的，我们全都全心全意感谢天主和感谢您！"②

葬礼后，拉纳被安葬在三一教堂。长期得到拉纳经济资助的残疾女教徒伊姆加德·布斯特（Irmgard Bsteh）这样说到一个令人动容的安葬拉纳的场景："莱因霍德·施岱歇主教在因斯布鲁克的耶稣会教堂担任葬礼上复活弥撒的主礼。在凄风苦雨中我们对拉纳进行最后嘉奖。我仍然能够记起教堂地穴入口处卡尔·莱曼主教在灵柩前宛若冰封的那一幕。"③ 实际上，拉纳这样"入土为安"在某种程度上可以说是他的遗愿，因为拉纳 1984 年发表在《蒂罗尔文化杂志》第 18 期上

---

① Andreas R. Batlogg, Melvin E. Michalski, Barbara G. Turner, eds. & trans., *Encounters with Karl Rahner: Remembrances of Rahner by those who knew him*, Marquette University Press, 2009, pp.215—216.

② Ibid., p.216.

③ Ibid., p.311.

他一生的最后陈言中这样写道:"因为我已经这么老了,因为世界将一如既往,我将在这里经历我的最后时刻,而且将被埋葬在蒂罗尔;而且我可以说,这对我来说完全合适。"①

为了寄托哀思,人们一连数天为拉纳做安魂弥撒,就此,克劳斯·埃格追忆说:"拉纳神父被安葬在耶稣会教堂的地穴里。连着两三天,人们晚上为他祷念玫瑰经。到场的几乎都是耶稣会士,但是我也与他们一道祷念。我从未如此深刻地体验到共同祷念玫瑰经的活动何以有助于告别逝者。及至为拉纳神父举行的安魂弥撒到来的时候,我自己完全平静了。我记得在一次神学研讨会上拉纳神父被问及如何看待玫瑰经。我1953年到1959年在神学院学习,那时人们认为每天祷念玫瑰经是一件理所当然的事情。但也是在那个时候我们认为从耶稣会士约瑟夫·安德烈亚斯·容曼神父那里学到一些基本的礼仪形式:其他礼仪实践皆属外围。拉纳神父之所以被问及对于玫瑰经的看法,大概是因为发问者希望拉纳会说它已经过时。但是拉纳神父令人吃惊地说:'对此人们会有各种各样的观点。我只想说,我每天都祷念玫瑰经!'当我们作为一种排遣悲痛的方式来为亡故的拉纳祷念玫瑰经的时候,这番记忆重现我的脑际。"②

之后,人们还做了两件告慰拉纳在天之灵的事情,就是最初把拉纳在因斯布鲁克的最后用房开辟为"拉纳档案馆"和在慕尼黑成立了"卡尔·拉纳基金"。对此,约瑟夫·聂维亚多姆斯基(Josef Niewiadomski)回忆说:"我自然参加了他的葬礼。我们得知他的那些学术资产会被送往因斯布鲁克,在那里会成立他的个人档案馆。克

---

① 转引自 Andreas R. Batlogg, Melvin E. Michalski, Barbara G. Turner, eds. & trans., *Encounters with Karl Rahner: Remembrances of Rahner by those who knew him*, Marquette University Press, 2009, p.235.

② Andreas R. Batlogg, Melvin E. Michalski, Barbara G. Turner, eds. & trans., *Encounters with Karl Rahner: Remembrances of Rahner by those who knew him*, Marquette University Press, 2009, p.261.

恩神父在职权范围内千方百计想让一个人从其他职责脱身，以便前去这个档案馆工作。因为我是机构的一个助理，所以他派遣我去做预先的材料分类工作。耶稣会士们事先已经对各种各样的东西分类整理出来，特别是拉纳没有发表的作品。我只是开始组管拉纳神父那些发表了的东西，对他们进行有序安排。我们购买了印泥和'拉纳档案馆'印章。实际上克恩神父才是第一任馆长，我只是他的助理。然后我们产生了一个想法，就是应当为这个事业向奥地利'学术研究促进基金'（Fonds für Wissenschaftliche Forschung）申请资助，最后我们获得批准。我们收到的钱款足以设立一个半工半薪的岗位。我们选择的申请人是罗曼·西本洛克（Roman Siebenrock）。然后我得以离开岗位。但我是第一个对那些材料进行分类整理的人，克恩神父则是档案馆创建背后的推动力。他还组织了那些材料，区分了已发、未发材料与书信。档案馆的关联机构是'教义和基础神学所'，这是该所那时的名字。克恩神父变成荣休教授的时候，诺伊费尔德神父被任命为他的继任人。'卡尔·拉纳基金'和'卡尔·拉纳奖'也是这段时间设立的。"①

　　拉纳被称作"罗马天主教会静静的推动者"和"20 世纪天主教教会的教父"。② 然而，他却把自己说成是"早睡"和"不特别勤奋"的人。他说："我想要的一切，即便在这个［神学］工作中，也无非是做一个人，一个基督教徒，以及尽我所能地做教会的一个教士。"③正如世上可能最全面掌握拉纳材料的拉纳档案馆馆员罗曼·西本洛克的说法所印证的那样："我从未际遇一位关切自己在教会历史或神学

① Andreas R. Batlogg, Melvin E. Michalski, Barbara G. Turner, eds. & trans., *Encounters with Karl Rahner*: *Remembrances of Rahner by those who knew him*, Marquette University Press, 2009, pp.327—328.
② Ibid., p.19.
③ "Selbstportrat," *Forscher und Gelehrte*, ed. W. Ernst Bohm, Stuttgart: Battenberg, 1966, p.21.

中地位的拉纳。我相信，对他而言，这本来就不是他很在意的事。他一次又一次任凭自己进入来自无数人群的新境遇和新问题，以便忠实履行一个祭司和一个耶稣会士的职责。在我眼中他自己视作一生总结的清醒评估的价值很快跃然纸上：'有关我的生活，我不知道有什么好说的。我并未过上一种生活，我工作、写作、教书，努力尽我的职责和自食其力；我努力在每天都这样的常规程序中服侍上帝，句号。'"①

五、今生的梦想来生要圆——口说英语开汽车飞奔

拉纳离开了这个世界，也把遗憾留在了这个世界，而这些遗憾在一个思想巨人身上又显得格外突兀和过于平常，比方说开汽车，说英语等等。由于拉纳生活在天主教教会"衣来伸手饭来张口"的环境中，又对于社会和自然充满好奇心，有时其行为在外面的生活世界里不免显得有些幼稚和古怪。

阿尔伯特·拉斐尔特这样说到拉纳："当他造访某人的时候，他会对即便最细小的事情产生兴趣，从人们阳台上悬吊的倒挂金钟属的植物，到我们途中所见到的黑森林中的那些猫，不一而足。"同时接受采访的弗朗茨·约拿接口说："我可以印证这一点。拉纳神父总是对周围保持敏感和兴趣。一次我同他一起在阿尔萨斯的科尔马……当我们沿街行走的时候，他会在我们路过的那些房屋的门前停下脚步，兴趣盎然地端详那些门上面典型的阿尔萨斯姓名，对此他一定并不陌生。这样的事情引发他巨大兴趣。"②他的妹妹伊丽莎白·克莱默也谈到过拉纳的一则轶事："卡尔真的具有这种率真的、赤子般的好奇心。

① Andreas R. Batlogg, Melvin E. Michalski, Barbara G. Turner, eds. & trans., *Encounters with Karl Rahner: Remembrances of Rahner by those who knew him*, Marquette University Press, 2009, pp.370—371.
② Ibid., p.77.

一次他与一位耶稣会祭司同事进入一家百货公司，看到那些香水瓶子，他开始打开它们，一个一个地闻味。有人赶紧劝阻他，以免他把所有的香水瓶都打开来。"①

　　拉纳这样的表现，就像他妹妹所言，其实是其对外界保持好奇心的一种明证。他不仅对自然和社会感兴趣，而且对于他对身边新发现的诸如咖啡机和打火机等细小"科技"事物都表现出极大的好奇心。汉斯·罗特追忆说："有一次我开车和他在一起，听着广播，他对我说：'真奇怪！现在我在蒂罗尔电台经常发表讲话，但是我仍然不明白广播是如何借助那些电线和天线工作的。'他继续就一切事物不断追问。就这样激发了他与施波尔希尔神父合作一本回答年轻人所提问题的著作。他喜欢直面对他有挑战的人和事物，这迫使他反思如何理解某个事物，而不是给出陈腐的答案。这种勤于思考是我看到的始终伴随着他的某种特质。"②

　　还有不少这种说法，就是"当从非洲或者美洲来的人拜访他的时候，他会立刻拿出一本地图册，请来访者在地图上指出他们来的地方。显然他总是手头备有地图册。"不仅如此，每当他坐别人车的时候也往往手拿地图。赫尔德出版社的编辑弗朗茨·约拿回忆说："当他坐在车里的时候，他会质疑我们刚才是否应该转弯，因为他一路总是比照手中拿着的地图跟踪行车线路。有一次我们开车旅行，他告诉我，倘若他可以再来到这个世上一次的话，他要做两件今生错过的事情——学会开车和学说流利的英语。"③

　　对于拉纳把"学说流利的英语"作为来生要圆的梦想之一，他的妹妹伊丽莎白·克莱默解释说："他大概英语说得没有看得好。学术

①③　Andreas R. Batlogg, Melvin E. Michalski, Barbara G. Turner, eds. & trans., *Encounters with Karl Rahner: Remembrances of Rahner by those who knew him*, Marquette University Press, 2009, p.250.

②　Ibid., p.227.

语言和口语毕竟是两码事。"①事实上，拉纳除了母语德语之外，还能像使用母语一样使用拉丁语，阅读、写作法语和英语，只是后两种语言说得不够流利而已。在弗朗茨·约拿看来，或许是拉纳感到英语在国际交流中日益重要，才有此番感慨："他能阅读和理解英语文本，但是因为神学的日益国际化，德语开始退居英语之后。因此，拉纳神父感到需要英语更加流利。"②

与他不能说流利的英语相比，拉纳不能开车这个遗憾对他和他人的影响则要大得多。他曾尝试过学习开车，但以失败而告终。因为不会开车，他总是依赖会开车的人带他外出，所以在可选择的情况下，他总会选择会开车的助手或秘书。在拉纳1981年至1984年最终回到因斯布鲁克期间，我们透过他选择人生中最后一位秘书埃尔弗里德·厄格尔（Elfriede Oeggl）女士的过程，非常鲜明地看到不会开车的遗憾在他最后决定中的权重有多大：

> 我们一起工作始于我回应这样一则广告："耶稣会寓所聘请秘书助手，按小时计薪。"我申请了这份工作，而且被告知我是这份工作的第40位应聘者，机会渺茫。但是我收到了面试电话。我只知道拉纳神父这个名字，真的感到有些焦虑。我等在耶稣会寓所的前台。然后他来了，一个小老头，下楼梯都不很稳，而且差点被自己的鞋带绊倒。我弯腰给他系好鞋带。这个自发的举动令我们两个都有些尴尬。拉纳神父问了我几个琐碎的问题，最后问："你有驾照吗？你能开车和有车开吗？"当我给出了肯定的回答的时候，他的神情明朗起来，把我请进他的办公室。我问他是

---

① Andreas R. Batlogg, Melvin E. Michalski, Barbara G. Turner, eds. & trans., *Encounters with Karl Rahner: Remembrances of Rahner by those who knew him*, Marquette University Press, 2009, p.250.

② Ibid., p.251.

否要我打点东西。他说："不，没有必要。"他然后问我是否可以坐到打字机前，看看会是什么样子——这让他开心。我坐在那，用仿佛传自中世纪的一部完全过时的手动打字机拼尽全力打了一些短句。即便如此我仍然未能避免几乎每个词后都出现一个美元符号。绝望中，我从打字机上取下那页纸，仔细折叠好放进口袋里说："我不能给你看，我实际上可以打得比这好很多。"拉纳神父带着一脸困惑的表情看着我，后来听他喃喃自语了些什么。两天后，他打电话给我说："你是最棒的！"①

或许正因为拉纳有不会开车的遗憾，所以特别喜欢坐车"飙车"。厄格尔回忆说："再也没有什么比阳光明媚的时候坐在车里跑一趟更让他感到享受的了。他坐上车，我们就出发——向南过勃伦纳山口。那段前往高速公路的行程考验着我们的神经：对于拉纳而言，因为有那么多障碍——红灯得停下，还有在禁止驶入带上缓慢前行的卡车；对我而言，因为我得在最终开上高速公路之前对所有那些不予理睬并坚持住。然后他每次都舒一口气，如释重负：'这样，我们就可以让马驹跑起来了。'对拉纳神父而言，那意味着时速140公里至160公里，低于这个速度对他而言就是'沿路爬行'。一次我开得慢了一些，他性急地要抓变速杆，嘟囔着：'什么东西坏了吗？'他想自己换挡。我不仅吓坏了，而且很恼怒，结果我把他的手推到一边，对他厉声说：'这可不行，教授！大概你想尽快去天堂见上帝，但是我想再次安全回家。'"②

因为不会开车，所以相关活动中得有人替他开车，而这也成为开

---

① Andreas R. Batlogg, Melvin E. Michalski, Barbara G. Turner, eds. & trans., *Encounters with Karl Rahner: Remembrances of Rahner by those who knew him*, Marquette University Press, 2009, pp.269—270.

② Ibid., p.271.

车人就近请教和命运得到改变的一种机会。例如，他就帮助改变了原先预定当教授的一个年轻人的命运轨迹："那时我是《决定》杂志的主编，拉纳神父总是帮我，几乎每月都赐稿给我。为此，我得替他开车，同他到外面吃饭，随时帮他。这是一种福分，因为我可以当面请教他一些重要的问题。例如，我被预定为因斯布鲁克的教牧神学教授，因为省督想要这样。但我不是当教授的那块料。我就是做不了。后来拉纳神父给省督写了一封长达三页的信，解释我为什么不是恰当的人选。他救了我，让我免于踏入一个对我定会不适合的生涯。"① 这个如愿改变了命运的人就是乔治·施波尔希尔。后来事实表明拉纳是对的，因为从教会角度而言他作为《决定》杂志主编、教堂神父和面向青年的传道者取得了不俗的成就，避免了不善理论的不足，发挥了擅长教会实践的特长。1991 年秋天起，他在罗马尼亚工作了十多年，为无家可归的儿童修建房舍和村落。从 2004 年起开始在摩尔多瓦和保加利亚工作，取得很大成绩。

施波尔希尔还回忆说："他（拉纳）喜欢别人给他开车。他经常很静，有时一言不发，只是望着窗外，就像在沉思冥想。但是即便在他这样沉静的那些时候，他也就近祝福我，给我很大勇气。例如，有一次我告诉他一些非常个人的问题。我对他可以无话不谈，后来晚上往家返的时候，那是在因斯布鲁克，在一座桥下他让我停下问我：'乔治，要我给你赦免吗？'他的印象是我出于所有那些实际目的已经向他告解。我只是说：'请'。我同他讲话总是用正式的称谓，他总是非正式地称呼我。他真的像一位父亲。然而当我们在一起的时候他也会像一个小孩子。我送给他一个照相机作礼物，然后他就随时拍

---

① Andreas R. Batlogg, Melvin E. Michalski, Barbara G. Turner, eds. & trans., *Encounters with Karl Rahner: Remembrances of Rahner by those who knew him*, Marquette University Press, 2009, p.281.

照，高兴得像小孩子一样。这样的一些事情让他感到快乐。"① 在拉纳生命的最后几年，施波希尔与拉纳一起度过不少时间。他在维也纳还帮助拉纳联系上了那些无家可归者，向拉纳开启了教会工作的另一个维度。

拉纳不仅好奇、天真，有时生活方面也像孩子一样无助。人们不止一人见证过拉纳衣服上的扣子掉了，自己无法缝上而带来的无奈和尴尬。② 例如，汉斯·伯恩哈特·迈尔回忆说："这是拉纳典型的一则轶事。他经常请一位有驾照的年轻学者照顾他的需要。一天凌晨大约四点钟，他去敲那位学者的门。那位学者回应说：'听到了！怎么了？'从走廊里传来拉纳的声音：'你已经醒了吗？'对方回话说：'是的，什么事？'拉纳问：'我可以进来吗？'对方回应道：'是的。'然后，拉纳进入房间，手提裤子说：'我现在要离开这里去旅行讲座，我裤子上最重要部位的扣子掉了。你知道如何钉扣子吗？'那位学者回答说：'是的，我会。'拉纳脱下裤子，穿着短裤坐在床上，那位学者拿出针线，在拉纳的注视下钉扣子。突然拉纳神父打破这种冥思般的寂静说：'真苦啊，难道一个人没有妻子的时候不苦吗？！'"③

总之，就常情常理而言，罗曼·西本洛克判断"拉纳生活在另一个世界"："他的日常常规与我非常不同，因为我得关照自己的生活安排。每当我记起赫琳德·琵莎蕾克-胡德利斯特和埃尔弗里德·厄格尔的经历，她们所说起的与他在周日早晨或圣诞前夜的经历，就不禁莞尔。她们说到他尝试开动一部手动挡的车，以突然撞到车库的前墙而告终；以及他如何徒劳地尝试几次之后，只好向现代电蛋煲需要水

---

① Andreas R. Batlogg, Melvin E. Michalski, Barbara G. Turner, eds. & trans., *Encounters with Karl Rahner*: *Remembrances of Rahner by those who knew him*, Marquette University Press, 2009, p.286.
② Ibid., pp.248—249.
③ Ibid., p.63.

这个事实低头。这些故事好像来自一个替换宇宙。拉纳生活在另一个世界。……一切都从属于他的工作。最为重要的是他对于民众的兴趣。在这方面他总是当代的。……只是到了晚年卡尔·拉纳才放弃他的矜持风范。"[①]

六、择友不善身后起波澜——林泽尔造成另类麻烦

拉纳作为一位著名的神学家，生前自然收到无以计数的各种书信，特别是一些寻求信仰指导和属灵慰藉的书信。而其中他与德国著名女作家路易丝·林泽尔（1911—2002）之间的频繁通信最为典型。林泽尔保留了她收到的拉纳来信，并且在1994年由慕尼黑的克塞尔（Kosel）出版社出版了博格丹·施内拉编辑的那本引起轩然大波的书《山脊漫步：致卡尔·拉纳的友情书信1962—1984》。该书内容庞杂，涉及她的旅行见闻、讲座邀请、个人际遇、内心告白、思想活动和梵二会议等。

拉纳结交路易丝·林泽尔是在梵二会议前后。当年的梵二会议引发了包括大量的记者和作家在内的各色人等的参与和关注，这里面就有林泽尔。1962年，还在梵二会议之前的时候，林泽尔就主动写信给拉纳，就她自己有关"妇女的特殊灵性类型"的写作计划咨询拉纳，并于当年到因斯布鲁克拜访了拉纳；另外，当时林泽尔的婚姻变故和信仰迷惑也促使她希望得到拉纳的教牧关怀和帮助。在电话还不发达的时代，通信成为他们之后一直保持交流的主要形式，彼此在长达22年的时间中写给对方的信件各达千封左右。

阿尔伯特·凯勒（Albert Keller）的一番话为我们打开了理解拉纳与林泽尔交往关系的一个维度："他还深知如何获得别人帮助的门

---

① Andreas R. Batlogg, Melvin E. Michalski, Barbara G. Turner, eds. & trans., *Encounters with Karl Rahner: Remembrances of Rahner by those who knew him*, Marquette University Press, 2009, p.370.

道。卡尔·莱曼、赫伯特·沃格利姆勒、施洗约翰·梅茨、罗曼·布
莱斯坦（Roman Bleistein）和其他一些人，都很努力地为他工作。拉
纳神父会恳求；否则他本不能那么多产和进行观念交流。大概，他也
指望路易丝·林泽尔能够如此帮他；她可以审读他的作品、改进他的
风格，因为她是一位著名的作家。"①

　　卡尔·莱曼的下述说法表明了双方交往的一种宗教关系性质，以
及拉纳在这种关系中所感到的为难："他在罗马的时候，住在这个地
区的路易丝·林泽尔很大程度上成为他的注意焦点。那不是一种深深
的个人眷恋，而是在她与著名的作曲家卡尔·奥尔夫（Carl Orff）离
异、请求拉纳给予属灵指导之后充当她的属灵伙伴。随着她总是不断
找他，对他而言这种关系变得相当烦累。但是他又感到这是一种属灵
的和教牧的责任。他后来为路易丝·林泽尔的纪念文集写了一篇题为
《基督教作家的喜乐和忧伤》的文章。"②

　　《山脊漫步》出版之后，引发一些别有用心的保守派的炒作，特
别是借双方在信中相互有昵称一事污蔑和中伤拉纳。其实，林泽尔之
所以称呼拉纳"鱼"，是因为"鱼"是基督教的早期象征之一，也是
拉纳的星座，在此并无特别意义；至于拉纳以《小熊维尼》里的"巫
鼬"（Wuhshel）这个角色称呼林泽尔只是沿用她的家人对她的昵称，
也无特别含义。针对相关恶意炒作，乔治·施波尔希尔为拉纳澄清事
实说："过了一段时间，路易丝·林泽尔令他非常心烦，她对他紧盯
不放。她给他写了很多信件，令他感到非常困扰。他已经有了这样一
种感觉，就是她对他有太强的独占欲望。他想摆脱她；但是我相信这
种关系背后并没有后来人们所猜度的事。肯定没有男女关系。两个人

---

① Andreas R. Batlogg, Melvin E. Michalski, Barbara G. Turner, eds. & trans.,
Encounters with Karl Rahner: Remembrances of Rahner by those who knew him,
Marquette University Press, 2009, p.209.

② Ibid., p.117.

彼此有昵称是一回事，但是把这发表出来则是轻率和愚蠢的。"①

林泽尔是一位传奇性的作家，其复杂性绝非简单的拉纳所能想象的。她在《山脊漫步》中把自己描绘为一个"左翼天主教徒、一个当代的政治参与者、一个抗议游行的参加者、一个发起征集签名的人，也是一个'革命文章'作者"。不仅如此，她还是一个一度丧夫和两度离异的多产小说家，一个在纳粹期间为了保护一个实际为男同性恋的犹太人，同他结婚的人。她还是一个喜欢出入各种政治场合，攀附各种宗教领袖的女性，甚至在1984年拉纳过世的那一年以73岁高龄代表绿党参选德国总统。在这样的女性面前，书呆子拉纳自然呆萌有余。正如拉纳档案馆馆员罗曼·西本洛克（Roman Siebenrock）所言："当与路易丝·林泽尔的往来信件单向发表的时候，对我这个已婚男性而言清清楚楚的是，他进入这种友谊是多么令人难以置信地天真和无所保留：大概就像他与那么多人交往的情况那样，作为一种真正的属灵向导和关爱他人的人。"②

赫尔德出版社的编辑弗朗茨·约拿说："凡是个人认识拉纳神父的人都会意识到，有过多的东西被读入他与路易丝·林泽尔的关系之中。拉纳神父是一个对人信任的人，而且珍重友谊。……友谊对他意味良多，这就是他何以珍重友谊。"③但糟糕的是，林泽尔不当利用了拉纳的友谊。拉纳的妹妹伊丽莎白·克莱默对此评论说："首先，依我之见，他绝对有权拥有友谊，包括与一位女性的友谊。但是路易丝·林泽尔无耻地利用了这种友谊。……路易丝·林泽尔总是需要结交重要人物。在拉纳之前，她还有……她甚至会站在因斯布鲁克耶稣

①　Andreas R. Batlogg, Melvin E. Michalski, Barbara G. Turner, eds. & trans., *Encounters with Karl Rahner: Remembrances of Rahner by those who knew him*, Marquette University Press, 2009, p.284.

②　Ibid., p.370.

③　Ibid., p.251.

会住所的前台要求见拉纳。可能她把他出来见她视作一种爱的迹象。路易丝·林泽尔是位结过婚的妇女，她的丈夫是位著名的作曲家。她总是努力以某种方式与重要的和成功的男士搭上关系。卡尔或许已经看出与那些书信相关的局面会出现。出版的书信只是她给他的书信。不是他给她的书信。"①

正是因为林泽尔在拉纳身后对于拉纳友谊的不当利用，导致了解内情的拉纳朋友圈纷纷远离了林泽尔，梅茨就是其中的一位。梅茨在接受采访的时候说道："我认识路易丝·林泽尔很长时间了，始于我在慕尼黑的时候。她来自罗森海姆，偶尔来利岑多夫。你提起她的《山脊漫步》这本书。正如我就其献媚邀宠来看，与其说那是对一种山脊漫步的文字表述，毋宁说是作者一厢情愿思维的一种操演。这本书最终断送了我与路易丝·林泽尔的友谊。她当然有魅力和神采，这毋庸置疑。有一次卡尔·拉纳病得很重，我记得很清楚，我们如何一道为他哭泣和祷告。在他生命的最后那些年岁，拉纳回归自身。这是路易丝·林泽尔并不予以尊重的事。拉纳是一个如此持重和内秀的人。大概正是因为此点，他才在这个词的最好的意思上是一个靠得住的朋友。"②

耶稣会省督阿尔方斯·克莱恩接受采访的时候说到拉纳非常乐于助人："当耶稣会同仁或其他什么人陷入困境的时候，他都会出手相助。当然有时他过于信任和天真。"然后面对采访者有关"他与路易丝·林泽尔的处境中他就是过于信任和天真吗？"这样的追问，克莱恩做了如下回答："我想你可以这么说。我不能否认他与她有一种关系，那是事实。但是她才是启动者，是想通过宣称自己是他的密友而从这种关系中有所获取的那个人。个人而言，我百分之百地深信这种

---

① Andreas R. Batlogg, Melvin E. Michalski, Barbara G. Turner, eds. & trans., *Encounters with Karl Rahner: Remembrances of Rahner by those who knew him*, Marquette University Press, 2009, p.251.

② Ibid, p.141.

关系中从未有过任何性方面的事情。不过，拉纳神父曾经告诉我，我必须做好他百年之后路易丝·林泽尔会说些什么的准备。他不想他们的往来书信发表，因为他认为那些书信完全是个人的事体。但是他也对我说：'你得面对她将会这么做的事实；她铁了心执意这么做！'他们彼此互用昵称。为什么拉纳神父不应这么做？他是一个完全正常的人，有感情，并不只是一个学者。"① 总之，拉纳与林泽尔的交往就拉纳一方而言是一种正常的关系；退一万步讲，即便拉纳有软弱的时候，事实上他也是发乎情止乎礼的。

与林泽尔形成鲜明对照的是拉纳在信仰上答疑解惑，努力帮助过的另一位女士，即林泽尔所提到的一位"匿名基督徒妇女"；这位女士非常有意识地避免流言蜚语，以保护拉纳。这位女士的双胞胎儿子之一哈拉尔德的说法让我们看到拉纳所帮助的这是一个多么复杂而困难的家庭："我们是两段婚姻中的 10 个孩子。第一波是路德宗的，而第二波——就是我们双胞胎兄弟，外加一个兄弟和一个亡故的小妹——是天主教的。我父亲的第一位妻子亡故了，留有 6 个孩子。实际上说来，我们的母亲抚养了那些孩子。之前嫁给过一个有 6 个孩子的丧妻心理治疗师，尽管那家的长子已经长大离家。令我们的家庭境况更加困难的是我的父亲是半个犹太人，所以我们的母亲的婚姻状态属于纽伦堡法的范畴。你可以想象，那时造成的处境有多么困难。"②

据这位"匿名基督徒妇女"安妮塔·罗佩尔的孪生儿子之一弗里德里希·罗佩尔（Friedrich Roper）的回忆，她的母亲因为天主教与新教混合信仰婚姻导致的困难曾致信拉纳请教，他们保持了长期的通信关系，而且有次她母亲还去因斯布鲁克看望过拉纳："1953 年的时

---

① Andreas R. Batlogg, Melvin E. Michalski, Barbara G. Turner, eds. & trans., *Encounters with Karl Rahner: Remembrances of Rahner by those who knew him*, Marquette University Press, 2009, p.222.

② Ibid., p.277.

候，我与兄弟都很小。我们总是跟着母亲，所以我们遇到拉纳。路易丝·林泽尔在她的书中两次提到我母亲，称她为'匿名基督徒妇女'。某个地方母亲被称为安女士（安妮塔）。拉纳神父鼓励我们母亲写一本有关她自己经验的书，她这么做了，用的是谢弗（Shafer）这个假名。《光线还是够亮》这本书由蒂罗里亚出版社（Tyrolia Publishing）出版。整个家庭在书里都有描写。第二本书是《匿名基督徒》。"① 双胞胎兄弟中的另一位哈拉尔德·罗佩尔（Harald Roper）补充说："那时他住在西尔加斯（Sillgasse）耶稣会住所的一间朴素的房间里；他在生命的最后几年又回到那里。我们经常在美因茨遇到他，后来是在宾根。我们的母亲旅行去听过他的很多演讲。"②

　　拉纳与安尼塔的真诚交往还扩展到与双方家人的交往。弗里德里希说："他是一个虔敬的、朴素的人。他友好，而且对一切感兴趣。我们还结识了他的母亲，她住在弗莱堡的养老院里。她65岁的时候去了那里，因为她认为自己不久于人世了；但她活到101岁。当我随母亲和兄弟去看望她的时候，她为我们做了水果沙拉。"③ 哈拉尔德则补充说："他还拜访过我的舅舅，他是汉堡的一位商人。可以说，拉纳在这个家里被大量'传送'。他每年来拜访两次。我要说，我们和他是朋友。"④

　　采访者曾经对于哈拉尔德提出这样的疑问："你母亲不是一位学术性的神学家。拉纳神父不在意他是在与一个即便富有反省但普通的'居家'母亲讨论问题吗？"对于这种疑问，他回答说："我的母亲不是一位学者，这不假，但她密集地涉猎神学问题，而且读了大量的东

① Andreas R. Batlogg, Melvin E. Michalski, Barbara G. Turner, eds. & trans., *Encounters with Karl Rahner: Remembrances of Rahner by those who knew him*, Marquette University Press, 2009, pp.273—274.
② Ibid., p.274.
③ Ibid., p.275.
④ Ibid., p.276.

219

西。可以说,她是拉纳神父的私人学生。随着时间的推移,发展出一种非常密切的关系。才开始,拉纳神父并不像他现在这样出名。因此那时我们与他的关系也与后来不同。才开始,他把他的信寄到一个封面地址,而非直接寄给母亲,因为我的父亲不会赞同。处境困难:我们的父亲是路德宗的。我们生活在汉堡的一个良好的中产阶级的新教环境中。在那时这对于婚姻而言则呈现为一个难题。那些在天主教家庭中长大的人不能想象一个跨信仰婚姻所呈现的那些难题。我们的父亲不想让母亲和拉纳讨论这种境况。为了避免违和,拉纳神父会把他的信件寄给他的一个熟人,再转给母亲。才开始,我们对此一无所知。当《光线还是够亮》这本书出版的时候,我们的父亲第一个意识到这点,但是那时他为此感到骄傲。"①

安妮塔的丈夫辞世之后,她与拉纳仍然保持友好往来。安妮塔的儿子弗里德里希回忆了他母亲拜望拉纳的大致情况:"我们会带她去——比方说——慕尼黑,她会拜访拉纳 2 小时,两人彼此交谈。两个小时后,我们会回来,然后所有的人去个地方吃饭。吃饭期间我们无话不谈。孩子们怎么样?小狗怎么样?在因斯布鲁克,拉纳神父不小心让房门夹到过小狗。他为此非常愧疚,所以他每次都会问到小狗。我们的母亲不愿意向别人谈及这些拜访。她不想引发任何流言蜚语。有时我们一起旅行:去南蒂罗尔或者去波罗的海。我可以向你展示这些远足的照片,照片里拉纳神父与我们一道走的时候正与我和我的兄弟谈话,而我们的母亲则走在我们身后几步远的地方,不想让人注意到。她很为拉纳神父着想。她不想把自己推到前景当中:她不像路易丝·林泽尔。大概最后林泽尔有点失望。拉纳神父不再继续提到她。我们在萨尔斯堡的'保卢斯社'遇到她一次。我相信她的《山脊

---

① Andreas R. Batlogg, Melvin E. Michalski, Barbara G. Turner, eds. & trans., *Encounters with Karl Rahner: Remembrances of Rahner by those who knew him*, Marquette University Press, 2009, p.276.

漫步》是这种失望的结果。"①

拉纳与安妮塔的交往不仅切实帮助安妮塔解决了因跨信仰婚姻造成的困扰，而且借助言传身教帮助她的双胞胎儿子走上成为神职人员的道路。哈拉尔德说："开始的时候，拉纳神父不像这么有名。他所有的书我都有，都有题词和日期。"② 又说："我母亲经常写到她的两个儿子在学神学。拉纳神父也为我向神学院写了推荐信。他还写信祝贺过我和兄弟按立神职。尽管他在我们艾伯茨豪森的教区教堂布道，但是我们并没有请求他个人施惠。他还在柏林主持过我当律师的兄长的婚礼。"③

这家人还应邀参加了拉纳八十寿诞的一些活动："我们三人，我兄弟、我母亲和我，参加了在弗莱堡天主教学院举办的盛大庆生会。就我的母亲而言，拉纳神父是生命的不老药。当他过世的时候，对她来说很难。那时她在汉堡的一家医院里，挣扎在死亡线的边缘，错过了他的电话。两人经常互通电话。他们曾计划合写一本书。拉纳神父故去，我们的母亲思念她的谈话伙伴。在电话流行起来之前，他们写了很多信，现在保留在拉纳档案馆里。"④

从上可见，拉纳与林泽尔和安妮塔的交往都是在履行一个神职人员的教牧职责，是出于一个耶稣会士在神学信仰问题上答疑解惑的专业操守。施波尔希尔所提及的拉纳与一位巴伐利亚夫人的交往进一步例证了这一点："他写了数量难以置信的书信和明信片。他总是称那些信件为'商务邮件'，但是他也写了很多个人信件。例如，他看顾巴伐利亚的一位妇人很多年。我相信，他每天写信给她或者打电话给

---

① Andreas R. Batlogg, Melvin E. Michalski, Barbara G. Turner, eds. & trans., *Encounters with Karl Rahner: Remembrances of Rahner by those who knew him*, Marquette University Press, 2009, p.277.

② Ibid., p.274.

③ Ibid., p.275.

④ Ibid., pp.277—278.

她。她肯定是他最了解的那位女性。他是她 30 年或 40 年的伙伴。我相信我是唯一他允许当面见她的人。其他开车送他去基姆湖的人只把车开到房子那里，让他下车，然后一小时后再接他。她是一位残疾老妇人，非常端庄、持重。对他而言，她是一位朋友，最高尚意义上的一位朋友。"

施波尔希尔这里有些玄虚地提及的巴伐利亚妇人，其实就是那位拉纳的忠实读者、早年患有小儿麻痹症的伊姆加德·布斯特（Irmgard Bsteh）。正如布斯特本人在安德烈亚斯·巴特洛格等人所编辑的《际遇拉纳》访谈录中自己的那一部分"阅读拉纳：一份资产"中所谈到的，拉纳不仅在灵性方面关心和扶助她，而且尽力帮助这位因为残疾而不能工作的女天主教徒维持生活："在一次谈话的中途，拉纳神父问我需要多少钱。在想出如何支付我的开销之后，他要帮我。他遵守了他的诺言，无论是患病和健康，都是月复一月地、令人难以置信地可靠。他所支付的那些费用的凭据对我而言仍然是我所守护的宝藏。"①

面对这些真相，那些恶意诽谤拉纳的人可以休矣！

七、新世纪再现不老传奇——故友力推《拉纳全集》

《拉纳全集》这个项目最初是由位于慕尼黑的"卡尔·拉纳基金"发起的，并且就项目如何实施广泛地征求了拉纳的门生、生前好友、同事和有关人士的意见，其中包括施洗约翰·梅茨、弗莱堡大学的阿尔伯特·拉斐尔特教授、因斯布鲁克"拉纳档案馆"馆长诺伊费尔德等人。

1989 年宣布的全集项目共 32 卷，共分为四个部分："奠定基础"

---

① Andreas R. Batlogg, Melvin E. Michalski, Barbara G. Turner, eds. & trans., *Encounters with Karl Rahner: Remembrances of Rahner by those who knew him*, Marquette University Press, 2009, p.309.

（1922—1949 年）1—8 卷；"添砖加瓦"（1949—1964 年）9—17 卷；"茁壮成长"（1964—1976 年）18—26 卷；"凝神静气"（1977—1984年）第 27—32 卷。其中第六、第十七、第二十二和第二十四卷各分为上下两卷。截至 2014 年 6 月，已出版 29 卷，尚余第一卷、第五卷和第三十二卷没有出版。

第一部分包括：第一卷《修会中的根基》，第二卷《〈在世之灵〉暨哲学著作》，第三卷《灵修和教父神学》，第四卷《〈圣言的倾听者〉暨宗教哲学和神学基础著作》，第五卷（上下）《恩典教义》，第六卷（上下）《论忏悔》，第七卷《祷告的基督徒暨属灵著作和信仰实践研究》；第八卷《受造的人》。

第二部分包括：第九卷《〈主的母亲玛利亚〉暨玛利亚论研究》，第十卷《教会在我们时代的挑战暨教会论和教会存在研究》，第十一卷《人与罪》，第十二卷《人与天主道成肉身》，第十三卷《依纳爵的精神》，第十四卷《基督徒的生活》，第十五卷《神学的责任暨与自然科学和社会理论的对话》，第十六卷《教会更生》，第十七卷（上下）《百科全书式的神学：1956—1973 年那些百科全书的贡献》。

第三部分包括：第十八卷《恩典的身体性暨圣事著作》，第十九卷《教会的自我执行暨实践神学的教会学基础》，第二十卷《祭司的存在》，第二十一卷《第二次梵蒂冈大公会议》，第二十二卷（上下）《梵二会议之后的教义学》，第二十三卷《日常生活中的信仰》，第二十四卷（上下）《梵二会议在地方教会中》，第二十五卷《修会生活的更新》，第二十六卷《信仰之基础暨基督教概念研究》。

第四部分包括：第二十七卷《多样性的统一暨普世神学著作》，第二十八卷《社会中的基督教》，第二十九卷《属灵著作暨对于信仰实践的晚期贡献》，第三十卷《系统神学的推动》，第三十一卷《有关教会和社会的谈话》，第三十二卷《清单、书目和补充》。

对于这套全集的版本特色，以及编排方式和进路，酝酿时期曾出现过"学术版"与"通俗版"之争，以及按照主题编排还是按照年代编排的不同看法。《拉纳全集》的共同主编之一阿尔伯特·拉斐尔特就此说道：

> 我建议采用一种更强的系统性进路。我本来想以这样一种方式安排材料，以便各卷首先会是其思想的一种系统性划分，然后这些系统性划分之内的材料再按照时间先后加以安排。采纳这种方案就意味着拉纳神父区分其"学术性的"著述和"属灵性的"著述——拉纳称之为"虔敬性的"著述——的渴望就会得到接受。但是诺伊费尔德神父提出的一种严格的年代版本进路得到采纳。不过，这种版本进路非常难以达成，因为拉纳发表的作品非常分散，它们存在于不同的个体文本之中，这令一种纯粹的时间先后进路不可能达成。如此这般，结果产生了一种拼布床单式的版本。
>
> 从而，基本结构是按照年代编排，而在这种结构之内再汇集各种各样的论题。尽管才开始我有不同的意见，但是现在看来这个方案是一个很好的方案。例如，当我想到我所编辑的第四卷《圣言的倾听者》这部专著的时候，这个方案就有许多优点。通常这书会放到"哲学著述"的名头之下。现在它立于那些同一时期所写的关于神学基础的其他著述的关系之中。那个时期拉纳神父决定从哲学生涯转向神学生涯，这就是副标题是"暨宗教哲学和神学基础著作"的原因。该卷还包含对于神学的科学反思，以及围绕"福传神学"的一些问题等等。
>
> 就第二卷而言，人们可以看清海德格尔对于拉纳思想的影响，而先前这点并不明显。先前拉纳论海德格尔的那篇文章只有法文文本，所以这次是文章首次出现在德语译文中。这卷当中还有先前一直没有发表过的材料：学生时代留下来的那些提纲、讨

论班记录和类似的东西；所以，可以从一个更为宽广的语境中来看《在世之灵》。我相信这是该版本的巨大优点。①

尽管如此，但是在实际操作中，同样作为拉纳早期著作之一的《遭遇寂静》并未与《在世之灵》放在同一卷中。对于这个问题拉斐尔特解释说："这暴露了整个进路的一个问题，但是当他的著作以阶段来看的话，那属于早期阶段，而且最好把那些著述尽可能紧密地放到一起，这要比把它们系统性地分类要更好一些——即便并非一切都适于放入一卷。这是按照时代先后编排进路的优势。"②

既然是全集，那么拉纳的所有著作都可以在《拉纳全集》当中找到，无论是著名的著作，抑或不那么著名的著作，都收在全集之中，其中有不少是第一次发表。在一次采访中，采访者提到《在世之灵》和《圣言的倾听者》自然都是拉纳的名作，相形之下有些卷所收内容可能并不那么著名，或许容易遭到忽视，例如第三卷（《灵修和教父神学》）。对此拉斐尔特说："拉纳工作的某些方面并不那么著名。很少有人意识到他在教父方面做过广泛的研究。收录他最早期文章的第一卷将揭示这一点。拉纳的博士论文完全不为人所知，因为拉纳有生之年从未发表，这次收入第三卷当中。还有大量的不为人所知的文本，一些是论'福传神学'的，则收入第四卷当中。"③

即便就拉纳著名的《在世之灵》和《圣言的倾听者》而言，《拉纳全集》中的版本也有异乎寻常的价值。大家知道这两本书的第一版由拉纳本人撰写，而它们的第二版则是由施洗约翰·梅茨代为操刀修

---

① Andreas R. Batlogg, Melvin E. Michalski, Barbara G. Turner, eds. & trans., *Encounters with Karl Rahner: Remembrances of Rahner by those who knew him*, Marquette University Press, 2009, pp.73—74.

② Ibid., p.74.

③ Ibid., p.75.

订的。《拉纳全集》提供了两个版本的异同对照。特别是把《圣言的倾听者》的两个版本对排，"第一版（1941）在左栏，第二版（1963）在右栏。从而非常容易看清那些添加、修订和删除。"① 对于当年为何代为修订这两部著作及相关情况，梅茨做了这样的说明：

> 我们的关系如此之好，以至于拉纳神父委托我从事这两部著作的新版或修订版的工作。我意识到，对于我在《圣言的倾听者》中做了多少改动，人们一直有一些疑虑和疑问。当我着手修订《在世之灵》的时候，我的学业正处于中途。那不是一种持续不断的、而是零打碎敲的修订。我所做的总是得到拉纳首肯的东西；他对那一切全都清楚，看到过并且予以同意了。所有这些在《拉纳全集》中都有据可查。至于《圣言的倾听者》，修订过程是如此这般，以至于两个版本必须对观印刷，以便表明被修订的是什么。
>
> 那时我在慕尼黑的宁芬堡住得离拉纳不远，与本笃会修女会在一起。早晨我从事修订工作，下午他来看我并审看我所做的工作。我真的没有写任何东西，一点都没有他不首肯的东西。如今，我对于我所做的、他采纳了的一些改动感到后悔，例如，像"禀有"（Seinshabe）这样的一些词。我今天绝不会用。那不是一个在那之前就有的词。一直有一种说法，说我想更往前迈一步，从主体性到主体间性。如今你可以在《拉纳全集》中看到这点，但是所有一切都是拉纳给了我允许的："那么做吧，在脚注中那么做吧。"②

---

① Andreas R. Batlogg, Melvin E. Michalski, Barbara G. Turner, eds. & trans., *Encounters with Karl Rahner: Remembrances of Rahner by those who knew him*, Marquette University Press, 2009, p.148.

② Ibid., p.136.

对于为什么需要出版这样一个全集，另一位共同主编安德烈亚斯·巴特洛格说：

> 许多人问这个问题。首先，我意识到不少人会指着 16 卷《神学论集》(23 卷《神学研究》) 说，并不需要一套全集。从观察的视角来看这点，我会指出，这 16 卷只构成所有作品的大约三分之一而已。总有一些著述不可复得或者只有在图书馆里才能触及。问题是：一个人如何使某人的工作以一种全面的方式保持生命力？这为出版一种全集版本提供了合理性证明。我深信，卡尔·拉纳仍然有待被人们发现，而且我同卡尔·莱曼一道说：卡尔·拉纳可能是一个属于未来的人。鉴于现行教会的政治取向，他大概不是一个属于今天或明天的人，但是他属于未来。①

之所以要编辑《拉纳全集》还有一个原因，就是原先的一些版本存在一定的问题。比如，全集中收录了拉纳的那些在《决定》(Entschluss)、电台和电视上的那些访谈。拉斐尔特说："自然那些访谈都必须成为《全集》的一部分。一个重大的问题是那些版本中有些并不很好，因为伊姆霍夫神父过于自由地改动了一些文本。我注意到伊姆霍夫修改了（在我有关卡尔·拉纳的讨论班中）曾经给过他的一个文本中的那些标题，并且改变了语境。阅读这个版本的时候，人们要格外小心。"②

《拉纳全集》的另一位共同编辑施洗约翰·梅茨曾经被问到这样

---

① Andreas R. Batlogg, Melvin E. Michalski, Barbara G. Turner, eds. & trans., *Encounters with Karl Rahner*: *Remembrances of Rahner by those who knew him*, Marquette University Press, 2009, p.298.

② Ibid., p.76.

一个问题，就是"你认为《拉纳全集》能够促进卡尔·拉纳的遗产吗?"梅茨给出如下回答：

> 最初我提出了一个不同的建议，但是没有被采纳。我想要有一个更为通俗的版本，而不是一个完全学术性的版本，以便《神学论集》仍然是年轻人可及的；经济上说更加合理的话，学生或许能够购买。我的想法是出一个 10 卷的文集;《神学论集》的德语版有 16 卷。我本来更倾向于一个更通俗的版本，就像就劳赫或阿多诺所做的那样，抑或一个研究版本，就像就尼采或黑格尔所做的那样。如此这般，学生们、特别是更年轻的学生们或许比现在对于拉纳的工作更有意识。如今，读拉纳的年轻人如此至少，真是难以置信。当然，他们知道他的名字，但是他正在被渐渐地遗忘；这是今天文化健忘症获胜的一个例子。

> 在决定出版事宜的时候，理事会与本齐格出版社之间出现了困难。本齐格深表关切的是，如果出版《拉纳全集》，而且拉纳基金会具体表明其基金只能用于《拉纳全集》的一种学术版本的话，他们就可能卖不出《神学论集》的复本了。这就是我们出版新的一卷的时候要加以注意的原因。但是我怀疑我们版本的《拉纳全集》会有学生购买，他们买不起全集，即便是受过教育的感兴趣的基督徒也鲜有能够买得起的。那些著作会被归类到图书馆的一个位置。我一度希望使拉纳的著作本来更为年轻人可及一些。所以我看到对于他的遗产而言的某些障碍。该传统将通过那些博士论文而持续，但这是不够的。

> 依我之见，拉纳并非是以 19 世纪的那些伟大著作的方式为其出版学术性的完备版本的恰当人选。他所代表的神学存在的精神是把信仰与生活经验相结合，不是简单地有待发现的、某种已经在书中整理好的东西，而是某种总是以一种良好的依纳爵式的

方式经验到的、作为新视野的东西，某种需要反思和实践的东西。为了获得这种形式的神学的和基督教的存在这一目的，拉纳的某些被选择出来的文本都要结合这个不可或缺的《全集》来阅读，原因就在于此。①

对于《拉纳全集》的重要性，诺伊费尔德说：

> 首先，有一个历史背景。1982 年以来，那些材料就在"卡尔·拉纳档案馆"中。拉纳本人同意，那些材料应该让那些感兴趣的和有能力的人接触到。当然，总是有人援引没有公开的"拉纳文存"的资料。有人宣称知道这，有人宣称知道那，而且每人都想尽可能地接触到那些未发表的文本。这导致不少歧见。拉纳神父非常自由和平易。他送掉了很多东西。我们不知道大量的手稿在何处。那些手稿不是我们能够轻易获取的。卡尔·拉纳基于政治作出了那些决定。1991 年我们决定，凡是性质上并非明显属于私人的东西而且拉纳打算公开的东西都要出版，原因就在于此。
>
> 那是一个相当激进的决定，却是唯一可能的解决之道。不会再有人说：自己看到了这个那个，然后基于此得出一个结论，然而由于那个所谓的文本不可及，又无法加以证明。那个决定产生了下述后果：不得不承认《神学论集》(《神学研究》) 的源头基本上是拉纳的教学材料，如此这般是不能从文献上为其提供证明的。出自嘉尼削神学院的学生们或许有可资证明这种教学活动的文献，因为他们有"抄本"。这些"抄本"在嘉尼削神学院被售卖；它们数以百计，但是不为一般公众所及。它们也并非真的精

---

① Andreas R. Batlogg, Melvin E. Michalski, Barbara G. Turner, eds. & trans., *Encounters with Karl Rahner*: *Remembrances of Rahner by those who knew him*, Marquette University Press, 2009, p.145.

炼。你可以看到《论忏悔抄本》的不同版本。当把它们加以比较的时候，你可以看到存在差异。论创世的课程的情况，还有论恩宠的课程的情况，也是如此。《拉纳全集》澄清了这种状况。①

《拉纳全集》还有一项工作，就是把拉纳在各种辞书中撰写的那些条目收集起来，经过另一位共同主编沃格利姆勒编辑之后以第十七卷《百科全书式的神学：1956—1973 年那些百科全书的贡献》为名出版，长达 1474 页。拉纳一生把大量的时间和经历投入到百科全书和其他辞书的编辑和撰稿当中，可谓乐此不疲。对于拉纳的"辞书载道"理想，沃格利姆勒说：

且容我这么说：有关这点，拉纳神父处于一些幻想之下。他原以为通过百科全书他可以触及所有的祭司，而且那些祭司会使用百科全书预备讲道讲章或宗教教育课程。在他主编《教会和神学百科全书》第二版的时候，没有好的平信徒神学家。从他的那些导言中，人们可以看到他想他本人主要是在对担任牧职的祭司致辞。他不会看到百科全书会成为纯粹装饰书架的某种东西，而且布道讲章也是不经精心准备而草草写就。用一种更加严肃的、却属灵的神学来丰富祭司群是他的一种衷心关切。这就是他为何在这方面殚精竭虑、不遗余力的原因。

我还得要说，他是一个令人难以置信地自律的人。他晚上不工作，而且早睡。他早起，大概四点或者四点半的样子。他庆祝弥撒，很快吃完早餐以后，即刻坐到打字机旁。他整个上午都在工作，闭门谢客。他偶尔下午接待访客，聆听告解，或做些别的

---

① Andreas R. Batlogg, Melvin E. Michalski, Barbara G. Turner, eds. & trans., *Encounters with Karl Rahner: Remembrances of Rahner by those who knew him*, Marquette University Press, 2009, p.163.

事情。他也没有个人消遣时间。①

至于拉纳从教会的意识里渐渐消退之后，《拉纳全集》是否可以带来拉纳复兴这个问题，尽管答案尚未可知，但是人们有理由充满了希望。拉纳的老友、奥地利电台"晚间播音室"节目的资深制作人暨施蒂利亚州格拉茨出版社学术编辑格哈德·路易斯（Gerhard Luis）的观点具有一定的代表性：

> 在说德语的世界，恐怕还有在意大利语—罗马区域，他已经——依我之见——"被冷藏"，就像我们常说的那样。在最近的神学和宗教哲学出版物中，他很少被援引。甚至很少被神学系所青睐，我想萨尔斯堡大学也不经常把拉纳选为讨论课的题目。
>
> 他曾谈及这样一个事实，就是教会的总体状况是冬冷季节的状况。但是他说，在冰雪覆盖之下未来的种子并未冻死，而是在为重生做着准备。这对于他的神学而言同样成立。至于现在正由卡尔·莱曼、施洗约翰·梅茨、卡尔·诺伊费尔德、阿尔伯特·拉斐尔特和赫伯特·沃格利姆勒组成的著名编辑团队所编辑的《拉纳全集》是否能够导致一场拉纳复兴，还不能预测。但是很多个人仍然忠诚于拉纳，在他的著作的伴随下生活在这样的冬冷季节——如果可以用这样的语汇来说的话。
>
> 我本人从未停止阅读拉纳，而且一次又一次地对他的洞见留下深刻印象。阿尔伯特·拉斐尔特编辑了拉纳的一些小型文本，能够使人们每天品味一点拉纳著作，为此他要受到赞许。每天早餐的时候，我与妻子分享拉纳一小段著作。我非常珍视拉斐尔特

---

① Andreas R. Batlogg, Melvin E. Michalski, Barbara G. Turner, eds. & trans., *Encounters with Karl Rahner: Remembrances of Rahner by those who knew him*, Marquette University Press, 2009, p.179.

所编辑的两部《拉纳读本》——拉纳的讲道集和祷文集。我发现，一个人在祷告中"坦露"自己，容让他人分享自己的祷告，是一个伟大的虚己活动。那当然是某种私密的事情。拉纳的祷文集一版再版。我经常使用它们，尤其在葬礼上。拉纳在日常交往中或许脾气不好，但是根本说来他拥有一个非常深邃和敏锐的灵魂。我深信他将再次经历一场复兴。①

但是拉纳在世界上其他地区，特别是在受罗马教廷钳制较弱的地区，特别是在美国仍然处于方兴未艾的状态。红衣主教柯尼希在接受采访的时候说："我的看法是，拉纳在美国比在这里更加著名。对他的神学，在那里比在这里有着更多的关注。这真是一件憾事。《拉纳全集》或许能够纠正针对他的一些偏见。……在奥地利或就西欧而言，以我之见，人们对于公共讨论已经感到疲劳。教会也疲劳了；她头大心小。教会是批评性的，也发现到处都有人批评它。这就是这时这里的总体气候不佳的原因。美国更健康一些，美国的教会是开放的，它讨论问题和寻求对话。没有那么多的怀疑主义，没有那么多的顺从。那里的知识分子辩论得更多。至少这是我的印象。"②

施洗约翰·梅茨同样把期待拉纳复兴的目光投向美国。他说：

想到这点，我会建议"卡尔·拉纳学会"向赫尔德出版社建言，请他们为美国学生提供这样的读本，这是件好事。要选对人去选择材料。我们已经有这样的拉纳每日祈祷书。拉纳不时会把他的那些神学命题与日常生活联系起来。我想这方面的一个很好

---

① Andreas R. Batlogg, Melvin E. Michalski, Barbara G. Turner, eds. & trans., *Encounters with Karl Rahner: Remembrances of Rahner by those who knew him*, Marquette University Press, 2009, pp.333—334.

② Ibid., p.53.

的例子就是他的短论"圣灵经验",这个文本可以作为一种催化剂,促进有关反思与经验之间关系的思考,以及有关需要投入实践的神学与灵修之间关系的思考。我记得家母谈到过他的《论祈祷之需要和保佑》和《遭遇寂静》,并且说:相比你的那些论证,我能更好地理解这些东西;这表明需要出版拉纳的实践神学方面的东西。

这样的出版物不但不会与我们的版本形成竞争,反而可以充当一种重要辅助,充当传递拉纳神学的一个重要帮手。大概你可以在美国促进这个观念。我想,旨在传承拉纳遗产的"卡尔·拉纳学会"更加活跃地促进这点,也非常重要。我们乐见这两者都发生——出版一个伟大的学术版本和出版某种帮助和促进在当今年轻人的头脑中保持卡尔·拉纳常新的某种东西。①

---

① Andreas R. Batlogg, Melvin E. Michalski, Barbara G. Turner, eds. & trans., *Encounters with Karl Rahner: Remembrances of Rahner by those who knew him*, Marquette University Press, 2009, pp.145—146.

第四章
教会与世界

第一节　教会多元　历久弥新

一、阐发耶稣基督对于当今信仰的意义

人们看到拉纳晚年与他最早的神学努力之间的一种连续性，而一条贯穿拉纳思想始终的红线就是他的"先验人学"。他最初的神学努力在于勇敢地揭示宇宙中人的生命的起源、根基和目的[①]。到最后，拉纳把他的一神信仰的"三位一体的彻底化"（trinitarian radicalization）坚持作为他神学的中心，即力求理解和鉴赏耶稣和圣父双向的爱，而在由耶稣使之成为可能的一种交通中所有的人都被上帝的灵引导到圣父。当然，即便在这一神学的可以辨认的常项之内，人们同时也能察觉到拉纳后期思考中的一些变奏，而这些变奏也是他的人学纬度的一种表现。

例如，他的基督论变得更是一种"自下而上"（ascending from below）基督论，它聚焦于耶稣以其体现出人的意义追求的那种方式，而且这种意义追求是在一个处处遭遇到上帝施恩的临在的具体历史之

[①]　参见 Leo J. O'Donovan, "A Journey into Time: The Legacy of Karl Rahner's Last Years," Theological Studies 46, no.4, December, 1985, p.624。

中。但是，对于拉纳而言，它永远不是一个逻各斯的基督论。而在一种逻各斯的基督论中，基督被描述为从永恒而来的上帝的话语，需要在基督中得到确认。在这种强调方面，拉纳暗含着某种"来自上面"和"来自下面"的基督论之分。

按照奥多诺万（O'Donovan）的说法，拉纳后期基督论最为重要的方面是他的著述所引发的对于耶稣基督对于当今信仰的意义，以及对于耶稣所成就的圣父与弟兄姊妹之间在整个历史中的共契意义的独特反思。奥多诺万单独挑出拉纳后期神学中对于耶稣十字架的强烈依赖，以及对于耶稣受难和死亡作为耶稣与其民最后的和持久的共契行为的意义的强烈依赖加以阐释。① 这个思想好像随着拉纳本人的生命更加靠近终点而更加得到强化。拉纳最后那些著述同样倾向于强调一种圣灵学，其中，就像他一贯主张的那样，认为恩典与为了人和社会的更新的圣灵同一。他把上帝在世界中的行动与圣灵的"倾注"联系在一道。

拉纳发现，由于当代有关历史上的耶稣的历史评断所引发的困难，结果造成如今一种与他的基督论所不同的进路占据了主导地位。这种进路倾向于把基督教信仰与历史脱钩。拉纳在《论耶稣的历史对于天主教教义的重要性》一文中指出，当代对基督的信仰若非植根于耶稣的实际历史生活之中，就是一种当代形式的唯信仰论（fideism）："现今就基督教信仰而言，时尚是唯信仰主义；而就（从哲学和历史的含义上来理解的）信仰和理性的关系而言，则多少有些精神分裂症。"② 针对这种倾向，拉纳表述了他所认为的天主教神学的一种基本命题："天主教信仰及其到目前所理解的和未来得要理解的教义，不仅与拿撒勒的耶稣的历史存在不可分割地捆绑在一起，而且与他生活

---

① 参见 Leo J. O'Donovan, "A Journey into Time: The Legacy of Karl Rahner's Last Years," *Theological Studies* 46, no.4, December, 1985, pp.626—628。

② 《神学研究》英文版，13：212。

期间发生的那些特有的历史事件捆绑在一起。"①

二、世界教会眼光

拉纳成功地把他自己对于宗教改革传统的开放性带到梵二会议的讨论之中，而这有助于大会形成对于教会在社会中角色的一种更广阔的理解。他所渴望的，也与大会的主题之一相符的是，教会停止其教会方面的隔离政策，真正变成现代世界中的教会。

拉纳据理力争地指出，上帝的国不仅将要来到教会中，也将要来到世界本身之中，不仅降临在"无论什么顺从上帝的地方……而且这并不只是发生在……元历史的宗教主体性之中。"②1970年，他写下了一段描述上帝参与到历史之中来的诗化文字，作为礼赞人的自由和神的眷顾的祷文："世界及其历史是可怕而崇高的祷文，散发着死亡和牺牲气息，以之上帝不仅礼赞上帝自己并允许在人的整个自由的历史中保有上帝在整个独立自主的神恩布施中维系的一种历史。"③

对教会和世界的这一抒情诗般的估价，与拉纳晚年对于面向世界的教会使命和处于世界中的教会结构所抱持的更加开放的态度，有异曲同工之妙。在梵二会议上他论证说，教会是拯救世界之圣事。它是这样的一些人们的、得以社会地具体化的信仰，这些人们与上帝的修和是万民接受上帝的一个范式。及至拉纳的生命走到最后几年，他的世界教会观念变得更加强化。

对于拉纳而言，这个观念是梵二会议最为基本的教会机构方面的

---

① 《神学研究》英文版，13：201。

② Rahner, "Church and World," in Rahner, with Ernst and Smyth, *Sacramentum Mundi*, 1, p.348.

③ Rahner, "Uberlegungen zum personalen vollzug des sakramentalen Geschelhens," *Geist und Leben* 43, no.4, 1970, translated in Edward Vacek, "Development within Rahner's Thelology," *Irish Theological Quarterly* 42, no.1, January 1975, pp.36—49.

重要之处。他看到教会摆脱了其西方化的、拉丁化的新经院主义面貌，而赞同向世界、向世界诸宗教以及归根结底向上帝的普世救赎启示的一种更加正面的开放。他把这比作早期教会向外邦世界的延展。进路的新颖性也转化为对教会机构和结构的彻底审视，力图使教会把它自己在一个不断变化着的社会政治未来中的角色考虑进去。因而在梵二会议之后的那些年中，拉纳鼓动这样的一种教会，它被除去教权而不被剥夺领导权，具有普世性而不流于简单性，具有道德性而不沦为道德化，民主化而不是进一步官僚化，而且担负起与世界保持一种必要的平衡关系的责任。①

他在这个方面所抱的希望与普世教会运动联系在一起。因此，人们能够理解为什么《诸教会的合一：一种现实的可能性》这本他与新教学者海因里希·弗里斯合作的著作、也是他的最后一部论述普世教会的著作既是"悲凉的呐喊"，又是对希望和实际措施的呼唤，能够理解为什么既在教义方面又在圣事方面去重新思考重新合一的条件、乃至达到重新合一的条件。这本著作尽管没有得到罗马信理部的认可，但是产生了相当大的影响，以至于促使德国学者埃伯哈德·荣格尔（Eberhard Jungel）断言说，"如果无视该书的挑战，对于路德500周年诞辰的所有庆祝就都偏离了目标。"②

三、教会历史三阶段论（呼吁世界教会内的多元主义）

正如前文所述，梵二会议及其之后的落实已经开始把教会从固步

---

① 参见 Rahner, The Shape of the Church to Come, trans. Edward Quinn, New York: Seabury Press, 1974, 尤其是第 30—31 页, 以及 45 和以后诸页。至于对于这一发展所作的具体的精彩分析, 可以参见 Leo J. O'Donovan, "A Journey into Time: The Legacy of Karl Rahner's Last Years," Theological Studies 46, no.4, December, 1985, pp.632—633。
② 转引自 Leo J. O'Donovan, "A Journey into Time: The Legacy of Karl Rahner's Last Years," *Theological Studies* 46, no.4, December, 1985, p.636。

自封和防范社会的状态下解放出来，再次开启了教会跟上时代和面向未来的大门。就此拉纳说：

> 显然只是最近几十年教会才脱离了作为一个欧洲教会（当然欧洲教会拥有普遍性的潜力）而存在，成为真正的世界—教会。上帝所意味的基督教教会是为所有人的教会，但是直到最近之前事实上仍然是一个欧洲宗教，当然它被大规模地输出到世界的其他地方。所输出的东西是客观的真理，对所有的人都有效，但是那种真理却是在欧洲殖民主义的帮助下在世界各处传播开来的。这并非意在谴责过去的实践，而是要指出这样一种需要，就是教会需要渐渐地和自信地变成一个不那么欧洲性的教会，不再是输出到世界的教会，而是变成更真确的一个世界—教会。不过，这意味着这个世界—教会不得不促进地方教会之间比以往的更大的多元主义。……除了神学和礼仪，在其他领域也必须发展出一种必要的和合法的多元主义——当然要在教宗领导的、总是一体的一个教会之内。……显然，尽管在神学上和布道方式上有所有这些差异，但是归根结底教会中存在而且必须存在上帝一体的和同一的启示。①

拉纳就历史境遇中教会的各种形式写下了大量的文章。拉纳思考了这样一些问题，例如，尽管教会历史看似漫长，但是这种历史有多少推陈出新？当人们审视教会中的那些范畴性的形式的时候，教会又有多大的变化？尤其是在其最后时期的一篇文章《梵二会议的基本神学诠释》中，拉纳从教会历史的角度把梵二会议视作一个划时代的事

---

① Paul Imhof and Hubert Biallowons, eds, *Karl Rahner in Dialogue: Conversations and Interviews, 1965—1982*, New York: Crossroad, 1986, p.235.

件。在这篇文章中拉纳指出，教会非但不能视作一个拥有漫长而多样传统的教会，反而可以得出这样的结论，就是教会的历史刚刚开始。教会在其最初的几十年间，为了追求面向罗马帝国众多民族的那个伟大使命，提供了各种各样的架构和神学。然后在第二和第三世纪，教会从一种众多群体的一个簇群脱胎而出，变成闪族性的和希腊化的文化之内的一个多样性和能动性的共同体。之后，尽管世纪更替，然则教会依旧如一，即保持一种带有希腊化思想形式的罗马组织不变，附带添加了凯尔特和日耳曼的虔诚和封建形式。当这种教会输出到美洲、非洲和亚洲等地的时候，带去的是一种欧洲的综合体。多亏梵二会议打破了这种僵局，开启了教会成为真正的世界教会的历史。拉纳就教会历史这样说：

> 我们可以尝试从某种更深的层面把捉教会成为一个世界——教会的过程。那些关心教会史学的人们有权继续努力寻求发现一种神学上恰当的教会历史划分。至少显然的是，欧洲历史分为古代、中世纪和现代的划分方法并非一种就教会历史而言神学上令人满意的方案。当然，有关教会的那些宏观历史时期的、神学上合宜的进一步细分，我们在此存而不论。再者，有关一般而言的历史和独特而言的教会史，我们可以肯定，在作为历史时期加以度量的每个历史片段，并没有同样多的事情发生，也没有同等的重要性；同时，相对时间上较短的时期则可能代表着历史上的一个伟大时代。在这些假设的视角下来看，从神学的立场我们可以说在教会历史上有三个伟大的时代，其中的第三个只是刚刚开始，而且在梵二会议上已经得到权威性的彰显：其一是犹太基督教的短暂时期；其二是教会处在特定文化群体中的时期，即希腊主义与欧洲文化和文明时期；其三是这样一个时期，就是教会的生存空间从一开始就是整个世界。这三个时期代表了基督教的三个本质

性的基本境况，作为教会及其宣道的三个彼此不同的时期，它们自身当然可以用一种影响非常深远的方式进一步加以细分……

我认为教会历史的这种三分法本身在神学上是正确的，即便第一阶段非常短暂。这个第一阶段即作为犹太基督教的阶段（连同他自身通过犹太人的改信，以及通过从斐洛、《使徒行传》和犹太教宣传文献所知道的"上帝的敬畏者"现象而来的那些反响）从这样一个事实衍生出其独特性和唯一性，即它的精神氛围是根本的基督教救赎—事件本身——耶稣本人的死亡和复活——的那种氛围，而且在它自身历史境况（而非其他境况）之内的这一事件事实上是在以色列民之内向以色列民宣道。恰恰因为某种向外邦人传教的使命这种事情在这个基础上变得完全可以想象，这样一点才是清楚的，即保罗所肇始的东西——从一种犹太基督教过渡到一种外邦人基督教本身——不是某种神学上显而易见的事情，但是引入了教会历史上一个全新的阶段，即一种这样的基督教，就是它并非一个从犹太基督教向散居的犹太人的输出品，而是——尽管有其与历史上的耶稣的关系性——从异教土壤中生长起来的一种基督教。我明白，这一切是模糊的，是非常不清楚的。但是我认为这归根结底归因于这样一个事实，即包含在这个从犹太基督教向外邦人基督教过渡之中的神学难题一点也不像人们所想的那样简单，而且那些困难从未恰当地予以清理。因此，当保罗宣称割礼及其所包含的一切对于非犹太人（而且大概只对于他们）而言流于表面的时候，保罗"启动"了什么，这点绝非完全清楚。

无论如何，如果我们想要迄今教会历史的一个更加精确的和确然的神学划分，在我看来所提出的三分划分是唯一正确的划分。就是说，从一种历史的和神学的境况过渡到一种本质上全新的境况这种事，在之前的基督教历史上只发生过一次；而且现在出现从欧洲基督教（连同其美洲附庸）到一种现实的世界—宗教过渡，它则再度发生。当然，仅当我们认为从地中海世界的古代外邦人基督教到欧洲中世纪和现代的基督教的过渡神学上并不像我们在此考量的那两次停顿尖锐的情况下，我们才能冒险做出此种断言。但是，鉴于罗马希腊化时期的地中海文化与其向日耳曼诸民族的传播的统一（这种统一在此无须赘述），此种断言看来完全得到了其合理性证明。[①]

四、"对话和宽容是一种人性社会的基础"

拉纳呼吁世界教会内的多元主义，认为对话和宽容是一种人性社会的基础。拉纳在《对话和宽容之为人性社会的基础》一文中，首先考察了这个命题的前提，就是，"当我们说对话和宽容是一种人性社会的基础的时候，我们预先假定了……其本质特征包括了对话和宽容的一个社会。……只有在社会对话中允许尽可能广泛的宽容的时候，一个社会才是人性的社会；反之亦然，对话和宽容形成一种人性社会的特征，没有它们它无法存在"。基于这样的标准，拉纳反思了基督教的历史：

"经过那些世纪，基督教徒的自由已经得到颂扬。然而，当我们用我们的标准对它加以衡量的时候，基督教的历史在一种可怕的程度上一直是一部不宽容的、迫害异端的、宗教战争的、教会的和国家的领袖威压良心的历史。"[②]尽管宽容是基督教所要求的，但是这"并不蕴含基督教和教会在两千年的历史期间总是实践着基督教的人性概念所要求的宽容。在一种可怕的程度上情况往往相反"。[③]然后拉纳痛惜地指出，"基督教花了很长时间才发现宽容与作为自由主体的人的最

[①] 《神学研究》20 卷，第 82—84 页。
[②] 同上书，第 15 页。
[③] 同上书，第 18 页。

内在本质有关，才发现一个人即便是在并非对手的物质力量强迫他宽容的地方、即便是在没有人能够避免一个人不被宽容的地方也必须实践宽容。"

拉纳进一步指出，"这样理解的宽容源于属于西方人道主义和真正的基督教的那种人的自我理解。它是我们希望成为所有的人的自我理解中的构成部分的一种宽容。"① "总有一天所有的人都会就这下面这一点在上帝面前受到审判：他们是否已经真正地把他们不可剥夺的和最个人的权利——自由——提供给了他们的邻人，无论是个体地还是集体地；他们是否在这个意义上一直是宽容的和愿意对话的。"②

当然，拉纳作为天主教神学家有其固有立场，认为存在着"宽容的限度"："当一个神学家寻求的不仅仅是以常新的方式反思古老的教条，而是径直否定它的时候，那么就已经触及界线。"③

第二节 上帝无名 经验证明

拉纳以现象学的方法考察了历史上已有的、现在已经成问题的那些上帝观念，提出作为神圣奥秘的上帝观。在他看来作为奥秘的上帝在先验经验中有"无名"、"无限"和"不凭我们处置"三大特征，借以强调上帝不仅是人的知识的鹄的，而且是人的自由、意志和爱之超越性的鹄的，而且人的实现只有通过向这种神圣奥秘的定向才能实现。

拉纳考察了西方哲学在人的超越性鹄的本质方面的三个可能的结论：海德格尔的解决之道（在先把握之鹄的是虚无）、康德的解决之道（在先把握之鹄的是有限存在）和"弥久常新哲学"的解决之道（在先把握之鹄的是绝对存在）。认为，海德格尔的解决之道是站不住脚的，而且康德的解决之道表明最终可以归约为海德格尔的解决之

① 《神学研究》20 卷，第 22 页。
② 同上书，第 25 页。
③ 同上书，第 138 页。

道，"弥久常新哲学"（philosophia perennis）的解决之道则是唯一正确的，即人类超越性的鹄的必定是无限的或绝对的存在。

拉纳所秉持的观点是，对超越之经验与对上帝（作为超越之鹄的）之经验是密切相连的。对于自我的先验经验和对于上帝的经验可以理解为同一个原初的超越经验之主观的和客观的两极，而这同一个原初经验赋予人以特征。在拉纳那里，这种对人的超越性的经验是人的上帝知识的唯一的和原初的来源。拉纳赋予这种原始的上帝知识的特征是"先验的后验知识"（transcendental a posteriori knowledge）。拉纳所说的人们对于上帝的这种先验意识对于 20 世纪有关上帝问题的两个经典讨论做出了重要贡献。

借助对于先验的上帝经验与相继的对于先验经验的反思之间的区分，拉纳表明了他在传统的上帝存在证明方面的立场。他认为，传统的上帝存在的证明都是概念性的或反思性的证明，即只是对那种原初的、先验的上帝经验之多少有所成功的主题化，这样的传统"证明"不会告诉我们有关上帝的任何东西。在拉纳看来，上帝存在的唯一证明源于把具体的人类存在加以彻底的追问。拉纳有关上帝的"人学证明"的精髓在于强调人类对有限对象的认识活动本身已经包括对上帝作为认识活动之"鹄的"（Woraufhin）的上帝的先验认识。

一、作为神圣奥秘的上帝

拉纳的上帝观与传统基督教的上帝观相比，有着其鲜明的特征。在他看来，上帝作为人的超越性之"鹄的"是神圣的奥秘。

根据拉纳在《基督教信仰之基础》中的表述，人们谈论人的超越性之"鹄的"的方式有许多种。① 它可以被称作"绝对存在"、"绝对

---

① Karl Rahner, *Foundations of Christian Faith*: *An Introduction to the Idea of Christianity*, trans. William V. Dych, New York: Seabury Press, 1978, p.60.

意义上的存在"或者"存在的根基",或者用更加神学的术语来说，可以称之为"上帝"、"澄明的逻各斯"或者径直称之为"圣父"。拉纳论证说，利用这些传统的哲学和神学术语谈论人的超越性之鹄的如今是成问题的。一方面，许多人把诸如存在、根基或第一因这样的经典西方哲学术语视作一些与他们自己的实际经验无关的空洞抽象。另一方面，像逻各斯、圣父甚或上帝这样的神学术语因为它们的高度概念性，又过于专门。这样的术语如此过度地承载着与它们的所指无关的意象和表征，以至于许多人不再能够把握由"上帝"所表达的真正意思。尽管拉纳毫不犹豫地肯定人的超越性之鹄的就是基督教传统中验证的上帝，但是他所关注的是避免用过度承载着概念的包袱以至于引起误解的术语来谈论这个鹄的。

拉纳力求发现一条谈论"鹄的"的道路，这条道路把读者的注意力导向他们自己的经验而不是任何传统的上帝概念。拉纳为这个目的所选用的术语是"神圣奥秘"。"我们想称我们的超越性之鹄的和来源为'神圣奥秘'——尽管这个词必须在其与'上帝'这个词的同一性之中被理解、深化和最终渐渐得到表明。"① 对拉纳用"神圣奥秘"的意思的分析将进一步昭示拉纳基本的上帝概念。

拉纳小心地区分了他自己对奥秘的理解与传统的经院神学的理解。② 对他而言，严格说来，奥秘只适用于上帝。它并不指涉某种因为人的知识局限而暂时不清楚的东西。相反，奥秘是原始的和永恒的东西。上帝的神秘特征正是上帝最贴己的本质。拉纳主张，即便是在"真福直观"（visio beatifica）中，上帝的奥秘也不会被消除，而是将完全地和直接地向蒙恩者们的灵魂显示。

---

① Karl Rahner, *Foundations of Christian Faith: An Introduction to the Idea of Christianity*, trans. William V. Dych, New York: Seabury Press, 1978, pp.60—61.
② Karl Rahner, *Theological Investigations*, 23vols., London: Darton, Longman & Todd/New York: Seabury/Crossroad, 1961—1992, v.4, pp.36—73.

　　拉纳列举了作为奥秘的上帝在先验经验中揭示出来的三个主要特征。首先，作为奥秘的上帝是无名的。名称把所命名的东西与其他实体区分开来，如此限定了所命名的东西。但是那个视野，即人的超越性的那个鹄的不能区分为其他实体中的一个实体。它不可能被给予一个名称。"［在实体之间］做出区分的那个命名之条件本身本质上可以没有名称。"① 超越性之鹄的，即所有范畴性命名的条件，只能被标明为与所有的有限存在物不同者。在这个意义上称这个鹄的是无限的，并不是给与它一个名字，而是标明它是无名本身。上帝的所有概念或者名讳都是只源于对于上帝之"在先把握"的反思，而这个"在先把握"是人的超越性之无限的、无名的视野。这种上帝观与《出埃及记》3章1—17节中摩西询问上帝的名讳时所得到的回答相一致，即"我是你父亲的神，是亚伯拉罕的神，以撒的神，雅各的神。""我是自有永有的"。在此，我们再次领略了拉纳的现代神学思想与古老的《圣经》主题的一致性。在这个意义上我们可以说，拉纳的上帝不是哲学家的上帝，而是亚伯拉罕、以撒和雅各的上帝。

　　其次，作为奥秘的上帝是无限的。超越性之鹄的不同于人类知识的那些特定对象。鹄的是这样的对象在其中显现的视野。这个视野与该视野之中显现的那些对象之间的区分是在人的各种各样的知识对象之间做出进一步区分之可能性条件。但是所有范畴性区分的先验条件本身不能被范畴性区分活动所限定。"该视野本身不能在该视野之中被给与；……最终的量尺不能被度量；环抱一切事物的那个界限不能反过来被一个进一步移动的界限所决定。"② 人的"在先把握"所指向的那个奥秘是完全无限的。

　　第三，作为奥秘的上帝不是任凭我们处置的东西。拉纳说，或许

①② 　Karl Rahner, *Theological Investigations*, 23vols., London：Darton, Longman & Todd/New York：Seabury/Crossroad, 1961—1992, v.4, p.51.

看起来逻辑和本体论在概念之网中"抓获"这个超越性之鹄的。但是，"这种抓获本身也是通过朝向所要被决定的东西的在先把握而发生的。"① 人的每个属灵的活动都是由朝向这个神秘的、无名的、无限的鹄的使之成为可能的。正是人被神秘所处置，而不是相反。超越性之鹄的"在那里总是像处置［某物］一样。它不仅物理上，而且逻辑上，避免有限主体方面的每个处置。"②

人的超越性的这个神秘的鹄的是"以自我—拒绝、静默、距离、永恒地保持它自己的不可表达性这样的模式"给予人类主体的。③ 该鹄的或者视野退出视域恰恰是通过使范畴对象向人的显现成为可能。拉纳评述说，"本质在于界定事物的理性［即人的理性］其生命力来自不可界定者；使事物透明的灵之亮光其生命来自向神圣的冥暗（本身是超量的）开放。"④ 人在其属灵的本质方面之所以可能，只是因为它的向奥秘之定向。正是对鹄的的那种非主题性的共同经验，即对作为无名的、无限的和处于我们控制之外的鹄的的经验，使对有限事物——人的特性——的命名、限定和控制成为可能。范畴知识之所以可能只是因为人向上帝的奥秘之先验定向。人类生存的最终源头是在于神秘的事物之中，或者像拉纳有时所言，人的本质是奥秘。⑤

拉纳把人的超越之神圣的鹄的指定为神圣的奥秘，是为了强调上帝不仅是人的知识的鹄的，而且是人的自由、意志和爱之超越性的鹄的。人的自由和爱之超越之鹄的必定在某种意义上是可爱地自由的。"在爱的自由中占统治的是一种绝对自由之鹄的，它不能被处置，它

---

① Karl Rahner, *Theological Investigations*, 23vols., London: Darton, Longman & Todd/New York: Seabury/Crossroad, 1961—1992, v.4, p.52.

②③ Karl Rahner, *Foundations of Christian Faith: An Introduction to the Idea of Christianity*, trans. William V. Dych, New York: Seabury Press, 1978, p.64.

④ Karl Rahner, *Theological Investigations*, 23vols., London: Darton, Longman & Todd/New York: Seabury/Crossroad, 1961—1992, v.4, p.42.

⑤ Ibid., p.49.

是无名的，它绝对处置一切。它是我们的超越性作为自由和爱的敞开。"① 根据拉纳，作为人的自由和爱的根基和视野，人的超越性之神秘的鹄的非常值得被称之为神圣的。

如果人的本质是由向神圣奥秘的一种定向所构成的，那么人的实现只有在这种向神圣奥秘的定向实现之中才能找到。根据拉纳，人的先验敞开只有在爱的狂喜（ecstasis）或者把自己给与囊括着我们的神圣奥秘之中才能成全或者完善。"爱归根结底恰恰是把那不可把握性（在他的本质和自由方面我们所称的上帝）作为庇护我们、肯定我们永远有价值、接受我们的东西来加以接受"。② 拉纳写道，每个人所面对的那个最后的生存性的问题是，我们更爱我们的知识之小岛——这是任凭我们处置的，还是更爱无限的、囊括性的神圣奥秘之海洋——这是我们所不知道而且不能控制的。③

二、作为人的超越"鹄的"上帝

对于拉纳而言，人的特征是由主体返归自身或者自我的一种自由构造所决定的，而这又是以主体与其他人类主体的关系作为中介的。进而言之，经由人的人际关系的这种人类主体的自我构造，表明是受到向着所有可能的经验对象的总体性的一种先验的朝向之条件限制的。拉纳论证说，人具有对于存在本身的一种"在先把握"，而这使所有的具体的认知和意志行动成为可能。在《在世之灵》和《圣言的倾听者》中，拉纳努力表明这种"在先把握"以上帝的绝对存在作为其目标、终点或鹄的（das Worahufhin），并进而阐明"在先把握"之

---

① Karl Rahner, *Foundations of Christian Faith: An Introduction to the Idea of Christianity*, trans. William V. Dych, New York: Seabury Press, 1978, p.65.

② Karl Rahner, *Schriften zur Theologie*, v.13, p.124.

③ Karl Rahner, *Theological Investigations*, 23vols., London: Darton, Longman & Todd/New York: Seabury/Crossroad, 1961—1992, v.4, pp.59—60.

鹄的就是上帝。①

拉纳说，对于人的超越性的鹄的之本质这个难题，西方哲学传统中有三个基本的解决方法：其一是"从柏拉图到黑格尔"的"弥久常新的哲学"的解答，其二是康德的解答，其三是海德格尔的解答。"第一个回答：在先把握的延展面指向存在本身，后者自身之中没有内在的限度，而且所以包含上帝的绝对存在。康德回答：其中我们的对象被概念性地给予我们的那个视界是感性直观的视界，这个视界从根本上说并不达到时空之彼岸。海德格尔说：为人的此在奠基的超越性指向虚无[das Nichts]。"②他然后评估这三种解决之道——即人的超越性要么指向绝对存在、有限存在或虚无——的充分性。

首先，拉纳针对海德格尔在《形而上学是什么？》中的立场论证说，"在先把握"的鹄的不可能是虚无。初看起来，人的知识显得与某种存在的东西相关，而不是与非存在物相关。人类知识之直接赋予的对象被肯定为存在而不是非存在。于是，看来会得出结论，在先把握——这使这种对于具体对象的知识成为可能，也应当指向在而不是无。在一个更高的反思水平上，拉纳论证说，在先把握不可能指向无，这是因为，如果倘若是指向无的话，那么对于具体对象的认识的可能性的必要条件就不会有所提供了。③在认识到一个特定的对象是

---

① 参见 Karl Rahner, *Geist in Welt. Zur Metaphysik der endlichen Erkenntnis bei Thomas von Aquin*, Innsbruck: Rauch, 1939, pp.98—132；拉纳：《圣言的倾听者》，三联书店 1995 年版，第 77—87 页。

② Karl Rahner, *Horer des Wortes*, Munich: Kösel, 1941, p.79. 在中译本的德文底本、梅茨修订的"德文第二版"中，"有意放弃给这三种基本类型明确指出历史上出现过的具体形式"。就把本书作为一般性的宗教哲学的著作而言，梅茨"第二版"对拉纳本人"第一版"的修改未尝不可；但是，如果从全面把握拉纳自己的思想而言，本人认为这种修订恐怕就有些"失真"。这也是当代国际上研究拉纳思想的学者大多采用"第一版"而非"第二版"的学术考虑和真正原因之所在。（参见英译本第 49 页，中译本第 66 页。）

③ 参见 Karl Rahner, *Geist in Welt. Zur Metaphysik der endlichen Erkenntnis bei Thomas von Aquin*, Innsbruck: Rauch, 1939, pp.215—217.

一个有限的、特定的实体的活动中，有一个含蓄的否定，就是否定这个特定的实体是与知识的所有可能对象的总体是共广延的。在认识那些特定对象中，拉纳说，人把直接给与的知识对象作为不同于知识的所有可能对象的视界（存在）的东西来把握。人类认识者，在一种否定活动中，能够把知识视野与在这个视野中显现的东西区分开来。但是既然虚无字面上什么也不是，并不存在，那么虚无根本不是一个视野。"非—存在被认知，不是在所是者与虚无相对照的意义上，而是在如此存在被共同—认知到的意义上。否则，就会是对于如此虚无的一种把握。因为这个'虚无'与所是者'无'关，这个把握就不会是在我们对于特定存在物的认识中被给与的……如果每个否定都植根于肯定之中，那么这就最彻底的否定——非—存在——而言也必定为真。它植根于对于存在本身的超验肯定，而存在本身是必然被共同—设定于每个无论什么的肯定之中的。"[1]

　　无不"是"可以与任何具体的事物相对照的东西。拉纳论证说，只有一个确然无限的视野才使这样的否定成为可能——否定一个具体的实体是知识的所有可能对象的整体性，而这种整体性是在人的每个认识活动中含蓄地被给出的。只有通过对所是（存在）的一个视野的肯定，一个特定的对象才能够与它在其中显现的那个视野区分开来。正是向存在，而不是向虚无的一种非主题性的朝向，才使这种区分成为可能。"在（esse）总是在与一个特定的在者（ens）的把握之中已经被共知的（co-known）。所是本身总是已经被对于如此存在的先行把握所超越。在为了被作为一个对象而被认知，一个特定的在者在这个先行把握中被把握这个意义上，它总是已经被作为被限定的、'被否定的'而已经被认知到了。它之被否定不是……通过瞥见'虚无'

---

① 参见 Karl Rahner, *Geist in Welt. Zur Metaphysik der endlichen Erkenntnis bei Thomas von Aquin*, Innsbruck：Rauch, 1939, pp.216—217。

[das Nichts]，它限定特定在者，而它的空洞空间是特定的在者所不能填充的，而是通过对于如此存在的认识……对于被可感地给与的东西的否定，属于客观知识的可能性之先天的条件。否定……不是别的，而是超越所有特定在者而且指向存在的'先行把握'之主题化。"①在一个明显指涉海德格尔的《什么是形而上学》的地方，拉纳写道：（"因而，不是虚无在否定，而是存在的无限性在否定，后者是先行把握之所指向，后者揭示一切被直接给予的东西的有限性。"）"'无'并非在否定之前，向着无边界者运作的在先把握本身便是对有限者之否定，因为在先把握作为认识有限者的可能性之条件，在它对于有限者的超升之中自然就揭示出后者的有限性。……并不是'无'在否定着，而是在先把握对之运作着的在之'非有限性'在否定着，它揭示着一切直接对象的有限性。"②

　　如果"在先把握"不能指向无，而是必须有某种确然的或存在的东西作为其鹄的，那么唯一的问题就是，人的超验性的这个鹄的是上帝之绝对无限界的存在，还是像康德所肯定的那样，是感性直观的一种相对无限制的时空视野。拉纳论证说，设立"在先把握"的一个相对无限制的视野这一点，与所设立的内容相矛盾，即"这一假定的提出及其内容之间存在着矛盾"。根据拉纳的观点，只有当那种有限整体性已经在一种朝向无限的或绝对的存在的"在先把握"之中被超越的时候，一个人类认知者，方能肯定所有可能的认识对象的整体性是有限的。只有在无限的视野之内，有限者才能被认识到是有限的。现在，按照康德的前提，这样的一种无限视野不可能是自在的绝对存在，因为自在之物是不可知的。对于康德来说唯一可能的无限视野会

① Karl Rahner, *Geist in Welt. Zur Metaphysik der endlichen Erkenntnis bei Thomas von Aquin*, Innsbruck: Rauch, 1939, p.216.
② 拉纳:《圣言的倾听者》，生活·读书·新知三联书店 1995 年版，第 67 页；Karl Rahner, *Horer des Wortes*, Munich: Kösel, 1941, p.80。

是虚无。因而，在拉纳看来，海德格尔对于人的超越性之鹄的的理解是与康德的那些反思的逻辑结论相一致的。①

可见，拉纳以他所理解的、人的超越性鹄的之本质的三个可能的结论开始：海德格尔的解决之道（在先把握之鹄的是虚无）、康德的解决之道（在先把握之鹄的是有限存在）和"弥久常新哲学"的解决之道（在先把握之鹄的是绝对存在）。既然海德格尔的解决之道已经表明是站不住脚的，而且既然康德的解决之道已经表明最终可以归约为海德格尔的解决之道，那么"弥久常新哲学"（philosophia perennis）的解决之道则是正确的那一个，即，人类超越性的鹄的必定是无限的或绝对的存在。"对于一个在者之实在的有限性的肯定要求肯定一个绝对在之临在作为实现自己的条件，这种肯定在首先认识到有限在者之局限的——向着一般在的——在先把握之中将同时得到实现。"②

在拉纳在对于"上帝"概念的"沉思"中指出，"上帝"的功能是标明那种独一无二的经验中的那个客观的极点，在那种经验中实在之整体和我们自己的存在被带到我们面前。③在人类每个具体的认识或意志活动中得到肯定的那个绝对的、无限的视野不是别的，正是上帝的绝对存在。对拉纳而言，在先把握是指向上帝的，就是说，上帝是人的超越性之鹄的。

这意味着，对于人返归自身——通过知识的有限对象、尤其是通过与他人的关系的中介——之先验经验同时是对于上帝的一种先验经

---

① 拉纳：《圣言的倾听者》，生活·读书·新知三联书店1995年版，第67—68页；Karl Rahner, *Horer des Wortes*, Munich: Kösel, 1941, pp.80—81。
② 拉纳：《圣言的倾听者》，生活·读书·新知三联书店1995年版，第70页；Karl Rahner, *Horer des Wortes*, Munich: Kösel, 1941, p.83。
③ Karl Rahner, *Foundations of Christian Faith: An Introduction to the Idea of Christianity*, trans. William V. Dych, New York: Seabury Press, 1978, pp.44—51.

验。拉纳说，对于上帝的经验不是一些神秘主义者的拥有物，而是属于每个人的。"对于上帝的经验不应该被认为仿佛是某个与其他经验并列的一种特定的经验……对于上帝的经验相反是每个属灵的、人格的经验之最后的深度和根本，因而是那个原始的经验整体性，其中属灵的人拥有它自己并为它自己负责。"①

拉纳秉持的观点是，对超越之经验与对上帝（作为超越之鹄的）之经验是密切相连的。的确，对于自我的先验经验和对于上帝的经验最恰当地理解为同一个原初的超越经验之主观的和客观的两极，而这同一个原初经验赋予人以特征。"在这个原始的、超验性的活动之中的那个活动和那个活动的目标只有作为一个统一体才能得到（available），而且只有作为一个统一体才能理解。"② 因为这个理由，拉纳评论说，一个人说上帝经验（聚焦于客观的一极），还是说人的先验的趋向上帝的定向的经验（聚焦于主观的一极），是个次级问题。③ 拉纳本人可交替性地使用这两个表达方式。

在拉纳那里，这种对人的超越性的经验是人的上帝知识的唯一的和原初的来源。"最原始的、非推论的上帝知识［das Wissen von Gott］——这构成所有其他有关上帝的知识［das Wissen um Gott］的基础——是在先验经验中被给出的。之所以如此，是因为超越的鹄的，我们称之为上帝，恰好是在那里被给出的；总是非对象性地和非显然地，但也是逃脱不了地和毫无差池地（unfailingly）被给出的。"④

① Karl Rahner, *Theological Investigations*, 23vols., London: Darton, Longman & Todd/New York: Seabury/Crossroad, 1961—1992, v.11, p.154.
②④ Karl Rahner, *Theological Investigations*, 23vols., London: Darton, Longman & Todd/New York: Seabury/Crossroad, 1961—1992, v.4, pp.49—50.（《论天主教神学中的奥秘概念》）
③ Karl Rahner, *Theological Investigations*, 23vols., London: Darton, Longman & Todd/New York: Seabury/Crossroad, 1961—1992, v.11, p.156.

三、对上帝的原始知识是一种"先验的后验知识"

拉纳赋予这种原始的上帝知识的特征是"先验的后验知识"（transcendental a posteriori knowledge）。在此，为了把握它的确切含义，我们有必要加以留心和说明。

根据拉纳的说法，人的原始的上帝知识之所以被恰当地称为先验的，是因为这种上帝知识或经验并不与其他类型的人类知识和经验同等并列，而是其他人类知识和经验的可能性的条件。人只有在神圣存在的无限视野之内才认识和意欲特定的对象这一点属于人的本质。换言之，一种对于上帝的先验知识或经验是在所有的人类活动中被共同给予的（co-given）。"在任何认识中都已经同时包含着对上帝的认识。"① 先验的上帝经验并非在人的生存中被偶发地给予的。相反，对作为人的超越性之鹄的的上帝的经验或知识"是人之所是、人之所必须是以及甚至在最徒劳无益的日常生活中仍旧是的那个东西的可能性的条件。"② 这种超验的上帝知识是作为一个属灵的主体的人之永恒的契机（moment）。它可能被忽视或被抑制，但是这种先验的上帝知识仍然保持在和活跃在人的灵性的所有契机中。"人之所以为人仅仅由于他总是走在通向上帝的路上，不管他是否明确知道这一点，不管他是否愿意，因为他对于上帝永远保持着一个有限者之无限的开放状态。"③

尽管拉纳肯定这种对于上帝的知识是先验知识，因为它是在人的经验中被必然给出的，但是拉纳寻求把他的立场与本体论主义（ontologism）区分开来，本体论主义认为"所有的人类属灵的知识之可能性的必然奠基于对于神圣存在本身的一种直接的（尽管非主题性

---

① 拉纳：《圣言的倾听者》，生活·读书·新知三联书店 1995 年版，第 71 页；
　　Karl Rahner, *Horer des Wortes*, Munich: Kösel, 1941, p.84。
②③ 同上书，第 72 页；Ibid., p.85。

的）直观。"他针对本体论主义断言说，"只有来自和通过与我们自然地所属的世界的遭遇的、一种后验的上帝知识。"① 对于他而言，上帝是作为所有对象知识的视野而被共同认识到的（co-known）。这种视野或者鹄的本身并不是人的知识的直接对象。在这个意义上，对于上帝的超验知识值得被称为一种后验的知识，因为它是在对于那些特定对象的范畴认识中被非主题性地给予的。"'在先把握'所指向的目的是上帝。它并非直接向着上帝，以致看起来似乎它直接而具体地设定绝对在之固有的自我临在，它似乎使之成为直接给定性；超前之走向上帝之绝对在表现在：绝对在（esse absolutum）由于'在先把握'的原则上无限的光延面一直和从根本上得到共同—肯定。"②

尽管对于上帝的先验认识，根据拉纳，必须被理解为一种在上述意义上的后验（posteriori）的知识，但是这种对上帝的知识与我们通常的、对于诸对象的一种后验的认识非常不同。他论证说："倘若其中的先验要素被忽视，而且倘若按照任何一种后天知识——这种后天知识的对象纯粹来自［主体］之外并且撞击一种中性的认识官能——的话，上帝知识的这种后天特征将会被歪曲。"③

拉纳在此说明的人对于上帝的先验意识对于 20 世纪有关上帝问题的两个经典讨论做出了重要贡献。众所周知，以卡尔·巴特为代表的辩证神学的一个中心原则是，只有通过启示，确实是通过显然的基督教的启示，人才被给予一种对于上帝的意识或者认识。如此一来，由形而上学所主题化了的一种对于上帝的"自然"知识之可能

---

① Karl Rahner, *Foundations of Christian Faith*: *An Introduction to the Idea of Christianity*, trans. William V. Dych, New York: Seabury Press, 1978, pp.51—52.

② 拉纳:《圣言的倾听者》，三联书店 1995 年版，第 69 页；Karl Rahner, *Horer des Wortes* Munich: Kösel, 1941, p.82。

③ Karl Rahner, *Foundations of Christian Faith*: *An Introduction to the Idea of Christianity*, trans. William V. Dych, New York: Seabury Press, 1978, p.53.

性便遭到否定。针对巴特的这种立场，拉纳论证说："如果神学在一种错误的意义上保持'独立'，以至与形而上学，即与在形而上学中自我揭示的人的本质不发生任何关系，那么，至少从逻辑上，存在着一种危险，即它只可能导致对人的否定。它所有必须以人的话语表达的证言原来无非是对人的简单的否定，无非是对一直未被披露的神性的否定，所以也就根本谈不上上帝向一个完整的人真正启示自己的问题。"① 对于拉纳而言，如果人们已经具有由一般的、先验的启示所确立起来的一种与上帝的关系，那么基督教所带来的特殊的、范畴性的启示才能被人们所承纳。

拉纳对于有关上帝的语言的形而上学地位的这种肯定还提供了一条路径，借此人们可以走出英美分析哲学传统中安东尼·弗卢（Antony Flew）在所谓的"神学与证伪"（theology and falsification）辩论 ② 中所设立的两难境地。弗卢以所有有意义的断言都是事实断言为预设前提论证说，只有有关上帝的言说可能被事实上证伪的时候，有关上帝的言说才能够被算作断言。作为对此挑战做出的一种回应，约翰·希克论证说，有关上帝的言说的确是事实断言，这些断言只有在来世才将最终得到证明。其他一些人，尤其是黑尔（R. M. Hare）和保罗·范·布伦（Paul van Buren），已经否定了神学断言是断言，论证说这些言说的功能是非认识性地表达信徒自己对于实在的观点。但是这两种选择都接受了弗卢的前提，即所有真正的断言都是事实断言。尽管拉纳本人没有以盎格鲁—撒克逊宗教哲学所提出的上帝问题的术语来思考，但是他的立场是应对弗鲁所提出的挑战的一个真正可供选择的办法。

---

① 拉纳:《圣言的倾听者》，三联书店 1995 年版，第 27 页；Karl Rahner, *Horer des Wortes*, Munich: Kösel，1941，pp.39—40。
② Mark Lloyd Taylor, God Is Love: *A Study in the Theology of Karl Rahner*, Atlata: Scholars Press，1986，p.94.

对于拉纳而言，有关上帝的语言的确是认识性的。这样的语言的功能是断言上帝的存在。不过，这样的神学断言就定义而言是不能经验证伪的，因为他们是形而上学性的而不是事实性的断言。上帝问题是一个严格的形而上学问题，一个有关我们作为整体的经验性的经验之可能性的问题，而不是一个有关作为我们的经验性的经验的一个特定对象的上帝的问题。"有关上帝的问题，如果，的确，上帝一开始便不被错失的话，不能够被设定为有关我们的超越和我们的历史经验的视野之内的一个个体存在的一个问题。相反，它必须被设定为有关那个支撑性的根基、起源和未来的问题，这个问题是我们自己之所是。从而，必然地，它已经在其本身之中一并具有对于是否［上帝存在］和何为［上帝所是］的答案。"①

为了避免对于拉纳所谓的对于上帝的先验知识也是一种后验知识的主张的错误理解，特别要注意的是，上帝知识的后验特征并不否定那些有关上帝的断言的严格形而上学性的本质。"（针对本体论主义和内在的上帝观念的）经典的经院哲学论题——上帝只能后验地从造物认识到——并不意味着说，当正确予以理解的话，人偶遇上帝，仿佛上帝是任何一种偶然给定的对象（花朵、澳大利亚），从人的认识的先天结构的角度来看的人对此可以没有任何关系。"②它的确意味着，人对上帝的知识是在人的那些特定的认识活动中作为视野被共同一给与的，在这个视野中这样的后验知识是可能的。"因为这个鹄的并非以其自身被经验到的，而是只有在主观的超越经验中被非对象性地被认识到的。超越之鹄的的给定性是这样一种超越的给定性，这种超越总是只是作为范畴知识的可能性条件被给定，而不是单为它自己。"③

① Karl Rahner, Theological Investigations, 23vols., London: Darton, Longman & Todd/New York: Seabury/Crossroad, 1961—1992, v.9, p.139.
② Ibid., v.6, p.245.
③ Karl Rahner, *Foundations of Christian Faith: An Introduction to the Idea of Christianity*, trans. William V. Dych, New York: Seabury Press, 1978, p.64.

　　尽管根据拉纳，所有的人必然地和可靠地具有这样的对于上帝的一种先验经验，但是并非所有的人从概念上把这种经验作为一种上帝经验来把握。① 的确拉纳认为，概念上的无神论者可能在人类中构成一个日渐壮大的多数。对上帝的经验，就像对自我的那种原始经验一样，是其中人把自己作为一个整体来占有的一种经验。这样的经验先于反思。它是一种非对象性的或前概念的经验。继发的对于这种原始经验的反思永远不会完全成功地捕捉到这种经验的深度和丰富。每个对于超验经验的反思本身之可能都是被有待反思的那同一个超越而使之成为可能的。于是先验经验总是已经超过反思。

　　由此拉纳得出结论，对上帝的先验经验，尽管总是在人类主体自己的自我—占有之原始水平上被给予的，但是可能在概念性反思的水平上被歪曲、忽视甚或被否定。② 拉纳说，事实上对于上帝的经验特别容易被遮蔽或忽视，因为这是一种只是随同范畴对象的经验而给与的经验。人们可能只是沉浸在被直接给予他们的那些对象之世界之中，而不注意这些对象在其中显现的那个视野。可能只有一种非常强烈的经验（孤独、爱、先行到死亡之中的预想）能够把某些人从他们在日常生活的沉沦中唤回到对上帝的意识。③

四、拉纳对于传统的上帝存在证明的立场及其贡献

　　借助对于先验的上帝经验与随继的对于那种经验的反思之间区别的这种理解，我们得以澄清拉纳有关上帝存在的那些经典证明的立场。他总是小心地予以强调，历史上那些上帝存在的证明都是概念性

---

① Karl Rahner, *Foundations of Christian Faith: An Introduction to the Idea of Christianity*, trans. William V. Dych, New York: Seabury Press, 1978, pp.14—19.

② Karl Rahner, *Theological Investigations*, 23vols., London: Darton, Longman & Todd/New York: Seabury/Crossroad, 1961—1992, v.11, pp.166—184.

③ Ibid., v.11, pp.157—159.

的或反思性的。这就是说，那些证明是对于那种原初的、先验的上帝经验之多少有所成功的主题化。那些证明是反思性的证明，不应当被视作教化的工具。它们并不能以物理学家把亚原子微粒知识传授给学生那样的同一种方式，提供原先缺失的上帝知识。① "对于上帝的反思性证明并不是意在作为媒介传递一种知识，在这种知识之中一种先前完全未知的，而且因而是漠然的对象被从外部带到一个人面前，而这个对象对于这个人而言的意义和重要性只有通过被给予该对象的那些进一步的决定而随后得到揭示。"② 在拉纳看来，这样的传统"证明"不会告诉我们有关上帝的任何东西。

在这个意义上，我们认为拉纳是同意康德对传统上帝证明的否定的；所不同的是，在拉纳的观点看来，"对于上帝的理论证明只是意在作为媒介传递一种对于这个事实——人在其属灵的存在之中总是而且是不可避免地与上帝打交道——的反思性的意识，无论他是否反思这个事实，无论他是否自由地接受这个事实。"③ 拉纳借助类似《罗马书》1 章 18—21 节 ④ 的经文的语言评述说，在那些上帝存在证明中要表达的知识是"最终不可消解的真正的上帝经验的一个契机，这个契机甚至属于真正的非信徒，尽管它遭到拒斥和压制，恰恰如此以致他的不信让他受审判和诅咒。"⑤

---

① Karl Rahner, *Theological Investigations*, 23vols., London: Darton, Longman & Todd/New York: Seabury/Crossroad, 1961—1992, v.11, p.149.

② Karl Rahner, *Foundations of Christian Faith*: *An Introduction to the Idea of Christianity*, trans. William V. Dych, New York: Seabury Press, 1978, p.68.

③ Ibid., p.69.

④ "原来，神的忿怒，从天上显明在一切不虔不义的人身上，就是那些行不义阻挡真理的人。神的事情，人所能知道的，原显明在人心里，因为神已经给他们显明。自从造天地以来，神的永能和神性是明明可知的，虽是眼不能见，但藉着所造之物就可以晓得，教人无可推诿。因为，他们虽然知道神，却不当作神荣耀他，也不感谢他。他们的思念变为虚妄，无知的心就昏暗了。"（简化字现代标点和合本《圣经》）

⑤ Karl Rahner, *Theological Investigations*, 23vols., London: Darton, Longman & Todd/New York: Seabury/Crossroad, 1961—1992, v.9, p.140.

拉纳关于上帝的经验学说，一方面充分意识到形而上学的上帝证明过去和现在所遭遇到的责难，另一方面又力图坚持由作为被造物的人的理性的自然之光能够认识上帝的传统路线。换言之，拉纳的神学先验人学必须解决传统的形而上学的上帝证明所遇到的困难，而不是抛弃这一传统。①

拉纳对那些上帝存在证明的处理不同于较为传统的天主教教义学的处理至少有两个方面。首先，对拉纳而言，虽然托马斯·阿奎那有"五路"证明，但是严格说来只存在一种上帝存在的证明。② 过去所呈现的上帝存在的证明并不虚妄，但是在当今已经不能走得很远，对上帝的证明唯有人人都有的对上帝（或其他名称）的内在经验。③ 传统教义学的各种各样的证明应该被视作不同的范畴性的出发点，进入人的那个原初的、先验的经验；经过反思，这个原初的经验被看作需要上帝作为它的源头和鹄的。④ 上帝存在的那一个证明源于把具体的人类存在加以彻底的追问。其次，拉纳表明他自己的、上帝作为人的超越之鹄的的上帝证明不是"源于奥古斯丁、安瑟伦或莱布尼茨意义上的那些永恒真理的一个先天的上帝证明"。⑤ 拉纳并不是像他所理解的上帝存在的本体论证明的那些解释者们所做的那样，去论证"事实上已经肯定的有限在者要求上帝无限存在之临在作为条件"。⑥ 相反，

① 参见刘小枫：《倾听与奥秘》，《走向十字架上的真》，上海三联书店1994年版，第311页。
② Karl Rahner, *Theological Investigations*, 23vols., London：Darton, Longman & Todd/New York：Seabury/Crossroad, 1961—1992, v. 9, p.140.
③ Dialoue, p.211.
④ Karl Rahner, *Foundations of Christian Faith*：*An Introduction to the Idea of Christianity*, trans. William V. Dych, New York：Seabury Press, 1978, pp.70—71.
⑤ Karl Rahner, *Horer des Wortes*（Munich：Kösel, 1941）, p.82；参见拉纳：《圣言的倾听者》，生活·读书·新知三联书店1995年版，第69页。此处中译本所根据的德文"第二版"，经梅茨修订后取消了此处"第一版"中所提到的具体思想家，只是表述为"这绝非纯粹先验的上帝证明"。
⑥ 拉纳：《圣言的倾听者》，第69—70页；Karl Rahner, *Horer des Wortes*, Munich：Kösel, 1941, p.83。

他把他的上帝存在的证明公式化地表达为："对于一个在者之实在的有限性的肯定要求肯定一个绝对在之临在作为实现自己的条件，这种肯定在首先认识到有限在者之局限的——向着一般在的——在先把握之中将同时得到实现。"① 这正是拉纳有关上帝的"人学证明"的精髓，即人类对有限对象的认识活动本身已经包括对上帝作为认识活动之"鹄的"（Woraufhin）的上帝的先验认识。

第三节 基督匿名 普世救赎

一、"匿名基督徒"之说的基础

拉纳的"匿名基督徒"之说是其"先验人学"的一个有机组成部分。而"先验人学"作为拉纳神学之中的一根"红线"，可以追溯到他早期著作中为神学所确立起来的哲学基础之中。拉纳所采用的三个相互关联的步骤的第一步是《在世之灵》，其目的是借助对于托马斯·阿奎那的重溯，确立拉纳所称的托马斯式的知识形而上学。处于康德《纯粹理性批判》之后的学术环境之下的拉纳，事实上面临两条道路选择：要么绕过康德的先验主体性的问题意识——但是这要冒着使自己游离于现代思想的轨道之外的风险，要么是努力"通过康德来克服康德"。得益于约瑟夫·马雷夏尔（Joseph Marechal）和马丁·海德格尔思想的襄助，拉纳选择了第二条道路。

拉纳在其《在世之灵》当中采纳了康德有关知识的可能性条件的先验反思方法。此外，他不仅接受了康德有关形而上学的可能性的问题，而且接受了康德的这样一个假设，就是说，任何真正科学的神学必须植根于传统意义上的形而上学的可能性之中，即，对绝对的认识之中。但是拉纳与康德存在很大的不同，康德否认了那种可能性，而

---

① 拉纳：《圣言的倾听者》，第70页；Karl Rahner, *Horer des Wortes*, Munich: Kösel, 1941, p.83。

且转向实践理性和道德形而上学，而拉纳则力图表明这种从哲学上开启通往"绝对"的路径具有合理性的和批判性的可能性。像康德一样，他阐明人的知性中的先天主观形式，以及所有有效知识的经验性的和时空性的基础。但是，对于拉纳而言，认识并不局限于可能的经验性的经验；它同时超越感官经验的"世界"，到达对于绝对存在本身一种朦胧却真实的认识。

这种知识的形而上学的那些蕴含，在拉纳为其神学奠定牢固的哲学基础的第二个步骤——《圣言的倾听者》中得到深入探讨。拉纳在他的第二部奠基性的著作《圣言的倾听者》之中，致力于"关于对启示之顺从能力的本体论"，阐发人接受启示的可能性。他的目的是要表明，人类认知者的追问揭示的不仅是存在的敞开性和隐匿性，而且揭示出人的存在的历史性和自由。如果历史性是人的存在的一种本体论结构，那么历史就是上帝保持静默或上帝可能发出言语的场所。启示的事实和内容，因为是历史性的，所以仍然是自由的和难以预料的。于是拉纳在一种明确的神学语境之内探究人的超越性与历史性的关系。这本由演讲结集而成的著作的要点是通过先验问题来把握这样一个预设，就是上帝已经用历史和用人的语言启示自己。《圣言的倾听者》在某种意义上是罗马天主教第一部力图在启示的先验根基方面来理解启示的宗教哲学著作。

在第三个步骤中，拉纳发展出"超自然的实存"（supernatural existential）概念，这是拉纳从神学的立场反思前述两本著作而获得的成果。拉纳引入"超自然的实存"概念的主要目的是用来说明在人的生存中上帝自我传通的普遍临在。对于拉纳而言，上帝的自我传通提供了他自己在人身上被接受的可能性条件，但是他并不而且不能保证恩典将被所有的人所接受。只能说恩典是没有差池地奉献给所有的人的。对拉纳而言，自由地接受被超自然地提升了的人的超越性（超自然的实存）就是拯救。任何接受自己的人格的人——人格包括了向上帝的一种超自然的定向——都获得拯救，无论这个人是否与作为先验启示的一种范畴性主题化的基督教有没有任何关系。这个观点进一步发展为拉纳著名的"匿名基督徒"之说。

二、"匿名基督徒"之说的实质

拉纳的"匿名基督徒"之说的萌芽，可以追溯到拉纳的《圣言的倾听者》之中。这个学说在《圣言的倾听者》中就已经以一种含蓄的方式表达出来：如果一个人接受了他的"基础神学的人类学"的信念，深信"上帝之言对他真正具有生存论的意义，即决定着和支撑着他的此在"，那么这个人便"在他通往天主教基督信仰的道路上……已经走完了最具有本质意义的一段路"。①

拉纳对于"匿名基督徒"之说的论述散见于下述文章中：《基督教与非基督徒宗教》（《神学研究》卷五，第115—134页），《反思爱邻人与爱上帝的统一性》（《神学研究》卷六，第231—249页），《匿名基督徒》（《神学研究》卷六，第390—398页），《无神论与含蓄的基督教》（《神学研究》卷九，第145—164页），《匿名基督教与教会的传教任务》（《神学研究》卷十二，第161—178页），《对"匿名基督徒"问题的几点看法》（《神学研究》卷十四，第280—294页），《匿名的和显明的信仰》（《神学研究》卷十六，第52—59页），《一个基督与拯救的普遍性》（《神学研究》卷十六，第199—224页），《非基督徒宗教中的耶稣基督》（《神学研究》卷十七，第39—50页），《论非基督徒宗教对于拯救的重要性》（《神学研究》卷十八，第288—295页）等等。

尽管拉纳的"匿名基督徒"之说在其思想中由来已久，但是对于该学说的最为明晰的展开则是在《基督教信仰之基础——基督教观念

① 卡尔·拉纳：《圣言的倾听者》，第201页。

导论》的第六章"耶稣基督"中。这部巨著的价值不仅在于本身是拉纳的唯一系统神学著作，而且在于继续贯彻了他的人学主线，强调基督论是一种人学 ①，"所有神学永恒地是人学"②，特别是在此基础上比以往更加明确地阐述了其著名的"匿名基督徒"之说 ③。

在拉纳看来，一个人也许并不知道耶稣基督，但是只要他有倾听上帝之言的能力，即便他不在基督教会这个圣事之中，也是一个"匿名基督徒"，他也是可以得救的。在匿名的基督徒只要有信仰，而不在乎名称这同一含义上，拉纳说："的确基督徒深信，即便是没有圣事，拯救也是可能的，而没有真正的信仰则没有什么拯救是可能的。"④ 实际上，"匿名基督徒"不仅是拉纳主张"拯救的普遍性"⑤、赞成普世教会运动 ⑥、反对核武器、倡导和平主义 ⑦ 和投身"对话"的一种理论基础，而且与先前在中国港台地区和中国大陆热烈进行的有关"文化基督徒"的讨论有着千丝万缕的内在联系。⑧

拉纳的"匿名基督徒"的观念是他的先验人学的必然延伸，是我

① Karl Rahner, *Foundations of Christian Faith: An Introduction to the Idea of Christianity*, trans. William V. Dych, New York: Seabury Press, 1978, p.225.

② Ibid., p.434; see, p.444 and p.448.

③ Ibid., p.176; see, Karl Rahner, "Anonymous Christians", *Theological Investigations VI*, tr. Karl-H. and Boniface Kruger, Helicon, 1969, pp.390—398; Karl Rahner, "Anonymous and Explicit Faith", *Theological Investigations XVI*, tr. David Morland, New York: Seabury, 1979, pp.52—59; William Dych, *Karl Rahner*, London & New York: Continuum, 2000, p.62.

④ Karl Rahner, *Theological Investigations XXIII*, tr. Joseph Donceel/Hugh Riley, New York: Crossroad, 1992, p.182.

⑤ Karl Rahner, *Theological Investigations XXII*, tr. Joseph Donceel, Darton, Longman and Todd, 1991, p.103.

⑥ Ibid., pp.80—83.

⑦ Karl Rahner, *Theological Investigations XXIII*, tr. Joseph Donceel/Hugh Riley, New York: Crossroad, 1992, p.16.

⑧ 参见《文化基督徒：现象与论争》，香港汉语基督教文化研究所编，1998 年印；刘小枫：《圣灵降临的叙事》，生活·读书·新知三联书店 2003 年版；《基督教思想评论》第 1 辑，许志伟主编，上海人民出版社 2004 年版。

们上文论及的他有关"超自然的实存"以及相关的上帝普救恩典观的一种继续。拉纳的先验人学对人的定义是:"人是具有承纳性的、对历史开放着的精神性的在者,这个在者在自由之中并作为自由伫立于一种可能启示的自由的上帝面前,而这种启示一旦来临,便在人的历史中(并作为历史的最高现实形式),'以言之形式'发生。人是从自己历史之中聆听自由的上帝之言的倾听者。只有如此,人才是他所必然是者。"① 对拉纳而言,上帝的拯救旨意是普遍的,因为所有的人都被提供了上帝的自我传达,而这是人的最终成全。②

拉纳指出,"根据天主教对信仰的理解,就像在梵二会议上所清晰表达的那样,毫无疑问,对基督教的外显的布道没有什么具体的、历史的接触的某个人仍然可以是生活在基督的恩典之中的一个称义的人。他然后在恩典中不仅仅是作为一种奉献、不仅仅是作为他自己生存的一种实存来占有上帝的超自然的自我传达,而且他还接受了这种奉献,而且从而真正接受了基督教想要传递给他的本质性的东西:他在那种恩典中的拯救,这客观上是耶稣基督的恩典。鉴于上帝先验的自我传达作为向人的自由的奉献是每个人的一种实存,而且鉴于它是上帝向世界的自我传达——这在耶稣基督那里达到其目的和顶点——中的一个契机,我们可以说'匿名基督徒'。"③

三、"匿名基督徒"之说的诘难

拉纳的这个理论问世以后,难免遭到来自各种视角的批评。大致而言,一些人认为拉纳的"匿名基督徒"之说对于基督教不公,就是

---

① 卡尔·拉纳:《圣言的倾听者》,第 182 页。
② Karl Rahner, *Theological Investigations* IV, tr. Kevin Smyth, Baltimore: Helicon, 1966, pp.179—181.
③ Karl Rahner, *Foundations of Christian Faith*: *An Introduction to the Idea of Christianity*, trans. William V. Dych, New York: Seabury Press, 1978, p.176.

认为它不够以基督为中心；另一些人认为拉纳的这个学说对于其他宗教不公，就是认为它过于以基督为中心。

就属于前一类型的批评而言，最为著名和最为尖锐的当属巴尔塔扎（Hans Urs von Balthasar）在其高度论战性的著作《基督徒见证的契机》（*The Moment of Christian Witness*）中所提出的对于匿名基督徒理论的批评。巴尔塔扎提出的诘难是，匿名基督徒的观念导致基督教独特性的丧失，导致对于基督教委身的丧失；他不无讽刺地说道："卡尔·拉纳以其匿名基督徒理论令我们摆脱了一种梦魇；匿名基督徒至少被免除了殉道的标准。"[①] 在他看来，倘若一个人能够匿名地是一个基督徒，那么何苦实际上宣信基督教？他认为，拉纳把事情搞得过于简单，消解了基督教，掏空了其内容，以至于倘若沿着拉纳的路数前行，那么就会空余一个满是匿名的无神论者的教会。

巴尔塔扎的此种揶揄和批评是在讨论基督徒见证（殉道）和德国唯心主义体系这样一个更大的语境中提出的，而且他所理解的拉纳只是囿于1939年《在世之灵》（*Spirit in the World*）中的拉纳，哲学根子上质疑的是拉纳用马雷夏尔所发展的解释康德的路径来解释阿奎那的合法性。"换言之，他把拉纳《在世之灵》所证的那种对于德国唯心主义的投入，呈示为他自己针对拉纳所做回应的那个决定性要素。"[②] 在他看来，那些想变得现代的基督徒，想适应时代的基督徒，想用一种为人理解的语言向同胞倾诉的基督徒，将会禁不住以某种方式采用德国唯心主义体系，但是代价必然是殉道的丧失，真正见证的丧失和真正基督教的丧失；匿名基督徒的理论在本质上就是向这种哲学体系投降的具体表现。不过，正如有学者指出的，"巴尔塔扎把拉纳的作

① Hans Urs von Balthasar, *The Moment of Christian Witness*, San Francisco, CA: Ignatian Press, 1994, p.101.
② Karen Kilby, *Karl Rahner: Theology and Philosophy*, London/New York: Routledge, 2004, p.117.

品看作是被《在世之灵》中发展出的立场如此决定的，这是错误的；而且拉纳的神学上的提法必须就当作那点来加以判断，即把之当作真正的神学的提法，而非神学的一种哲学渗透。就像人们经常注意到的，巴尔塔扎的批评还包含一些误说和揶揄的要素。"①

事实上，在先验性的东西和范畴性的东西之间的关系方面，拉纳一贯清楚地表明，对于那些听到、理解和真正接受福音的人们而言，显明的信仰认信和实践并非可有可无的附加要求。首先，他一直坚持认为，先验的东西绝非离开范畴性的东西而存在，而且两者总是紧密联系在一起的；这就意味着，对于某个真正理解基督教的人而言，准备决定不去费心做一个认信的基督徒，而是选择做一个在自己经验的含蓄深处的基督徒，这是毫无意义的。根据拉纳的说法，倘若有人那么做，实际上就是拒斥所给予的恩典，就是转身离开上帝。其次，拉纳清楚表明，即便对于佛教徒或无神论者而言，恩典之奉给和恩典之接纳只有最终在显明的基督教中表达出来的时候，恩典的奉给和接纳才是充分的，才完全变成它们自身。所以拉纳并未把一种隐含的、匿名的基督教呈现为对于任何人而言都是完全自满和自足的。

值得人们注意的是，在《基督徒见证的契机》后来版本的"跋"中，巴尔塔扎在某种意义上承认他对拉纳并不公平。②巴尔塔扎关心的是保留基督教和基督徒的生活与具体的、特定的基督之间的独特关系；而拉纳则决意彻思基督的全面意义：如果道成了肉身，这就彻底改变了一切，那么人的生活就不可能再像否则本来会是的那样。在巴尔塔扎的神学愿景中，强调的是基督的独特性，在拉纳的神学愿景中强调的是基督的普遍意义。至于，德吕巴克（Henri de Lubac）的《教会：悖论和奥秘》(Church: Paradox and Mystery)一书对于拉纳匿名

① Karen Kilby, *Karl Rahner: Theology and Philosophy*, London/New York: Routledge, 2004, p.117.
② Ibid, 150.

基督徒低估了"基督教的全新性"、错失了"福音的深刻改造性"的诘难，思路上与巴尔塔扎大同小异。另外属于此类的批评家还有梅茨（Johann Baptist Metz）和林德贝克（George Lindbeck）等。一言以蔽之，"这些批评呈现的是这样一种渴望，就是防范抹煞基督教特定性的普遍主义，维护基督教的独特性。"①

就对拉纳匿名基督徒理论第二类批评而言，又分为两个角度，一是认为匿名基督徒之说在逻辑上或语用上成问题，二是认为匿名基督徒在伦理上和经验上成问题。艾伦·雷斯（Alan Race）和迪诺阿（J. A. DiNoia）认为"匿名基督徒"之说陷入逻辑循环②，约翰·麦夸里（John Macquarrie）认为"匿名基督徒"是一个应用宽泛得失去语义的概念③，他们是逻辑或语用诘难方面的代表。不过，正如有学者指出的，拉纳被指控的那种循环本身并没有什么错，因为数学论证或所有演绎论证都呈现出那种循环；而且，"人类""人"这类术语尽管应用宽泛，但并未因为宽泛而在人们的社会中失去意义；正如"造物""罪人"这些应用宽泛的术语对于绝大多数基督教徒而言具有意义一样，没有特别理由认为惟独应用宽泛的"匿名基督徒"会失去意义。实际上，他们的逻辑或语用诘难依赖于对匿名基督徒理论立意功能方面的假设。只有在假定匿名基督徒之说意在主要发挥宗教间的论战作用的时候，这些诘难才有意义；但是，匿名基督徒并非发挥论战作用。④

----

① Declan Marmion and Mary E. Hines（ed.），*The Cambridge Companion to Karl Rahner*，Cambridge University Press，2005，p.244.

② Alan Race，*Christians and Religious Pluralism*，London：SCM Press，1983，pp.55—56；J. A. DiNoia，*The Diversity of Religions：A Christian Perspective*，Washington，DC：The Catholic University of America Press，1992，pp.134—138.

③ John Macquarrie，*Thinking about God*，London：SCM Press，1975，pp.95—96.

④ 参见 Karen Kilby，*Karl Rahner：Theology and Philosophy*，London/New York：Routledge，2004，pp.120—121。

至于匿名基督徒在伦理和经验上成问题的诘难，代表人物是威廉·普拉赫尔（William Placher），他认为拉纳用"匿名基督徒"之说抹平了宗教之间的差异，否定了真正的多元主义。[①] 另外，一些视各种宗教为通往上帝的各自独特道路的一些多元主义神学家批评拉纳的"匿名基督徒"的概念赋予基督教以特权。约翰·希克（John Hick）认为拉纳的"匿名基督徒"是一个"听起来带有帝国主义色彩的术语"，代之以鼓励把所有宗教都当作拯救性改造的源泉；就像耶稣基督提供了从以个人为中心超越到以上帝和他人为中心的模式一样，其他宗教的人物也提供了这一同样的道德模式，于是使这些宗教也成为拯救性的。[②] 以一种类似的思路，保罗·克尼特（Paul Knitter）直接诘难拉纳有关基督作为"人性的终成"这个观念，质疑对于耶稣独特性的强调，认为"可能有其他的道成肉身，可能有其他的个人达成（或得到）在耶稣身上实现的同样完满的人神统一。"[③] 一言以蔽之，在这方面典型的批评认为，拉纳的"匿名基督徒"观念或者称呼伤害了其他宗教的尊严、贬低了其他宗教的地位。

四、"匿名基督徒"之说的立意

正如上文所见，"匿名基督徒"之说受到一些人的批评，但大多是出于对这个观念的字面了解或囿于自己的观点，而没有深入拉纳的整个神学"先验人学"的体系去把握。[④] 拉纳面对批评指出，人们不

---

① William Placher, *Unapologetic Theology：The Rainbow of Faiths*, Louisville, KY：Westminster/John Knox Press, 1989, p.144.

② John Hick, *A Christian Theology of Religions*, Louisville, KY：Westminster/John Knox Press, 1995, p.20.

③ Paul Knitter, No Other Name? A Critical Survey of Christian Attitudes toward the World Religions, Maryknoll, NY：Orbis, 1985, p.191.

④ 参见武金正：《人与神会晤：拉内的神学人观》，光启出版社2000年版，第183—184页。

应该对于"匿名基督徒"作过于基于字面的诠释，如果觉得不妥，可以试着寻找更加合适、较少误会的字眼。

尽管批评者从不同的视角把"匿名基督徒"或视作否定基督的独特性，或视作一种相对主义，或视作一种基督教帝国主义，不一而足；然而，就拉纳而言，"匿名基督徒"只是神学理解方面的一个范畴，并非旨在论战或传福音。拉纳借助"匿名基督徒"并非宣称每个非基督徒都是一个匿名基督徒，而是说，只要一个人在朝向上帝的生存状态中按照蒙恩的推动生活，那么事实上就在信仰方面接受了上帝的启示，无论这种信仰是多么含蓄、多么匿名。这个学说所表明的是对于上帝在基督教之外的那些世界中作工的一种认识；彰显人类具有共同的起源、存在和尊严；认可非基督徒可能像基督徒那样生活在相同的超自然水平上。"匿名基督徒"之说的关键是化解基督教的特定性与上帝拯救旨意的普遍性之间的张力，进一步破除"教会之外无救恩"的教条。①

拉纳在《一个基督与拯救的普遍性》一文中，提及自己曾与日本著名的哲学家、京都学派的领袖人物西谷启治（Keiji Nishitani）就这个问题有过一次交流。西谷就"匿名基督徒"这个观念问拉纳，如果他西谷把拉纳当作匿名的禅宗佛教徒来看待，拉纳有何感想。而拉纳回答说，西谷从本身的观点如此来看问题是当然的和应该的，也是令他拉纳感到荣幸之至的，因为原本的佛教徒与原本的基督教徒是同一的，只是"从客观的社会意识而言"两者显然是有区别的。对此，西谷认为两人的观点是完全一致的。② 另外，奥维·穆罕默德（Ovey Mohammed）断言，从印度教信仰的视角看来，基督徒可以被视作

---

① 参见 Declan Marmion and Mary E. Hines（ed.），*The Cambridge Companion to Karl Rahner*，Cambridge University Press，2005，pp.54—55。

② Karl Rahner，*Theological Investigations XVI*，tr. David Morland，New York：Seabury，1979，p.219.

"匿名的讫里什那崇拜者"（anonymous Krishnas），因为耶稣和讫里什那都被视为上帝的化身①，这可以作为拉纳"匿名基督徒"之说的影响跨出基督教话语领域的另一个注脚。

在"匿名基督徒"问题上，保罗·克尼特尽管从多元主义角度有所批评，但是他对拉纳"匿名基督徒"的立意的把握还是清醒的、中肯的。在他看来，当面对"匿名基督徒"这个概念的时候，"我们必须马上提醒自己，拉纳只是为他的基督徒同道提出这一匿名基督徒观点。他不是为佛教徒和印度教徒写作的。他的目的是要让基督徒从他们对教会之外的人的消极观点之中解放出来，并使他们能够认识到上帝比他们所说的上帝更大。上帝可以随他所需，无论在哪里、无论在何时都可以培养出基督的信徒。拉纳并不要求基督徒外出告诉他们的佛教徒或者穆斯林朋友，说他们已经在基督教一边了。"②

另一方面，在这个问题上我们还应该注意到，在拉纳看来，尽管有上帝的恩典保证的拯救的普遍性，有"匿名基督教"或"匿名基督徒"，但是天主教徒不能借故反而到匿名的基督教那里去寻求拯救，因为这涉及"基督教共同体的未来"。③

可见，拉纳"匿名基督徒"观念的立意在于：在"人是天生的圣言的倾听者"这个大前提下，立足潜在的"天生基督徒"和已经认信的"显明的基督徒"，认可和宽容现实中"匿名的基督徒"。④"拉纳的人观，尤其是'匿名基督徒'的概念，可作为现代宗教交谈的基础，因其主张，人无论属任何宗教信仰或人生观，皆已生活于无限奥迹的

---

① 参见 O. N. Mohammed, "Jesus and Krishna," in R.S. Sugirtharajah, ed., *Asian Faces of Jesus*, Maryknoll, NY: Orbis, 1993, p.13。

② 保罗·克尼特:《宗教对话模式》，中国人民大学出版社 2004 年版，第 94 页。

③ *Theological Investigation XXII*, tr. Joseph Donceel, Darton, Longman and Todd, 1991, pp.120—124.

④ 参见张志刚:《宗教哲学研究》，中国人民大学出版社 2003 年版，第 412—413 页。

氛围中。"①

五、"匿名基督徒"与"礼仪之争"

拉纳"匿名基督徒"之说的立意,向外表现为所包含的对于其他宗教进行对话的态度和予以宽容的思想,向内表现为在当代肯定利玛窦当年"礼仪之争"的立场和主张宽容基督教内部的多元化,这在他的"礼仪之争:教会的新任务"一文中②得到典型阐述。拉纳在文中认为,当前没有了基督教教会以前数个世纪所经受的那种关于礼仪的争执(在庇护十一世得到解决),基督教和教会生活在外国文化中的涵化(encultration)不再受到僵化规则的束缚,而且"被一些人称作是有用的和必须的,被另一些人称作完全非—基督教的"③。尽管现在已经没有原初意义上的礼仪之争,但是在拉纳看来它背后的那些真正难题正在变得比以往更加急迫。

根据拉纳的分析,这有两个原因:首先,与中国礼仪之争那时的情况相比,基督教已经成为世界宗教,教会已经真的开始是一种世界—教会。这就是如何使基督教和教会在所有的文化环境中可接受这样一个问题到处成为一个急迫问题的原因。还有第二个原因。直到20世纪中叶,西欧和北美文化还在世界上占主导地位,而且认为把他们的生活方式作为祝福来加诸全世界是他们的义务。今天西方的这种文化主导已经化为乌有。毫无疑问,先前甚至教会传教士们也在很大程度上浸透了这种观念。现今欧洲生活方式的优越性已经成了问题,而且基督教在其他国家的涵化问题则变得更为困难。④

---

① 谷寒松:《谷序》,载武金正:《人与神会晤:拉纳的神学人观》,台湾光启出版社2000年版,第vii页。

② *Theological Investigation XXII*, tr. Joseph Donceel, Darton, Longman and Todd, 1991, pp.134—139.

③④ Ibid., p.134.

在拉纳看来，"礼仪之争"这个首先在利马窦（Mathew Ricci）时代清楚浮现的问题"实际上是一个深远的神学问题，即同一个教会是否能够在不同的文化中存在"的问题。对于这个问题拉纳给出的是肯定答案，深信同一个教会是能够在不同的文化之中存在的。因此，他认为无需在中国或日本建立哥特式的教堂，或者把人们在欧洲使用的那类音乐引入这些国家。当然，拉纳也提醒说："教会必须在崇拜、律法和信仰方面有一种统一性。但是如何在尊重文化之间的深远的差异性的同时取得这种统一性仍然是一个悬而未决的问题。当前我们期待和承认神学上的一种多元主义。尽管罗马自然一直在踩煞车，但是我们原则上承认大的区域教会的可能性、甚至必然性，带有不同的礼拜仪式，甚至——尽管有教会法的基本统一性——这些教会的律法方面带有非常大的差异。"① 拉纳认为人们不要把这种意义上的"新的普遍的礼仪之争"看作某种令人厌恶的东西，"它是整个教会演化出的一项任务。在此，利马窦以之看待外国文化的那种勇气、信心、乐观和开明仍然能够继续充当楷模。"②

而且拉纳指出，教会尽管有些迟疑，但事实上在这方面已经迈出了最初的几步。首先，"有关东方教会的那些教令承认，那些区域性教会的真正自治和多样性是教会的一个正面特点。"其次，"在罗马天主教内部我们已经经历了一种相对强烈的多元主义"，如拉美教会的解放神学，以及德国和西欧神学趋势的巨大多样性。③

对于上述教会的多元主义拉纳是持肯定态度的。在拉纳看来，"天主教的理想不是使教会变得如此一律、同质，以至于它只是纯粹由一个普遍的教会当局的一些不同的区域分枝构成。"同样，就"教

---

① Karl Rahner, *Theological Investigation XXII*, tr. Joseph Donceel, Darton, Longman and Todd, 1991, p.135.
② Ibid., p.136.
③ Ibid., pp.136—137.

会合一"而言,"我们不应旨在这样一个教会,其中'拉丁罗马天主教会'吞并其他那些基督教会,变成一个'所有基督徒的教会',没有任何内部变化,纯粹通过一种人数的增加。"拉纳指出,"倘若'教会合一'能够解决的话,也只有发生在下述情况下:我们给予其他那些大的基督教会成为同一个天主教会中的伙伴教会的权力。"①

在此我们不难看出,拉纳在教会和神学方面贯彻了以其"匿名基督徒"之说为代表的宽容精神。拉纳认为神学的多元主义是一个事实,因为"我们恐怕应该承认非常常见的是这些不同的神学不能相互理解。"否则,就有各种神学的一种综合,而没有多元主义了。因而拉纳主张,只要承认"在基督里的统一性","在教会法、神学和礼拜仪式等等方面应当有一种宽容在教会中占上风,这种宽容容许每个人对他人说:我并不完全理解你所说的一切,但你仍然是同一家教会中我的弟兄姊妹。"②

拉纳不仅肯定教会之内的宽容和多元主义,而且进而提出教会应当承认和接受人与人之间的不熟悉性和不可理解性。"两个人之间的遭遇永远无法克服一种不熟悉的、不可理解的终极余留。倘若他们彼此完全理解的话,他们事实上就会变成同一个人了。这不仅是最不现实的,也是最索然无趣的。人们是这样的,他们把他人作为无法完全理解的人来接受,作为不熟悉的,作为在某种程度上看起来陌生的人来接受。"③

在此基础上,拉纳赞成教会的本土化。"现在我们认为理所当然的是,所有的差会在教会成为世界—教会的目前时代,要么已经变成自治教会,扎根在它们自己的文化之中,得到它们的人民的支持;要么正在靠近这个阶段。这就是为什么势在必行地,来自欧洲和北美的

---

① Karl Rahner, *Theological Investigation XXII*, tr. Joseph Donceel, Darton, Longman and Todd, 1991, p.136.
②③ Ibid., p.137.

传教士们要拥有勇气尽可能快地把首要位子让渡给本土司铎和主教。我相信，即便是今天这些新的教会也乐见欧洲人和北美人——作为下属小心谨慎地，但也积极活跃地和充满勇气地——与他们一道工作。欧洲基督教对其他文化仍然有许多可说的东西。"①

当然，拉纳认为，反之亦然。"拉美教会可以告诉我们有关基层基督教共同体的大量事情，而东亚教会能够与我们分享东方的灵性——这种灵性教会已经予以同化并使之成为真正基督教的。只是互换进口品而任由它们像原产国那样是不够的。一个统一起来的人类的目前状况要求每个民族充当另一个民族的传教士。我们继续拥有向外国派遣传教士的权力甚或职责。但这不再是单行道。我们当今需要的是一种真正的交换，其中每方各有供给和收获。"②

六、"匿名基督徒"与天主教走向

拉纳之所以被尊为 20 世纪最伟大的天主教思想家，在很大程度上归因于他的"匿名基督徒"思想在很大程度上影响到梵二会议前后天主教的走向。作为梵二会议上的官方神学顾问，拉纳 1963 年 2 月被任命为主持起草与教会相关的教义方略《教会宪章》(Lumen Gentium)的神学家之一。随之，他便很快被"当作大会上'最强有力的人物'"来看待。③事实上，在梵二会议文献中拉纳的影响痕迹除了四个文件之外无所不在。④尤其是在关于基督教会之外的其他宗教徒人士的声明上，更是深深地留下了拉纳"匿名基督徒"之说的烙印。

拉纳的"匿名基督徒"之说之所以能够产生巨大影响，在于它能

---

① Karl Rahner, *Theological Investigation XXII*, tr. Joseph Donceel, Darton, Longman and Todd, 1991, pp.138—139.

② Ibid., p.139.

③ Herbert Vorgrimler, *Understanding Karl Rahner: An Introduction to His Life and Thought*, trans. John Bowden, London: SCM Press Ltd., 1986, p.99.

④ Ibid., p.100.

够维持两个最基本的教义，就是上帝的普遍拯救意志与基督论上肯定耶稣作为那种拯救的中保地位。这两个教义也是梵二会议《教会对非基督宗教态度宣言》（NA）的理论基石：

> 各民族原是一个团体、同出一源，因为天主曾使全人类居住在世界各地（一），他们也同有一个最后归宿，就是天主，他的照顾、慈善的实证，以及救援的计划，普及于所有的人（二）……世界各地的其他宗教，也提供教理、生活规诫，以及敬神礼仪，作为方法，从各个方面努力弥补人心之不平。天主公教绝不摒弃这些宗教里的真的圣的因素，并且怀着诚恳的敬意，考虑他们的作事与生活方式，以及他们的规诫与教理。这一切虽然在许多方面与天主教所坚持、所教导的有所不同，但往往反映着普照全人类的真理之光。天主教在传扬，而且必须不断地传扬基督，他是"道路、真理与生命"（若 14：6），在它内人类获得宗教生活的圆满，藉着它天主使一切与自己和好了（四）。①

相对于自公元 5 世纪到 16 世纪处于统治地位的"教会之外无救恩"这一传统观点而言，梵二会议的有关文件中《教会对非基督宗教态度宣言》（NA）是最为开放的。就像拉纳的观点一样，这个宣言认定人类是上帝的创造性的作品，而且视所有宗教为诸共同体，它们正面塑造各种各样的民族。这个宣言表达了天主教对于那些非基督宗教的理解，强调天主教徒应当尊重这些宗教，谴责对于这些宗教的信徒们的任何歧视和迫害，尤其是给予分享着共同宗教遗产的犹太教以特别关注。②

---

① 《天主教梵蒂冈第二届大公会议文献》，天主教上海教区光启社，2005 年，第 469—470 页。

② See, Alan Schreck, *Vatican II: The Crisis and the Promise*, Cincinnati, Ohio: St. Antony Messenger Press, 2005, p.58.

宣言首次具体描述了每一个主要的历史宗教是如何试图响应"那深深激动人心的人生之谜"的。它不仅概述了印度教、佛教和伊斯兰教的基本信念和实践，而且肯定性地提及"世界各地的其他宗教"。这个宣言还特别承认和称赞了鼓舞着所有这些宗教传统的那种"最深的宗教情感"，肯定了它们的教导和实践代表了"真的圣的因素"，"反映着普照全人类的真理之光"。为了直面和纠正基督徒已经培养起来的反犹主义态度和向包括犹太教之内的所有宗教开放，宣言前所未有地"劝告"一切天主教徒："应以明智与爱德，同其他宗教的信徒交谈与合作，为基督徒的信仰与生活作见证，同时承认、维护并倡导那些宗教徒所拥有的精神与道德，以及社会文化价值。"①

拉纳"匿名基督徒"之说对梵二会议文件的影响痕迹还远不止上述文件，事实上《教会传教工作法令》（AG）在承认在各个宗教中发现"真理与恩宠"（AG9）的同时，直接从拉纳于1962年发表的论文中取用了一个术语——"圣道的种子"，认为一个在诸宗教中可以发现的"圣道的种子"体现在耶稣里的同一圣道之中（AG6，11）。这些圣道的种子产生了真正的"默观的传统幼苗"（AG18），"就好像天主亲临的迹象"（AG9）。在此基础上，梵二会议进而在《论教会在现代世界牧职宪章》（GS）中提出，在诸宗教之中实际上"保留着宝贵的宗教及人文因素"（GS92）。②

尽管因为"匿名基督徒"在基督徒当中太富有争议、也让非基督徒感到太不舒服，梵二会议根据大多数人的愿望，没有采用拉纳关于其他信徒作为"匿名基督徒"的说法，但显然"梵二会议关于其他宗教必须说的内容与拉纳的新神学发生了共鸣"。③会议没有采用"匿

① 《天主教梵蒂冈第二届大公会议文献》，天主教上海教区光启社，2005年，第470页。
② 参见保罗·克尼特：《宗教对话模式》，中国人民大学出版社2004年版，第96—97页。
③ 同上书，第98页。

名基督徒"这个说法，但是这个说法的实质却渗透在它的上述相关文献中。正如保罗尼特指出的，"事实上，梵二会议甚至走得更远，并明确教导说，即使是公认的无神论者，只要跟从他们的良知，就是跟从上帝的声音（尽管是不知不觉的），所以都能'得救'（《教会宪章》LG16）。"①

拉纳在宗教对话方面的思想属于"兼容论"，并且是这个方面的主要代表。"尽管许多人并不把非基督徒看作'匿名的基督徒'，但是对于其他宗教所持的兼容论观点，不仅对新教教徒而且对许多天主教教徒也非常具有吸引力。"②梵二会议之后，天主教共同体——教友、神学家和教牧人员——继续探索，并且进一步扩展了梵二会议关于其他宗教的观点。就言行的实质而言，教宗约翰保罗二世是梵二会议之后最强烈而持久地"自上而下"要求基督徒向其他信仰更大开放的人。例如，针对只有真正的宗教（天主教）才有毫无限制的宗教自由权利的观点，约翰·保罗二世支持并实践梵二会议的《宗教自由宣言》（Dignitatis Humanae）所阐明的宗教自由原则。这份文件中的一个要点是，即便是在天主教占统治地位的国家，只要不违反基本的人权，也不瓦解国家"公共秩序之公正要求"，个人和群体主张和实践自己的宗教的权力必须得到尊重。③

一般咸认，梵蒂冈在教宗约翰·保罗二世的领导下，在有关其他宗教的公开声明方面向前迈出了三步：首先确立了诸种宗教都可视作拯救道路的原则；其次端正了教会必须对话的态度；第三明确了教会服务于上帝统治的宗旨。这三步"代表了真正的朝梵二会议开启的道

---

① 参见保罗·克尼特：《宗教对话模式》，中国人民大学出版社 2004 年版，第 97 页。
② Alan Schreck, *Vatican II: The Crisis and the Promise*, Cincinnati, Ohio: St. Antony Messenger Press, 2005, p.3.
③ Ibid., p.17.

路迈出的步伐"。①值得注意的是，就这三步而言，它们的精神都率先在拉纳的"匿名基督徒"思想中得到表达或蕴含于其中，只是拉纳的思想和主张在教宗约翰·保罗二世时期才得到罗马天主教官方的认可和实践、得到后继神学家的发扬光大而已。②

第四节　走出隔都　践行对话

一、天主教对话的先驱

"对话"、特别是"宗教对话"作为人们开口必谈的话题在当今的重要性和频繁性再怎么强调似乎都不为过，此点也是目前海内外"宗教哲学"方面的书籍必备的章节。可以说，宗教对话理论中的"排他论"、"兼并论"、"多元论"和"兼容论"，一时不绝于耳；宗教对话代表人物，如哈贝马斯、孔汉思、斯威德勒、希克、普兰丁格等等，也几近耳熟能详。但遗憾的是，汉语学界在谈论宗教对话的语境中，许多人往往不够重视、甚至完全忽视了当代天主教对话与实践的开创者和先行者卡尔·拉纳。就此，梅茨在《论卡尔拉纳》中所说的一段话非常值得引用："不应掩饰今天与拉纳的名字相连的那种天主教神学令人惊讶的浮现。……这种浮现，出自神学和宣道学之间的裂隙，已经在拉纳的那段纲领性的话语中被给定了其目标……就是离开隔都（ghetto）进入与社会多元和知识多元的世界的对话之中——而且恐怕应该说这种特定的浮现早在'对话'成为当今大谈特谈的时髦行话之前就发生了。"③

事实上就天主教系统而言，"对话"与"教会向世界开放"在梵

① 参见保罗·克尼特：《宗教对话模式》，中国人民大学出版社 2004 年版，第 104—109 页。
② 参见卓新平：《当代西方天主教神学》，第二章，第 90—147 页。
③ Karl Rahner, *Spirit in the World*, tr. Andrew Tallon, Joseph F. Donceel, Continuum, 1994, p.xiii.

二会议时代就作为口号被提了出来。但在这些口号之后通常并没有什么考虑周密的目的，往往只是流于宣传。拉纳则不仅在梵二会议前后倡导对话精神，而且身体力行。可以说，作为神学家的拉纳不是"单单听道"，不仅是"圣言的倾听者"，而且按照《圣经》的教导成为"行道"者，"乃是实在行出来"，成为"圣言的执行者"。①

在世界进入现代之后，拉纳特别强调天主教不能再自我囚禁在隔都之中，要与现代世界对话；天主教徒也不应该在信仰方面像幼儿园或小学里受保护的孩童那样，用现今流行的话来说就是不能做"宅男宅女"，而是要勇敢地经风雨见世面，在各种挑战面前坚定自己的信仰。"我们必须带着信赖和理性，从哲学上和神学上以一种对我们时代的人有意义的方式来接触现代心态。我们也属于这代人，所以应该避免任何天主教的智识隔都。与科学家、马克思主义者、非基督徒哲学家、存在主义者以及英美那些可能称为逻辑实证主义者的人们对话，我们责无旁贷。我们忽视这个领域太久了。我认为，即便是在德国，哲学和基督教神学在与他者建立一种真诚和开放的对话方面必须做比已做的更多的事情。我们面前的工作领域广阔无边；我们安居家中太久了，而我们这么做是错误的。只是力保我们的天主教徒单纯和虔诚，仿佛他们是在幼儿园和小学校一样，这是远远不够的。我们得投入战斗，或者说得更正确点，得与非基督徒开放而诚实地对话。"②

拉纳一再呼吁，"显然神学家们必须比以往更加努力，以便现在确保这个'象牙塔'——以便得到及时更新，具有更为宽广的'大门'，经此现代人能够进入其间，并且从而能够把上帝的家视作他们自己的家园。只有这样，教会才能克服隔都心态。"③拉纳身体力行

---

① 参见《圣经·雅各书》1：22—25。
② Paul Imhof and Hubert Biallowons, eds, Karl Rahner in Dialogue: Conversations and Interviews, 1965—1982, New York: Crossroad, 1986, p.16.
③ Karl Rahner, *Faith in a Wintry Season*: *Conversations and Reviews with Karl Rahner in the Last Years of His Life*, New York: the Crossroad Publishing Company, 1990, p.101.

"对话"精神，投身这项伟大的"请进来、走出去"的工作。"拉纳不仅就几乎每个重要的神学话题写下了东西，而且还加入与全世界各地的新教徒、犹太教徒、穆斯林、佛教徒、马克思主义者、无神论者和科学思想家的对话。他的那些未有答案的问题为后学提供了崭新的起点。"①

尽管拉纳在自己所理解的基督教的那些对的方面或者良心上感到真实的那些主张方面不会做哪怕一星半点的让步，但是秉持"匿名基督徒"思想所表达的一贯精神，他也深信教会和基督教之外也有真理和道德，而且教会和基督教两者都可以从这些外部有所得益。他还进而深信，基督教和教会离发现一种它们藉此能够真正交流它们的信息的语言还相距甚远。他随时注意不是被信仰定型了的，而是藉此能够使信仰得到理解的语言。"拉纳神父清楚：世界正在变得越来越小，一切都在更近地聚拢在一起。我们不能自我孤立，我们必须彼此交谈。……拉纳神父感到我们必须以一种新的方式彼此交谈；我们不应当害怕或过度小心和防范。"②

二、与自然科学家对话

尽管拉纳在自己所理解的基督教的那些对的方面或者良心上感到真实的那些主张方面不会做哪怕一星半点的让步，但是秉持在他的"圣言的倾听者"和"匿名基督徒"思想中所表达的一贯精神，他也深信，在教会和基督教之外也有真理和道德，而且教会和基督教两者都可以从这些外部有所得益。他还进而深信，基督教和教会离发现一

① Harvey D. Egan, S.J., "Tanslator's Forword," in Karl Rahner, *I Remember*, Crossroad, 1985, p.2.
② Andreas R. Batlogg, Melvin E. Michalski, Barbara G. Turner, eds. & trans., *Encounters with Karl Rahner：Remembrances of Rahner by those who knew him*, Marquette University Press, 2009, p.50.

种它们借此能够真正交流它们的信息的语言还相距甚远。他随时注意吸收不是被信仰定型了的，而是借此能够使信仰得到理解的语言。

带着这种态度，拉纳开始与自然科学中的一些代表人物进行对话。他不仅关心消除他所认为的自然科学家们对信仰和教会的那些偏见，而且不遗余力地号召他们不要高估所从事的学科的范围和方法。在与科学家的对话中，他试图表明在人类身上不只是有所谓的恶和没有价值的进攻性，而且有责任和知罪。他诉诸科学家们的良知，呼吁他们不要鼓励无法预期结果的那些发展，诸如基因工程等。同时他从他们那里也学会以一种合理而有限度的方式来思考。他学会以作为进化过程的世界和人类来理解上帝的历史，而进化过程是以质的"飞跃"向前发展的：从无机物到生命，从植物性到意识性，从动物王国到人的世界，从父母到子女，从人类到上帝在人中，即在拿撒勒的耶稣之中，从死亡到圆满，等等。他把这些"飞跃"或者过渡称作自我超越，如此一来既保留了人类的荣誉（包括自然科学的荣誉），又保留了上帝的荣誉：上帝独自能够使有限者展示某种真正新的东西。旧有的东西不能真正宣称自己是真正新的。但是上帝能够使旧的东西展示出真正新的东西，以便从旧的东西中浮现出所有真相中的"新"。上帝与自然力并不相互竞争。新的东西，例如孩子，完全来自上帝，而且完全在身体和灵魂方面来自父母。

在针对纯粹的科学思想，甚或更一般而言针对实证主义的世界观方面，拉纳捍卫神学介入讨论的权利，而且从而捍卫神学在大学中占有一席之地的权利。他强调指出，一个自然科学家不可能只是科学地谈论他的学科的本质，以及从事科学的意义。一旦有人离开个体事物——他的研究和日常生活——开始反思一切事物，那么他就是在哲学地和神学地思考和说话，无论他自己是否意识到这一事实。拉纳把展示神学陈述是有意义的这一点，看作分析哲学的任务。他拒绝这个展示和这个证明只能由基督教实践提供的观点："还有许多别的可能性来原则上克服现代实证主义，来发展一种证明神学的方法，它一方面以这种现代的盎格鲁·撒克逊认识论的概念和语言来工作，而另一方面力图展示神学的正当之处。例如，我在明斯特的学生……就已经尝试过这方面的事情。"①

拉纳不属于那些对于进步津津乐道的神学家。从他在 1969 年人类第一次登上月球之时应荷兰电视台之邀所发表的意见当中，我们可见他评价技术成就的独特方式之一斑："我将不会贬低这项巨大的努力之举和这项人类主宰世界的胜利。我将不会说这事本不该发生。但是，如果一些人已经启程离开我们这个古老的地球，仍然留在此地的另一些人，绝大多数人，应该更加感到责任之急迫，以无比的勇敢和坚韧，以无限的英雄气概来自我克制，来使这个古老的地球更加远离战争、饥饿、苦难和不义。否则，这一天就会成为一声控诉：你的才智已经发现了通往遥远月球的道路，但是你的内心却并不知晓那条通往你近处兄弟之苦难的道路。"②

与自然科学的对话还催生了拉纳对于外星生命的研究，并且尝试性地提出过多重道成肉身的看法。

三、与马克思主义对话

特别值得一提的是，拉纳还尝试与马克思主义者进行对话。拉纳对于同马克思主义者和共产主义者当面接触毫无顾虑。他公开地称他们为"我的朋友"。出于对于对方人格的尊敬，他与恩斯特·布洛赫（Ernst Bloch）、米兰·马可维奇（Milan Machovec）、罗歇·加罗迪（Roger Garaudy）和意大利共产党的一些成员交往甚密。1980 年在面对"你认为基督教徒与共产主义者之间的对话今天仍然需要和重

---

① Karl Rahner im Gespräch / P. Imhof; H. Biallowons (Hrsg.). Bd. 2. München: Kösel, 1983, 226ff.

② *Kritisches Wort*, Freiburg im Breisgau 1970, p.233.

要吗？"这个访谈问题的时候，他回答道："既然马克思主义（尽管有不同的形式）在世界思想史上具有巨大而广泛的重要性，而且这种重要性尚未足够充分地想见到，那么显然基督教就不得不以这样或那样一种方式与如此这般的一种智识力量保持对话。"①

他熟悉马克思主义者对于资产阶级宗教的那些谴责，并且深有同感。作为与来自全世界和社会各阶层人士对话的一个结果，拉纳还心悦诚服地认为，宗教一直被误用为一种以彼岸作为安慰的安慰物——不仅是在19世纪如此；而且认为，所有时代的主人和剥削者都通过诉诸一个神意所欲的永恒谕令来巩固他们的统治。他对马克思主义所包含的、对世界进行人化改造的伦理冲动给以巨大尊重。同时他也不以虚伪的外交辞令，而是直言不讳地指出在他看来马克思主义当中的弱点和非人道之处，强调为了更加幸福的一代人的到来而把当前的这一代人牺牲在摩洛②的祭坛上这一点对于一个基督教徒而言是不可接受的，而且同样不可接受的是把人性还原为受到社会影响的一堆化学过程。

姑且不论拉纳对马克思主义的理解是否到位，但是他这种开放的态度无疑是值得肯定的，而且这种对话的确对他的思想产生了影响。在与马克思主义者的对话中，拉纳发展出他有关"绝对的未来"与"世界之内的未来"之间的区分学说。③他承认，基督教没有什么独特的济世良方来塑造世界之内的未来，因此它能够而且必须把自己与任何真正的人道主义结合起来，以便世界之内的未来可以变成是有人性

① Paul Imhof and Hubert Biallowons, eds., *Karl Rahner in Dialogue: Conversations and Interviews, 1965—1982*, New York: Crossroad, 1986, p.261.
② 《圣经》中所说的迦南人所信奉的以人为祭品的邪神。
③ Herbert Vorgrimler, *Understanding Karl Rahner: An Introduction to His Life and Thought*, trans. John Bowden, London: SCM Press Ltd., 1986, p.113. 详见 Kuno Fussel 的 *K. Rahner, Theologie der Zukunft*, Munich, 1971, 其中收集了拉纳最为重要的一些论述未来神学的文章。

价值的未来。他说道，基督教的任务是去表明人性正处于通向一种绝对未来的途中，这个未来是不能够被计划、不能够被制造的，然而是从它自身产生出来的，而且使所有事物——人性、历史和世界——臻于完美。拉纳说："只有通过必要的社会变革意志，人们才能够真正把他们的希望指向绝对未来，即上帝。否则，'上帝'观念只不过是人民的鸦片。"①

尽管在拉纳那里，绝对的未来只是上帝的另一个名称，正如拉纳亲口所言——"在保卢斯社中与罗歇·加罗迪的最近对话中我充分表明对于我的神学而言上帝就是绝对未来"；②"我总是首先强调最终的和绝对的未来是上帝作为自身的上帝"③，但是他从马克思主义者那里学到，在没有基督教纯粹作为以彼岸来安慰人的安慰物的情况下，在这两个未来之间必定有一种联系。因而拉纳强调指出，如果一个人不尽全力为世界之内的未来的人道的实现而工作，那么他就会错过他的绝对的未来——上帝。

拉纳从未天真地认为人们能够在这个尘世实现上帝的国。他知道上帝的国是允诺给所有的人的，无论是活着的人还是死去的人都包括其间，因而上帝的国不可能绕过死去的人。上帝的国预设了所有存在的东西的转变。但是同样令他信服的是，谁不在神允诺的、自由的、正义与和平的方向上为改变现存的环境做出自己的贡献，谁就不能进入上帝的国。直到拉纳生命的最后一刻，他都没有放弃与"官方"（official）马克思主义政党的成员进行对话的希望。他所探索的是符

① Paul Imhof and Hubert Biallowons, eds., *Karl Rahner in Dialogue*: *Conversations and Interviews*, *1965—1982*, New York: Crossroad, 1986, p.62.
② Karl Rahner, *Faith in a Wintry Season*: *Conversations and Reviews with Karl Rahner in the Last Years of His Life*, New York: the Crossroad Publishing Company, 1990, p.29.
③ Paul Imhof and Hubert Biallowons, eds, *Karl Rahner in Dialogue*: *Conversations and Interviews*, *1965—1982*, New York: Crossroad, 1986, p.193.

合未来的世界和平与东欧基督教徒利益的理解。

在辞世前不久，拉纳应当时属于官方政党圈子的布达佩斯科学院之邀，参加了 1984 年 2 月 28 日到 3 月 1 日在布达佩斯举小的题为"人类在当代世界的责任"的国际会议。这次会议有来自 15 个国家的近百位马克思主义哲学家、基督教思想家和神学家参加，拉纳发表了题为"现实的人道主义"的演讲，就和平与核战与马克思主义者进行了最后一次对话。① 当被问及他用"现实的人道主义"这个概念指什么的时候，拉纳回答说："我努力用这个短语概括某种东西。如果我说，例如，在马克思主义者与基督徒之间有哲学差异，仍然有很多彼此同意的观点。举一些例子：人类被责成进行共同对话这个事实；担负确保世界不遭毁灭的责任；不发生任何核战；彼此和平生活；各自必须尊重彼此的自由。在某种程度上，不同的世界观在这些人类共同的信念中得以交汇。而这就是我所称的'现实的人道主义'。"②

对于宗教与社会主义相适应这个目前我们主流的宗教观，拉纳当年也有其先见之明。在他看来，教会，特别是官方教会仍然与资本主义有强烈的关联，但这只是一个历史和文化现象，并不是从福音推得的一种必然性："当然有数种经济制度可以在一定限度内为基督徒所接受"，③ 其中自然包括社会主义。"显然基督徒不能拥抱一种反对基本的基督教价值的意识形态。然则，例如，我作为一个基督徒，必定与基本生产资料的公有制无条件地对立吗？梵二会议显然容许基督徒之间在社会和政治解决之道方面进行辩论。无论如何，在这样的问题方面，无人能够诉诸教会权威来获得解决之道。"④

---

①　Karl Rahner, *Faith in a Wintry Season*: *Conversations and Reviews with Karl Rahner in the Last Years of His Life*, New York: the Crossroad Publishing Company, 1990, pp.128—129.

②　Ibid., p.128.

③④　Paul Imhof and Hubert Biallowons, eds., *Karl Rahner in Dialogue*: *Conversations and Interviews, 1965—1982*, New York: Crossroad, 1986, p.63.

拉纳像马克思主义者一样，把对于现状的无情分析当作自己的一种不可或缺的任务。他发现马克思主义者们对于拉丁美洲状况的分析是正确的：这片大陆处于蓄意的、人谋的依赖状态，给广泛地区的人口带来一切后果——没有自由和遭受剥夺；这也带来宗教后果：遭受基督教徒们此等对待的那些人不能相信上帝的福音。尽管拉纳否认根据他所写的东西人们足以把他当作一位马克思主义的理论家和拥护者，只是认为"我的那些洞见附和（梵二）会议宪章《世界中的教会》有关教会在社会和政治中的使命的精神"，但是承认"左派群体可能诉诸我所写的那些东西，而且他们这么做理所当然。"①

正是基于这样的态度，拉纳指出："当（哥伦比亚）主教洛佩斯·特鲁日洛（Lopez Trujillo）宣称马克思主义是不可接受的时候，他必须首先向我解释他这么说是什么意思。……我主张的是，教会无需正式承认这些群体，但肯定必须宽容这些群体。当人们并不知道和未能知道是在与真理还是在与错误打交道的时候，教会必须对那些实验保持耐心。"② 这一认识也许不是他从马克思主义者那里得到的，但是他通过与牵涉到拉丁美洲事务中的那些人们的无数直接对话所得到的这个认识，印证了马克思主义者们的分析。

四、教会体制内的对话

身为教会中的人物，拉纳自然积极参与到制度化的对话形式之中。像梅茨（Metz）和沃格利姆勒一样，拉纳是梵蒂冈"非信徒秘书处"（这个秘书处一直由红衣主教柯尼希指导到1980年，20世纪60年代是其鼎盛期）的第一批专家组成员之一。这个秘书处的会议首要

---

① Karl Rahner, *Faith in a Wintry Season*: *Conversations and Reviews with Karl Rahner in the Last Years of His Life*, New York: the Crossroad Publishing Company, 1990, p.61.

② Ibid., p.62.

谈论的是当代那些从五花八门学科的观点出发的不信理由，只是并未与不信者们达成真正的对话。因而红衣主教柯尼希提议创办一份《国际对话杂志》，由基督教徒和无神论者来同等参与主办。

就不信者一方而言，在宣称自己是无神论者的那些西方资产阶级人文学者中找到合作者并不困难，但是找到马克思主义的无神论者参与合作却是一件不易的事，因为当时对党的忠诚问题和东欧国家的考虑具有举足轻重的地位。1967 年 12 月虽经漫长的对话，但是红衣主教柯尼希、出版商赫尔曼·赫德（Dr Hermann Herder）等人仍然未能赢得当时在法共体制内的罗歇·加罗迪的有效合作。所以只好决定由拉纳和沃格利姆勒来编辑《国际对话杂志》。这份杂志从 1968 年一直出版到 1974 年当年。这份旨在与马克思主义者进行对话的杂志之所以最终停刊，是因为"如果你邀请被党束缚的共产主义者为杂志投稿，那么只会得到重弹的老调；如果你邀请一个更为自由的、有些思想的共产主义者在杂志上写些东西，那么'真正的'共产主义者就会大喊，'他不是共产主义者'。"[1]

在上述工作过程中，非基督教徒们和基督教徒们在一个 50 人组成的理事会中的合作令人赞叹，例如新教神学家和文学专家奥拉夫·施马尔施蒂格（Olaf Schmalstieg）还成功地确保了来自文学领域、和平研究等等方面的稿源。但是该杂志从其立意针对的环境所得到的回馈却并不友好。假借有少数并无什么妨碍的少数共产主义者参与编务工作，当时具有右翼倾向的各色人等和组织激烈地攻击这份杂志，并点名抨击拉纳，指责他背弃了真理。1969 年 9 月拉纳与沃格利姆勒拜访红衣主教德普夫纳，商谈这份杂志的进一步发展，德普夫纳好像就流露出了倦意和辞职之意。他觉得他自身受到来自前西德传

---

[1] Paul Imhof and Hubert Biallowons, eds., *Karl Rahner in Dialogue: Conversations and Interviews, 1965—1982*, New York: Crossroad, 1986, p.261.

统主义圈子的不断攻击，同时因为在副主教提名中漏报相关人员的背景资料而在梵蒂冈名誉扫地。梵二会议留下的教会中的僧侣和平信徒被一股暖流所拥抱的印象，以及爱和开放性的特点，都开始消失。此时看起来无论是在个体还是群体的官方层次上，对话的观念甚至还未真正成活就已经夭折。及至出版商退出，拉纳等人编辑《国际对话杂志》的工作便告结束。尽管如此，拉纳后来仍然认为这个创意是很有意义的。①

五、与普世教会的对话

就 20 世纪的宗教发展而言，基督宗教领域有两件大事，一是新教方面 1948 年成立了"世界基督教联合会"（ the World Council of Churches ），二是天主教方面则是 1962 年到 1965 年期间召开了梵二会议。这两件事情之间的互动效果的发生有一个曲折的过程。正如柯尼希所言："'对话'大概是当今被过度使用的一个词，但是在那时却是新的。例如，与分离了的基督徒们的对话还处于刚刚起步阶段。天主教会相当批判性地看待与'世界基督教联合会'的成立（1948）相关的、在英国开始的'普世运动'。教会早先已经拒绝加入，但是大公会议说，尽管我们不会成为'世界基督教联合会'的一员，但是我们非常想一道工作。对于'普世运动'而言有两个最为重要的事件——对新教徒而言的'世界基督教联合会'的创立，对天主教徒而言的梵二会议；梵二会议产生了一个论普世主义的文献（即《大公主义法令》——作者），这个文献创造了善良意志与合作的全新氛围。"②

拉纳一直积极参加并推动普世教会对话。从一开始，拉纳的神学

---

① 参见《神学研究》德文版，第 15 卷（ Schriften XV ），第 141 页。

② Andreas R. Batlogg, Melvin E. Michalski, Barbara G. Turner, eds. & trans., *Encounters with Karl Rahner: Remembrances of Rahner by those who knew him*, Marquette University Press, 2009, pp.49—50.

就追求一种普世教会的对话。人们不断地在他身上发现一种不懈地向新教神学学习的努力，他藉由新教神学所提出的难题，来扩展他自己对于那些问题的视野，而且在不屈从于虚假的妥协的情况下展开他自己的神学和教会教义，使它们在新教基督教徒和神学家看来不再像在其他一些天主教神学家那里的情况那样难以接受。只有从这个视角来评估，拉纳有关因信称义、"义的罪人"、圣餐变体说，以及与圣事相关的个人态度，与信仰和离婚等方面相关的一些看法才能得到完整的理解。

在这点上拉纳反复考虑的一个基本问题是：人们可能永远不把甚至是教义上具有约束性而且永远有效的表达只当作一个业已完结了的过程的无法超越的终点。它还必须被当作这样一种表达，就是尽管其永恒有效，它仍然向神秘性敞开；永远不会说完对于基督教徒而言的所有真正重要的东西；能够在非天主教徒当中引发理解方面的真正困难，并且从而成为天主教神学总是不得不要完成的具有约束性的任务。拉纳的普世教会工作是带着这样的一种意识进行的，就是，天主教神学还必须总是从自身内部寻找"罪过"，亦即其他派别的基督教徒反对天主教会的原因；因为即便他的天主教神学也仍然是探索着的、可能出错的人的一种神学。

我们如果试图寻找拉纳自己的神学与新教神学的对应之处，那么可以发现，主要在于传自保罗和奥古斯丁的有关神恩之首要性的共同遗产，神恩致使意志和能力的发生，以及所有那些善的东西的实际表现，所以在上帝面前个人没有什么可以称为自己的自主贡献的东西。与改革宗一道，拉纳能够说 sola gratia—唯凭神恩（"唯恩"）。在拉纳的有关圣言的神学与新教神学家当中对于上帝的圣言的高度尊崇之间存在一种平行。他甚至把一种圣事理解为圣言的一种触手可及的浓缩形式，而且把这项圣事中的圣言当作具有决定性的意义，而物质要素只是服务于澄清圣言。对拉纳而言，《圣经》包含着上帝为人们的拯救所启示的一切；在这个意义上，作为信仰之源，它足够了。所以拉纳还可以同改革宗一道说 sola scriptura—唯经已够（"唯经"）。

不过对于新教的一些基本立场拉纳仍然难以苟同，甚至诚实地予以反对。其中包括这样一种救恩观点，就是上帝宛如领主一样只是从外面把神恩给予罪人。对于拉纳而言，救恩是上帝自身的交通，在内处改造人，导致人不再继续有罪。所以他也在上帝面前保全了人的荣誉。《新约》中的上帝之怒这个圣经主题，在拉纳那里已经完全退到了背景之中。拉纳经验到，不计后果地以爱奉献自己的上帝身上不再有任何愤怒的痕迹。因而那些原罪、审判和十字架神学对他而言不再具有首要性。既然拉纳想要成为不把教会神学看作依赖于《圣经》评断学之发现的一个神学家，那么通过大量引用《圣经》中的话语来做圣经神学的一种新教方式对拉纳而言也就总是异数。

拉纳在普世教会活动之初，他更多地是与那些尤其向天主教教会开放的新教神学家打交道，比如汉斯·阿斯穆森（Hans Asmussen）和马克斯·拉克曼（Max Lackmann）等人。1961 年 4 月拉纳与沃格利姆勒等人一同到塔伊兹（Taize），自此他同那里的基督教徒的联系就没有中断过。他与海因里希·奥特（Heinrich Ott）进行深刻的哲学对话。他与卡尔·巴特（Karl Bath）和鲁道夫·布尔特曼（Rudolf Bultmann）保持通信联系。还与沃尔夫哈特·潘嫩贝格（Wolfhart Pannenberg）、埃伯哈德·荣格尔（Eberhard Jungel）、奥斯卡·库尔曼（Oscar Cullmann）和"世界会议"（the World Council）的神学家们进行对话。他还与尤尔根·莫尔特曼（Jurgen Moltmann）、恩斯特·富克斯（Ernst Fuchs）和格哈德·埃贝林（Gerhard Ebeling）一道登上过同一个讲坛。[1]

---

① Herbert Vorgrimler, *Understanding Karl Rahner*: *An Introduction to His Life and Thought*, trans. John Bowden, London: SCM Press Ltd., 1986, p.120.

六、亚伯拉罕宗教对话

西方学界对犹太教、基督教和伊斯兰教有一个统一的称呼，因它们都把自己的始祖追溯到亚伯拉罕（伊斯兰教称易卜拉欣），所以称为"亚伯拉罕宗教"。除了积极参与并推动普世教会对话之外，拉纳还加入与犹太教徒的对话。他不仅在 20 世纪 60 年代从事与埃里利希（E.L.Ehrilich）和弗里德曼（F.G.Friedmann）等人的对话，而且 1982年还发表了与平查斯·拉皮德（Pinchas Lapide）就犹太教徒与基督教徒的共同之处和不同之处所进行的对话。[①] 尤其值得一提的是，据他的学生和同事沃格利姆勒研究指出，拉纳在他生命的最后那些年份中，就像他的《神学研究》最后几卷所表明的那样，对伊斯兰教的注意力不断增加。拉纳神学的一个重要主题，即他的三一观，在与伊斯兰教的对话中就像他的"自下而上的基督论"一样具有开拓性。[②]

人们知道，伊斯兰教与作为"有经人"（犹太教徒、基督教徒）的宗教之一的基督教最重要分歧在于对上帝或神的看法，而这个主题也构成《古兰经》的一个首要主题，就是"与有经人的争论"。伊斯兰教认为"万物非主唯有真主，穆罕默德是真主的使者"，而基督教的上帝三个位格说，实际上是一种三神论，丧失了原有的一神论的本质。《古兰经》指控基督徒把耶稣（尔撒）变成第二个神，驳斥这个观念：

当时，真主将说："麦尔彦之子尔撒啊！你曾对众人说过这

---

① 参见 Pinchas Lapide und K. Rahner: *Heil von den Juden*? *Ein Gespräch*. Mainz 1983；*Encountering Jesus*: *Encountering Judaism* by Karl Rahmer, Pinchas Lapide, and Karl Rahner, 1987。

② Herbert Vorgrimler, *Understanding Karl Rahner*: *An Introduction to His Life and Thought*, trans. John Bowden, London: SCM Press Ltd., 1986, p.120.

句话吗？'你们当舍真主而以我和我的母亲为主宰。'"他说：
"我赞颂你超绝万物，我不会说出我不该说的话。如果我说了，
那你一定知道。你知道我心里的事，我却不知道你心里的事。你
确是深知一切幽玄的。"①

信奉天经的人啊！你们对于自己的宗教不要过分，对于真主
不要说无理的话。麦西哈·尔撒——麦尔彦之子，只是真主的使
者，只是他授予麦尔彦的一句话，只是从他发出的精神；故你们
当确信真主和他的众使者，你们不要说三位。你们应当停止谬
说，这对于你们是有益的。真主是独一的主宰，赞颂真主，超绝
万物，他决无子嗣，天地万物只是他的。真主足为见证。②

正是对伊斯兰教相关思想的关注，激发了拉纳对于"三位一体"
有可能引起人们误解的那些方面的意识。在拉纳看来，因为上帝本身
就是真理和爱，所以他能够在向非神性事物自我传达中与它们分享这
种真理和爱。此外，因为"三位一体"是在一个上帝之内的真理和爱
之真实和有别的关系构成的，所以拉纳在《与伊斯兰教讨论上帝的唯
一性和三重性》一文中说，"三位一体能够而且必须被理解为，不是
对于基督教一神论的一种补充或淡化，而是它的彻底化……"。③

正是基于此点，拉纳在谈论"三位一体"的时候，避免使用复
数的"位格"（persons）来表达上帝之内的那些关系。他指出，当今
"位格"这个术语的含义已经不是当初应用于"三位一体"时的含义。
人们今天使用"位格"这个术语的复数形式的话，几乎不可避免地想
到不同而有别的主体性，即数个有意识的和自由的活动之中心。把上

---

① 《古兰经》，5 章 116 节，马坚先生译本，中国社会科学出版社 1981 年版，第
92 页。
② 同上书，4 章 171 节，第 76 页。
③ 《神学研究》英文版，18：109。

帝思考为在这个意义上的"三个位格"，就是在思考一种有关三个上帝的三神论，而不是"三位一体"。另外，复数的"位格"这个术语也不能涵盖圣父、圣子和圣灵的独特之处。更重要的是，在拉纳看来，这个术语不是从《新约》就开始的，也不是早期教父用来表达他们有关对圣父、圣子和圣灵的信仰知识的，所以它不能被认为对于这种知识而言是绝对地构造性的。①

这不是说拉纳轻视"三位一体"，恰恰相反，他是用这种特殊方式来强调"三位一体"。在拉纳看来，在我们生存的实际秩序中，"三位一体"不仅是最全面的上帝论，而且是最全面的有关世界和上帝的教条。因此，拉纳不无遗憾地指出这样一个事实，就是在他看来，"三位一体"在基督徒的宗教生活中变成了一个"被遗忘的真理"。"三位一体"塑造着基督徒的宗教生活和宗教想象，所以他认为对它的理解不能出现偏废。

它有三个要素：作为完全超越世界的圣父、在历史中成肉身和临在的圣子、作为世界最内在的动力机制而在世界中固有的圣灵。倘若只把上帝聚焦为纯粹的超越的一面，而忘记圣子的派遣和圣灵——在这个意义上倒是一种"纯粹的一神论"，但是结果会是一种自然神论（deism），这种上帝观念把上帝理解为创造世界和自然规律后退居天堂、不理世事，与居住在尘世的人们是分离的。倘若只聚焦于上帝的内在性而遗忘他的超越性，会导致自然神论的反面，即泛神论（pantheism），径直把上帝等同于世界、世界等同于上帝。倘若只聚焦于圣子和历史，会导致"纯粹的人文主义"（pure humanism），这种"对福音的世俗解释"自以为是穷尽性的。

一种单有"圣灵"的宗教，则是一种纯粹内心性的宗教，一种与历史漠不相干的虔敬主义、寂静主义或脱离肉体的宗教性。每个因素

---

①　参见 *The Trinity* by Karl Rahner and J. Donceel，1975，第 103—109 页。

都是部分真理，当被当作全部真理的时候则变成谬误。"三一论"意在把这三个因素都包括在它们的辩证关系之中，从不等同地谈论上帝和世界，也从不分离地谈论上帝和世界。按照拉纳的亲传弟子威廉·迪克（William Dych）的说法，"卡尔·拉纳在其神学中总是意识到那些个体因素在其中获得实在和意义的更大格局，总是在关系中看待一切事物，这恐怕是他的特殊天才之处。"换言之，"他的天分是综合与整合的能力。"①

---

① William Dych, *Karl Rahner*, London & New York: Continuum, 2000, p.159.

第五章
立场与争论

第一节　寒流阵阵　教会入冬

一、冬冷季节的信仰——需要"梵三会议"吗?

　　前文我们提到,在西方哲学的论域逐渐靠近神学所关心的中心问题的同时,拉纳从神学的一边也逐渐靠近西方现当代哲学的论域和论题,并把这种哲学和文化上的营养带入天主教的传统,给在现当代思想大潮面前相对僵化、守成的天主教神学注入一种时代的活力,并通过挖掘和显扬天主教传统中、特别是新托马斯主义中原先处于暗流或边缘状态的思潮,影响和改变了天主教的发展方向,而这方面的成果通过拉纳在梵二会议上的作用和梵二会议之后天主教的走向表现出来。对此,保罗·克尼特指出:"拉纳开拓性的新观念已为当代天主教神学家正努力发展的一种新的宗教神学提供了蓝图。更加重要的是,他对其他信徒的革命性态度为人所接受,并为可以被称为20世纪罗马天主教会中的更广泛的革命,即梵二会议,所正式肯定。"①

　　尽管,"如今天主教教会的大量生活事实上都是梵二会议所铸就

---

① 保罗·克尼特:《宗教对话模式》,中国人民大学出版社2004年版,第96页。

和引导的，尤其考虑到它的教导的广泛范围和雄心勃勃的更新日程的时候，更是如此"。但是，"40年之后，即便单纯提及梵二会议，在许多天主教徒之间仍然激起强烈的见解，甚至火爆的情绪。这恐怕是因为梵二会议已经成为当今天主教徒们所喜欢或不喜欢的几乎一切事物的一种象征，至少它象征着教会在过去40年间所采纳的方向。"①

尽管一般而言，梵二会议为天主教"跟上时代"铺平了道路，出现了理论焕然一新的主导局面，但同时天主教教会内部也一直存在着对梵二会议批评和反对的逆流。这方面则是中国学界关注不足的。绝大多数对梵二会议持异议的人们声言，他们是在回应"过去40年间天主教会的真正危机：丧失真正的天主教身份和背叛真正的天主教教导"。② 这些批评者的逻辑结论是，梵二会议是教会在那之后所面临的所谓的真正危机的首要原因。更有甚者，"许多人会愿意重回会议之前的时期，重回从庇护六世（1775—1799）到庇护十二世（1939—1958）的'庇护时代'。许多人会愿意重写会议文本。"③ 我们在前文提及，某种意义上拉纳神学所反对的正是作为所谓的"庇护时代"特征的"庇护独石主义"，所以这种声音值得警惕。

这类批评梵二会议的人们当然有不同的关切和视角。一些人径直拒斥梵二会议的权威性或者梵二会议教导的某些特定的要点，视之为对真正的天主教教导和传统的一种歪曲或背离。还有一些人自视为"忠诚的反对派"，仍然深深地委身天主教会，但是真诚地相信梵二会议所制定的教导和规定的方向是错误的或者是被误导了的。

另外，还有些人则批评梵二会议在"跟上时代"，即在更新教会

---

① Alan Schreck, *Vatican II: The Crisis and the Promise*, Cincinnati, Ohio: St. Antony Messenger Press, 2005, p.3.
② Ibid., p.21.
③ Heinz-Joachim Fischer, *Pope Benedict XVI: A Personal Portrait*, New York: Crossroad Publishing Company, 2005, p.31.

方面还走得不够远，其中有些人甚至把"超越梵二"作为座右铭。①
这个群体中的一些人诉诸"梵二"的所谓"精神"来论证超越梵二会
议的实际教导和方针的正当性。他们无论说什么和想什么都归诸梵二
会议或"梵二精神"。"他们一听到有人不是以赞美的口吻提及'梵二
精神'，便以为到处嗅到了背信的气息，害怕重蹈'黑暗时代'的覆
辙。"② 例如，信奉天主教的美国总统候选人约翰·克里（John Kerry）
在 2004 年的竞选中公开表示，他不必反对堕胎，因为梵二会议教导
天主教徒在道德决断方面遵从他们的良知。这种"言必称梵二"的做
法，反过来又为第一种批评梵二会议的人提供了进一步的口实。在他
们看来，"无疑，许多天主教徒纯粹出于对梵二会议所教导的东西的
无知而以梵二会议之'名义'或者之'精神'倡导未经正当性证明的
立场。"③

二、勒菲弗——独角兽之角

第一种批评梵二会议的人中始作俑者和最有影响者当属法国大主
教、前圣神会（the Holy Ghost Fathers）总会长（1962—1968）马塞
尔·勒菲弗（Marcel Lefèvre，1905—1991）。④

根据马西莫·法焦利在《梵二会议：意义之战》一书中的说法：
"勒菲弗是 1965 年 12 月 7 日投票反对《信仰自由宣言》的七十位大

① 参见 Daniele Menozzi, "Opposition of the Council（1966—1984）" in Giusepe
Alberigo, Jossua, Jeaan-Pierre Jossua, and Joseph A. Kommonchak, eds., The
Reception of Vatican II, Washington: Catholic Univeristy of America Press,
1987, pp.328—329。
② Heinz-Joachim Fischer, *Pope Benedict XVI*: *A Personal Portrait*, New York:
Crossroad Publishing Company, 2005, p.31.
③ Alan Schreck, *Vatican II*: *The Crisis and the Promise*, Cincinnati, Ohio: St.
Antony Messenger Press, 2005, p.26.
④ 参见 Massimo Faggioli, *Vatican II*: *the Battle for Meaning*, New York/Mahwah,
NJ: Paulist Press, 2012, pp.29—35。

公会议神父之一，他们占投票总人数的百分之三。无怪乎他成为最为持之以恒地批评梵二会议的批评者之一，1972 年之后尤其如此。勒菲弗指责梵二会议和保罗六世已经偏离了教会的健全传统和训导权柄，而且强推那些源于现代文化的新教义：进步、进化和变化。梵二会议的牧职特征被勒菲弗诠释成梵二会议的一种自卫，这个会议不能应对教义，而且意在把自由派的观念引入天主教会。勒菲弗把梵二会议视作一次'正在改变我们的宗教'的会议。"①

勒菲弗不仅在梵二会议上极尽少数保守派之能事，成为那些反对礼仪改革、主教共契（episcopal collegiality）、信仰自由和大公主义等改革举措的少数派领袖，而且会后仍然认为梵二会议是教会的一场"灾难"，是教会谴责过的现代主义和自由主义的一种复辟，希望尽早结束这个使教会"误入歧途"的不和谐插曲，以便恢复天主教的传统秩序和神圣地位。为此，在神学思想上他谴责梵二会议神学向"人本主义"的转变，力图重新实现天主教神学之"神本主义"中心；在神学实践上则与罗马教廷"分庭抗礼"，呼吁全面恢复天主教传统礼仪和神权统治，进而为显示其独立性和对教宗的不信任在各地自建修院和祝圣神父。勒菲弗甚至在组织层面也有所行动，他鉴于 1968 年圣神会修订宪章从而呈现出他所认为的非天主教的和现代主义的气息，于是 1970 年另行创建了没有教会法地位的"庇护十世会"（the Society of Saint Pius X）。

面对勒菲弗种种倒行逆施的做法，1976 年 5 月 24 日教宗保罗六世点名批评勒菲弗，并呼吁他及其追随者改弦更张，但是勒菲弗不为所动。1976 年 6 月 29 日，在没有得到当地主教认可，且在收到罗马的禁止信的情况下，勒菲弗一意孤行地按立祭司，结果被暂停按

---

① Massimo Faggioli, *Vatican II: the Battle for Meaning*, New York/Mahwah, NJ: Paulist Press, 2012, p.31.

立祭司权，即禁止他按立任何祭司。一周后，罗马教廷主教部（the Congregation for Bishops）部长建议他请求教宗赦免，以恢复正常状态，但是他在回信中仍然固执己见，拒不向教宗道歉。鉴于勒菲弗的态度，他随即遭到教廷暂停他的圣事权的处罚，即他不再能够合法地主持任何圣事，但是勒菲弗置之不理，依然我行我素。1976年9月11日教宗保罗六世约见了勒菲弗，1978年教宗约翰·保罗二世就在当选60天后又约见了勒菲弗，但遗憾的是两位教宗的约见都未能与勒菲弗达成一致。

勒菲弗现象是梵二会议之后存在的一种反对梵二会议的逆流的一次集中爆发，实际上其主张和做法在教会内也有着一定的支持度和基础。据戴维·艾伦·怀特（David Allen White）在勒菲弗传记《独角兽之角》（*The Horn of the Unicorn*）中的说法，在教宗保罗六世去世以后的新教宗选举中，不是红衣主教的勒菲弗曾出人意料地获得了少量选票（3票到数票，说法不一），在红衣主教中难免引发一片错愕之声，因为尽管教会法允许，但是在教宗选举中出现非红衣主教得票这种情况实在非同寻常。

1987年时年81岁的勒菲弗在一次讲道中宣布打算为"庇护十世会"（SSPX）祝圣一位主教，以便在他百年之后接班。这引发争议，因为根据教会法，祝圣主教需要教宗的同意。1988年6月30日，勒菲弗不顾教宗发出的不要采取"裂教行动"的呼吁，以及当心"神学和教法后果"的警告，在巴西大草原地区的一位荣休主教安东尼奥·德·卡斯特罗·迈尔（Antônio de Castro Mayer）的协助下，在瑞士的依考纳（Econe）擅自祝圣了四位主教，他们分别是：伯纳德·蒂西耶·德马勒莱（Bernard Tissier de Mallerais）、理查德·威廉森（Richard Williamson）、阿尔方索·德加拉雷塔（Alfonso de Galarret）和伯纳德·费莱（Bernard Fellay）。翌日，即7月1日，教廷主教部认定这是一种裂教行动，从而6位直接参与者触发了自科绝罚。7 月 2 日教宗约翰·保罗二世在其教宗通谕《神的教会》(Ecclesia Dei) 中谴责了这次祝圣，认为这构成了裂教行动，而根据《教会法典》1382 条款的规定，那些参与其中的主教和祭司触发了自动生效的自科绝罚。

拉纳本人对勒菲弗及其追随者们早就颇有微词，认为勒菲弗所作所为已经是在对抗梵二会议 ①，"从教会的观点来看，像大主教马塞尔·勒菲弗的那些立场是严格意义上的反动立场"。② 在 1976 年 12 月的一次访谈中，针对勒菲弗竟然称教宗为异端的行为，拉纳指出："根据天主教对于天主教信仰的理解，他（勒菲弗）不仅是裂教性的，而且还是一个异端。"针对勒菲弗面对教会的礼仪改革仍然唯尊拉丁弥撒的做法，拉纳不无讽刺地指出了他这种做法的荒谬："（梵二会议之后）拉丁弥撒本身并未被禁止。但是认为教会拉丁语是某种教会所不能放弃的东西，是某种必然来自教会本质的东西，则绝对是虚妄的。在罗马，礼仪最初是用希腊语来进行的，直到公元 3 世纪都是如此。倘若在那时，勒菲弗本来也会反对引入拉丁语，我要稍微带点恶意的话就会问：勒菲弗为什么不学习亚兰语，以便他可以用耶稣的语言来进行礼仪？" ③

在上述同一访谈中，就主持人有关教宗不再接见勒菲弗、已经禁止勒菲弗教学和主持礼仪活动是否等同一种惩罚这个问题，拉纳评述指出，这不是一种惩罚，而是一种预防措施，况且在勒菲弗承认教宗的职份之前教宗没有以教宗身份接见勒菲弗的前提。拉纳说："勒菲

① 参见 Karl Rahner, *I Remember*: *An Autobiographical Interview with Meinold Krauss*, trans. Harvey D. Egan, New York: Crossroad, 1985, pp.53—54.

② Karl Rahner, *Faith in a Wintry Season*: *Conversations and Reviews with Karl Rahner in the Last Years of His Life*, New York: the Crossroad Publishing Company, 1990, p.154.

③ Paul Imhof and Hubert Biallowons, eds, *Karl Rahner in Dialogue*: *Conversations and Interviews*, *1965—1982*, New York: Crossroad, 1986, pp.136—137.

弗的确声称教宗不想接见他。但是如果我信息正确的话，他已经被接见过一次。不过，只有在勒菲弗承认教宗权柄的条件下，教宗才打算接见勒菲弗。这有站得住脚的理由。如果与其同时我否认德国总理合法地拥有他的职位，我就不能与德国总理打交道。"① 他还现身说法，认为一个如拉纳自己本人这样的非官方神学家对于教宗的谕令和教会的某些做法持有保留意见是正常的，但是仍然不能忘记教宗的权威和教会的领导权。②

结合后来实际发生的对勒菲弗进行绝罚的事情和教会之后的发展状况，我们再来看拉纳在这次访谈中的有关说法，令人不得不佩服他在勒菲弗问题上的高度前瞻性和预见性："问：接下来的惩罚是绝罚。教宗现在会就他是否应该绝罚勒菲弗咨询你吗？你会给他什么建议。答：如果教宗尚且不想这样做，我没有什么反对意见。如果他真这么做的话，我也不会感到多么惊讶。问：与勒菲弗的冲突对于教会的未来会有什么后果？答：我希望没有什么后果，或者没有什么重大后果，而且可能是西欧天主教中一个奇怪的、并不重要的插曲。事实上，我深信历史并未被勒菲弗所改变。"③

勒菲弗对梵二会议的质疑态度和所言所行的理论基础，都包含在 1985 年伯纳德·蒂西耶·德马勒莱神父（1988 年被勒菲弗祝圣为主教）协助他完成的报告中。这份报告 1985 年 10 月呈递给拉辛格掌管的"信理部"，后来由瑞士伊科纳（Econe）的圣庇护十世神学院发表，标题是《圣庇护十世兄弟会创立者、蒂勒荣休大主教马塞尔·勒菲弗大主教阁下呈递信理部的有关梵二〈信仰自由宣言〉的质疑或曰有关宗教自由的质疑》。1987 年克洛维斯（Clovis）出版社正

①③ Paul Imhof and Hubert Biallowons, eds., *Karl Rahner in Dialogue*: *Conversations and Interviews*, 1965—1982, New York: Crossroad, 1986, p.140.

② Ibid., p.139.

式出版了这个报告，题为《宗教自由质疑》(*Mes doutes sur la liberté religieuse*)，之后于 2000 年推出第二版。2002 年美国祷钟出版社 (Angelus Press) 出版了根据法文第二版译出的英译本，名为《宗教自由质疑——勒菲弗大主教对梵二〈信仰自由宣言〉的诘难》。

　　勒菲弗的《质疑》分"何谓自由？"、"恰说宗教自由"和"有关梵二会议教义的怀疑"三部分，他在其中以否定宗教自由入手来否定《信仰自由宣言》，借此对梵二会议及其随后教会发展的基础展开了全面挑战。勒菲弗之所以把反击的突破口选在《信仰自由宣言》，是因为正如其所言："就许多（与会）专家来说，这个新奇的和自由主义的宗教自由教义正是（梵二）会议的主要目的……就自由主义主题的所有倡导者而言，会议系于这个主题，注定以某种方式重调教会所有活动的取向，而这种方式符合现代自由精神、市民社会中立精神、多元主义精神、对话精神、教会合一精神——而所有这些新的取向都与教会的过去相矛盾，带来的后果是数不尽的人头脑混乱和所有领域的失序。"①

　　在第一部分，他从梵二会议之前"教会之外无救恩"的保守传统出发，基于法律、良知、约束、基本人权及其限度方面对自由的分析，否定宗教自由。他得出结论说："第一，如果我们想谈论基本人权和客观权利，那么我们必须诚实承认一点，就是这些权利在真理之外并不存在。第二，更加具体地说，崇拜上帝的权利作为一种客观权利，因其对象，只有真教拥有，排除了所有其他宗教。第三，如果情况是回击不分青红皂白地迫害所有宗教的那些政权，天主教会可以且正当地唤起从观念上崇拜上帝的基本人权，因为它（从观念上崇拜上帝）本身是这项权利——即主观权利——之根，那些无神论政权所攻

①　Marcel Lefebvre, *Religious Liberty Questioned: Archebishop Lefevre's Objections to Vatican II's Declaration on Religious Liberty*, Kansas City, Missouri: Angelus Press, 2002, pp.xiii—xiv.

击的正是这个根。"①

在"恰说宗教自由"这个部分，勒菲弗回顾了19世纪的那些教宗对宗教自由的谴责，追述了《圣经》历史上在宗教问题上使用迫力的情况，借以否定宗教自由；并且认为，就宽容虚妄的宗教而言，国家可以根据具体情况偶尔为之，但是若说这在原则上既是国家的职责，又是那些虚妄宗教的大师的权利，则不能成立，因为这些与教会在宽容方面的教权是矛盾的。② 在他看来，甚至"宗教自由的'限度问题'也是一个虚假的问题。梵二会议试图像我们前面所概述的那样解决这个问题，但是没有察觉从权利主体非法过渡到权利客体之恶，那么除了走入死路一条还能如何？"③

就《质疑》第三部分所要做的，勒菲弗说道："在研究了一般的自由和特定的宗教自由之后，我们现在要把先前解说的那些观念运用到论述宗教自由的那份梵二会议文献，即1965年12月7日颁定的《宗教自由宣言》。就此，我们将借助涉及宣言不同部分的那些怀疑和质疑来进行。"④ 尽管这部分内容是以十几个敞开问题的形式出现，好像没有结论，但实际上结论已经暗含其中。整部书的主旨和结论，用勒菲弗在《质疑》前言部分的话来说就是："上帝不变，真理不变。数世纪以来教会界定或谴责的东西不能变。此乃我们为何绝对拒斥这个新教义的原因。新教义要求一种不可知论的市民社会，仿佛它是宗教问题方面人的一种自由，然而充其量应该是行政当局方面的一种宽容，绝非一种自然权利。"⑤

------

① Marcel Lefebvre, *Religious Liberty Questioned*: *Archebishop Lefevre's Objections to Vatican II's Declaration on Religious Liberty*, Kansas City, Missouri: Angelus Press, 2002, p.15.
② Ibid., pp.19—94.
③ Ibid., p.96.
④ Ibid., p.97.
⑤ Ibid., p.xiv.

尽管勒菲弗以罗马大主教身份的不当言行受到教廷的制止，但是在整个过程中为了应对勒菲弗的神学主张和怀旧情感所造成的政治影响，维护天主教会的统一，罗马教廷也不得不做出了一定的让步，其中包括在部分教堂恢复使用拉丁语的弥撒礼仪等。① 教会在礼仪等方面的让步，也可以从拉纳的学生赫伯特·沃格利姆勒所追述的拉纳的一则轶事中反映出来：

> 拉纳1964年被传召到慕尼黑，他立刻拜望了瓜尔蒂尼（Romano Guardini），后者对于拉纳做他的继任非常高兴。瓜尔蒂尼表达了对拉纳在慕尼黑的未来活动的一个愿望：拉纳应该总是打领带，因为他瓜尔蒂尼打的是领带而不是戴罗马祭司领圈。拉纳欣然同意，因为他从未把僵硬的白领圈当作祭司的一个标志，也没有把黑色视作天国所偏爱的颜色。当他1979年被教宗约翰·保罗二世私下召见的时候，他打着领带。决意恢复古老的罗马着装形式的教宗最终未允许拍摄通常的纪念照。他不想与旁边打着领带的拉纳合影……②

这则记载也得到拉纳本人的有关采访的印证："我曾经面见新教宗约翰·保罗二世，当时穿着西装，打着领带；他没说什么。但是我不知道会否出现这样的情况，就是从罗马再传来什么有关祭司着装的教令。这样一些反动事物是可能的，而且一些是的确存在的。"③

不过，拉纳打领带、着西装、不戴领圈有时也给他造成一定不

---

① 参见卓新平：《当代西方天主教神学》，第125—126页。

② Herbert Vorgrimler, *Understanding Karl Rahner: An Introduction to His Life and Thought*, trans. John Bowden, London: SCM Press Ltd., 1986, p.39.

③ Paul Imhof and Hubert Biallowons, eds., *Karl Rahner in Dialogue: Conversations and Interviews, 1965—1982*, New York: Crossroad, 1986, p.263.

便。例如，卡尔·诺伊费尔德回忆说："在他生命的最后一年，他邀请我去参加他的《基督教信仰之基础》法语译本的巴黎首发仪式。我从罗马飞往巴黎。因为原先已有的其他安排，他的秘书厄格尔女士和伊姆霍夫神父都不能陪他前往，所以拉纳神父只好独自飞往巴黎，而且在周日晚上抵达塞夫勒中心。耶稣会接待处已经关门，他站在铁门前按门铃。一位耶稣会士出来，以为拉纳是一个流落街头的人，来中心求一碗汤。因为周日并不像平常一样施舍饭汤，所以开始赶他走。旋即，据说拉纳神父用法语说：'我是耶稣会的拉纳神父！'自然这位耶稣会士感到面红耳赤，立刻把他迎了进去。"①

三、戴维斯——《教宗约翰的公会议》

勒菲弗在反对梵二会议的道路上并非"特立独行"，在英国就有其坚定的同盟军迈克尔·戴维斯（Michael Davies）。戴维斯在20世纪70年代中叶发表了批评梵二会议的、言辞犀利的"三大批判"。他在题为《教宗约翰的公会议》（Pope John's Council）的第二批判中写道："教会目前正在经历一场肯定是自阿利乌异端（the Arian heresy）以来最严重的危机。'在教会的胸膛中'几乎没有哪个传统天主教教义、道德或实践中的方面没有遭到质疑、嘲弄或者反驳。尤其是礼仪，要么已经沦为平庸，要么已经沦为亵渎和渎圣。有待回答的问题是，这些是否是公会议本身的果实。不是大多数神父本来打算，甚或期待的果实，然而却是公会议的直接结果。"②

在戴维斯看来，教会现在所经历的所谓"最严重的危机"是开启了罗马天主教中的"新现代主义"道路的梵二会议的直接结果或"果

① Andreas R. Batlogg, Melvin E. Michalski, Barbara G. Turner, eds. & trans., *Encounters with Karl Rahner: Remembrances of Rahner by those who knew him*, Marquette University Press, 2009, pp.158—159.
② Michael Davies, *Pope John's Council*, Kansas City, Mo.: Angelus, 1977, p.10.

实"。他指出："大量真诚和值得效法的天主教徒（例如教宗）相信，与公会议的预期果实相悖的现实矛盾可以通过区分所谓的'梵二精神'与大公会议文献本身来加以化解。他们宣称，坚持这些文献会带来前所未有的更新。然而必须再次强调的是，善树不能结出恶果。没有什么与特伦特公会议和梵一会议所表达的意向相矛盾的所谓'精神'，因为这些公会议的文献不向这样的一种诠释开放。"① 可见，戴维斯的结论是明确的，就是说，如果梵二会议的"果实"是恶的，那么"树"，即梵二会议本身必定是恶的。他坚持认为："没有任何有理性的人能够否认，迄今梵二会议没有产出什么善果。"②

戴维斯提出，教宗约翰二十三世决定召开自视为天启的这次公会议实际上是受到了撒旦的微妙诱惑。③ 他宣称教宗约翰在归天之前实际上对这次会议"丧失了大部分幻想"。④ 同样，他还引述教宗保罗六世抱怨教会正处于"自我毁灭"的过程中，以及恶魔"窒息梵蒂冈公会议的果实"。⑤ 但是正如有研究者指出的，戴维斯事实上不仅无视两位教宗事实上的关切——担心这次公会议出现滥用和落实不利，而且曲解这两位教宗，把他们说成是最终把整个公会议当作可怕的错误，甚至是撒旦借以摧毁教会的工具。⑥

不仅如此，戴维斯还经常援引上述与罗马分庭抗礼的大主教勒菲弗来支持自己的观点。戴维斯和勒菲弗两人都把批判集中在梵二会议所提出的礼仪更新和宗教自由这两个主题上。有关礼仪方面戴维斯写道："迪特里希·冯·希尔德布兰德（Dietrich von Hildebrand）在

① Michael Davies, *Pope John's Council*, Kansas City, Mo.: Angelus, 1977, p.9.
②⑤ Ibid., p.4.
③ Ibid., p.52.
④ Ibid., p.11.
⑥ 参见 Alan Schreck, *Vatican II: The Crisis and the Promise*, Cincinnati, Ohio: St. Antony Messenger Press, 2005, p.6。

他 1973 年发表的著作《遭蹂躏的葡萄园》(*The Devastated Vienyard*)中确当地评论道:'的确,如果 C. S. 刘易斯的《地狱来鸿》(*The Screwtape Letters*)中的恶魔之一本来受托毁灭礼仪的话,他也不可能做得更好。'这是基于对那场改革的客观估价的一种说法。无须争论罗马礼仪(Roman Rite)是否遭到处心积虑的摧毁,它已经遭到摧毁了。即便这个结果是好心人的错误判断的结果,客观的事实仍然无法改变;即便他们是处心积虑地来摧毁罗马礼仪的话,他们也不可能做得比这更加有效。"① 在这方面他不仅责怪梵二会议滥用礼仪,而且责怪教宗和教会中的一些主教。②

戴维斯还在《梵二会议与宗教自由》一书中就梵二会议《宗教自由宣言》中的一个方面进行了攻击。他宣称,梵二会议有关不能妨碍一个人或者群体公开表达或实践其信仰的教导与"传统的[天主教]教义矛盾"。③ 戴维斯所谓的"传统"是指,天主教国家经常压制非基督教徒或其他基督教团体的宗教实践,而且不允许他们担任公职,因为从天主教徒的立场来看,他们的信仰是错误的,至少在某种程度上如此。他称《宗教自由宣言》中的立场是"自由主义立场",不过他在注释中又说,"毋宁称之为反天主教的立场"。④ 戴维斯深信,梵二会议不是由圣灵引导或者控制的,而是由时代精神(Zeitgeist)所引导和控制的,而时代精神在戴维斯看来就是"自由主义"或"现代主义"。他把这当作梵二会议背离真正的和确立的天主教传统的又一个例证,认为必须质疑和拒绝梵二会议在这个议题上的教导。⑤

① Michael Davies, *Pope John's Council*, Kansas City, Mo.: Angelus, 1977, p.504.
② 参见 Alan Schreck, *Vatican II: The Crisis and the Promise*, Cincinnati, Ohio: St. Antony Messenger Press, 2005, p.6。
③ Michael Davies, *The Second Vatican Council and Religious Liberty*, Long Prairie, Minn.: Neumann, 1992, p.121.
④ Ibid., p.68.
⑤ Alan Schreck, *Vatican II: The Crisis and the Promise*, Cincinnati, Ohio: St. Antony Messenger Press, 2005, p.7.

四、吉马良斯——《身处梵二会议的浑水之中》

对"梵二会议"的教导著书立说加以质疑的，还有别的人。近年来，有许多著作和人士出于类似戴维斯和勒菲弗的理由拒斥梵二会议。这些对梵二会议表示异议的人，反对被称作"异议人士"，而是把自己当作真正的天主教教义和传统的捍卫者。例如，1997年吉马良斯（Atila Sinke Guimaraes）出版了《身处梵二会议的浑水之中》(*In The Murky Waters of Vatican II*) 一书。

巴西里约热内卢的吉马良斯带着自己的特有的质疑心态多年来一直关注梵二会议及其对于天主教会的影响。"有关梵二会议他已经写出十二卷文集，已经从葡萄牙语翻译成英语。迄今，其中的两本已经出版：第一本是现在为人所知的《身处梵二会议的浑水之中》，第二本则是新近出版的《毁灭的渴望》。这套文集中还包含对于应时宗教话题的特刊和短著。论圣座2000年的那些跨宗教性的倡导的《彼得，你往何处去？》就是第一期特刊。"①

吉马良斯在《身处梵二会议的浑水之中》宣称他所抱持的是一种"热爱、顺从和忠于神圣天主教会、彼得的后任"的态度②，但是当他到梵二会议文献当中寻找真正的天主教教义的时候，不料却发现其中存在一种内在的"模棱两可"。他认为，"在绝大多数地方，会议文献的用语在人们看来既可以从完善的和传统的天主教教义来理解，又令人惊讶地可以从新现代主义潮流的学说来理解，后者已经囤积到当代教会的许多关键的位置……这样的模棱两可的一种直接结果就是使对会议文献的分析毫无结果。"③

---

① Robert C. McCarthy, *A Critical Examination of the Theology of Karl Rahner*, S.J., Buchanan Dam, Texas: Carthay Ventures, 2001, p.xi.

② Atila Sinke Guimaraes, *In the Murky Waters of Vatican II*, 2nd ed., Rockford, Ill.: TAN, 1999, p.lvi.

③ Ibid., p.lix.

在吉马良斯看来，梵二会议文献之所以有这种模棱两可性，是因为两种思潮的冲突，这使文献整体上不可能作为一个思想统一体来加以理解。"人人知道，教会一贯的思想以及精神总是晶莹剔透、至圣、至直的。"① 但是在梵二会议上，教会一贯"晶莹剔透"的思想因"进步分子"所置入的模棱两可性而受到污染。"统一的危机、权威的危机、圣职的危机、信仰的危机：所有这一切就是教会当前危机的概貌，产生于教会文献的模棱两可。"② 这种论断与上文戴维斯的论断何其相似："没有什么与特伦特公会议和梵一会议所表达的意向相矛盾的所谓'精神'，因为这些公会议的文献不向这样的一种诠释开放。"③ 总之，在这些人眼中教会的许多当前问题都是梵二会议的教导之缺陷和模棱两可所造成的结果。④

在吉马良斯看来，所有这一切的罪魁祸首是拉纳。拉纳影响了梵二会议上的德语国家的主教，而德语国家的主教又借助对于第三世界教区的经济援助这样的纽带赢得了第三世界主教的赞同，遂造成在他眼中梵二及其之后的不堪局面："拉纳的观念强烈地影响到德国主教们，他们在梵二会议上有备而来而且很活跃。这些主教对于第三世界教区的财政援助保持着强有力的联系——这是一个相当重要的政治细节。借此，他们影响其他大量的高级祭司赞成他们在大会上所中意的议项。"⑤

不仅如此，在对梵二会议的批评方面还有人提出"自由派的阴谋

---

① 参见 Atila Sinke Guimaraes, *In the Murky Waters of Vatican II*, 2nd ed., Rockford, Ill.: TAN, 1999, pp.lx, lxi.

② Ibid., p.234.

③ Michael Davies, *Pope John's Council*, Kansas City, Mo.: Angelus, 1977, p.9.

④ 参见 Alan Schreck, *Vatican II: The Crisis and the Promise*, Cincinnati, Ohio: St. Antony Messenger Press, 2005, p.9。

⑤ Robert C. McCarthy, *A Critical Examination of the Theology of Karl Rahner, S.J.*, Buchanan Dam, Texas: Carthay Ventures, 2001, pp.ix—x.

说"，这方面的代表人物是罗伯特·苏热尼斯（Robert Sungenis）。在苏热尼斯看来，"无疑梵二会议教导中的百分之九十是传统的和正统的，恰恰是额外的 10% 却造成过去 40 年来的争议。"而在那 10% 中有一些则"在天主教传统中几乎没有任何先例"，其余的则像吉马良斯所主张的那样是"模棱两可的"。那些有问题的说法之所以能够进入到梵二会议文献之中，是因为自由派的"现代主义"高层教士们密切协调、阴谋掌控或"绑架"了梵二会议。

在苏热尼斯看来，就成问题的那百分之十而言，自由派高明的用词使他们逃过了异端的指控，而其中的模棱两可性则留给未来的"进步人士"以他们希望的方式加以诠释的空间。而这些就是导致这个时期教士和信众人数下降、天主教徒基本信仰受到侵蚀的罪魁祸首。苏热尼斯的结论是："不幸的是，羊群因牧者的过错而受苦；结果，过去 40 年间我们一直徘徊在自由主义神学的精神沙漠之中。"[1]

五、费拉拉和伍兹——
《大门面：梵二会议与罗马天主教中的新奇统治》

上述苏热尼斯、吉马良斯、甚至戴维斯的进路，相对于费拉拉（Christopher A. Ferrara）和伍兹（Thomas E. Woods, Jr.）对梵二会议的正面攻击而言，则显得仍属彬彬有礼一类，只能是"小巫见大巫"了。费拉拉和伍兹在 2002 年合著的《大门面：梵二会议与罗马天主教中的新奇统治》一书中，分析出壁垒分明的两大"阵营"："传统主义者"和"新天主教徒"。在他们看来前者是真正的天主教徒，而后者则相信"随着梵二会议的到来教会中兴起一种新的正统，这种正统剥离了与那些一度被视为神圣不可侵犯的信托的教会传统的任何联

---

[1] Robert Sungenis, M. A., "Was God Behind the Ambiguities of Vatican II? A Biblical Answer to an Intriguing Question," *Catholic Family News*, February 2003.

系。"①尤其令这两人感到如芒在背、如鲠在喉的是,"梵二会议的明显遗产——新天主教徒为之欢欣鼓舞并且要求我们全都拥而抱之——并不寓于教义之中,而是寓于捍卫教会机构的那些新奇性,其中很多在这次会议之前显然是遭到谴责的。"②

如果说吉马良斯等人对梵二会议的批判主要基于梵二会议教导之模棱两可性的话,那么费拉拉和伍兹两个人所谴责的则是梵二会议所滋养的教会实践的"新奇性"。"总之,新天主教徒欣然维护和实践的那种形式的天主教,本来会吓到1960年前的任何一位教宗。……无论新天主教徒是否知道,他都已经与传统决裂。"③在他们两人看来,梵二会议的那些"新天主教徒"追随者不仅是"反传统的",而且还易于加入"显然更病态的、反传统的'教会运动'",诸如"天主教灵恩更新"或"新初入教者之路"等。在他们口中,新的天主教运动"就像梵二会议后教会遭到践踏的葡萄园中乱生的杂草"。他们甚至还对新天主教徒顺从时任教宗约翰保罗二世的指导和教导极尽冷嘲热讽之能事。

费拉拉和伍兹不仅如此拉开了对梵二会议和那些坚持其"新奇性"的人进行正面攻击的架势,而且得出了结论:"总之,传统主义者们深信,对于当前教会危机的正确答案是整体恢复教会和使徒传统;在一个历史时刻之前,它们因梵二会议之后史无前例的改革实验而遭到舍弃或压制。还要回到梵二会议之前罗马天主教权不折不扣的经院主义的明晰和活力。另一方面,新天主教徒却看不到梵二会议之后得到认可的那些新奇性(他们把它们全都当作与天主教传统相

① Christopher A. Ferrara and Thomas E. Woods, Jr., The Great Façade: Vatican II and the Regime of the Novelty in the Roman Catholic, Church, Wyoming, Minn.: Remnant, 2002, p.16.
② Ibid., p.17.
③ Ibid., pp.20—21.

容来维护）的根本问题，而且总是因为传统主义者相信别的而质疑其天主教性。这就是传统主义派和新天主教派，这就是它们之间的争执。这种争执的最后结果可能会决定罗马天主教会在第三个千禧年的方向。"①

值得注意的不仅是来自上述一直反对梵二会议的人，更是来自原先捍卫而后来反对梵二会议的人。这方面的例子之一是著名的天主教历史学家詹姆斯·希契科克（James Hitchcock）。1979 年他在自己的著作《天主教与现代性》中号召人们按照梵二会议的法令对教会的许多变化进行批判性的评估："进行这样的回顾的关键应当是支配这种评估的标准方面的先天一致：教会的真正教导，特别是在梵二会议的法令中达到极致的那些教导。这些法令仍属当代没有阅读的伟大文献之列。尽管实际上每个人，天主教徒和非天主教徒，对梵二会议所说所行都有一种印象，但是相对而言几乎没有人展现出对于它的实际说法的密切熟悉程度。人们知道甚至神学家们都审查它的一些更加率直的段落，而宁可依靠那些任凭自由诠释的更暧昧的表述。"②

与 1979 年他还赞扬梵二会议，提醒人们防范出现对于"那些任凭自由诠释的更暧昧的表述"的偏好这一点大为不同的是，希契科克近些年变得对梵二会议的批评多起来，而且本人运用自己对梵二会议文本的"自由诠释"来证明自己所做批评的正当性。2003 年他在题为《〈论教会在现代世界牧职宪章〉的终结？》一文中，把梵二会议的特征规定为"牧职"会议，在其教导方面受到"现在人们普遍所知的'60 年代'这一世界范围内的文化现象"的高度影响。在希契科克看

① Christopher A. Ferrara and Thomas E. Woods, Jr., The Great Façade: Vatican II and the Regime of the Novelty in the Roman Catholic Church, Wyoming, Minn.: Remnant, 2002, p.26.
② James Hitchcock, *Catholicism and Modernity Confrontation or Capitulation*?, New York: Seabury, 1979, p.223.

来，其结果是梵二会议，尤其是《论教会在现代世界牧职宪章》在有关现代世界方面采取了一种不现实的、"梦幻般的"乐观主义；这种乐观主义既不适当，在历史上又没有正当性。他宣称，梵二会议上那些神父的天真，就像在《论教会在现代世界的牧职宪章》中所表现的那样，"无意间帮助侵蚀掉了盼望与乐观主义之间的关键分界"。在希契科克看来，梵二会议所促进的不是真正的基督教信仰或者盼望，而是一种"强迫性的乐观主义"，这种乐观主义要求"天主教徒无视历史给他们的教训"。①

六、《天主教家庭新闻》月报——大肆炒作《山脊漫步》事件

《天主教家庭新闻》创立于 1993 年，是一份传统主义的天主教月报，由传统派的天主教新闻记者约翰·文纳里（John Vennari）担任主编，主要在纽约州西部和安大略省南部印刷、发行纸质版。《天主教家庭新闻》与各种各样的传统主义群体没有官方隶属关系，但是同情"圣庇护十世协会"（Society of Saint Pius X），这个协会的安格鲁斯出版社（Angelus Press）曾经在这份月报上刊发广告。这份月报频频批评梵二会议之后教会中的礼仪变化，但是承认恰当实施的新礼仪圣事的有效性；该报还刊发一些虔信材料，以及有关历史上的罗马天主教教导和人物的文章。该报及其网站成为美国保守的天主教传统派的一个喉舌和舞台，例如前文提到的克里斯托弗·A.费拉拉等人就在上面不断发声。

本书作者 2016 年 2 月 4 日在该月报的官方网站主页看到这样一些博客文章，几乎都是质疑新教宗方济各的：克里斯托弗·A.费拉拉第一篇文章的题目是《方济各和为了"同志"的"公民联合"：说可

---

① James Hitchcock, "The End of *Gaudium et Spes*?", *The Catholic World Report*, May 2003, pp.54—58.

不说否》，不仅曲解教宗只把"上帝所要的家庭"当作"美梦"，而且批评教宗一贯两面讨好，甚至说："看来方济各几乎不能说出一句没有带有某种神学可疑性的话"；约翰·文纳里的文章题目则是《教宗方济各领导"共同崇拜"纪念路德起义第 500 周年》，其中文纳里貌似引经据典地警告这是在"纪念天启之灾"，认为"路德的起义把成百万的灵魂从真正的耶稣基督的教会上撕裂出去，很可能陷数以百万计的他们于永恒的地狱之火，新教起义毫无纪念之处！"

此外，还有约翰·文纳里的另一篇题为"本周令人感伤的照片：教宗方济各接待芬兰普世教会代表团"，其中对于照片中路德宗女性主教等人及其着装极尽讽刺之能事，哀鸣这"表明后梵二的乖戾仍在继续"；而克里斯托弗·A.费拉拉也在自己的另一篇文章《费拉拉：政治正确的教宗》里用自己意为"阔刃剑"的名字玩了一把文字游戏，其中批评教宗在访问美国国会和国家祈祷早餐等场合谈论政治有余而宗教不足。凡此等等，不一而足。

如果这还算他们在一些个别问题上散见的保守观点的话，那么历史上《天主教家庭新闻》月报及其网站对于德国著名女作家路易丝·林泽尔的《山脊漫步：致卡尔·拉纳的友情书信 1962—1984》一书内容的选择性评论和相关炒作，则使他们反拉纳、反梵二改革的总立场暴露无遗。也解释了这个月报及其网站在上述具体问题上何以持有如此负面和质疑的观点。

正如本书前文所述，1994 年拉纳辞世以后 10 年，德国女作家林泽尔出版了《山脊漫步：致卡尔·拉纳的友情书信 1962—1984》一书；他们立刻像鲨鱼闻到血腥味一样激动起来，以为找到了借助林泽尔这位所谓的"拉纳女友"绯闻的炒作、通过抹黑拉纳这位旗手而达到全盘否定梵二会议的千载难逢良机。在他们看来，"拉纳女友"在《山脊漫步》中透露的一些信息表明，拉纳即便在两人关系上只是精神上出现软弱，也算没有能够恪守独身愿。他们进而根据梵二之前历史上的某些说法判定拉纳的一些言行属于异端，并且哀叹这些异端邪说成为对于传统信仰地貌进行大破坏的"拉纳飓风"，最终得出那次对于这种飓风推波助澜的梵二会议实属可疑的结论。

第二节　成也萧何　败也萧何

一、对外奉行大公主义：落实对话精神的约翰·保罗二世

1978 年教宗约翰·保罗二世当选，直到 2005 年逝世，在位长达 27 年。他是 16 世纪以来当选的第一位非意大利籍教宗，在教宗任期内的很多主张和作为备受世人瞩目。他不仅努力落实梵二会议精神，而且以其人格主义作为思想基础来分析当代国际大势，最终以独特方式发挥了重大的国际影响。

就教会而言，教宗约翰·保罗二世一直处于上述寒潮和逆流所造成的漩涡的中央；尽管因为种种原因"约翰·保罗二世对于梵二会议的取向是复杂的而且有时是矛盾的"[1]，但是在梵二会议之后他还是在落实梵二会议的对话精神和保守改革成果方面发挥了中流砥柱的作用。

研究者指出："约翰·保罗二世所取得的惊人成就之一是在跨宗教对话领域。约翰·保罗二世比他的任何一位前任都更加一贯和大胆地开启与那些历史上有过紧张和（或）神学上被罗马天主教所忽视的宗教（诸如伊斯兰教和佛教）的对话关系。此外，他还引人瞩目地强化教会——特别是自梵二会议以来——与那些已经开启对话的宗教（诸如犹太教）之间的对话。"[2] 约翰·保罗二世深信，跨宗教对话是

---

[1]　Massimo Faggioli, *Vatican II: the Battle for Meaning*, New York/Mahwah, NJ: Paulist Press, 2012, p.13.

[2]　Byron L. Sherwin and Harold Kasimow, ed. *John Paul II and Interreligious Dialogue*, Maryknoll, New York: Obis Books, 1999, p.xi.

促进不同宗教的成员之间相互尊重的道路，并且有助于给一个被冲突和战争、贫穷和环境破坏所撕裂的世界带来和平与和谐。因为，"教宗充分意识到当今的暴力和毁灭是以宗教的名义进行的，而且全神贯注于我们这个星球上所进行的战争的宗教因素。"①

约翰·保罗二世在大公精神引领下的第一个巨大举措是 1986 年在意大利的亚西西（Assisi）召集的"世界和平祈祷日"活动。在那里的圣方济各大教堂里，犹太教徒、佛教徒、基督教新教徒、神道教徒、穆斯林、琐罗亚斯德教徒和印度教徒以及非洲和北美土著传统宗教的信徒们济济一堂，就大家都认同的主题共同发声。而 16 年之后，恐怖分子以伊斯兰教和安拉的名义实施 9·11 恐怖袭击之后没有几个月，教宗在亚西西再次召集了这样的一次活动。来自世界各主要宗教的代表在活动中联合祈祷并且合作拟就了一个大公文件，谴责以任何宗教名义进行的所有形式的暴力。

"及至 1986 年的亚西西会议，约翰·保罗二世已经有很长一段向伊斯兰世界主动示好的历史。……1985 年应国王哈桑二世邀请访问摩洛哥期间，约翰·保罗二世在卡萨布兰卡的体育馆里会见了数以千计的穆斯林青年。……他提醒他们：'我们信仰同一个神，那个唯一的神、活着的神。'"② 16 年之后，约翰·保罗二世在穆斯林和梵蒂冈关系方面又迈出重要的一步：他迈入叙利亚大马士革的倭马亚清真寺，成为第一个进入清真寺的教宗。

还在他担任教宗的早期，约翰·保罗二世就为中世纪教会授权的、梵蒂冈资助的十字军东征向穆斯林做了正式的道歉。不过，有鉴于那种类似中世纪的不宽容在那么多的穆斯林占主导的国家仍然迁延不去，他坚持认为穆斯林也应当抛弃那种不宽容心态。同样，在访问

① Byron L. Sherwin and Harold Kasimow, ed. *John Paul II and Interreligious Dialogue*, Maryknoll, New York: Obis Books, 1999, p.1.
② Edward Renehan, *Pope John Paul II*, Chelsea House Publications: 2006, pp.70—71.

苏丹的时候，约翰·保罗二世对于在临近的阿尔及利亚发生不久的谋杀主教和天主教传教士的行为大加挞伐。

2000年约翰·保罗二世应以色列总理埃胡德·巴拉克的邀请访问以色列，踏上向世界犹太人公开示好之旅。在这次访问中，他在政治上不断重申自己的长期信念，就是以色列人有生存权，而巴勒斯坦人有自治权；在宗教上，则以行动和言辞拉近与犹太教的关系。在伯利恒的时候，他在那所建在传统上所认为的耶稣出生地点的教堂里祷告，敦促以色列人与巴勒斯坦人之间和解。在耶路撒冷的时候，他成为首位访问犹太教圣殿遗址西墙（哭墙）的教宗，并且按照犹太人的习惯把手写的祷文塞入石缝，上面写着："我们祖先的神，你选择亚伯拉罕及其后裔把你的名带给万族。历史进程中那些人的行为造成你的这些子孙经受苦难，对此我们深感悲痛，并且请求你的宽恕；我们希望自己致力于与圣约之民的真正兄弟关系。"[①] 这实际上公开否定了天主教会中由来已久的反犹主义，替犹太人洗清了所谓的"弑神之罪"。

二、意料之外情理之中：沃伊蒂瓦的教宗之路

其实，约翰·保罗二世致力于跨宗教对话，特别是与犹太教的对话，与他童年的经历不无干系。约翰·保罗二世（1920—2005）出生在波兰的瓦多维采（Wadowice），在这个距离克拉科夫（Krakow）35英里的小镇生活着8000天主教徒和2000犹太教徒。卡罗尔·沃伊蒂瓦（Karol Wojtyla）的父母是虔敬的天主教徒，但是作为教师的立陶宛裔母亲和作为裁缝的退伍军人父亲并不像很多波兰天主教徒那样具有反犹情结。"卡罗尔儿时的很多小伙伴是犹太人。多年后的1978年10月，新教宗约翰·保罗二世的首次梵蒂冈私人觐见机会不是给

---

① 转引自：Edward Renehan, *Pope John Paul II*, Chelsea House Publications：2006, p.73。

予一位天主教徒，而是给予了他儿时伙伴和终生友人杰齐·克卢杰（Jerzy Kluger），后者是犹太人大屠杀下幸存下来的、为数不多的瓦多维采犹太人中的一位。"①

尽管小卡罗尔和小杰齐宗教不同，家庭地位悬殊，但是两者亲密无间，在彼此交往和互相走访各自的家庭过程中了解了对方的生活和文化，关键是那时彼此并未感觉有什么两样。传记作者记载了他们儿时这样一件事情："杰齐的父亲是位律师，担任瓦多维采犹太人共同体的主席，是镇上非常引人瞩目的人。因而，共同体中的每个人都知道杰齐·克卢杰是犹太人。他仍然记得他和卡罗尔获知升入初中的那一天。以为自己最先获得信息，所以杰齐前往通知他的朋友。当听说小卡罗尔在做弥撒的时候，他便平生第一次走入大教堂去找他。杰齐进入大门的时候，一位离开教堂的妇女认出他是一个犹太孩子，便惹人注目地阻止他。目睹这一事件的小卡罗尔，当时只有 10 岁，便安慰他的朋友说：'难道我们不都是神的孩子吗？'"②

卡罗尔·沃伊蒂瓦是一个德智体全面发展的好学生。儿时的约翰·保罗二世与杰齐和其他犹太教和天主教朋友参加各种各样的体育活动，包括足球、游泳、滑雪、登山和野营等；据杰齐·克卢杰回忆，当这些活动中出现天主教队与犹太队对垒的时候，倘若犹太队人员不足，沃伊蒂瓦甚至经常客串犹太队员。正如教宗的传记《盼望的见证》的作者乔治·韦格尔（George Weigel）所注意到的，约翰·保罗二世终其一生都是一位杰出的体育人，而这种天赋对于他的传教工作也大有助益：作为一个年轻人，他是非常活跃的足球人、滑雪人和登山者。作为年轻的司铎，他积极参与对于那些因登山、滑雪和皮划艇运动而聚集在一起的大学生的福传活动。

---

① Edward Renehan, *Pope John Paul II*, Chelsea House Publications: 2006, pp.23—24.
② Ibid., p.24.

"就像他是一位杰出的运动员和户外活动者一样，他也是一流的学生。学习方面的成功对于他而言轻而易举，事实上他天赋异禀，才华横溢。"① "作为一个青年人，沃伊蒂瓦发展出对于艺术的激情，特别是诗歌和戏剧。"② 他在中学时期是学校剧社的成员，而且通常扮演主角出演《安提戈涅》等多部剧目。此外，还参与编导了不少戏剧。

1938 年沃伊蒂瓦中学毕业，之后他与父亲移居克拉科夫，以便他在雅盖隆大学修读文学和哲学。值得注意的是，他在 1939 年和 1940 年所写的自己最初三部戏剧中，主角都是取自《圣经》的犹太人：大卫、约伯和耶利米。他不仅自己写剧本、演戏，而且参加诗歌朗诵和文学讨论小组。在同时代人的回忆中，他不仅是一位投入和有天分的演员，而且是一位不错的歌手。当然，"他们也回忆他是一位严肃而虔敬的年轻人。就像他在故乡小镇那样，每天早晨的弥撒上他都在祭坛服侍；他还在学校建立了一个天主教宗教社团。"③

德国入侵波兰后，所有的大学、高中和神学院都被关闭。为了逃避放逐和监禁，1940 年晚些时候沃伊蒂瓦躲到一个采石场工作，同时在地下剧场演出。1940 年 8 月他与丹纽塔·迈克洛斯卡（Danuta Michałowska）在朱利叶斯·基德林斯基（Juliusz Kydryński）家中排演斯蒂芬·泽罗姆斯基（Stefan Żeromski）戏剧《离我而去的小鹌鹑》，自此到 1943 年数年间他们在地下剧场排练和演出了许多名剧。战后，丹纽塔·迈克洛斯卡逐渐成为著名的专业演员、导演和克拉科夫戏剧艺术学院的教授和院长，直到 2015 年 1 月 11 日去世。

除了演剧这样的文化抵抗之外，沃伊蒂瓦还积极参加反纳粹的其他抵抗活动。"他没有忘记自己的犹太人朋友。他加入了'优尼涯'（UNIA），这是一个波兰天主教徒的地下组织，矢志协助犹太人逃过

① Edward Renehan, *Pope John Paul II*, Chelsea House Publications：2006, p.26.
②③ Ibid., p.28.

大屠杀。优尼涯向大约5万犹太人提供了假文件，在整个德国占领期间藏匿了大约2500名犹太儿童。优尼涯还资助'文化抵抗'……"正是沃伊蒂瓦目睹到德国占领期间周围所发生的那些灾难、痛苦和绝望，促使他把握到自己的信仰和终生的司铎使命。他1942年10月加入克拉科夫大主教亚当·斯蒂芬·撒派哈（Adam Stefan Sapieha）的秘密神学院。1945年二战结束后，沃伊蒂瓦回到复校的雅盖隆大学，完成第三年和第四年的神学学习。

1946年11月，他被大主教撒派哈按立圣职，旋即在圣诞节前奉派抵达永恒之城罗马攻读研究生，不久在教宗接见修生的场合觐见了教宗。1947年7月，他通过了修院执教资格考试，相当于拿到了硕士学位。然后又在罗马多留了一年，努力完成冗长的博士论文，研究的是圣十字约翰源于圣方济各的影响。尽管研究和论文受到好评，但是因为没钱付给出版商出版博士论文，没有达到该校先出版博士论文再拿学位的要求，遂与博士学位失之交臂。值得一提的是，他居住在耶稣会的机构比利时学院，却在天使大学（圣托马斯·阿奎那大学）学习，据说他在克拉科夫的那些保守上司们想要保护这位年轻的才俊免受他们所认为的那些教会中颠覆性的东西的影响。

沃伊蒂瓦回国的时候，波兰天主教正经历着巨大变化。红衣主教奥古斯特·赫隆德（August Hlond）1948年10月辞世之后，教宗庇护七世任命原主教斯蒂芬·维辛斯基（Stefan Wyszynski）接任。一开始，沃伊蒂瓦被分配到距离克拉科夫大约30英里的涅哥维采（Niegowic）贫穷乡村堂区，其间他到雅盖隆大学在职攻读学位，得益于他在罗马攻读学位的底子，很快于1948年获得神学硕士和神学博士学位。1949年春，沃伊蒂瓦被召回克拉科夫，他的老朋友撒派哈任命他为圣弗洛里亚诺（St. Florian）教堂的堂区神父，与大多来自雅盖隆大学美术和工程系的众多知识分子、艺术家和学生建立起密切联系，形成某种沃伊蒂瓦氛围。

　　1951 年 7 月，红衣主教撒派哈逝世以后，继任者命令沃伊蒂瓦离职两年攻读另一个博士学位。尽管他在继续学习的同时，还可以从事戏剧创作、诗歌和论文写作和别的令其感兴趣的事情，但是周围情况开始出现某种不祥的变化，开始有主教因为叛国和颠覆罪而遭逮捕和判刑。及至 1954 年，雅盖隆大学被迫关闭了神学系。在克拉科夫主教区的庇护下，雅盖隆的那些大公合一的神学教师又把沃伊蒂瓦这些学生招聚到克拉科夫神学院继续学习，同年获得雅盖隆大学哲学博士学位。与其在雅盖隆大学做学生的同时，他还在另一个城市卢布林的天主教大学担任非终身哲学教授；1956 年，沃伊蒂瓦在卢布林天主教大学获得终身教授系列的伦理学讲席。

　　两年后，他被任命为克拉科夫的辅理主教。非常有特色的是，他得知这项任命消息的时候正在深山老林里，与学生在波兰北部湖区的丽娜河附近进行皮划艇运动和野营，其中融入了参访童贞女玛利亚的一个圣所。"学生们记得他路途中放松而快乐地沉浸在大山、湖泊和河流之中；随身携带着研究家庭的那本新书《爱与责任》的打字手稿，每晚一章一章地分发给他们借着篝火阅读和讨论。8 月 18日，那是圣母升天节后的第三天，他被叫到附近堂区主管神父寓所接听电话，告知教宗庇护七世（两个月后归天）已经任命他为辅理主教。"①

　　1959 年 1 月 25 日，庇护七世的继任者约翰二十三世宣布了召开梵二会议的计划。三年后大会正式开始的时候，来自克拉科夫的 42岁主教沃伊蒂瓦是其中一位参会者。大会是一个力图让天主教会跟上时代、以大公精神消弭基督教众教会之间的嫌隙、促进世界范围内的宗教自由并借此令教会得到重生的过程。"卡罗尔·沃伊蒂瓦主教热情洋溢地参与到此过程当中。同年教宗约翰任命他为克拉科夫的代理

_____

① 　Edward Renehan, *Pope John Paul II*, Chelsea House Publications, 2006, p.38.

大主教。"①

传记作家这样谈到参加梵二会议的卡罗尔·沃伊蒂瓦:"卡罗尔·沃伊蒂瓦绝非一个在大会大堂里坐上几个小时,勤勉地吸纳看来无休无止的拉丁修辞语流的聆听者。数十年之后,教宗约翰·保罗二世略带羞怯地承认:'你知道,在梵二会议期间我写了一些著作的章节和一些诗词。'那些诗词描绘了沃伊蒂瓦对于这次大公会议的个人的和属灵的经验。那时,沃伊蒂瓦还从哲学上透彻思考这次大公会议,并且在大会会堂里草拟了他未来的主要哲学课题,即题为《位格与行动》(Osoba y czyn)的研究。"②

担任大主教的沃伊蒂瓦在政教关系方面比其走强硬路线的前任更加务实,所以 1967 年 5 月 29 日他被教宗保罗六世(1963 年接任归天的约翰二十三世)任命为红衣主教的时候波兰政府并未反对。在接下来的 60 年代后期和 70 年代早期,沃伊蒂瓦采取了一种策略,就是在荣耀天主教信仰和传统的基础上,探寻传播信仰、鼓励崇拜和推进宗教教育的新颖方式,同时力避与政府公开冲突,甚至在某些认为"无伤大雅"的方面有所妥协与合作。

被任命为红衣主教后,"沃伊蒂瓦在 20 世纪 60 年代末期和整个70 年代开始熟悉世界上的一些新的地方。"③ 例如,1969 年 8 月和 9 月首访加拿大和美国;1973 年 2 月,代表波兰教会参见在澳大利亚墨尔本举行的国际圣餐大会,途中还顺访了菲律宾的马尼拉;1974 年 4 月,前往捷克斯洛伐克参加红衣主教斯蒂芬·特洛赫塔(Stefan Trochta)的葬礼。"除了他自己旅行之外,这位克拉科夫的红衣主教还成为那些想要访问波兰和会见他的那些教会要人的吸铁石。1973

---

① Edward Renehan, *Pope John Paul II*, Chelsea House Publications, 2006, p.40.

② George Weigel, *Witness to Hope: The Biography of Pope John Paul II*, Harper Collins, 1999, p.172.

③ Ibid., p.222.

年 10 月，他接待了德国主教会议的主席红衣主教尤里斯·德普夫纳，并且一同在奥斯威辛和比尔克瑙祷告。翌年，沃伊蒂瓦在克拉科夫接待了来自法国和意大利的一些红衣主教，以及来自比利时和布隆迪的一些主教。"①

1976 年沃伊蒂瓦的国际步伐进一步加快。"作为信任年轻的波兰红衣主教的一种惊人姿态，教宗保罗六世邀请卡罗尔·沃伊蒂瓦主持每年一度的教宗和教廷的大斋节退修会。传统上退修会在大斋节的第一个星期举行，沃伊蒂瓦只有短暂的时间准备预计要在退修会期间进行的 22 场讲道或会议。……退修会 3 月 7 日晚上在使徒大殿的圣马蒂尔达（St. Mathilda）小教堂开始。沃伊蒂瓦从小教堂的前面向退修者们——那些罗马教廷的资深领袖——致辞。他眼睛的余光能够看到教宗保罗六世独自坐在外面的一个小房间里。"②

他在教宗在场的这次退修会上，不忘提及自己来自受逼迫的教会，但是指出那里愿意参加退修会的信徒超出了教会所能满足的程度。特别是在涉及《牧职宪章》第 22 款（Gaudium et Spes 22）的语境中，他除了广征博引个人的和牧职经验作为例证之外，还通过《圣经》、基督教经典、当代哲学、神学和文学等语言棱镜透视基督教人道主义的诸多方面。"爱任纽、奥古斯丁、阿奎那、海德格尔、保罗·利科、亨利·德·吕巴克、卡尔·拉纳、孔汉思、沃尔特·卡斯佩，以及圣埃克苏佩里的《夜航》和弥尔顿的《失乐园》——所有这些都被纳入沃伊蒂瓦对于基督拯救人的荣耀的沉思之中。"③ 不过，值得注意的是，他在此次退修致辞所用的资源中最先提及的是《圣经》、奥古斯丁和哲学家海德格尔。

---

① George Weigel, *Witness to Hope: The Biography of Pope John Paul II*, Harper Collins, 1999, p.223.

② Ibid., pp.223—224.

③ Ibid., p.224.

　　1976 年 7 月红衣主教沃伊蒂瓦借参加费城举行的"国际圣餐大会"的机会再次访美,逗留了 6 周。这次美国之旅从波士顿开始,因为他应邀到哈佛暑期学院演讲,题目是"参与或异化"。然后到首都华盛顿活动了 3 天,包括到美国天主教大学哲学学院演讲,之后才前往费城参加主题为"圣餐礼与人类家庭的食不果腹"会议。在费城与会期间他再次入住圣查理·博罗梅奥神学院,他夜游神学院并且拜访那里的教员房间,探讨美国天主教教会的状况。会后他还旋风般地访问了芝加哥、威斯康星州的斯蒂文斯波恩特、巴尔的摩、底特律、密歇根州的奥查德莱克、蒙大拿州的大瀑布城和喷泉城、洛杉矶和旧金山。"他在《天主教周刊》的那些朋友记得他对于美国文化及其把自由消散为浅薄的许可这一倾向深感'失望'。"①

　　1977 年 3 月沃伊蒂瓦又应邀在米兰的圣心大学发表讲话,讲题是"一个难题——通过人的实践创造文化"。沃伊蒂瓦认为人类的行动是"最充分、最丰富和最真实地对人加以理解的最直接的路径";但是认为人类努力的"唯一目的是改造世界"的任何人类行动理论则是危险的,因为它把人规约为"一种副现象、一种产品"。沃伊蒂瓦论证说,解决这个难题的答案是寻回蕴含在人的行动中的超越性,结果通过我们的行动所创造的文化,人们"变得更加属人,而非仅仅获得更多的手段。"②

　　至此,沃伊蒂瓦的声誉至少在教会人员当中已是国际性的。"他的红衣主教同侪认为他是他们中间更有思想和学术的一员……尽管并非所有认识沃伊蒂瓦的人都自认完全理解他,但是一致认为他好像注定要做某种特别的事情。"③ 而这个"某种特别的事情"就是作为两位

① George Weigel, *Witness to Hope: The Biography of Pope John Paul II*, Harper Collins, 1999, p.226.
② 参见 Wojtyta, *Person and Community*, pp.263—275。
③ Edward Renehan, *Pope John Paul II*, Chelsea House Publications, 2006, p.44.

前任教宗短期在位就意外归西的结果，沃伊蒂瓦意外当选教宗：保罗六世只做了不长时间的教宗就于 1978 年 9 月辞世，继任的约翰·保罗一世就职不久又病亡。正如研究者所指出的："除了作为进行募捐和管理的一个娴熟高手之外，尽管他已经把自己打造为受到高度尊重的教会知识分子和哲学家，但是没有人预期红衣主教团会选择沃伊蒂瓦作为约翰·保罗一世猝死之后的下一任教宗。……不过，当红衣主教经过七轮投票仍然没有就继任人达成一致的时候，10 月 16 日下午晚些时候作为一种妥协沃伊蒂瓦被选为继任人。于是他成为 455 年来第一位非意大利籍教宗（上一位是 1522—1523 年在位的阿德利安六世）。"①

　　一听到宣布波兰红衣主教沃伊蒂瓦当选教宗，圣彼得广场等待的人们被这个陌生的名字一时弄得回不过神来，这同样也令"朋友们惊讶不已。那时在罗马做生意的杰齐·克卢杰既感慨又欢欣。丹纽塔·迈克洛斯卡——纳粹占领期间与沃伊蒂瓦在地下戏剧小组一起表演的一位演员朋友——给他一封正式的贺信，并在其中对于因他新的显赫地位而无法继续交往深感哀伤。一周后，约翰·保罗在一封亲笔信中向她保证，没有属于上帝最伟大礼物的那些友谊，他绝不能也绝无法生活。接替沃伊蒂瓦在卢布林大学教席的波兰司铎和哲学家塔杜斯·斯蒂辛（Tadeusz Stycze）神父则收到这样的保证，就是他们会继续每年在喀尔巴阡山脉的登山活动，以及有关他是否愿意把技能用以帮助新科教宗打造通谕的礼貌探寻。"②

三、全世界是我的堂区：《救主的使命》与《跨越盼望的门槛》

　　在教宗约翰·保罗二世的众多著作和通谕中，人们认为 1990 年

---

① Edward Renehan, *Pope John Paul II*, Chelsea House Publications, 2006, p.45.
② Ibid., p.52.

12 月 7 日的通谕《救主的使命》（Redemptoris Missio）和 1994 年的著作《跨越盼望的门槛》是理解他有关宗教间对话、教会的世界使命和对待其他信仰的态度的重要资料。有人甚至认为《救主的使命》是"约翰·保罗二世教导的核心"。①

可以说，约翰·保罗二世的第八个通谕《救主的使命》是他为第三个千年纪的教会所制定的宪章，其颁布日 1990 年 12 月 7 日恰逢梵二会议有关传教命令的文件颁发 25 周年。梵二会议之后的教会在教会具有什么类型的使命方面出现分歧。约翰·保罗二世坚持认为，教会不单单拥有使命，教会本身就是使命。尽管世界上有 20 多亿基督徒（天主教徒 10 多亿），但基督徒在世界总人口中的比例却从 34.4%下降到 33.2%，同时世界上很多地区还没有福音化，再加上梵二会议之后很多天主教神学家认为向"万族"的传教使命已经结束，所有这些都促使教宗在这个方面要表明立场。

这个通谕表现出教宗在拯救方面的立场："如果我们回到教会之初，我们发现一种清晰的断言，即基督是所有人的唯一救主，是能够启示上帝和引向上帝的唯一者……对于所有的人而言——犹太人和外邦人——拯救只能够来自耶稣基督……上帝的启示通过他的独生子成为确定的和完全的……在他的启示的这个确定的圣言中，上帝已经使自己以可能的最完满方式为人所知。他已经向人类启示他是谁。上帝的这种确定的自我启示是教会就其本质而言是传教性的之根本原因。他所做的无非宣示福音，即上帝已经使我们能够就他有所了解的那个冲满的真理，岂有他哉！"②通过这样的立场宣示，《救主的使命》力

---

① Marcello Zago, "Commentary on Redemptoris Missio," in Redemption and Dialogue: Reading Redemptoris Missio and Dialogue and Proclamation, ed. William R. Burrows, Maryknoll, New York: Orbis Books, 1993, p.53.

② William R. Burrows, ed. Redemption and Dialogue: Reading Redemptoris Missio and Dialogue and Proclamation, Maryknoll, New York: Orbis Books, 1993, pp.7—8.

图纠正某些天主教思想家现在把传统上作为拯救"正常"途径的基督教当作"异乎寻常"的拯救途径的本末倒置。[①] 教宗这方面的立场也在《跨越盼望的门槛》中重复出现。

"尽管《救主的使命》有两个目的：一是廓清有关基督教使命方面的神学混乱；二是处理有关基督和教会与上帝拯救所有人的旨意之间关系的争议，但是倘若认为这个通谕是纠错性的，则是一种错误。它毋宁是向整个教会的一个提醒，就是每个天主教徒都有传教使命，因为就像教宗所说，'教会就其本质而言是传教性的'。"为圣的普遍呼召包括传福音的普遍呼召。基督教是需要分享的福音，与他人分享基督是个体天主教徒和教会为世界所能做的可能最为美好的事情。况且，彻底意义上的福传祈使对于使教会重新焕发活力也是必须的，"因为当把信仰给予他人的时候信仰则得到强化。迫在眉睫的第三个千年纪应当提醒天主教徒们，教会的使命，即基督本人使命的一种继续，'仍然只是开始而已'。"[②]

可见，尽管教宗的立场相当明确——拯救通过基督，但是教宗并不是一个排他论者，而是一个像拉纳一样的兼容论者。他经常说他对其他宗教的信徒深为敬重。他说，当他观察到其他宗教信徒心中的信仰的时候，让他想起《马太福音》8章10节中耶稣的话："这么大的信心，就是在以色列中，也没有遇见过"。[③]在《救主的使命》和《跨越盼望的门槛》中，约翰·保罗二世表明，其他信仰的信徒事实上也可能到达拯救。他在《救主的使命》中说："拯救的普遍性意味着，它不仅被授予那些外显地相信基督而且进入教会之中的人。既然拯救

---

① George Weigel, *Witness to Hope: The Biography of Pope John Paul II*, HarperCollins, 1999, p.633.

② Ibid., p.634.

③ 参见 Pope John Paul II, "To Representatives of the Shinto Religion," Rome, Fabruary 28, 1979, in Gioia, ed., Interreligious Dialogue, p.216。

是提供给所有人的，那么它必定是具体地为所有的人所得到的。"① 教宗还继续说道："通过恩典基督中的拯救是可及的；恩典尽管与教会有一种神秘的关系，但是并不使［其他宗教信仰的成员］在形式上成为教会的一部分，而是以一种与他们的属灵的和物质的境况相应的方式启化他们。这种恩典来自基督，是他的牺牲的结果，是通过圣灵所交通的。"②

我们知道，拉纳在宗教对话方面的思想属于"兼容论"，并且是这个方面的主要代表。"尽管许多人并不把非基督徒看作'匿名的基督徒'，但是对于其他宗教所持的兼容论观点，不仅对新教教徒而且对许多天主教教徒也非常具有吸引力。"③ 同样，就我们所知，尽管教宗约翰·保罗二世从未把"匿名基督徒"这个术语用于其他宗教的信徒，但是"教宗在这个问题上的立场看来与卡尔·拉纳的相似。"④

约翰·保罗二世在《跨越盼望的门槛》中的一段话集中澄清了他自己在其他宗教信仰的信徒得救方面的立场："教会被这样的信仰所引导，就是，造物主上帝要在耶稣基督中拯救所有的人。在他是全人类的救世主的意义上，他是上帝和人之间的唯一中保。复活的奥秘对于所有的人都是可得的，而且通过它，永恒拯救的道路也是向所有的人敞开的。"⑤ 可见，在教宗看来，人们不仅在教会中得到拯救，而且通过教会得到拯救；尽管存在着与教会的不同联系形式，但人们最终总是由基督的恩典所拯救。

---

①② William R. Burrows, ed. Redemption and Dialogue: Reading Redemptoris Missio and Dialogue and Proclamation, Maryknoll, New York: Orbis Books, 1993, p.10.

③ Alan Schreck, *Vatican II: The Crisis and the Promise*, Cincinnati, Ohio: St. Antony Messenger Press, 2005, p.3.

④ Ibid., p.7.

⑤ Pope John Paul II, *Crossing the Threshold of Hope*, New York: Alfred A. Knopf, 1994, p.81.

四、现象学的宗教伦理——《爱与责任》与《位格与行动》

当选教宗之前，沃伊蒂瓦在各个层面履行宗教职责的同时，仍然保持着旺盛的教学和科研精力，写下了大量著作。1960 年由卢布林天主教大学出版社出版的《爱与责任》是有关婚姻与家庭问题的一部至关重要的沉思录，"现在人们知道教宗保罗六世起草《人的生命》通谕的时候使用过沃伊蒂瓦的这本书。"[1]

此书问世后被陆续译成十多种语言，最终成为世界上一本很有影响的畅销书。其中沃伊蒂瓦论证了男女在婚姻方面固有的平等关系，而且在与神学相关的维度仔细研究了性精神病理学。与其同时，沃伊蒂瓦还创作了《爱与责任》的姊妹篇《珠宝店前》，以安杰依·雅文（Andrzej Jawien）的笔名发表。这个半为沉思论文半为戏剧作品的姊妹篇通过励志的、神秘的、时而令人诧异的肉感语言棱镜透视婚姻这个圣事。"不过，在书中和戏剧这两者当中，沃伊蒂瓦都坚守一种几乎中世纪的、限制节育的婚姻关系典范。是故，他的进路很多现代读者发现与自己相反和相异。"[2] 在这个意义上，"以《爱与责任》，他迈入了当代天主教生活的一个雷场。"[3]

与"诞生于牧职需要"的《爱与责任》同年出版的还有沃伊蒂瓦的第二个博士论文或博士后论文《对于构建基于麦克斯·舍勒体系的基督教伦理学的可能性的评估》。沃伊蒂瓦之所以选择这样一个主题，是因为"重构道德生活的基础"的需要。"这是一个他的早期智识训练所设立、又被他的牧职经验所放大的难题，现在沃伊蒂瓦放到他的

---

① John O'Malley, *A History of the Popes from Peter to the Present*, Rowman & Littlefield Publishers, 2010, p.316.

② Edward Renehan, *Pope John Paul II*, Chelsea House Publications, 2006, p.42

③ George Weigel, *Witness to Hope: The Biography of Pope John Paul II*, Harper Collins, 1999, p.140.

博士后哲学著作中加以处理。在他先前的导师和当前的房友罗齐基（Różycki）的建议下，沃伊蒂瓦决定探索德国哲学家麦克斯·舍勒的著作，看看舍勒的全新哲学风格能否帮助解决这个难题。沃伊蒂瓦得出结论，尽管它不能彻底解决这个难题，但是从舍勒那里可以学到一些重要的东西。这个结论标志着卡罗尔·沃伊蒂瓦生活中一个关键的智识'转折'。"①

及至 1969 年，他的另一部主要现象学著作《位格与行动》（Person and Act）问世。"以其《位格与行动》，卡罗尔·沃伊蒂瓦把他的智识投射到一个新水平，力图创造出有关属人的人的一种充分发展的哲学，而其中他的对话者们则是他的读者。尽管这本书对于读者有着异乎寻常的要求，但是《位格与行动》的确是对于参与对话的一种邀约。……该书开始是一个冗长而丰富的导论，其中沃伊蒂瓦反思了人类经验的本质。作者接着努力表明我们有关世界和自身的思考如何帮助我们恰当地把我们自己理解为位格。固然某些事情径直'发生在我身上'，但是我还拥有其他经验，其中我知道我在作出决定和把决定付诸行动。在这些经验中，我最终知道我自己并非混乱一团的情绪和感觉，而是作为一个位格、一个主体，或者用经典术语来说，是我的行动的'动力因'。某些事情并非径直'发生在我身上'。我是行动的主体，并非纯粹的客体。我使事情发生，因为我想出一个决定，然后自由地付诸行动。因而，我是某人，不是某物。沃伊蒂瓦然后表明在道德行动中某人是如何经历他的或她的超越性的。"②

这部著作是沃伊蒂瓦对于现象学的一种深入考察，而这个主题也是 1978 年他访问美国期间的演讲主题。有评论认为，这部著作颠倒了笛卡儿之后对于人的态度，因为他把人理解为行动中的人。但是值

---

① George Weigel, *Witness to Hope: The Biography of Pope John Paul II*, Harper Collins, 1999, p.126.
② Ibid., p.175.

得注意的是，沃伊蒂瓦这部著作的波兰文原文书名是《位格与行动》（Osoba i czyn），保持着主体意识与客观实在之间的一种张力，而这种张力恰恰是沃伊蒂瓦的发力之处。但是英文版却把书名译作《行动中的位格》（The Acting Person），引发不少异议。尽管教宗的朋友编译者安娜-特雷莎·蒂米尼卡（Anna-Teresa Tymieniecka）声言这个官方英译本是她与作者合作的一个修订本，但是一般认为译本过度强调了沃伊蒂瓦所作分析的主体或现象学的那一面，实质上更多反映的是编译者的现象学观点。德语译本（Person und Tat）、意大利语译本（Persona e atto）、西班牙语译本（Persona y acción）和法语译本（Personne et acte）则保持了波兰原文中书名的张力。

在我们看来，沃伊蒂瓦的三部著作是一种层层递进的关系，可以说是一种三部曲。首先，沃伊蒂瓦以舍勒的现象学方法在《对于构建基于麦克斯·舍勒体系的基督教伦理学的可能性的评估》中尝试重构伦理道德的基础，在经过教学过程的提炼之后他又在源于牧职经验和需要的《爱与责任》中对主题加以深化，最后在《位格与行动》中以自己成熟的现象学理论分析行动和作为行动的动力因的位格，并揭示出作为位格的人在道德行动中经历的超越性源于人与上帝的关系这个主题。

五、对内恢复中央集权——成为多方抨击对象

在对外实行大公主义的同时，约翰·保罗二世对于教会内部则力图恢复梵二会议立意革除的教宗中央集权制度，而且对于天主教内出现的各种新现象和新观点不予宽容，甚至在很大程度上进行钳制。这种"内紧外松"的宗教态度又是教宗保罗二世"复杂性"的又一例证。

正如研究者指出的，"教宗约翰·保罗二世的那些旅行通常包含着他试图接触其他信仰中的人民。作为曾经坐在圣彼得宝座上的最具

大公精神和最为宽容的人，约翰·保罗二世把开发与一系列宗教的良好关系视为自己的志业：不仅是基督新教教会和东正教会，而且包括穆斯林、犹太教徒、佛教徒和就神学主题而论的其他各种变体。约翰·保罗二世与这些教会的接触在两个层面运作。一方面，他标明要寻求与世界上的所有主要的已经建立的信仰的某种共融；另一方面，他清楚表明，在他看来，只有那个神圣的罗马的和使徒的天主教会形成其最真实和最纯洁的信仰形式。约翰·保罗二世坚持认为，只有他作为教宗所监护的那个教会是受到上帝神圣的和完全的祝福的。就他而言，其他那些宗教只有通过遵从梵蒂冈的规则和吸收天主教会的要理问答，才能发现他们的信仰。有鉴于此，约翰保罗二世对于梵蒂冈之外的任何宗教的任何主动表示都包含一种传教工作的潜台词，即把脱离正途的信仰者带入与上帝的真正共融。许多领受约翰·保罗二世主动示好的人发现这种态度不仅令人困惑，而且令人蒙羞。而且约翰·保罗二世本人也经常失策。"①

即便是约翰·保罗二世内心装着"救主的使命"进行宗教对话，作为策略承认各个宗教的自由，那些保守的梵二会议的批评者们也不放过他。作为梵二会议的"对话"的落实者，教宗约翰·保罗二世也成为保守派抨击的对象。例如，约翰·保罗二世支持《宗教自由宣言》所宣示的宗教自由原则。然而，梵二会议的反对者们却相信，只有真正的宗教（天主教）才有不加限制的宗教自由权。

就教宗在这方面的立场和活动，代表保守派的迈克尔·戴维斯评论说："在教宗约翰·保罗二世1991年10月前往巴西访问中，他督促天主教徒讨伐向贫穷的人民提供他所称的'虚假海市蜃楼'的那些宗派。但是他并未提出法律行动来限制这样的宗派。作为梵二会议的门徒，他怎么可能呢？在他1989年访问马耳他的时候，他向总统保

---

① Edward Renehan, *Pope John Paul II*, Chelsea House Publications, 2006, p.69.

证不会以牺牲政府为代价来寻求特权地位，相反'教会渴望在她的能力相适应领域的活动与政府在它的能力领域的那些活动之间保持平衡。'马耳他现在充斥着五花八门的宗派，而且政府没有采取什么行动来限制它们的活动。怎么可能采取这样的行动呢？根据《宗教自由宣言》，正是由政府来决定什么构成不足取的改宗，但是它不能这么做，因为根据《宗教自由宣言》它不适宜就宗教问题表态！为了落实《宗教自由宣言》而改变像马耳他这样政教合一的国家的宪法所带来的灾难性后果，彰显出当年教宗庇护十世的智慧。"①

代表务实派的格雷戈里·鲍姆（Gregory Baum）则从另一个角度来批评教宗约翰·保罗二世对于梵二会议的贯彻。鲍姆曾经是梵二会议上颇有影响的"神学顾问"（peritus），但是在最近的一次访谈中发表观点说："一些天主教徒宣称，梵二会议在教会生活中贯彻不利。孔汉思就多次表示教宗约翰·保罗二世逆转了梵二会议有关教宗与主教分权的原则和实施分权的方向，而背弃了梵二会议……梵二会议设想了一个分享性的教会。以我之见，说教宗约翰·保罗二世逆转了分享权力的取向、在天主教中恢复了专制体制并非有失公允……教宗在社会民主和宗教多元方面的大胆教导促使天主教徒期望教会之内的参与和多元主义。许多天主教教徒今天感到微恙的是，官方教会自相矛盾，为人类肯定了一个理想，为天主教共同体肯定了另一个理想。"②这个批评某种程度上戳中了教宗"外松内紧"的宗教政策所蕴含的实质性矛盾。

詹姆斯·希契科克也对约翰·保罗二世诠释和应用梵二会议教导的方式提出批评。"约翰·保罗二世显然从骨子里把自己当作一个梵

---

① Michael Davies, *The Second Vatican Council and Religious Liberty*, Long Prairie, Minn.: Neumann, 1992, pp.280—281.
② Gregory Baum, in Michael R.Pendergast and M.D.Ridge, *Voices from the Council*, Portland, Ore.: Pastoral, 2004, pp.132—134.

二会议的人，一个真正理解那次会议的讯息的人。恐怕他被描述为一个正统的乐观主义者，大胆地肯定所有天主教的教义，但是看来几乎却是把《论教会在现代世界牧职宪章》视作信徒们的义务。"① 此外，他还列举了教宗的几条"罪状"：首先，未能惩戒犯错的主教和神职人员；其次，通过"表明教会人数方面的丧失相对所发生的真正灵性更新而言并不重要"，从而"最小限度估计了后梵二会议的那些灾难"；其三，继续支持联合国；其四，未能看清伊斯兰教是教会的一种威胁，而且"以常规的'大公'方式"来接近它；其五，谴责战争是解决国家冲突的一种可见途径。②

尽管希契科克仔细避免对教宗直接责难，但是他评述说，教宗任期期间舆论充满了对性道德和神职人员性丑闻的系统抨击，不能不说具有讽刺意味。希契科克声言，教宗对于这些丑闻"尚未深感震惊"，没有看清需要"痛苦地重整神职人员的纪律"。③ 尽管希契科克说，教宗永远不会犯下使信仰浅薄化、使之沦为"梦幻般的乐观主义"的错误，然而他又继续说，"但是近来一位天主教徒作者盛赞教宗'信仰'和平解决国际争端的可能性——把'信仰'多愁善感地归约为一厢情愿的想法，这种归约正是现代宗教自由主义的特征。"④

我们从希契科克的分析不难得出结论，就是在他看来教宗保罗二世在对教会面临的威胁方面的历史估计并不切合实际，因此所做出的回应是不充分的。希契科克把教宗的这种无根的"乐观主义"归咎于教宗基本上说是梵二会议的门徒；而在他本人看来，或许是因为 20

---

①③　James Hitchcock, "The End of *Gaudium et Spes*?" *The Catholic World Report*, May 2003, p.56.

②　参见 Alan Schreck, *Vatican II: The Crisis and the Promise*, Cincinnati, Ohio: St. Antony Messenger Press, 2005, pp.18—19。

④　James Hitchcock, "The End of *Gaudium et Spes*?" *The Catholic World Report*, May 2003, p.58.

世纪60年代的"幸福感"和乐观主义，这次会议并没有切合实际地评估或谈论教会所面临的那些威胁。

从上可见，天主教内部对于梵二会议和约翰·保罗二世的批评者中，有的激进，有的温和。他们之间的主要区别是，温和派并不建议回到梵二会议之前的教会政策，而是敦促对当今天主教的局势进行更加切合实际的分析和因应。但是无论是"极端的"保守派，还是"温和的"务实派，他们都一致认为"梵二会议及其教条要么是错误的，要么是有缺陷的；因此至少部分上为自会议闭会以来像瘟疫一样在天主教中肆虐的问题，甚至危机负责。"①

约翰·保罗二世归天后不久，本笃会的休·伯恩斯（Hugh Burns）试图梳理这位已故教宗的遗产："约翰·保罗二世的教宗任期是历史上最长任期之一，既有成就也有反常。他是不知疲倦的人权斗士……他为长达一千多年的天主教反犹主义致歉，然后却封圣了他们对待犹太人的态度和行动仍然令人难堪的数人……约翰·保罗二世留下了一个更具训诫性的天主教会。它在对于21世纪的塑造方面扮演着一个更为强有力的角色。但是内部也更加分化，对于内部对话则比一代人之前更加警觉。然而司铎存在严重短缺，加之对于已婚司铎和女性司铎的呼吁日益增长。恋童癖危机已经严重影响到教会就任何性问题令人信服发声的能力。"②

正是因为教宗约翰·保罗二世在宗教上"外松内紧"政策所存在的内在矛盾，以及在恢复教宗集权与主教共治之间存在的明显张力，特别是在人工避孕、妇女担任司铎等方面脱离实际的保守立场，再加上天主教中本就存在着从负面看待梵二会议及其之后新出现问题的逆流，我们认为约翰·保罗二世治下的罗马天主教的走向实在存在隐

---

① 参见 Alan Schreck, *Vatican II: The Crisis and the Promise*, Cincinnati, Ohio: St. Antony Messenger Press, 2005, p.20。

② Edward Renehan, *Pope John Paul II*, Chelsea House Publications, 2006, p.79.

忧。及至教宗本笃十六世 2013 年辞去教宗职务、成为荣休教宗事件上演，这种隐忧则浮上台面，成为新任教宗方济各不得不设法化解的公开危机。

六、拉纳面对沃伊蒂瓦：职分上尊重思想上质疑

拉纳可以说是沃伊蒂瓦的熟人，拉纳在 1981 年接受采访时有关谈话说明他在沃伊蒂瓦当年任职克拉科夫的时候就见过沃伊蒂瓦："一年前的三月份，我私人觐见了教宗约翰·保罗二世。我从他在克拉科夫时期就已经认识他。他一开始询问我情况可好。我用德语回答说：'我退休了，住在慕尼黑，吃饭等死。'大概这让他若有所思。但是我说的是实话。"①

间接材料证明，拉纳或许在 1970 年或 1971 年访问沃伊蒂瓦执教的卢布林天主教大学期间在克拉科夫的红衣主教官邸见到红衣主教沃伊蒂瓦的。当年的波兰学生倪维亚多姆斯基回忆说："我首次遇到拉纳神父是在波兰。那时大约是 1970—1971 年，还是共产主义时期，他来卢布林天主教大学以德语发表演讲。那时我在神学院，因为担心出席的人太少，我们神学生总是被要求参加来访讲座。我们总共 150 名神学生，全都戴着祭司领圈，坐满了整个讲堂，当然还有其他人在场。对我而言这是一次异乎寻常的经历，卡尔·拉纳打着领带！伟大的耶稣会教授、著名的卡尔·拉纳在这里打着领带演讲，而我们则要一天到晚戴着祭司领圈。"②

沃伊蒂瓦对于卡尔·拉纳等神学家思想的了解最初来自波兰开放、信实的《天主教周刊》(Tygodnik Powszechny) 和《迹象》(Znak)

---

① 对话，275。
② Andreas R. Batlogg, Melvin E. Michalski, Barbara G. Turner, eds. & trans., *Encounters with Karl Rahner*: *Remembrances of Rahner by those who knew him*, Marquette University Press, 2009, p.325.

等杂志。乔治·韦格尔这样写道："从 1950 年代到 1980 年代，《天主教周刊》可谓有某种读者'倍增器'，是任何西方杂志的羡慕对象。通过广泛的知识分子网络的手手相传，该周刊多年来在联系异议天主教知识分子和非天主教知识分子方面扮演了一种至关重要的角色。连同他的姊妹月刊《迹象》一道，它还是波兰天主教连接正在发酵的西欧天主教知识酵母的一环。在它的和《迹象》的那些页面上，卡罗尔·沃伊蒂瓦和其他人首次读到将会塑造梵二会议的亨利·德·吕巴克、伊夫斯·康加、卡尔·拉纳和其他神学家们的著作译文。"[①]后来，沃伊蒂瓦自己的文章和讲章也陆续出现在这些杂志上。

担任红衣主教时期的沃伊蒂瓦还为拉纳相关著作在波兰的出版扫清过障碍。有关回忆录表明，梵二会议落幕之后，波兰的《迹象》出版商急于把某些梵二会议领军神学家们的著作译成波兰文出版。当时教会的规定是，即便一部著作的原文已经得到过"审核放行书"（nihil obstat）和"出版许可书"（imprimatur），译文也还得另行获得"审核放行书"和"出版许可书"。红衣主教沃伊蒂瓦非常高兴为《迹象》出版商发出卡尔·拉纳和爱德华·施勒贝克斯相关译著的"出版许可书"，但是在事先理应获得"审核放行书"方面却遇到了困难。原因是他从前任那里留用的一位大主教区审查官却属于不同的时代的人，具有不同的敏感性。这位负责发放"审核放行书"的老祭司开始造成困难，抱怨拉纳有些"不清不楚"。面对这种情况，作为"不让老人难看的人"红衣主教沃伊蒂瓦并未解雇这位审查官，而是采取了一种迂回巧妙的方式获得"审核放行书"。

据说，沃伊蒂瓦叫来审查官，说他沃伊蒂瓦理解存在一些问题，但是又问检察官是否发现了什么违背信仰的东西。老祭司说，那倒没

---

① George Weigel, *Witness to Hope: The Biography of Pope John Paul II*, HarperCollins: 1999, p.110.

有，只是拉纳表达方式如此怪异而已。既然如此，红衣主教又问何不让读者来决定。老祭司表示赞同，但是又说并不喜欢拉纳所说的。红衣主教又说，既然如此，何不发放"审核放行书"，同时表明检察官并不认同书中所表达的那些观点、但它们并不违背信仰或道德。老祭司最终同意发放"审核放行书"，如此红衣主教既保全了下属的尊严，又达到了出版拉纳译著的目的。①

无论如何，拉纳一度影响过沃伊蒂瓦是毋庸置疑的。耶稣会士吉拉尔德·欧·柯林斯在《约翰·保罗二世的遗产》的第一章"约翰保罗二世与教义的发展"中研究表明，教宗约翰保罗二世在其第一个通谕、1986 年论圣灵的《主及赋予生命者》(Dominum et vivificantem)中，多达 12 次把圣灵称作"神的自我交通"。尽管教宗在某个场合当着柯林斯的面否认他从拉纳那里借用这个用语②，但是柯林斯也注意到："丹尼斯·爱德华兹让我注意到我所考察的教宗约翰保罗二世的教导主题与卡尔·拉纳（1904—1984）之间的平行性：（1）神的自我交通的人类经验，和（2）人的苦难。至于第三个主题，已故教宗（在其 1990 年的《救主的使命》通谕中）有关圣灵运行在每个人的'宗教性追问'的'源头'的教导，极易让人想起拉纳有关'超自然的实存'所写的东西……"

尽管人们可以把这三个平行性归结于约翰·保罗二世与拉纳两者都接触到共同的神学和哲学潮流（神的自我交通主题），以及同样阴郁的欧洲历史（受苦主题），但是柯林斯接着说，"拉纳的一位朋友和合作者胡安·阿尔法罗（1914—1993）向我承认，当约翰·保罗二世准备发表《人类救主》通谕的时候，曾咨询过他。阿尔法罗（对《约翰

---

① 参见 George Weigel, *Witness to Hope*: *The Biography of Pope John Paul II*, HarperCollins: 1999, p.904。
② Michael A. Hayes, Gerald O'Collins, *The legacy of John Paul II*, Continuum International Publishing Group, 2008, p.11.

福音》满怀激情）可能不仅要为通谕中引人注目地使用那部福音负责，而且也要为我所提到的那两个段落中拉纳超自然的实存的回声负责。"①

然而值得注意的是，各种迹象表明教宗约翰·保罗二世对于拉纳及其思想有一个从尊重到冷落的过程。这恐怕与拉纳一如既往地保持改革精神，而教宗面对教会的各种问题而致使改革精神逐渐湮灭、甚至出现思想回潮有关。有研究者认为，这种回潮或许是因为教宗约翰·保罗二世来自相对闭塞而且对其他地区的教会并不关心的波兰教会的缘故，这造成他在容许教会内的地区多样性和思想多元化方面非常有限，但是在恢复罗马中心主义和教宗集权制度方面的步伐却逐步加大。

约翰·保罗二世引发争议的众多作为当中，最突出的当属他对拉纳所属的耶稣会的干预和对拉纳所支持的解放神学的打压；前者由他亲自披挂上阵，而后者则是由他和信理部部长拉辛格唱双簧。"他的干预扩展到教会生活的每个方面，遑论对于那些宗教修会的干预了，他急切地想把这些修会重新纳入传统的顺从轨道。在他的教宗任期的早期，保罗六世的朋友、灵恩惠顾的圣徒般总会长佩德罗·阿鲁佩领导下的耶稣会士中间激进神学观念的传播引发他的警觉。1981年阿鲁佩中风之际，约翰·保罗二世搁置了耶稣会的会宪，从而阻止耶稣会士选出继任人。教宗在出乎意料的干预中，代之以强推他自己的候选人……招致令人尊敬的耶稣会神学家卡尔·拉纳发出一封抗议信。教宗随之允许该修会继续自由选举，并且公开表达了对于他们工作的信任，但是这项干预被理解为对于他感到因为过度委身解放神学而身陷福音政治化危险之中的一个修会的警告性射击。在他晚年，约翰·保罗二世至少有时就像约翰二十三世或保罗六世的继承人那样像庇护九

---

① Michael A.Hayes, Gerald O'Collins, *The legacy of John Paul II*, Continuum International Publishing Group, 2008, p.12.

世、庇护十世或庇护十二世的继承人。"①

尽管如此，1982 年拉纳在罗马接受采访的时候被问及"我们可以说教会里面再次吹起保守之风吗？反动立场被过度宽容吗？"这样的问题的时候，拉纳的回答可以说不失公允："需要做一些区分。当然可以感觉到在罗马有一种保守倾向。不过，那通常是这样一种事实的一个结果，就是一些天主教神学家所捍卫的一些立场客观上与训导权柄的教导不相容。天主教信仰内容的持续传承方面的那些危险的确存在，这些危险部分上是由所谓的进步天主教神学家所引发的。是故，训导权柄有合法的根据来施加制裁，以及对于那些在天主教神学中见所未见的立场进行稽核。另一方面，的确也是，存在一些从教会观点看来的、该词严格意义上的反动立场，就像大主教马塞尔·勒菲弗的那些立场。……我并不认为它们被罗马或教宗所接受。当然，对于那些反动倾向存在某种宽容，但是对于那些进步神学家恐怕更为宽容。人们不应忽视本世纪教会生活当中所出现的发展。如果有哪位天主教释经学家在庇护十世治下胆敢援引现代作者，他会被径直开除。如今，例如，解释学考虑自然科学的结果则是正常的。"②

尽管拉纳避免直接批评教会和教宗，但是当被问及"你认为另一次大公会议会有用吗？"这个问题的时候，还是禁不住直言："倘若而且在教会自身理解为一个总是需要改革的教会（ecclesia semper reformanda）的意义上来说，那么就必须不断强调变革问题。显然我对于教会目前的状况并不满意。对于教宗也是如此。问题是：什么是

---

① Eamon Duffy, *Saints and Sinners: A History of the Popes*, Yale University Press, Third Edition, 2006, p.376.

② Karl Rahner, *Faith in a Wintry Season: Conversations and Reviews with Karl Rahner in the Last Years of His Life*, New York: the Crossroad Publishing Company, 1990, p.154.

最为紧迫地予以改进的？……例如，基于天主教教义，能有某些与当前不同的方式来遴选主教候选人和任命主教吗？"①

拉纳不仅对于教宗在事情的轻重缓急方面有保留看法，而且在很多教会面临的现实问题上的立场与教宗是相左的。例如，他不仅对于随着社会和教会的发展某天地区教会可能选出已婚司铎这样的前景保持一种开放态度，而且认为女性担任司铎是属于现阶段的紧迫任务，他甚至说："当信理部宣布容许女性加入司铎是不可能的时候，那么我就不得不予以反驳，而且从教义观点肯定女性的司铎身份并非不可能。"②

约翰·保罗二世的遗产是复杂的。"在教会2000年的历史当中，没有哪一位教宗像约翰·保罗二世那样旅行那么多的朝圣里程。能说8门流利语言的约翰·保罗二世访问了100多个国家，足迹遍布除南极洲之外所有的大洲。……所到之处，他都进行盛大的露天弥撒。总是带着经济正义与修和的讯息，兼有大公合一的宽容，但是他也总是带着神学方面和性方面的保守主义。"③

总之，拉纳对于采访者"你怎么看待教宗约翰·保罗二世及其风格？"的回答集中表明了拉纳对于约翰·保罗二世的态度："首先，初步谈谈。依我之见，服从是一回事，激赏则是另一回事。基督徒的顺从不可混同纯粹的因循守旧，后者摒除了个人意见，而个人意见本身则总是向变更开放的。对你的问题更具体一点回答是，教宗的那些旅行并非教会如今真正需要的。如果圣父待在罗马，并且在那里行使他在教会中的领导权会更好一些。"④

---

①④　Karl Rahner, *Faith in a Wintry Season: Conversations and Reviews with Karl Rahner in the Last Years of His Life*, New York: the Crossroad Publishing Company, 1990, p.162.

②　Ibid., p.163.

③　Edward Renehan, *Pope John Paul II*, Chelsea House Publications: 2006, p.67.

第三节　批评之声　左右集火

一、拉纳身处左右交叉火力地带

前文我们论述了一些人对梵二会议和"梵二精神"乃至约翰·保罗二世提出了质疑和批评；拉纳作为梵二会议的"主脑"，更是左右集火的对象。

就来自"右"的方面的批评来说（拉纳曾经大量承受来自罗马教廷方面的批评自不待言），除了上述"右派"人物和著作对于拉纳或明或暗的批评之外，此类批评还充斥在一些小册子中。德国美因茨教会的律师 G. 梅（Georg May）的批评声音则是其中的代表："拉纳神学的胜利之路倘若离开了这一点就无法解释：这种神学的作者成功地使统治集团中一些极有影响、但是神学学识不足的成员——首先是来自德语国家的成员——完全依赖他的观念。拉纳所提供的一切尤其是都被德普夫纳所采纳，通过他又呈示给德国主教会议，并且被他们所接受。拉纳给予德国主教们，尤其是德国主教会议的主席他们强加于梵二会议和教宗的那些主题；拉纳的神学在梵二会议上变成了主导……"①

尽管对拉纳和有关人士的这种评论难说中肯，但是也毕竟道出了一个事实，就是从反对者的口中也肯定了拉纳思想对于梵二会议的主导地位。这种含沙射影的批评不仅对拉纳的身心造成很大伤害，而且对慕尼黑红衣主教德普夫纳打击很大。前文"普世教会对话"部分提及拉纳 1969 年 9 月与沃格利姆勒拜访德普夫纳商谈《国际对话杂志》的进一步发展事宜，德普夫纳好像就流露出了倦意和辞职之意，就是

---

① Georg May, *Theologisches* no.28, Abensberg：1972, p.540; Herbert Vorgrimler, *Understanding Karl Rahner*：*An Introduction to His Life and Thought*, trans. John Bowden, London：SCM Press Ltd., 1986, pp.121—122.

觉得自身受到来自前西德传统主义圈子的不断攻击。而这种攻击最终"把德普夫纳过早地送入了坟墓"，而接替他的职位的人则是 1977 年 3 月 24 日教宗保罗六世钦点的拉辛格。

罗马天主教传统派不仅批评拉纳的神学影响是借助对无知的宗教权威人士的操控，而且指责它浮浅、有害。"我们从拉纳的神学可以看出，当教会及其信仰的命运交到神学家的手中（只要在人的手中）时引发什么灾难。拉纳的神学也是神学家如何下滑的例证：一种满足日常需要的神学、一种为了那些本应恰当地称作有罪和顽固的一切事物和托词提供正当性证明的神学，变成了一种意识形态。应该同样清楚的是，这样的神学自掘坟墓；只是由于社会学的和法律的立场变化的相对缓慢，而且多亏了这种神学面对上帝的根本要求而给予一个病态社会以道德托词，它才可能在某些位置仍然被暂时容忍，但是最终将因为颇为浮浅而被一扫而空。这是一种与德国天主教的黄昏相适合的神学。拉纳忠诚地服务过他的那些慕尼黑赞助者；但是他现在正与他所塑造和引进的整个惨败的'改革'一同腐朽。拉纳寻求以他的神学来建设教会；他现在却已然帮着拆毁了教会。"①

从传统派口中发出的上述批评可谓"疾言厉色"。从之我们发现了拉纳的几条"罪状"：一是说，拉纳的神学对于传统派而言简直就是一场"灾难"；二是说，这种神学回应了人的日常需要；三是说，因为适应时代而存在。除了这一批评中本身出于"意识形态"的那些贬低之外，我们不如把这当作他们对拉纳思想的价值和影响的自供状。

拉纳除了受到传统派的批评之外，还受到来自"左"的方面的自由派的批评。他们认为拉纳寻求教义陈述的"核心"的做法、强调一

① Georg May, *Theologisches* no.28, Abensberg：1972，p.542；Herbert Vorgrimler, *Understanding Karl Rahner：An Introduction to His Life and Thought*, trans. John Bowden, London：SCM Press Ltd., 1986, p.122.

种对于今天仍然有效的基底意向的做法是转弯抹角的和不诚实的。他们认为，看不出教会假如做出作为错误观念的结果或者出于政治考量的教义表述有什么可怕。他们认为时代要求教会承认自己在所有时候都是有罪的、都是可错的，于是可以与罪人和那些迷途的人们完全共契。因此他们感到，在大多数知识分子引以为耻的教义陈述中寻求一种当今仍然具有意义的约束性的核心，未免多余。

面对这种批评，拉纳努力解释到底是什么促使他使用拐弯抹角的进路和他所用的那种思考方式。拉纳反诘说，如果教会本身先天地怀疑保证它的讯息的真理性的那些基本根基，那么诘难者能有什么理由来信任他自己的教会的讯息呢。拉纳问，如果当今这些诘难者假设教会早先那些确信自己以真确的陈述来阐明信仰的基督徒在他们的时代有错误或有意欺骗，那么今天有什么正当性证明。而且最后他问，教会这样一个机构如果总是从错误走向错误，是否仍然可能严肃地谈论这个教会在历史中仍然保持它的身份；而且，如果这种身份丢失，教会也就丢失了它在耶稣那里的开端。我们认为，拉纳的反诘是相当有力的。①

有时来自"左"的方面的人们批评拉纳单纯通过认识论上的进路研究神学，而不是指向作为唯一可能"证明"上帝的"实践"。在他们看来，拉纳这样实际上仍然是一个理想化的理论家，他的基本模式只是上帝与孤立的个人的关系。如此一来，你们、我们和历史就被挡在了这个模式外边。这样的批评大多来自拉纳和梅茨的学生，诸如马塞尔·考夫莱（Marcel Xhaufflaire）、约翰内斯·卡米纳达（Johannes Caminada）等人，当然还有后来的孔汉思。②尽管拉纳承认"实际上

---

① 参见 Herbert Vorgrimler, *Understanding Karl Rahner*: *An Introduction to His Life and Thought*, trans. John Bowden, London: SCM Press Ltd., 1986, p.123。
② Herbert Vorgrimler, *Understanding Karl Rahner*: *An Introduction to His Life and Thought*, trans. John Bowden, London: SCM Press Ltd., 1986, p.123.

我的神学并未反映每个社会经验"①，但是我们认为，这样的批评恐怕是源于他们未能认识到拉纳"先验人学"中有关爱上帝与爱邻人的统一学说的内容和后果。

实际上拉纳本人就是这么来看待这种批评的："当然，许多年轻的神学家——诸如施洗约翰·梅茨或彼得·艾歇尔（Peter Eicher）——诘难说，我的神学过于先验和超验了。他们说（我的神学）在会遇历史上具体的上帝方面——恰恰在我们生活于其中的社会政治境况中会遇历史上具体的上帝方面——表现欠佳。我的回答是，我至少原则上是向这个视角保持开放的，而且绝不否定这个视角。再者，我并不为我的神学具有普遍的、一般的和最终的有效性而遗憾。神学家们总是在他们的思想中拾取一些特定的观点，而且注意不到这么做的时候忽略了其他一些特定的观点。托马斯·阿奎那是如此，这当然也同样适用于当代神学家们。"②

除此之外，拉纳还陷入与某些神学家的批评与反批评的争论。拉纳档案馆馆员罗曼·西本洛克的看法为我们提供了用以观察相关批评，特别是观察下文所述的拉纳与巴尔塔扎和孔汉思等人争论的亮光："很多分歧与表里如一有关。与孔汉思的辩论不是偶然的。根据拉纳的说法，辩论归结为废除天主教的那些原则这样一个问题。他如何回应那些不久前还在给他贴上异端标签而现在转而赞美他的那些人，给我留下了深刻印象。汉斯·优尔思·冯·巴尔塔扎对于他的抨击，对此他几乎不怎么提及，一定深深伤到了他。大概他属于'老派'这个事实在此起了一定作用。因为一个神秘主义者（Adrienne von Speyr）而离开耶稣会的这样一个人如何能够要求服从和忠于教

① Karl Rahner, *Faith in a Wintry Season: Conversations and Reviews with Karl Rahner in the Last Years of His Life*, New York: the Crossroad Publishing Company, 1990, p.61.
② Ibid., p.51.

会？有时卡尔·拉纳因为所有那些谴责他是教会及其信仰的摧毁者的那些文献和小册子而深感困扰。他对于许多攻击都留底备查。几乎所有那些攻击都提出属于经院主义传统的论证，而他自己就是在这样一种传统中成长起来的，而且也总是被他当做前提条件，那些论证没有任何可取之处。"①

总之，尽管卡尔·拉纳的思想深邃、造诣非凡、影响深远，但是在严格的学术领域有对拉纳的批评也不足为奇，因为拉纳思想中有时也有需要补充或纠正的弱点。拉纳的思想毕竟不是来自神，而是来自人，就像任何思想一样都有可能犯错、都可能有不充分之处。再加上他思想的广度如此之大，就更容易被人"揪小辫子"。甚至就像沃格利姆勒所说的，有些批评可能不得要领。②例如，上文"亚伯拉罕宗教之间的对话"部分提及的拉纳作为个人与犹太人拉皮德（Pinchas Lapide）所展开的讨论是从拉纳神学的角度进行的，而不是从当时已经有了进一步进展的犹太教—基督教的会晤背景上展开的。置身事外的人，如果批评他没有在同样的程度上跟上所有的发展恐怕就有失公允。

沃格利姆勒提醒人们，对于拉纳进行批评的时候不要断章取义："这样一种情况是可能的，就是从拉纳那里、从《神学论集》(《神学研究》) 或从已经发表的访谈中脱离语境地抽取一句话。当人们这么做的时候，就如同在其他人那里的情况一样，那些抽取的陈言就会遭到挑战。这样选择性地阅读拉纳，并且基于这些选取的段落进行诠释，人们就会形成绝对没有根据的批评。这只能产生对于其工作的一

---

① Andreas R. Batlogg, Melvin E. Michalski, Barbara G. Turner, eds. & trans., *Encounters with Karl Rahner: Remembrances of Rahner by those who knew him*, Marquette University Press, 2009, p.376.

② Herbert Vorgrimler, *Understanding Karl Rahner: An Introduction to His Life and Thought*, trans. John Bowden, London: SCM Press Ltd., 1986, p.121.

种虚妄的诠释，所出现的情况正是如此。因为拉纳的著述体量如此之大，这种情况是难以避免的。当一个人不注意某个文本的整体观点，而只是聚焦个别论点的时候，所产生的结果是灾难性的。"①

二、拉纳与梅茨——从主体到主体间

施洗约翰·梅茨是拉纳最得意的第一代门生的代表，两人保持着亦师亦友的关系。但这并不意味着两个人之间在学术问题上完全一致，他们也经常存在分歧。梅茨从自己的经历和政治神学方面对于拉纳提出了批评，主要认为拉纳的神学、特别是其先验起点过于个体性，而忽略了社会性。对此，卡尔·莱曼有其印证："施洗约翰·梅茨批评拉纳的先验方法过于个体性，未能包括一种社会的起点。我自己的看法是，拉纳应该谈论这些话题。"②

在这方面，有人曾经问过梅茨这样一个问题："在你看来拉纳的主体间性的观点得到了应有的对待，还是被忽视了？"梅茨这样回答：

对此我无法确切回答。1980年代在美国发表了一篇有关拉纳的博士论文，拉纳写了前言，而且就我的批评表达了他自己的看法。但是在拉纳与我之间从来不存在某些人所认为的任何争执。自然，我是从植根于政治神学的一种后—先验的或后—唯心主义的范式说话的，但是我的批评工具却是我从他那里学来的。

因为我16岁就成为一名士兵，对我而言神义论是一个大问题。我有过非常可怕的经历，大概这促使我研究神学，尤其是

---

① Andreas R. Batlogg, Melvin E. Michalski, Barbara G. Turner, eds. & trans., *Encounters with Karl Rahner: Remembrances of Rahner by those who knew him*, Marquette University Press, 2009, p.170.
② Ibid., p.111.

致力于处理受苦这个问题。怎么说呢，唯心主义——有关一种没有间断、没有灾难和没有危险的历史的观点——对我而言是不可想象的。所以我得要那么说。与拉纳相反，我说，我们必须少用严格的范畴，以便我们仍然保持易于感受我们所经验到的东西。如果有人像拉纳那样把传记和神学结合在一道，那么我们就必须挑战先验模式的充足性。先验模式的概念承认主体性，但不是主体。它反映历史性，但不是具体的历史。这种不足在我们自己的德国历史中昭然若揭。我问过卡尔："你为何对于奥斯威辛不置一词？那为何从未出现？"我必须怀着巨大的敬意说，他非常认真地对待这个来自学生的问题。他说："那正是你必须做的事。"我指责他有的那种末世论过多地处理理想性的东西而过少处理天启性的东西。我有些唐突地对他说："事实上人类的受苦历史没有答案——那是天启性的——向上帝哭诉源于受苦。"①

卡尔·拉纳在为詹姆斯·J.巴西克（Jame J. Bacik）的博士论文《护教学与奥迹的黯然：基于卡尔·拉纳的释奥学》所写的导言中，这样谈到梅茨的批评："梅茨对于我的神学（他称之为先验神学）是我唯一能够非常严肃对待的批评。一般而言我认同梅茨书中的正面贡献。只要梅茨的批评是正确的，那么每一种具体的释奥学显然从一开始就必须考虑社会状况和它本身所面对的基督教实践。如果在我的释奥学的理论中和这本书对其解释中这点并没有充分做到，那么这种理论必须得到充实。不过，它并非从而是虚妄的。因为在我的神学中有一点一直非常清楚，就是（上帝和恩宠的）'先验经验'总是经由历

---

① Andreas R. Batlogg, Melvin E. Michalski, Barbara G. Turner, eds. & trans., *Encounters with Karl Rahner: Remembrances of Rahner by those who knew him*, Marquette University Press, 2009, pp.136—137.

史中的、人际关系中的和社会中的一种范畴性的经验的居间作用的。如果一个人不仅认真看待和对待先验经验的这些必须的居间作用，而且以一种具体的方式加以充实，那么一个人就已经以一种真诚的方式实践了政治神学，或者换言之，实践了一种实践性的基础神学。另一方面，如果本身确实关心上帝，却又不反思先验神学所揭示的人的那些本质特性，这样的政治神学是不可能的。因此，我相信我的神学与梅茨的神学之间并非是必然矛盾的。不过，我欣然承认，一种具体的释奥学，用梅茨的话来说，必须同时是'奥迹的和政治的'。"①

从拉纳的上述说法，我们可以看到卡尔·莱曼的判断是正确的："重要的是要记住这样一点，拉纳转到明斯特的时候已经 63 岁，这个时候一个人或许不想介入有关自己基础的论争或对那些基础进行重新思考，但是这个时候一个人仍然能够写出具有高智力的著作。而且，拉纳视作最聪明学生的梅茨就住在明斯特附近。拉纳经常以一种静静的和微妙的方式修正他的根本思想，但是在他的基本框架之内。那些指导原则没有根本变化，但是显然，例如，从 1966—1967 年以降他努力回应梅茨，并且表明他的起点并不应受梅茨所提出的——它过于个体性——的批评。"②

三、拉纳与巴尔塔扎——十字架神学的争论

巴尔塔扎生于 1905 年出生在瑞士的一个豪门之家，1929 年加入耶稣会，1936 年按立圣职，然后短期在慕尼黑任职于耶稣会杂志《时代的声音》。随着德国纳粹压制天主教的新闻自由，1940 年他离

① James J. Bacik, *Apologetics and the eclipse of mystery. Mystagogy according to Karl Rahner*, Notre Dame：University of Notre Dame Press, 1980, p.ix.
② Andreas R. Batlogg, Melvin E. Michalski, Barbara G. Turner, eds. & trans., *Encounters with Karl Rahner：Remembrances of Rahner by those who knew him*, Marquette University Press, 2009, p.113.

开德国，到巴塞尔做了一个院牧。在巴塞尔期间，他遇到了对他后来影响甚大的、有两段婚史的新教女医生阿德里安娜·冯·施派尔，并使其改宗天主教。

他们还于1945年一道创立男女并收的"圣约翰会"。三年后，巴尔塔扎在朋友帮助下成立了自己的"约翰出版社"，该出版社所出版的第一本书就是巴尔塔扎为这个世俗组织提供神学支持的《平信徒与修会地位》(Der Laie und der Ordenstand)，这个机构也因此开始引人瞩目。

鉴于耶稣会认为主办那个世俗机构与属于修会本身并不协调，巴尔塔扎面临两者之间的一种抉择。1950年巴尔塔扎决定继续他在那个世俗机构的工作，退出了耶稣会。随后一直在教会中没有任何角色，直到1956年作为世俗祭司入枢教区教会。

巴尔塔扎没有受邀参加梵二会议，但是后来他的神学声誉日增，1969年教宗保罗六世命他到"国际神学委员会"。尽管因为离开耶稣会，巴尔塔扎被禁止在教会内从事教学，但是他作为神学家的声誉最后到达这样一种程度，以至于教宗约翰保罗二世1988年任命他为红衣主教；只是巴尔塔扎在仪式举行之前两天辞世，并未履职。在约翰·保罗二世任教宗期间，"普遍称为'教宗最喜爱的神学家'的巴尔塔扎已经从一个被排除在梵二会议之外的制度格格不入者华丽转身为如今梵蒂冈的御用神学家。"①

不但梵二会议之后罗马教廷官方在巴尔塔扎与拉纳之间显出厚此薄彼，而且即便在哀荣方面巴尔塔扎也压过拉纳，因为时任教廷信理部部长的拉辛格出席了他的葬礼，而拉纳的葬礼则只有耶稣会省督主持，以及不多的主教以朋友身份参加。人们自然不难看懂教会官方这

---

① Michael A. Hayes, Gerald O'Collins, *The legacy of John Paul II*, Continuum International Publishing Group, 2008, p.31.

种差别对待的内在意味。

　　巴尔塔扎一度是拉纳的密友之一，两人的直接接触持续到 20 世纪 60 年代初期。但是最终两人由于对于上帝极端不同的经验，导致不可调和的神学立场。有关两者的关系，沃格利姆勒如此说：

　　在我忙于《雨果纪念文集》之际（1961），我和卡尔·拉纳到他们位于巴塞尔明斯特广场的家中拜访了汉斯·优尔思·冯·巴尔塔扎和阿德里安娜·冯·施派尔。在这两位神学家的最后一次会面中，观念的交换坦率而友好。之后不久，巴尔塔扎把他的一些书寄给了拉纳，在其中的一本书上有"写写十字架神学！"的题词。我不知道两人的疏离到底始于何时。肯定不是从拉纳一方开始的。他总是把巴尔塔扎当作 20 世纪最重要的神学家之一。他自己的裁断是："在巴尔塔扎那里历史的学术真正服务于活生生的、进行着的、直面当今问题的神学；像巴尔塔扎那样的神学家在德国是很罕见的——他大概的确是独一无二的。"个人因素促发了疏离。巴尔塔扎尖酸刻薄，因为他被完全排除在梵二会议之外，而且 1963 年他是与拉纳竞争罗曼诺·瓜尔蒂尼讲席的对手。但这并不就解释了一切。自从梵二会议以来，尤其是自从巴尔塔扎的小书 Cordula oder der Ernstfall（1966）面世以来，对巴尔塔扎而言拉纳一直是伟大的神学敌手；认为拉纳把信仰简单化的程度令人难以容忍，顺应当代人的需要，用人性把上帝历史的严肃性琐细化。

　　巴尔塔扎尤其是从阿德里安娜·冯·施派尔的那些异象那里经历了上帝苦难的致命严肃性。他从那里到达一种有关圣三一的内在观点，其中爱的戏剧是以圣父与圣子之间的殊死竞争展现出来的。巴尔塔扎认为，信徒唯一重要的任务就是以谦卑和感恩来察知这个神圣的运动，而且进入圣子的服从之道。他从而把基督徒导向沉思冥想和严格禁欲。他明确宣称，那本来就不会是"大众"之道。从古至今，基督教和教会中的"大众"都是成为问题的；他们只做出了片段性的贡献，对此不会加以进一步的考虑。巴尔塔扎通过他对于普遍修好的希望来力图抵消这种观念的片面性和精英主义：鉴于上帝之子本身已经遭受地狱之苦，就像已经遭受圣父的惩罚之苦一样，所以希望从而不再愤怒的上帝将不会舍弃"大众"中的任何一位。

　　拉纳尝尽了巴尔塔扎的攻击之苦，特别是后来巴尔塔扎指控他犯下异端错误的时候尤甚。他追问巴尔塔扎是从何处获得对于神的内在生活的知识的。他对于这样的一点不以为然：巴尔塔扎一方面先验地无意把他所见到的异象向"如今的人民"交流，另一方面他本人则在其根本反精英主义的思想中感到要居间斡旋：当今我如何能够使基督教抵近人民，以便它可以真正触及他们？在此拉纳意识到，那些一心想着与他人交流的人比那位先验地宣布"你要么有这种异象和洞见要么没有"的人更容易受到攻击。①

不过，在雷蒙德·施瓦茨看来，拉纳和巴尔塔扎作为依纳爵的传人，有许多共同之处，差异并不像人们以为的那样大。例如，当被问及有关拉纳那里的重要东西的时候，他说："就我个人而言，一篇重要的文章是那篇论拯救历史的文章。他用一个比较长的段落简短地勾勒了拯救的历史。他在那里说——我加以转述——上帝的作为总是要理解为对于人类作为的一种应答。当然，那会是我已经发展的'戏剧性神学'（Dramatic Theology）的基础。在这一点上，拉纳与巴尔塔扎会是一致的。他们的差异并非像人们想象的那么大。拉纳或巴尔塔扎

---

① 沃格利姆勒，124—125。

神学中的那些中心要素也能够在亨利·德·吕巴克或伯纳德·罗纳根的著作当中发现。莱奥·J.多诺万已经注意到，拉纳和巴尔塔扎两人都是依纳爵的传人。当然，存在一些差异。我总是从事救赎教义，在这个层面上巴尔塔扎比拉纳离我更近。但是拉纳有一种发展良好的'死亡神学'。当然，对他而言暴死的意义要小一些。"①

其实，拉纳与巴尔塔扎最大的不同在于对于梵二会议的态度不同，也是导致他们关系疏离，乃至发生争论的主要原因。雷蒙德·施瓦茨也看到了这一点，并且谈到了他自己亲身经历的一个很有证明性的事例："拉纳和巴尔塔扎在他们对于梵二会议的评估方面有所不同。在梵二会议之后的早些年，人们感到事情发生得太迅猛，人们反应过度。巴尔塔扎则总是批评梵二。我在里昂的时候，亨利·德·吕巴克举行庆生活动，巴尔塔扎受邀参加。我请他见见瑞士的耶稣会学生。我们都对梵二会议充满热情。巴尔塔扎被问到他对梵二会议的看法。他坐在那里，激烈地，一句接着一句地反对梵二会议。他是批判性地谈论梵二会议的第一人；后有约瑟夫·拉辛格提出类似的批评。"②

阿道夫·达拉普还谈到巴尔塔扎与拉纳分属不同的两类人：

> 冯·巴尔塔扎是与拉纳完全不同的一类人：极为外向和喜欢文学。他最初沉浸于德国研究，写了令人最感兴趣的三卷本著作《德意志灵魂启示录》(The Apocalypse of the German Soul)。只是在那之后他才加入耶稣会修会。后来他在巴塞尔成为大学附属教堂的牧师，并且遇到了史学家维尔纳·克吉（Werner Kaegi）的

---

① Andreas R. Batlogg, Melvin E. Michalski, Barbara G. Turner, eds. & trans., *Encounters with Karl Rahner*: *Remembrances of Rahner by those who knew him*, Marquette University Press, 2009, p.83.

② Ibid., pp.84—85.

妻子阿德里安娜·冯·施派尔（Adrienne von Speyr）①。阿德里安娜·冯·施派尔经历了一些异象，有关于此巴尔塔扎写了一些书。拉纳以颇有成见的眼光看待这些书和异象，并且有所评论。这造成他们两者之间的某种紧张！这当然损害了他们先前的密切关系。两者之前曾经计划写一本论教义神学的作品，放在《神学论集》第一卷。但是计划未能实现。问题不在于完全相反的进路，而是在于不同的观点。拉纳神父有一次不无恶意地说到——冯·巴尔塔扎出版了一部《神学美学》——恐怕基督教的信息即便在第三个千年纪也不会在美学的范畴下出售。这着实是一种挖苦。但确实表明这两人所取立场非常不同。这里正好提一下他们之间有关"匿名基督教"的说法的冲突，针对"匿名基督教"巴尔塔扎写了整整一本书。顺便说一下，拉纳则给巴尔塔扎奉上一部精彩的专著，使用了类似于术语"匿名基督徒"的"虚拟基督徒"。②

尽管两人因为立场、进路和态度等方面的原因陷入一种困难的关系，但是双方也存在一定的惺惺相惜，至少就拉纳一方是如此。多次采访过拉纳和巴尔塔扎的奥地利电台主持人格哈德·鲁伊斯（Gerhard Ruis）有关拉纳和巴尔塔扎之间的关系的说法，给我们提供了另一个视角："那是一种困难关系。我记得拉纳神父不断被邀请参加夏天的萨尔斯堡节。事实上他总是对此表现出兴趣，但是当他会睡觉的时

---

① 阿德里安娜·冯·施派尔（1902—1967）是一位医生、神秘主义者和属灵作家。1927年嫁给史学家埃米尔·迪尔（Durr，卒于1934），抚养了他的两个儿子；1936年再嫁继任前夫巴塞尔大学历史系主任一职的维尔纳·克吉。她1940年在巴尔塔扎的帮助下皈依天主教。

② Andreas R. Batlogg, Melvin E. Michalski, Barbara G. Turner, eds. & trans., *Encounters with Karl Rahner: Remembrances of Rahner by those who knew him*, Marquette University Press, 2009, p.103.

候，我们极少能坐下来看表演。他已耳患重听。我有次带他去大教堂的广场看雨果·冯·霍夫曼斯塔尔《每个人》(Jedermann)的露天话剧表演。我向他提到汉斯·冯·巴尔塔扎很快会庆祝一次重要的生日，我会去那里就这事做一期广播节目，我问拉纳是否可以告诉我一点他对巴尔塔扎的想法。经过一番哄劝，他最后说：'哎呀，关于他我不知道应该说什么。他总是针对我。'然后拉纳神父最后说，他妒忌巴尔塔扎，因为他是一个非常艺术性的人。那是拉纳完全不具备的禀赋。他还把巴尔塔扎描述为一个比他更有天分的人。"①

两人之间的困难和争论有时是因为措辞欠妥和脱离语境的误解造成的。阿尔伯特·拉斐尔特在《际遇拉纳》中回顾了这样一个典型的例子：

> 鉴于拉纳那时在弗莱堡，我便邀请他来到我的那门有关他的神学的研讨课上，直接回答学生们的问题。汉斯·优尔思·冯·巴尔塔扎批评拉纳，说他缺乏'十字架神学'，所以一个学生问到这个问题。拉纳神父回答说，他绝对肯定自己有一种十字架神学，而且安塞尔姆·格伦(Anselm Grun)恰恰就这个问题已经写过一本厚厚的专著。然后略带火药味地出现了那个著名的说法，他毫不委婉地说："如果那时我想回击的话，我本来可以说，存在一种把'上帝之死神学'概念化的现代倾向（我有意称之为倾向而非理论），而这种神学在我看来是一种相当灵知派的立场。这种倾向不仅能够从汉斯·优尔思·冯·巴尔塔扎的著述中看到，也可以在阿德里安娜·冯·施派尔(Adrienne von Speyr)的那些著述中观察到，而且完全独立地在莫尔特曼的著

---

① Andreas R. Batlogg, Melvin E. Michalski, Barbara G. Turner, eds. & trans., *Encounters with Karl Rahner: Remembrances of Rahner by those who knew him*, Marquette University Press, 2009, p.336.

述中观察到。直言不讳地予以表达就是:'坦言之,如果上帝在同一困境之中,那么丝毫无助我逃离我的困境、混乱和绝望。'"这话是即席发言,而且没有什么恶意,但是结果却令汉斯·优尔思·冯·巴尔塔扎大为不悦。他的那个说法其实能够在他的神剧的某个地方找得到。那句话常被引用。从一场理应无害的神学对话,产生出某种完全不同的东西。我只想说,卡尔·拉纳所用的口语腔调有时有点轻口薄舌或口无遮拦。①

拉斐尔特所追溯的这个事件发生在 1974 年。按照拉纳先前的博士后和后来的红衣主教卡尔·莱曼的说法,拉纳通常是因为那些批评在他看来过于简单而不予置评,但是他对于巴尔塔扎的批评却不得不予以应对则事出有因:"汉斯·优尔思·冯·巴尔塔扎是对于拉纳进路的另一位尖锐批评家,在一本小书 Cordula oder der Ernstfall 中发表了他的论战观点。尽管拉纳感到没有必要即刻回应,但是他却不得不应对巴尔塔扎的批评,因为它被呈现为阿尔伯特·拉斐尔特 1967 年春季学期讨论班上的一个话题。"② 正是在弗莱堡大学的这个研讨班上,拉纳接受阿尔伯特·拉斐尔特采访,被问到这样一个问题:"让我们转向你的神学的另一个方面,转向同时让我们有机会听到另一个批评声音的视角。在这种神学中,苦难、十字架、耶稣基督的受难和十字架神学的地位何在? 就这一点,汉斯·优尔思·冯·巴尔塔扎一直批评卡尔·拉纳。"对此,拉纳回答说:

恐怕我要提及安塞尔姆·格伦有关我的十字架神学的那篇博

---

① Andreas R. Batlogg, Melvin E. Michalski, Barbara G. Turner, eds. & trans., *Encounters with Karl Rahner: Remembrances of Rahner by those who knew him*, Marquette University Press, 2009, p.77.

② Ibid., p.112.

士论文作为开始。他声言——而且我认为这是他的工作的基本主题——我实际上拥有这样一种神学。这表明从这个观点来看无论如何诸如汉斯·优尔思·冯·巴尔塔扎和贝尔特·范德海登（Bert van der Heijden）在拒斥我的神学方面没有得到合理性的证明。固然说一些人认为先验的哲学起点自动消除了一种十字架神学，然则我要说，被确当理解的先验性哲学是这样一种哲学，其中属人的人恰恰是向无法系统化的一种不可把握性敞开的主体。权当这说的是德国唯心主义，而且我不知道在海德格尔那里最终是否也是这么回事，是否也适用于胡塞尔等等。基于此我要说，正是死亡，真正的死亡，自然不是在演讲厅里有关死亡的思辨，才是属人的人的这个根本结构的真正成全。①

在有关巴尔塔扎责难拉纳没有十字架神学这个问题上，拉纳的观点是非常明确的，就是他的神学中原则上是有一种十字架神学的，只是按照典型的十字架神学来仔细审视他的神学，人们或许发现他的十字架神学并不充分而已；不仅如此，他也认为十字架神学对于基督徒而言是否就有约束力仍然是个问题。② 在这点上卡尔·莱曼也通过自己指导的博士论文《恩典和世界——卡尔·拉纳"匿名基督徒"理论的基本结构》为拉纳提供了佐证："有鉴于拉纳的立场对于很多人而言还是模糊不清的，所以我让我的一位学生尼古拉斯·施韦特费格——现在的希尔德斯海姆辅理主教——研究匿名基督徒这个问题。他集中研究了那些有关符号和象征的段落，那些有关十字架的段落，结果发现先验要素显然并非特立独行，而是总有范畴性的东西居间运作，结果基督教的历史性的东西和特定性的东西对于拉纳而言扮演着

---

① Paul Imhof and Hubert Biallowons, eds, *Karl Rahner in Dialogue*: *Conversations and Interviews*, *1965—1982*, New York: Crossroad, 1986, p.124.

② Ibid., p.127.

一个比可能显现出来的更大的角色。"①

更加值得称道的是，拉纳尽管与巴尔塔扎存在分歧，但是在他看来这并不影响在没有达成完全一致的情况下实现共融。他说："再举一个具体的例子。在一些非常重大的神学问题上，我坚决反对巴尔塔扎的神学，而且他在反对我的神学方面甚至有过之无不及。当前我相信他还没有向罗马控告我是一个异端，我也没有这么做。感谢天主，教会领导层也保持沉默。我们两者全都深深地立意按照一个教会的信仰来思考，所以我们可以共祝圣餐，彼此没有把对方送到火刑柱上。"②

可以说，拉纳对于批评的总态度是值得任何对手学习的，那就是"有则改之无则加勉"：

> 当然我一生认识不少批评者，其中有一些重要的批评者，大概还有一些荒谬的批评者。不久前一个重要的哲学家，他是一个天主教徒，属于勒菲弗集团，写信给我的一位助手说，他应当离开我，因为我用会幕做狗窝，已经背弃了基督，不是为了30块银元，而是无缘无故。这样的一些批评者则是容易上当和非常不公正的。
>
> 但是神学中自然有一些观点，对此有人持守，有人批评，有人补充，有人拒斥。有关这样的一些观点，人们应该冷静地和理性地进行对话，研考这一方是对的还是另一方是对的。当然神学中还有许多东西，对此一个人表达了一个观点，他自己认为相当

① Andreas R. Batlogg, Melvin E. Michalski, Barbara G. Turner, eds. & trans., *Encounters with Karl Rahner: Remembrances of Rahner by those who knew him*, Marquette University Press, 2009, p.112.
② Paul Imhof and Hubert Biallowons, eds, *Karl Rahner in Dialogue: Conversations and Interviews, 1965—1982*, New York: Crossroad, 1986, p.291.

重要和健全，但是同时又质疑自己是否已经正确命中。

当汉斯·优尔思·冯·巴尔塔扎在他的书中或别的地方批评我的拯救神学的时候，大概发现我的三一神学不怎么正确。然后自然提出一些问题，对此必须予以重新考虑。现在看来什么是正确的？大概忽视了什么吗？有什么可以不同地予以处理吗？或者在这样的批评之后和在超然的研考之后，我们的观点仍然站得住脚吗？还有许多别的问题，更多地带有教会政治或牧职关怀的性质，有关这些问题的批评就事物的本质而言又是一种相当不同的类型。这样的问题是一些需要慎重裁量的问题，在此并非一个人百分之百正确，而另一个人则绝对错误。如果有人说二加二等于五，那么他是绝对错误的。如果有人说，我可以设想以一种与现在不同的方式来遴选罗马主教或者选择主教，那么这样的探究并非关乎一个绝对错误的观点，而是一个权衡使徒性工作的那些种类繁多的方面的探究，一种有关教会政策方面的一种决定的探究。我们相应地有不同的意见，以至于一个人能够努力在教会的联合决定或教会的集体意识中为某个观点提供根据；它既不真，也不假，而是要么更健全，要么不那么健全。在这样的一些情况下，谁是正确的问题始终是一个没有定论的敞开问题。①

四、拉纳与孔汉思——围绕无谬问题的争论

如果我们把拉纳的立场看作中立的立场，与巴尔塔扎的右倾立场形成对照的则是孔汉思的左倾立场。与巴尔塔扎总体因为梵二会议的改革而批评梵二会议不同，孔汉思则认为梵二会议的改革还不够，特别是面对梵二会议之后教会仍然面对的一系列问题，诸如独身制、教

---

① Paul Imhof and Hubert Biallowons, eds, *Karl Rahner in Dialogue: Conversations and Interviews, 1965—1982*, New York: Crossroad, 1986, p.335.

宗选举方式和节育等问题，甚至主张召开"第三次梵蒂冈大公会议"，以期用新的大公会议解决此类问题，并进而推行教会的民主化。

拉纳认为，尽管有人理解或者至少同情孔汉思的相关提议和观点，但是急于改变目前教宗的选举方式、容许平信徒参加大公会议等诉求目前是不现实的；像增加平信徒在教会中的发言权等教会民主化问题，可以从主教选举这样的"基层民主"开始慢慢予以解决。[①] 至于孔汉思为了推进改革，质疑教宗无谬教条则是拉纳不能接受的。拉纳一直并不回避教会存在的问题，乐见教会在一个快速变化的世界中拥有更多的变动性和弹性，并且在这个方面竭尽所能；但是拉纳与孔汉思"急躁冒进"的做法不同，纵观拉纳悄悄推进教会改革的历史，他所采用的和所主张的是"戒急用忍、行稳致远"的策略。这种不同导致拉纳与孔汉思之间在某些问题上出现争议，在教宗无谬这个问题上尤其如此。一言以蔽之，拉纳是站在教会内改革，孔汉思是站在教会外革命。

1970 年孔汉思在艾因西登（Einsiedeln）出版社出版了《无谬吗？一个质询》一书。在此书和其他一些作品中孔汉思著书立说质疑天主教历史上最后确立的四个教条，即教宗无谬和教宗首位，以及玛利亚无染受胎和玛利亚升天。这立刻引发以信理部为代表的罗马教廷的关注，而且在神学家中引发不少骚动和不同观点。卡尔·拉纳则根据自己对于天主教教会和相关传统的理解，站到反对孔汉思相关立场的一方。

卡尔·拉纳在《教会提供什么终极确定性吗？》一文中评述说："在这些考量的主题与孔汉思名为《无谬吗？一个质询》（Unfehlbar? -eine Anfrage）的著作之间存在一种特定的关联。还原为大白话来说，

---

① Karl Rahner, *Faith in a Wintry Season: Conversations and Reviews with Karl Rahner in the Last Years of His Life*, New York: the Crossroad Publishing Company, 1990, p.72.

这个出版物驳斥第一次梵蒂冈大公会议的明确教条。不过,该书这么做的时候,并未仅仅局限在教宗的训导权柄,而是相当宽泛地涉及所有的信仰命题——无论是包含在《圣经》中的、那些大公会议所提出的,还是教宗的教导权柄——意在形成一种具有终极约束力的陈言。根据传统教条,所提出的这样一些带有终极约束力的教会陈言,在圣灵的帮助下是保证没有任何真正错误的——即便这样的陈言自然受到历史条件的限制,常常能够而且需要清新的诠释,对于力图表达的奥迹也总是力不从心。然而,孔汉思所采取的却是这样一种立场,即这些陈言固然实际上是真确的,但是即便这样的陈言,恰恰在原则上是可错的,而且后来可能被作为错误而予以承认和拒斥。"①

拉纳在《普世教会讨论中的伪难题》中也涉及他对于无谬的看法:"从普世教会的立场来看,与教宗地位相关的最为困难的问题当然是教宗无谬的首位教导权柄。以孔汉思看待问题的方式看待这个问题,以及通过或多或少地从存在的角度解释教宗做出一个基于权柄的决定的时候教宗的无谬性,我们都不能消除这个困难。但是更加清楚地提出这个天主教的教条意味着什么和不意味着什么,则是可能的。就过去而言,在实践中出现的与教宗无谬的教导权柄相关的那些困难只与教宗庇护九世和庇护十二世所界定的两个玛利亚教条相关。正如我们希望后面表明的那样,这些困难是肯定能够予以清除的。"② 但是,在拉纳看来并不能采取孔汉思那样直来直去的方法。

接下来拉纳和孔汉思在教宗无谬问题上出现了几轮争论。孔汉思1971年在《时代的声音》1月那一期和2月那一期上分两期发表了《趣事——对卡尔·拉纳的答复》(Im Interesse der Sache. Antwort an Karl Rahner)一文,对于拉纳在1970年《时代的声音》12月那一期

---

① 《神学研究》,14 卷,第 47—48 页。
② 《神学研究》,18 卷,第 45—46 页。

上的《对孔汉思的批评——有关无谬问题的神学争论》一文（Kritik
an Hans Küng. Zur Frage der Unfehlbarkeit theologischer Satze） 做 出
回应。然后拉纳在 1971 年《时代的声音》3 月份那一期上又以《答
辩——评孔汉思的〈趣事〉》再度回应。对此，巴特劳格提供了比较
详尽的信息：

> 孔汉思并非总是与拉纳意见一致，在有关教皇无谬的问题上
最为明显，这引发他们之间的激烈争战。有关教皇无谬这个问
题，孔汉思在 1971 年《时代的声音》一月那一期上发表了一篇
回应卡尔·拉纳的文章。这篇文章几乎是以一番礼赞开篇，更像
是为随后的批评"沽名钓誉"（aptatio benevolentiae）："若非事出
无奈，我宁可放弃一切也不愿意写这个回应……尽管我从未做过
他的学生，但我视之为我神学上的老师之一。他作为不知疲倦的
先驱，以强有力的手臂为我们一代人开启了无数的大门。他论及
了先前没有哪个天主教神学家敢于论及的那些问题；重新安排了
在他看来位置不当的东西；指出了未来的道路，从上帝教义和基
督论的崇高天际一路下到教区生活和个人灵修这些完全实践性的
问题；勇敢地给出那些当时被人贴上异端标签的答案。在所有这
些方面，他居间促成我们年青一代神学家在神学中享有喜乐，鼓
励我们拥有思考的勇气，容让我们打破新经院主义僵硬和灰暗的
藩篱；连同当今天主教神学的神圣军团（汉斯·优尔思·冯·巴
尔塔扎、伊夫斯·康加、奥托·卡勒、亨利·德·吕巴克），他
还诱发我们当中原本想要走入教区牧职工作的数人在巨变开始的
时代开启天主教神学的巨大冒险，并且成为了神学家。"拉纳很
快在《时代的声音》的 3 月那一期对孔汉思的那些问题就其内容
作出回应，尽管对于编辑不乏有节制的批评，因为那位图宾根
神学家的文章几乎有"我自己文章的两倍长"。当然，孔汉思的

文章中赞美拉纳的段落并非纯粹出于一种政治动机，而是揭示了他在多大程度上曾经受到拉纳的影响，以及拉纳对于那些年轻的神学家，而且不止对他们，具有什么样的当今人们所说的个人魅力。①

针对孔汉思在无谬问题上的立场，拉纳还编辑了《争议问题》第54卷——《无谬难题——对于孔汉思所提质询的答复》（弗莱堡：赫尔德出版社1971年）；其中收录了卡尔·拉纳、路易吉·萨托利、约瑟夫·拉辛格、瓦尔特·布兰德缪勒、鲁道夫·施纳肯堡、莱奥·舍夫克雨克、伊夫斯·康加、奥托·泽梅尔洛特、海因里希·弗雷斯、赫利伯特·缪霖、胡安·阿尔法罗、埃尔马·克林格尔、卡尔·J.贝克尔、赫伯特·沃格利姆勒和卡尔·莱曼等人的文章。②

雷蒙德·施瓦茨的有关回忆说道："莱曼为拉纳所编辑的一本回应孔汉思的书投了一篇文章。拉纳感到，在反对孔汉思方面，教会不能放弃某些观念。我们也必须期待人们学习教会语言，而且在某种程度上学着理解微妙的差异。从神学上说，在教皇无谬问题上他们两者相距并非那么远。不过，拉纳非常清楚地说，人们不能以无视某种像无谬教条那样明确表达的东西而了事，而是需要用那种语言工作，努力使之对于我们的时代而言更好把捉。这也表明拉纳对于共同体的历史维度更有感觉和尊重。孔汉思，基本说来，几乎没有历史感。"③

1972年2月21日拉纳接受了德国《镜报》编辑沃尔纳·哈伦伯格和彼得·施岱勒的就孔汉思的相关问题的采访。《对话拉纳》这个

---

① Andreas R. Batlogg, Melvin E. Michalski, Barbara G. Turner, eds. & trans., *Encounters with Karl Rahner: Remembrances of Rahner by those who knew him*, Marquette University Press, 2009, pp.18—19.
② Ibid., p.87.
③ Ibid., p.85.

拉纳对话集以"孔汉思与教宗无谬争论"为题收录了这次采访的内容 ①，向人们揭示了有关这个问题的很多信息；人们发现，此时孔汉思不仅在无谬问题上的麻烦仍然没有过去，而且在基督论方面的观点也开始引发教廷的警惕。

采访过程一开始，拉纳就被问及孔汉思一事："拉纳教授，依据你的意见，孔汉思那本有关无谬的著作的中心命题——教宗和大公会议都不能宣布无谬的陈言——是非天主教的。信理部，即以前的圣职部和再以前的罗马宗教裁判所，正在指导针对孔汉思的案子。如果他们最终形成同样的意见，他们会做出什么裁断？"针对采访者的如此发问，拉纳撇清了自己的关系："首先，容我解释，罗马与孔汉思之间正在发生的事情与我毫无关系。对此我一无所知。"② 也就是说，拉纳并非罗马针对孔汉思事件的始作俑者和幕后推手。

但是在事件发生后，拉纳也并未置身事外，在德国积极参与了针对孔汉思的两件事。就像采访者向拉纳提到的："你编辑了一本书，其中 15 位神学家致力于驳斥孔汉思。而且德国主教会议有关孔汉思那本书的立场文件本质上说是出自你的手，情况不是这样吗？"对此拉纳并没有否认，但是认为："所提问题之间有所不同，需要更精确的措辞。至于第一个问题，我对于写过孔汉思的中心命题是非天主教的这一点并不感到理亏。孔汉思坚持认为，即便是教宗依据宗座权柄所做的限解也是可错的。他这么做，就离开了天主教内神学讨论的范围。根据我对于天主教信仰的理解，某些意见是不能放弃的；其中之一就是，存在保证没有错谬的教宗和大公会议的教导。"③

在这种情况下，教廷也有意不当地利用拉纳的声望和观点，来佐证教廷反对孔汉思立场的正确。正如采访者所指出的："人们经常在

① Paul Imhof and Hubert Biallowons, eds, *Karl Rahner in Dialogue*: *Conversations and Interviews, 1965—1982*, New York: Crossroad, 1986, pp.93—100.
②③ Ibid., p.93.

像梵蒂冈的《罗马观察家报》(Observatore della Domenica)这样的报纸上读到：如果像拉纳这样的神学家都反对孔汉思，那么他一定写了什么真正危险的和可怕的东西。"对于教廷的这种借力打力的伎俩，拉纳不以为然，也有清醒的认识，他回应说："即便是出现在梵蒂冈的报纸上，我也强烈反对这样的说法。首先把我涂抹成某种进步的左翼神学家，然后挑拨我对决孔汉思，这是最不公平的事。罗马的那些权威将不得不严肃面对我所说的、他们并不认同的其他事情。"①

尽管如此，毕竟很多人仍然不明白为什么1951年自身因为有关玛利亚升天方面的书而遭受罗马审查的拉纳何以在这个问题上与教会合作。特别是针对人们有关拉纳一方面作为一个官方委员会的成员，同时又参与针对孔汉思的神学论争是否合宜的疑问，拉纳给出了这样的解释："我是德国主教会议教义委员会的成员，以这种职能我参与起草了那份得到赞同和予以发表的立场文件。首先，迄今我的合作并未伤害孔汉思……其次，这样的事情事实上是不可避免的。你不能先天禁止一个作为顾问服务于一个官方教会委员会的神学家在这个问题上发表个人的神学立场。第三，在我服务于一个这样的委员会与参与可能的严厉谴责之间存在差异。"②

拉纳一方面呼吁人们不要在孔汉思问题上对自己抱有偏见，另一方面呼吁教廷在有关孔汉思的问题上不要操之过急，不要仓促定性："如果罗马在这个问题上想要做点什么的话，我希望进行得慢一些，谨慎一些，采取客观和公正的方式。"③ 因为在拉纳看来，神学家之间在孔汉思问题上毕竟存在不同意见，"而且我并不认为我的观点对于罗马而言应是决定性的观点。……其他神学家，例如，图宾根的瓦尔特·卡斯培就持与我不同的观点。在此各种各样的神学家的观点是有

---

① 　Paul Imhof and Hubert Biallowons, eds, *Karl Rahner in Dialogue*: *Conversations and Interviews*, *1965—1982*, New York: Crossroad, 1986, p.93.

②③ 　Ibid., p.94.

分歧的。"①

事实上，拉纳非但不是针对孔汉思的急先锋，在有关观点上也并非唯我独尊，有时反而表现出对于孔汉思的某种同情——在拉纳看来孔汉思之所以惹出麻烦主要是相关表述和策略存在问题。他认为在天主教的真理阶梯中，孔汉思所质疑的天主教最晚确立的四个教条只是比较低级的教条，尽管这些教条并非可以当作错误被扔到历史的垃圾堆里，"但是在具体情况下得要具体阐释，我会乐意承认，有关它们的那些如此直白的、官方的和教宗的限解本来可以省去。……在这些教条限解之前，不但存在着它们是否客观上正确的讨论，而且存在着对它们加以限解是否适时的讨论。我不受有关它们的适时性决定的约束。倘若庇护十二世1950年询问我的意见的话，我本来会建议他反对限解玛利亚升天的教条。"②

既然按照拉纳的理解，孔汉思的书只是关涉次级的事体，为何他的书引发那么多骚动和喧闹？"无谬教条对于神学而言是次要的，对于教会政治而言是首要的吗？"面对这些问题，拉纳在某种程度上道出了自己的心声："在此我与孔汉思有共同的关切。在教会过去百年间的实践当中，无谬被扩大到这样一个程度，以至于它与该教条的真实原意并不同一。而且还在很多方面发展出一种与教会的本质并不同一的、绝对的统治风格。如果孔汉思在这条战线上作战，我则没有什么可以反对他的。而且情况会恰恰相反。一个人本来可以用更好的策略取得更好的战斗效果，本来可以进展得更加精明一些，本来可以拥有更好的成功前景。"③

在如何与教廷打交道方面，拉纳的确比孔汉思有经验和有策略得多。在《际遇拉纳》中采访者曾向阿尔伯特·凯勒（Albert Keller）

①② Paul Imhof and Hubert Biallowons, eds, *Karl Rahner in Dialogue*: *Conversations and Interviews*, *1965—1982*, New York: Crossroad, 1986, p.95.
③ Ibid., p.96.

提过这样一个有关拉纳的问题:"年轻的神学家们能够从卡尔·拉纳那里学习什么?我读到孔汉思在有关他的《无谬》一书的辩论过程中曾对捍卫教宗无谬教条的拉纳说:'你已经轮到过了,现在轮到我们了。'拉纳神父过时了而且不仅仅因为其困难的语言吗?"对于这个问题凯勒的回答很好地例证了孔汉思在很多方面毕竟比拉纳还差些火候:

> 孔汉思的工作并不具有与卡尔·拉纳的工作几乎相同的神学质量。他有他的想法,对此毫无异议;但是至于神学实质,拉纳神父则是无与伦比的。例如——而且这与孔汉思形成强烈对照——当拉纳在一篇与三位一体相关的文章中挑战'位格'这个术语的传统用法的时候,他也表明他无意把他的想法强加给教会的训导权柄。他并不坚持主张教会得要改变它的语言。而孔汉思就会说那条教义必须得到修正。这对于拉纳而言完全是异己的。他的理解是,像'位格'这样的概念数个世纪以来在神学上已经有明确的含义,不能简单地废弃。尽管事实上他严肃地质疑这个概念,但是他不想挑战训导权柄。这是年轻神学家可以从拉纳神父那里学习的某种东西——当他涉足关乎教会传统教导的神学讨论的时候所采用的风格和方式。认识到他的观念曾经是而且如今依旧是那么具有创意,这点仍然不免令人惊讶。①

德国《镜报》采访拉纳之后过了几年,罗马教廷对于孔汉思终于有了某种定论,1979年12月18日孔汉思被剥夺了在天主教内讲授天主教神学的权利。1980年1月萨尔斯堡"晚间播音室"节目采访了

---

① Andreas R. Batlogg, Melvin E. Michalski, Barbara G. Turner, eds. & trans., *Encounters with Karl Rahner*: *Remembrances of Rahner by those who knew him*, Marquette University Press, 2009, pp.211—212.

拉纳，向他提出了这样一个问题："孔汉思教授被指控怀疑教宗无谬。对此你要说些什么？"拉纳给出了比《镜报》采访时更为系统的回应：

> 当然，每位神学家都会阐明，甚至勠力证明对立的一方不真确（当然这点在此肯定没有展现出来），而神学家本身则是只对真理感兴趣，并无其他。这种值得称道的、基本上显而易见的意向并不证明所涉神学家是正确的。在神学和哲学领域数千年的争执中的总是一个真理问题。每一位在这样的问题上发表意见的人都寻求讲出真理——也寻求再现真理。即便有最美好的立意，也不可能每个人都总是正确的。所以得问在这个事例中谁是正确的。即便智力很高，追求真理的动机也最为高尚，一个神学家不仅可能犯错，而且可能以其好心增进了他的或她的错误。

> 对我而言自明的天主教教导是，教会的信仰意识得要做出决定。不过，教会的这种信仰意识自身也展现在罗马天主教训导权柄的那些文件之中，尽管它们的责成程度有所不同。孔汉思很可能并非以这样一种绝对的、有约束力的方式秉持这个意见。他很可能说，即便教会权威宣布第一次梵蒂冈大公会议是绝对具有约束力的，这个宣布本身也是成问题的，从而不具有约束性。那么谁来实际上决定教会中什么是作为天主教教导能够教的，什么是不能够教的？孔汉思很可能会说，这个问题将借助持续不断的教会信仰意识历史中的争论来决定。

> 至于天主教最近一些世纪的教导——让我们谨小慎微一些说——相反我绝对坚信在训导权柄（教宗和主教们）方面有一个能力相称的位置来划出这样的一条线，而我作为一个天主教的神学家感到是受此约束的。如果我陷入与这条已经划出的线的严重冲突，而我的真理感要求我做出决定性的抗议，那么我就会不得不得出这样的结论，我不再是一个天主教徒。我就要证明世界

上，特别是非天主教的基督教世界中无数的人深信他们凭良心不能是一个天主教徒。

　　当然，所有那些并不与教宗生活在一个统一体中的那样一个世界中的基督教徒会说，第一次梵蒂冈大公会议中限解的而且在第二次梵蒂冈大公会议中重申的那个有关教宗的宣示对于他们的真理感而言是不可接受的。一个人能够形成这样的意见是可以理解的；否则，这些无数的人民就是愚蠢的和没有善良意志的——显然我并不主张有其中的任何一种情况。不过我仍然坚持我的意见，就是教会的训导权柄有权决定什么作为天主教教条是可以讲授的什么是不可以讲授的。严格说来，只有在尊重罗马所划下的红线的情况下，一个天主教神学家才仍然是一个天主教神学家。①

难能可贵的是，拉纳在孔汉思问题上并非落井下石之辈，而是秉公直言，甚至在某种程度上对于孔汉思是有所声援的。拉纳说：

　　孔汉思在基督论问题上的"非正统性"在我看来并不像在有关官方的教宗教导问题上那么明显。我纳闷孔汉思为何不这样直言：当然，我肯定我对于以弗所和查尔西顿的基督论教义所保持的责任；我只是尽我知识之所能和凭良心反思如何使基督论成为可以理解的，以及如何以现代视角加以表达。那么教会训导权柄在基督论问题上就无以找他的麻烦。我不明白孔汉思为何没有简单地——如果我可以这么说的话——就罗马信理部的指控而"避其锋芒"。

---

① Paul Imhof and Hubert Biallowons, eds, *Karl Rahner in Dialogue: Conversations and Interviews, 1965—1982*, New York: Crossroad, 1986, pp.248—249.

人们不应过快地把孔汉思遭到罗马批评的那些声明仓促拼凑到一起。否则，事到如今，人们可能会真的指控罗马对待孔汉思不公。就我而言，查尔西顿教条有一个绝对具有约束力的维度。不过，这个事实并不会以任何方式妨碍我从一些不同的观点对这个教义重新进行透彻思考。这并不妨碍我向我同时代的人尽可能提供反思、表述和理解方面的援助——倘若通过纯粹重复那个古老教义的话，这些本来是无法提供的。作为一个天主教神学家，我必须为我当今的同道信友搜寻到这些援助。

如今我可以坦言，我一度在沃尔茨堡主教会议上公开反对红衣主教霍夫纳在这个问题上的陈言。红衣主教霍夫纳说：拿撒勒的耶稣是上帝。我回应说：当然这是一个基督教的、不可取消的和具有最终约束力的真理，但是人们也可能误解这句话。尽管其他具有动词"是"的句子表达的是与表语内容的一种简单类型的同一性，但是在耶稣的人性与上帝的永恒逻各斯之间则并不存在这种同一性。这里存在的是统一性，而非同一性。我这么说只是要澄清这样一个事实，即：有关教会之内的基督论教义及其正统性，一些问题、甚至观点差异仍然存在。同样，有关基督论，孔汉思能够走多远的问题则不是由我能够简单回答的。

当前教会中存在着诸如反动、了无新意和倒退心态这等危险，而这些在某种程度上可能会成为现实。庇护十世晚年期间大行其道的整合主义就是这样的反动倾向在教会中如何变得强大的例证。不过，这绝不意味着这样的一种反动氛围将会最终取得胜利。教会的历史在继续，而且在本着真理保护教会者的指导下总是在起起伏伏地运动——所以我在这一点上与孔汉思一致。①

---

① Paul Imhof and Hubert Biallowons, eds, *Karl Rahner in Dialogue*: *Conversations and Interviews*, *1965—1982*, New York: Crossroad, 1986, pp.249—250.

　　拉纳在孔汉思相关问题上的这种"恩怨分明"、"就事论事"的做法，对于维护教会及其历史的统一意义非凡。雷蒙德·施瓦茨就他所认为的拉纳这方面的特点说："他对于孔汉思论教皇无谬的那本书的反应在我看来是典型的：孔汉思指责拉纳归根结底是一位教会神学家。拉纳并不同意孔汉思的看法。那时我仍然在为《取向》（Orientierung）工作。孔汉思给我们一篇文章，腔调相当粗蛮，挑战拉纳和莱曼。我们在编务会议上讨论了这篇文章。然后我专程去见孔汉思，告诉他需要删除所有贬损性的评论。孔汉思一下爆发了：'其中没有任何情绪性的东西——那是客观真理！'他不愿意删减哪怕一条贬损性的陈言。所以我们没有发表他的文章。说来并非要支持孔汉思的批评，拉纳的立场避免了神学陷入不折不扣的反罗马立场。拉纳的权威地位非常有助于避免让人联想到这样一种局面，即梵一会议与梵二会议之间存在着一种完全断裂。"①

　　拉纳与孔汉思的争论正是完全源于他对于教会的忠诚和热爱。汉斯·洛特这样说道："拉纳神父的开放令人难以置信。他对于人们、对于对话感兴趣，而且对于看到人们在教会中创造性地和独立地工作感兴趣。……拉纳神父极为投入。有关他对于教会的爱——那是某种令我极感兴趣的事情。例如，他在电视上与孔汉思的那些讨论，表明了这一点。他们讨论的问题关乎无谬教义问题。孔汉思捍卫这样一种立场，就是教义最终要被给予一种新的语境，并且给予全新的表述。而拉纳神父的回应则是，那些教义的确需要得到每一代人的全新诠释，但是就遣词造句而言没有什么是能够改动的。他只是不想放弃教会及其教导。"②

---

① 　Andreas R. Batlogg, Melvin E. Michalski, Barbara G. Turner, eds. & trans., *Encounters with Karl Rahner: Remembrances of Rahner by those who knew him*, Marquette University Press, 2009, p.85.

② 　Ibid., p.232.

1983 年 12 月拉纳在慕尼黑接受慕尼黑天主教学生共同体采访的时候，又被问及孔汉思问题。此时离拉纳 1984 年 3 月辞世只有几个月的时间，可以说拉纳的生命已经接近终点。下面所引述的拉纳在此次访谈中对于孔汉思问题的评论可以视为他的临终评论，我们也以此为他与孔汉思的有关争论画个句号：

> 依我之见，孔汉思在此显然是有违对于一个天主教徒而言具有责成效力的教导的。而且我经常这样直言不讳地向他说。同其他人一道，我两度代表孔汉思一方写信给红衣主教阿戈斯蒂诺·卡萨罗利（Agostino Casaroli），而且我收到过红衣主教拉辛格的一封信。我对孔汉思没有丝毫个人敌意。毕竟，我们一道创立了《会诊》杂志。不过，这不能改变这样一个事实，就是孔汉思拒斥第一次梵蒂冈大公会议的一个具有约束力的教导；而且即便独立于此事之外，依我之见他在这样一点上也是错误的：他断言教会即便在它以为自己以一种明白无误的和不可改造的方式做出判断的那些情况下，教会也是可错的。从历史的观点来看，根本提不出任何支持孔汉思论题的证明。对于任何提及《人的生命》的人，都要直言不讳地告诉他，就保罗六世一方而言非常有意识地没有在其中给出任何基于教宗权柄的决定。
>
> 一个人得要承认，一直有而且现在有一些真正非限解的、出于训导权的教导事实上是有纰缪的，而且对于教会的生活产生了不幸的影响。但这改变不了基本的原则。孔汉思诘难说："你不停诠释那些训导决定，直到你同意它们为止。只有以被限解教义的原意为代价，才能取得这种成功。"我的回答是，即便我要理解我应当相信的东西，我当然也得要诠释。我不能只是重复一个其中那些概念我从未理解的陈言。如此轻信是荒谬的和非基督教的。换言之，以一种个人的方式与教会教导打交道是我的责任。

我得要问它意味着什么和不意味着什么。没有什么出于训导权的教导——包括没有限解的教导——不需要一种主观的充用，而且因而需要一种诠释。当然可能发生这样的情况，我的诠释整个是错谬的或至少部分是错谬的。情况是否如此，则取决于教会告诉我是否如此。不过，鉴于如此长久以来我诚实而公开地坚持一种诠释，对此体制教会并未加以拒斥，我有权以这种合理的方式与这样的一种限解保持相安无事。至少我把这样一种进路当作理所当然的。①

五、拉纳与拉辛格——沃尔茨堡主教会议上的票决

拉纳与拉辛格之间的关系非常复杂。一方面，导师辈的拉纳曾与小字辈的拉辛格在梵二会议上精诚合作，推进改革，之后还志趣相投地共同写过两本著作；另一方面，随着拉纳一直在体制外对于教会"爱之深责之切"，而拉辛格在体制内逐步升迁，两者开始分道扬镳。两者不仅在观点和态度方面裂隙越来越明显，而且在某种程度上分别以《会诊》和《国际天主教杂志》为阵地公开对垒。此外，他们在很多场合和问题上也互相较劲。

两人及其所代表的立场之间的势不两立在沃尔茨堡主教会议上达到顶峰。对此卡尔·莱曼追忆说："1971 年至 1975 年，沃尔茨堡主教会议（the Wurzburg Synod），即德国众教区共同主教会议，召开。会议期间拉纳非常易怒。会议一开始就要一场非常困难的投票，等于是拉纳和拉辛格之间的一场竞赛，在很大程度上与他们人格的差异有关。因为按照字母顺序安排座位，所以他们坐在一起。对于主教会议上的年轻成员而言，拉纳是一种象征性的人物。人们感到拉辛

---

① Paul Imhof and Hubert Biallowons, eds, *Karl Rahner in Dialogue: Conversations and Interviews, 1965—1982*, New York: Crossroad, 1986, p.151.

格自从 1969 年至 1970 年左右开始走向另一个方向。经过三四轮投票之后，拉纳神父以微弱多数当选，而拉辛格完全难以接受，有些伤心。……之后拉辛格很快离开了大会，而大会在没有他的情况下继续进行。……会议纪要已经发表，今天人们能够读到。有些著名人物把票投给了拉辛格而非拉纳，诸如汉斯·迈尔（Hans Meier）和艾达·弗里德里克·格雷斯（Ida Friederike Gorres）。但是那些年少'轻狂'的祭司投票支持拉纳。这是件有趣的事，但是拉纳神父享受这个事实，即年轻人捍卫他而拒斥拉辛格。"①

尽管拉纳得到大多数下层祭司，特别是年轻祭司的支持，但是拉辛格却得到了教会上层和教宗的支持，并且可以说平步青云。1977 年他被教宗保罗六世任命为慕尼黑和弗赖辛大主教，并于同年被任命为枢机主教；1981 年教宗约翰·保罗二世又任命他为教廷信理部部长，成为天主教信仰和道德方面除教宗一人之外最有权柄的重要人物，并且担任这个职位长达 24 年之久，直到 2005 年当选教宗。

1982 年拉纳接受《南德日报》采访的时候，采访者这样谈及拉辛格的转变："作为科隆红衣主教弗雷兹的神学顾问，拉辛格属于梵二会议上的进步神学家之列。他与你拉纳教授勠力同心，尽管你那时也感到与后来反抗罗马训导权柄的图宾根教授孔汉思关系密切。有些刻薄的人说，拉辛格已经从勇敢的改革者变成一位谨慎的保守派……"对此，拉纳委婉地回应说："改革者和保守派这些词语是否清楚而精确地表达了教会领域中的某种东西，在原则上是有疑问的。但是撇开这个一般性的问题不谈，舆论的确不无公正地点出了拉辛格神学中的某种变化。在梵二会议上……我们两人那时在神学上的确比如今更加接近一些。红衣主教拉辛格本人也在其末世论前言中明确标

---

① Andreas R. Batlogg, Melvin E. Michalski, Barbara G. Turner, eds. & trans., *Encounters with Karl Rahner: Remembrances of Rahner by those who knew him*, Marquette University Press, 2009, p.116.

明他神学中的这种'转折'。……毕竟所有神学家都有权修正自己的观点，无论是使之更接近还是更远离传统的教导。然而，是原先的立场正确还是后来的立场正确，则总是一个敞开性的问题。"①

拉纳与拉辛格之间的张力还体现在他们对于解放神学的正反态度上面。1973年拉纳前往智利一段时间，了解那里如火如荼的解放神学。②拉纳说过："拉美神学家对我的神学有所注意，而且我即便这个年纪也非常乐意向拉丁美洲及其神学学习。"③事实也正如很多研究成果所表明的那样，"解放神学家们的确把拉纳应用于一个实践世界"；从而"拉纳在七十多岁的时候关注起解放神学，而且乔恩·索布里诺（Jon Sobrino）视拉纳对于那种神学的影响寓于下述方面：一种对于现实的首要性的强调、一种存在性的信仰形式、上帝奥秘的实在性、神学之为引致奥秘和灵性的神学、现实的圣事性质和上帝历史在这个世界里的统一性……拉纳还编有一本论解放神学的书，其中他的神学不是引致一个特定的政治方向，抑或一种德国的或巴西的政治神学，而是引致这样一种实践神学，其中对于政治的和经济的方向都有所谈论和评说。"④

在与解放神学相关的问题上，他毫无保留地支持1974年耶稣会总会议和总会长阿鲁佩（Arrupe）的观点，即，拉丁美洲、菲律宾和其他地方的教会都不得不为人们的完整的解放而努力，因而教会永远不可能被局限在一个假定的纯粹宗教领域，因为那会是对非正义的接受和巩固。在他看来，"拉丁美洲教会以其解放神学已经开始发展一种植根于其独特境况的神学，并且对于那种状况有着有效的言说。最终将会有某种像'亚洲神学'这样的东西，肯定也会有某种'非洲神

---

① 《对话》，第 316 页。

② Thomas F. O'Meara, O. P., *God in the World*, Liturgical Press, 2007, pp.21—22.

③ Paul Imhof and Hubert Biallowons, eds, *Karl Rahner in Dialogue: Conversations and Interviews, 1965—1982*, New York: Crossroad, 1986, p.202.

④ Thomas F. O'Meara, O. P., *God in the World*, Liturgical Press, 2007, p.53.

学',尽管后者要慢慢浮现。"①

就解放神学的命运和可能发展,拉纳曾经充满希望地说:"我并不知道教宗会怎么说,也不知道在拉丁美洲主教会议里谁最有发言权,但肯定有一些达成妥协的努力,大概这是一种好事。总体上我希望普埃布拉(Puebla)能够继续而且容许继续促进(1969)麦德林会议的那些目标。"②故此,"我希望我们的公开信对于南美所需的进步解放神学得以继续的可能性有所贡献。当然关于在普埃布拉可能发生什么我有我的关切。我并不期待一种激进转变,即便在普埃布拉对此我也并不期待。在教会内你总是不得不指靠某种精明。教会将不会端上什么激进的东西。恰恰因为这个原因我并不预期会有任何出自普埃布拉的灾难。此外,即便在那里,梵二会议也不可能被破除。"③

事实上,担任信理部部长的红衣主教拉辛格对于解放神学秉持一种否定的态度,并且亲自到拉丁美洲平息解放神学运动。首先,用拉辛格自己的话来说,"解放神学是一种具有极多层面的现象。它的整个变动幅度从彻底的马克思主义立场到正确的教会神学框架内的那些努力——其中正确的教会神学,就像我们从麦德林到普埃布拉的'拉美主教会议'的那些文件中所见的那样,强调的是基督徒必须承担起对于那些穷人和受压迫者的责任。"④然后,则假借反对解放神学中抱持"马克思主义的根本选择"的神学家,不分青红皂白地给整个解放神学定性:"对解放神学现象的分析揭示出,它构成对于教会的一种根本威胁。"⑤因为,"尽管当今解放神学的重心在拉美,但它绝非一

① Paul Imhof and Hubert Biallowons, eds, *Karl Rahner in Dialogue: Conversations and Interviews, 1965—1982*, New York: Crossroad, 1986, p.235.

② Ibid., p.202.

③ Karl Rahner, *Faith in a Wintry Season: Conversations and Reviews with Karl Rahner in the Last Years of His Life*, New York: the Crossroad Publishing Company, 1990, p.64.

④⑤ The Essential Pope Benedict XVI, p.217.

种单单属于拉美的现象。离开欧洲和北美神学家们的统治性的影响，它是不可想象的。它也出现在印度、斯里兰卡、菲律宾、中国台湾和非洲，尽管后者对于'非洲神学'的追求占据前台。'第三世界神学家联盟'的强烈特点就是强调解放神学的主题。"[1] 在他看来，这种"危机"不但有可能伤害天主教的统一性，而且有可能把天主教矮化为实现世俗目标的工具。

尽管拉纳并不认为每一种解放神学都是一种真正的天主教解放神学，但是"深信一种真正的天主教解放神学能够存在而且必须存在"。[2] 针对拉辛格的相关负面看法，拉纳意有所指地认为"把解放神学定性为一种'邪恶'展现是危险的"[3]，其实"解放神学开启了我们有关结构性不公的视野"[4]；认为神学家古铁雷斯（Gustavo Gutierrez）因思想之故而导致在教会中的存在受到威胁，并因而使之在肉体上的存在受到威胁是不可接受的，甚至当拉纳病入膏肓的时候，仍然不忘在一封致秘鲁诸位主教的信中声援和支持古铁雷斯。[5] 尽管拉纳有时发现解放神学的实践热忱需要建立在更为深刻的理论反思之上，但他的态度和理论表现出与影响颇大的"解放神学"的一种同契性，以至于很多人把他当作解放神学的卫士。[6]

---

[1] The Essential Pope Benedict XVI, p.216.

[2] Paul Imhof and Hubert Biallowons, eds, *Karl Rahner in Dialogue*: *Conversations and Interviews*, *1965—1982*, New York: Crossroad, 1986, p.201.

[3] Karl Rahner, *Faith in a Wintry Season*: *Conversations and Reviews with Karl Rahner in the Last Years of His Life*, New York: the Crossroad Publishing Company, 1990, p.62.

[4] Ibid., p.64.

[5] Herbert Vorgrimler, *Understanding Karl Rahner*: *An Introduction to His Life and Thought*, trans. John Bowden, London: SCM Press Ltd., 1986, p.138.

[6] Karl Rahner, *Faith in a Wintry Season*: *Conversations and Reviews with Karl Rahner in the Last Years of His Life*, New York: the Crossroad Publishing Company, 1990, p.61.

第四节　本笃十六　教会变数

一、"撒旦的烟雾"与《拉辛格报告》

在教会走向方面更令人担忧的是，不仅一些批评家把梵二会议之后的教会状况归咎于梵二会议，而且许多著名的天主教领袖也表达了对梵二会议之后教会状况的严重关切。

例如，教宗保罗六世在他 1972 年 6 月 29 日就职 9 周年之际面对大众说："撒旦的烟雾已经通过某个裂隙进入上帝的殿中……人们不再信赖教会；人们信赖随之而来的第一位亵渎神圣的先知……怀疑已经进入我们的意识，而且是通过本来应该向光敞开的窗户进入的。据信，梵二会议之后在教会历史上会有阳光灿烂的日子。代之而来的却是乌云、风暴和黑暗的日子，寻觅和不确定性的日子。这是经由一种倒行逆施的力量发生的；他的名字叫恶魔……我们相信，某种奇异的事情已经出世，通过播下怀疑、不定、问题、不安和不满的种子，恰恰是要扰乱、窒息大公会议的果实，要阻止教会迸发出喜乐的颂歌。"[1] 尽管据研究，为教会状况所烦扰的保罗六世在此责怪的是撒旦，而不是梵二会议，但是毕竟给批评梵二会议的人们留下了保罗六世因"撒旦的烟雾"进入教会而责怪梵二会议这样的理解空间。[2]

同样，当年的红衣主教约瑟夫·拉辛格、前任教宗本笃十六，在主掌教廷"信理部"期间无数次谈到他在教会中看到了危机。尚在梵二会议闭会 10 年之际，他就发表评论说："毋庸置疑，过去 10 年对于天主教会而言一直确然不顺。"[3] 在梵二会议闭会 20 年之后发表

---

[1]　转引自 Ralph Martin, A Crisis of Truth, Ann Arbor, Mich.: Servant, 1982, p.17。

[2]　参见 Alan Schreck, *Vatican II: The Crisis and the Promise*, Cincinnati, Ohio: St. Antony Messenger Press, 2005, p.24。

[3]　Joseph Ratzinger with Vittorio Messori, *The Ratzinger Report*, San Francisco: Ignatius, 1985, p.29.

的《拉辛格报告——对于教会状况的独家访谈》中，他又重申了他的判断："梵二会议的教宗们和神父们所期待的是一种新的天主教的统一体，代之人们所遭遇到的却是纷争；用保罗六世的话来说，这种纷争看来已经从自我批评让渡给自我毁灭。先前所期待的是一种新的热诚，代之的却是过于经常地以百无聊赖和灰心丧气而告终。先前所期待的是向前迈进一步，代之的却是人们发现自己面对一种渐进的衰退过程；这种衰退在鼓起所谓的'梵二会议精神'的幌子下一直大幅度地展现出来，如此以来实际上日益使这次会议失信。"① 本笃十六当年所表达的信念用简短的话来说就是，"我们必须谈论……信仰和教会的危机。我们只有直面它，才能克服它。"②

在我们看来重要的不是拉辛格在这里所表达的态度，重要的是"直面"和"克服"的"危机"到底是什么。事实上，无论那些立场是否由梵二会议的文献所支撑，作为"危机"所要"直面"和"克服"的却往往是那些会被称作"现代的"或"进步的"立场。③ 当1985年时任红衣主教的拉辛格接受采访的时候，尽管说教会面临的问题不是梵二会议的结果，研究梵二会议的真正教导是医治这些难题的良药，但是他的话中某些隐含的东西，仍然值得我们关切："我深信，这20年中我们所承受的那些伤害不是归因于'真正'的梵二会议，而是归咎于教会之内潜在的好斗力量和离心力量的释放；教会之外则是归因于遭遇到西方的文化革命：中上层阶级的成功，以及带有个人主义的、理性主义的和享乐主义印记的新的'第三代布尔乔亚'。"④

---

① Joseph Ratzinger with Vittorio Messori, *The Ratzinger Report*, San Francisco：Ignatius, 1985, pp.29—30.
② Ibid., p.44.
③ 参见 Alan Schreck, *Vatican II：The Crisis and the Promise*, Cincinnati, Ohio：St. Antony Messenger Press, 2005, pp.25—28。
④ Joseph Ratzinger with Vittorio Messori, *The Ratzinger Report*, San Francisco：Ignatius, 1985, pp.30—31.

首先，拉辛格在《拉辛格报告》中认为著名的梵二会议的遗产需要重新评估。他暗示，随着会议以来"离心力"在教会中得到释放，主教们掌控了过多的决定权，而且在罗马的教宗与全世界的主教们的分权的天平已经向那些去中心化的主教们倾斜。他重申，教宗是圣彼得的传人，拥有至高无上的权柄；主教们不能独立于罗马。正如研究者所指出的，"《拉辛格报告》旨在对主教们和公共舆论施加压力，以便抢先创建一个再思梵二会议之进路的范例，以及点出该次大公会议在后梵二会议天主教危机中的责任。"[①]

其次，《拉辛格报告》进而宣布，在服从教会方面出现了一种下降，信徒对于"神秘的超自然的实在"失去了感觉。教会的根本结构是上帝的旨意使然，不应当向改革者敞开。激进分子无权干涉长达数个世纪的教会传统。其他宗教无权宣示他们的信徒是得到拯救者。若要攻克如今的那些问题，需要的是教会运用来自《圣经》文本、教父著作和古今教宗教导中的亘古智慧。拉辛格还以《格林童话》中的"幸运乔尼"说事，以不堪金子重负的乔尼最终把金子兑换成石头的故事，批评教会已经一步一步地降低了对于去教堂的人们的要求，最终信徒们会失去金子般的教会传统。

第三，该报告还强调了另一个主题，就是太多的天主教徒"向世界盲目开放"。西方的总体文化变成一种寻乐和个人的文化，一种敌视信仰的文化。怀疑主义已经侵蚀基督徒，教会的真理开始令人感到冒犯。拉辛格断言，"性与为人父母之间的纽带已经断裂。与为人父母分离开来的性已经失去了其参照点。"他论证说，人们对于性实验过于开放；回头来看，梵二会议因为没有足够强调道德和自律而让人松懈。总体文化中的纵欲已经传染了生活的每个阶段，腐蚀了社会培

---

① Massimo Faggioli, *Vatican II: the Battle for Meaning*, New York/Mahwah, NJ: Paulist Press, 2012, pp.13—14.

养无邪儿童的能力。人们已经变得过于解放，在献身基督和宗教之爱这个更深层的意义上已经身不由己。他认为"该是重获不顺应的勇气、恢复反对周围文化潮流的能力的时候了。"

另外，在报告中拉辛格重述了教会在同性恋方面的立场，即那不是一种罪但是一种失调。他谴责针对同性恋的暴力或歧视，把那些反对他的观点的人当作是无知者或暗中破坏者。绝大多数同性恋者发现这个立场是自相矛盾的。好像是在告诉他们，要在他们的教会与他们的良知之间做出选择。他还重申了这样的一些立场，就是激进女权主义者鼓励女性反男性，按立女性司铎会从根基上破坏教会传统。1994年信理部明确裁定，反对妇女按立司铎。

在这次访谈中，先前的红衣主教、后来的教宗还把梵二会议之后的教会说成是一个巨大的建筑工地，因丢掉了蓝图而呈现出一片混乱。"当今，事实上，我们正在发现它的'预言性的'功能：梵二会议的一些文本在宣布的时候看来真的领先了时代。后来出现了一些文化革命和社会动荡——这些是那些神父无论如何也不会预见到的，但是他们的答案——在那时是超前的——则是未来所需要的。显然回到那些文献在目前尤其重要：它们赋予我们用以面对我们时代难题的确当工具。我们受召重建教会，不是蔑视而是感谢那次真正的会议。"①在这里昔日拉辛格把梵二会议文献比作重建教会的蓝图值得三思。就正面而言，他是在肯定梵二会议；但是他主张"回到"梵二会议文献，特别是暗含的对"文化革命和社会动荡"的负面意蕴，不能不让我们产生"走回头路"的担心。

对于人们的这种担心，拉纳似乎有先见之明。在 1982 年 1 月对拉纳的一次采访中，采访者向拉纳提出过这样一个问题："红衣主教

---

① Joseph Ratzinger with Vittorio Messori，*The Ratzinger Report*，San Francisco：Ignatius，1985，p.34.

拉辛格作为一个神学家好像已经与你有所疏离。现在他说，通过与现代观念的那些毫无思想的对话，教会凭借'跟上时代'非但没有赢得追随者，反而更加面临丧失自身的危险。你同意这个观点吗？"对此，拉纳的回答如下："我个人感到他正确地看到了梵二会议之后教会中变得更加清楚起来的许多危险和缺陷，但是随着会议开始的教会中的'跟上时代'仍然没有结束。而且，显然这种局面不可能通过回到教会和神学中一度好的东西而得到补救。我们当代教会局面中的那些不合意的危险，不能以不结果实的保守主义来应对。正确'跟上'的规范当然并非任何流行的意见，而是与通常的现代观念、教会的传统实践和心态都大相径庭的那种对于福音的创新理解。红衣主教拉辛格本人是否将会恢复性地履行他的新职责——做出这种预言或担心如此，都是我力所不能及的。"①

曾几何时，属于改革派的拉辛格在梵二会议之后不久就出版了他对于大公会议的反思《梵二会议的神学亮点》。在书中，拉辛格不仅指出教宗集权制是大公合一运动的一个障碍，呼吁提高主教会议的权力，而且号召对罗马教廷进行必要的改革，甚至对圣职人员独身制提出一些疑问。之后，拉辛格在很多问题上改变了原有看法，初心不在。出于对礼仪革新的负面效果的担心，他开始宣称要进行"改革的改革"，支持对于旧礼仪的复兴；出于对教宗为中心的圣统制的维护，拉辛格还重新思考自己在主教团体之神学地位这一问题上的早先立场，转而认为主教团是教会法而不是神法（divine law）的产物②，并且警告主教团日益臃肿的官僚结构，主张教宗集权制。

随着拉辛格在教会体制内步步高升，特别是在 24 年的教廷信理

---

① Paul Imhof and Hubert Biallowons, eds, *Karl Rahner in Dialogue*: *Conversations and Interviews*, *1965—1982*, New York: Crossroad, 1986, p.317.

② 参见 Richard R.Gaillardetz, The Church in the Making, New York: Paulist, 2006, pp.128—29。

部部长任内，他在取得教宗认可的前提下，却颁布了一系列旨在巩固和扩大教廷权力、钳制异议声音的文件，在教会制度等方面一定程度上走向梵二会议的反面。

二、《本笃十六：一幅个人肖像》

约瑟夫·拉辛格 1927 年 2 月 18 日 4 点 15 分出生在德国巴伐利亚州南部农业区的因河河畔马克特尔镇（Marktl am Inn），父亲约瑟是一位警官，母亲玛利亚是一位职业厨师。他出生的这一天特别寒冷，所以那天晚些时候父母并没有带他的哥哥乔治和他的姐姐玛利亚参加他的洗礼。这一天还有一个特别之处，就是恰逢圣礼拜六，是受难礼拜五的后一天和复活节礼拜日的前一天，这点后来被认为是其人生中的一个重要迹象。当然，"有人提出，拥有名叫约瑟和玛利亚的父母本就只会让他感到这是另一个明显的迹象。"[1]

童年时期，拉辛格一家居住在因河与萨尔察赫河之间的一个巴伐利亚地区。但是在他最初 10 年间，他们在这个地区搬了四次家。因为这个原因，他在自传中开篇说，要具体地说哪里是他的家乡并不是一件容易的事情，事实上他属于某个地域而非某个城镇。这个地区是著名的风景区，他所生活的小镇有些是巴伐利亚州最美的小镇，甚至堪称全世界最美的小镇之一，所以可以说拉辛格是"在乐园里长大的"。

1929 年 2 岁的拉辛格迁居到稍大一点的蒂特莫宁格镇（Tittmoning）。1932 年春天一个阳光明媚的日子，一部大型豪华轿车把慕尼黑大主教米海尔·福尔哈贝尔红衣主教带到镇上的广场，拉辛格被他的华贵行头和赫赫威仪所征服，跑回家宣布："我要当红衣主教"。很多人认为，他的教宗之路始于此时此刻。

---

[1]　Clifford W. Mills, *Pope Benedict XVI*, Chelsea House, 2007, p.29.

他的第三故乡是因河河畔的阿绍（Aschau am Inn），该镇以其世上少有的美景而闻名，可谓现实生活中的太虚幻境。镇上 12 世纪的霍恩阿绍古堡景象美不胜收，俯瞰着一路向下的普林谷，而阿尔卑斯山则形成其如画的恢宏背景。镇里的教堂塔楼巍巍壮观，天花板上的金边绘画美轮美奂。迄今这里仍然是旅游胜地，也是疗养和滑雪的好去处。据说生活在人在画中游的因河河畔阿绍的这家人享受着快乐而宁静的生活，但是受到过两件事情的打扰：一是附近山上修建了灯塔，有很多飞机飞过；二是拉辛格在此遇到了人生的第一个危险，就是跌进水塘差点淹死。

拉辛格童年时期的最后一个故乡是一万多人口的更大城市特劳恩施泰因（Traunstein）。1937 年拉辛格一家移居这个城市的胡夫施拉克区（Hufschlag）。拉辛格 60 岁退休的父亲在家人的帮助下不断修缮和打理这座 1726 年的老农舍。农舍外面就是果园，长满了樱桃、苹果、梨子和李子树。果园的一边是一望无际的松树林，另一边则是春天开满报春花的草地。就像其他三个城镇一样，这又是一个田园牧歌般的成长地方。

举家迁居到特劳恩施泰因之后，10 岁的拉辛格才从家庭教育正式迈入学校教育，刻苦学习古典拉丁文和希腊文，以及像歌德这样的德国作家的作品。1939 年的时候，他把至少 5 岁的时候就有的一种决定当祭司的冲动付诸行动，进入特劳恩施泰因的一家名为圣米海尔修道院的小修道院。尽管离家有些不适应，但是教堂里的生活和感觉让他感到充实，认为"倘若没有教堂，生活会径直坠入虚空"。他在这个年龄对于天主教礼仪的神秘世界也有了更多的感触和意识，并且养成了弹奏莫扎特和贝多芬钢琴曲的音乐爱好。"在他整个青年时期，拉辛格就像生活在自然的季节中那样生活在教会的季节当中。"①

---

① Clifford W. Mills, *Pope Benedict XVI*, Chelsea House, 2007, p.38.

但是在乐园里出生和成长的拉辛格很快失去了乐园，因为他长大成人的时候恰逢希特勒当权的纳粹德国时期。"他要么向强大的德国潮流妥协，要么起而向它们作战。"① 就拉辛格一家及其熟人而言，没有人加入纳粹党，而是采取了一种退避三舍的态度。但就当时的教宗庇护十一世而言，为了保全天主教则采取了姑息的态度。我们无法知晓天主教是否真的像后世所认为的那样，是唯一一本来能够把纳粹扼杀在摇篮里的力量，但是事实上的确有很多天主教祭司和修女反对教宗与希特勒的合作，并以各种方式对纳粹进行了抗争，及至 1945 年战争结束的时候已有 1000 多位天主教祭司在达豪（Dachau）集中营中丧生。② 尽管历史没有留下被杀修女的数据，但是 20 世纪 30 年代德国修女人数多过祭司这个历史事实足以给人们以想象空间。

战争刚开始的时候，拉辛格置身事外，还没有什么真实感。但随着德国对苏战争的开始，大量的伤兵被运抵特劳恩施泰因，结果包括拉辛格就读的那所修道院在内的所有可用的地方都变成了伤兵医院。拉辛格又回到之前就读的那所老学校，但每每读到他们家庭的朋友阵亡的消息，都令他沮丧不已。1942 年他的哥哥乔治被征兵，他更加感到失去了可以安慰他的人。与其同时，所有年轻人都必须参加希特勒青年团。"有证据表明，拉辛格因为不是一位好的希特勒青年团员而受到揶揄和侮辱。所有年龄段的统治团体都强压他人顺服，但是拉辛格并不顺服。他的沮丧进一步加深。对于那个节点上的他而言，最为提振精神和具有疗伤效果的活动就是祷告，'退到无边无际的精神领域'。"③

1943 年的时候，修道院中年龄达到 16 岁和 17 岁的修生都被征召入伍。16 岁的拉辛格被分派到慕尼黑的防空部队，与其他修生一

---

① Clifford W. Mills, *Pope Benedict XVI*, Chelsea House, 2007, p.40.

② Ibid., p.43.

③ Ibid., p.45.

起接受训练。他们这些修生一边与其他士兵生活在同一战壕中，一边在战地继续学习某些课程。来自不同年龄、不同阶层和不同城乡的士兵混编在一道，让他认识到人的各种各样的差异，事实上从那些经历和人们那里学到不少东西。完成训练之后，他的防空队先后被调遣到慕尼黑北部保护宝马汽车公司、奥地利的因斯布鲁克保护火车站和德国的吉尔兴保护飞机场。在盟军的不断打击下，他的周围渐渐变成瓦砾一片，这让他感到仿佛生活在人间地狱之中；他唯有从教堂获得慰藉，从信仰获得保护。

拉辛格在回忆录中说到，整个战争期间他未放一枪一弹。最初当防空兵时，可能因为他病弱和太小，不适合操炮；1944 年 9 月以后，他又成为在奥地利、捷克斯洛伐克和匈牙利边境挖防坦克壕的工兵。令人精疲力竭的体力劳动让他最终无法忍受，1945 年 5 月当了逃兵。接着美国占领军把他家的房子用作特劳恩施泰因地区的总部，同时把先前逃回家的拉辛格以战俘身份送入战俘营。1945 年 6 月 19 日，他被从战俘营释放，最终结束了二战噩梦。

战后，拉辛格最初于 1946 年冬季加入了慕尼黑附近弗赖辛市的一家修道院，从地狱门口幸存下来的这 150 名 19 岁到 49 岁的修生对于生命和教会感到负有特殊的责任。1947 年 9 月 1 日拉辛格转入慕尼黑大学神学研究所接受学术神学教育，当时这个研究所集聚了全德国一批最为优秀的学生和教授，例如天主教中率先接受并传布《新约》研究中的 "Q 典假说" 的弗里德里希·威廉·迈尔（Friedrich Wilhelm Maier）教授。

这段时期是拉辛格的大觉醒时期。他如饥似渴地阅读所能得到的各个领域的著作，包括俄国作家陀思妥耶夫斯基的著作、弗里德里希·尼采的著作、西格蒙德·弗洛伊德的著作。他研究他们的哲学思想，拒斥了他们的神学观念。他还阅读、了解阿尔伯特·爱因斯坦和一种新物理学的相关著作和思想，认为新物理学打开了经典物理学所没有的神学维度。"对于拉辛格而言，科学已经为有关上帝可能存在的假设重新开启了大门。他感到神学就像科学那样可以大胆追问一些新问题。在他那里教会以新的方式焕发了青春。……拉辛格以其能量和激情如饥似渴地寻找各种问题的答案，这令他卓尔不群。"①

　　1951 年 6 月 29 日拉辛格在弗赖辛大教堂由他 5 岁时在家乡所遇到的那个红衣主教米海尔·福尔哈贝尔按立圣职，实现了他人生的第一个心愿。7 月 8 日礼拜日拉辛格在家乡胡夫施拉克的圣奥斯瓦尔德堂区教堂举行了第一次弥撒和讲道。在这前夜，上千人按照巴伐利亚的传统涌入那个村镇，以示对于拉辛格首次做弥撒的庆祝；那一夜，整个村镇灯火通明，照耀着通往拉辛格家房子的道路，而特劳恩施泰因的天主教青年会则在夏日的繁星下放声歌唱。总之，一排节日气象。

　　1951 年 8 月 1 日拉辛格开始了他作为司铎的第一个任职，成为慕尼黑城郊宝血堂（the Church of the Precious Blood）的助理神父。教堂所处的堂区是艺术家、知识分子和学生的聚居区。他的牧职工作十分繁忙和富于挑战：每周倾听无数的忏悔，进行两场主日弥撒，全周教授学童，主持葬礼、婚礼和洗礼，监管青年群体。他还在五个不同层次上进行 16 个小时的宗教指导。尽管他感到宗教指导与现实生活之间存在鸿沟，但是在职责感与分享他人生活的轮替中恪尽职守。"那时认识他的人说，他头脑开放，脚踏实地，平易近人。"②

　　一年之后，1952 年 10 月，他的人生方向再次出现改变。他离开了让他了解很多类型的人和很多非学术人士的堂区牧职，重回学术神学。尽管拉辛格愿意服侍那些堂区的人们，但是自此再也没有做过堂区司铎；经过人生和牧职工作的历练之后，所展开的性情与性格让他

①　Clifford W. Mills, *Pope Benedict XVI*, Chelsea House, 2007, p.55.

②　Ibid., p.56.

感到自己更适合做一个学者。

继成为神职人员之后，拉辛格为自己所设立的第二个人生目标是成为大学教授。但要成为教授必须首先获得博士学位，然后通过就职论文（博士后出站报告）审核。他扩展了自己原先论奥古斯丁的文章，并于1953年7月顺利获得博士学位，随后选择圣波拿文都拉作为就职论文的研究对象。不料，拉辛格1955年第一次提交的就职论文却因一位评阅人认为有"现代主义"色彩而遭到拒绝；随后经过一些富于技巧的文献引证和去除一些令评阅人感到冒犯的、带有"现代主义"气息的部分，才最终于1957年开春成功通过就职论文的审核。"一位头脑狭隘、老派守旧的神学家差一点毁掉他的梦想，他下决心不要成为这样的神学家。"①

1958年夏李拉辛格成为波恩大学的基础神学教授。尽管作为各种文化熔炉的波恩与巴伐利亚有很多不同，但是31岁的他很快在波恩大学这所名校取得成功，成为一颗冉冉升起的神学新星。他用几种语言大段精确背诵引文的能力和驾轻就熟地回应问题的表现令学生折服，他广博的《圣经》知识和深厚的神学功底令同事刮目相看。他的名声还不胫而走，他很好地融合了冥想灵修和形式神学等维度的讲课经常吸引一些市民来蹭课。

"对于任何既定的神学问题，他都以一种具体的方式切入。他以耶稣基督的话语开始，然后引证所有有关这些话语的学术成果，包括它们的历史背景和意义。他随后把基督教文本与其他可用的文本加以比较，并研究天主教的那些大公会议、圣徒和教宗对于耶稣那些话语的既有说法。最终，他旁征博引地创建一个论点。对他而言，《圣经》的话语并不足够，因为上帝继续启示真理，而这些真理则是《圣经》的原初读者不得而见的。所以，例如，他有关《启示录》的著作包括

---

① Clifford W. Mills, *Pope Benedict XVI*, Chelsea House, 2007, p.62.

了所有时代的犹太人、希腊人和天主教作者的文本。他对于他的神学关键进行了这样的反思：'必须认识到，当以一种与教会活生生的传统相矛盾的方式理解《圣经》经卷的时候，它们其实并未得到确当理解'。"①

1962 年拉辛格作为科隆 76 岁的红衣主教约瑟夫·弗里斯的神学顾问参加了梵二会议，开始在世界舞台上崭露头角。与导师辈的拉纳一道，连同其他进步神学家，发起并推进了梵二会议的改革。除了参加相关文献的制定之外，最为重要的是本书有所述及的"壮举"，就是拉纳联手拉辛格起草了一个旨在替代预委会有关《圣经》与启示源头官方预案的新文本；尽管这个文本被大会最终否决，但是推倒了大会对事先在罗马准备的所有官方预案进行彻底修订的多米诺骨牌。

梵二会议上小荷初露之后，1966 年拉辛格被同样参会的孔汉思延揽到图宾根大学，那里有不少深受卡尔·马克思影响的教授和学生。每个周四晚上，孔汉思都与拉辛格一道餐叙，讨论 1960 年代末期的大问题。他们是不同类型的人，孔汉思驾驶着他的阿洛法·罗密欧跑车在城市飞奔的时候，拉辛格会不紧不慢地骑着自行车代步。随着世界上那些事件的发生，这种不同逐渐在其他方面展现出来。尽管孔汉思对拉辛格的神学教育影响很大，他们一度是最好的朋友，但是随着拉辛格变得越来越保守，他们分道扬镳。

1960 年代末期正是在国际政治的裹挟下欧美学生运动如火如荼的年代，学生对抗教授、挑战既有教学秩序成为家常便饭。在欧洲，拉辛格所在的图宾根大学属于意见最为分化的大学之一。当拉辛格看到学生们分发写有"充斥对大众欺骗的《新约》不通人情"的传单的时候大为震惊，要求学生收回传单。他自然遭到学生的拒绝和轻蔑，并扬言占领他的课堂，他对这种对于他和其他权威的挑战极为担心。

---

① Clifford W. Mills, *Pope Benedict XVI*, Chelsea House, 2007, pp.63—64.

他不仅担心社会秩序在他的生活中会被再次打破，亲身经历希特勒疯狂政治结果的他更加担心政治会毁灭信仰。

作为对于 1968 年事件的一种回应，他离开了图宾根大学，努力寻找一个更为平和、较少激进的地方。1969 年他加盟雷根斯堡大学，那里有更多守成的学生，也有对于学生示威更加严格的管制。这种变动标志着拉辛格生活进入一个更为平静的时期。他在雷根斯堡附近建了一座房屋，有一个玫瑰花和水仙花的大花园，给人一种沙漠绿洲的感觉；当然，作为他爱猫的一种标志，院子里还有一尊猫的青铜塑像。更为重要的，他不仅离他的兄长乔治更近了，他的姐姐玛利亚还与他生活在一起。他把这个时期称作"蒙福的"。

1970 年他发表了一篇题为《如今教会的状况》的文章，批评了那些把基督教等同于社会变革的知识分子。他写到，引领我们的唯有信仰，而非理性。及至 1977 年他的两部主要著作《基督教导论》和《末世论：死亡与永生》出版，拉辛格作为一个伟大学者和作者的声誉进一步扩大。这两部被译成很多语言的著作论述了那些教会的伟人是如何借鉴外部资源，同时不惜代价地守护传统和秩序的。此时的拉辛格 20 世纪 60 年代的激进不再，人们看到了他的另一面。他所展现的保守信念有助于他的教会生涯，但是也使之离改革者的角色越来越远。

20 世纪 70 年代的拉辛格变得更加保守，这是因为 60 年代末期改变了他。如果梵二会议说教义是向改进开放的，那么他现在想要放缓任何更多的改进。他认为教会不是"神学实验室"。在 60 年代早期，他与教会里的传统派作战。与之相对照，他在 70 年代开始向改革派宣战，而且他的努力得到了教会圣统的回报。1977 年 3 月，拉辛格接受了教宗保罗六世让他担任慕尼黑—弗赖辛大主教的任命。他50 岁之前完成了从司铎到教授再到大主教的升迁历程，不得不说是一件令人瞩目的事情。

地位升迁意味着影响加大，也意味着教会里的朋友和盟友增加。成为大主教之后不久，拉辛格遇到了一位改变他生活的人——波兰的克拉科夫红衣主教卡罗尔·沃伊蒂瓦。德国往往被看成神学教育的黄金标杆，面对德国的这位成色十足的年轻神学家和大主教，未来的教宗沃伊蒂瓦一定留下了非常深刻的印象。他们的新友谊会改变他们和教会的生活。

1981 年 11 月，约翰·保罗二世把拉辛格召到罗马，任命他为信理部部长。研究者认为，"信理部部长的职位在任何时代都不是心灵脆弱或温顺的人适合的。教宗约翰·保罗二世在他的朋友身上看到了一种斗志旺盛的特征，认为这在处理自由派的和批评性的神学家们的异议方面可堪一用。这项工作对于人的要求也非常高。每天有关整个天主教世界的时事——投诉、丑闻、恋童指控等报告铺满信理部部长的办公桌。对于所报告的每件事，部长必须决定所采取的行动过程，运用或设立约束性的信仰、道德和良知原则，然后把它们施于他人。有证据表明一开始拉辛格并不喜欢这份工作，很多场合下想要辞职；也有证据表明他逐渐适应这份工作，成为在很多问题上的有效实施者。"①

拉辛格出任信理部部长伊始，就得表明立场的问题之一就是"解放神学"。拉美的司铎和主教已经在哥伦比亚的麦德林开过大会，支持这个地区贫穷和边缘的人们力图改变拉美的左派政治运动，而且在拉美出现了教会与穷人联盟的倾向，甚至有些像卡米洛·托雷斯（Camilo Torres）这样的司铎加入了像秘鲁的"金光大道"这样的军事组织。"这正是教宗约翰保罗二世和拉辛格所害怕的那类悲剧，即政治和宗教走到一起，教会成员在教会的权柄之外发挥作用。"②

---

① Clifford W. Mills, *Pope Benedict XVI*, Chelsea House, 2007, p.74.
② Ibid., p.75.

1984 年 9 月 3 日，拉辛格颁布了一份名为《解放神学的某些方面》的教会法解释，断言解放神学因为把罪恶只是局限在政治和经济方面而背叛了穷人。尽管在对待"解放神学"的问题上，有不同的看法和立场，但是"无论好坏，拉辛格在切断对于解放神学家们的支持方面是一个主要力量……拉辛格作为信理部的部长起到了使那些解放神学家们噤声的作用。"①

1985 年 5 月，盘绕在信理部长周围的那些问题被压缩到一份爆炸性文件——《拉辛格报告》之中集中处理，所做出的一些判断继续影响到今天的教会。《拉辛格报告》造成相当大的争议。一些人在思忖多少是得到教宗约翰·保罗二世认可的，多少是约瑟夫·拉辛格自己的观点。维也纳大主教弗朗茨·柯尼希挑战拉辛格说，教会得要前行，而非向后和向右转。马太·福克斯神父把教会比作一个功能失调的家庭，离开教会成为一位圣公会牧师。孔汉思甚至怀疑他的老朋友拉辛格为了权力出卖了自己的灵魂。

人们很快注意到，赞同信理部长所持立场的那些盟友们有一种获得奖赏的趋势，一些在反对解放神学等问题上与拉辛格结盟的人们比一些持相反立场的人在教会体制内得到更快的升迁，甚至有些持相反立场的人受到整肃，所以拉辛格也获得了体制"内斗手"的名声。例如，1986 年美国天主教大学的查尔斯·库兰（Charles Curran）神父因为发表有关避孕并非总是错误的、某些同性关系并非是不可接受的看法，拉辛格责令其公开收回看法，最后拒不从命的库兰教授被迫离开教职。西雅图大主教雷蒙德·亨特豪森（Raymond Hunthausen）因担心所得税用于核武器而扣缴一半所得税的做法，也遭到信理部盘诘，并提前退休。

随着拉辛格在信理部部长任上进一步履职，他的兴趣和影响超出

① Clifford W. Mills, *Pope Benedict XVI*, Chelsea House, 2007, p.75.

了《拉辛格报告》中的那些话题。对他而言不幸的是，一个问题主宰了 20 世纪 90 年代后期：有关祭司性侵男童的传言和内部指控，成为世界媒体的热点。在他开始兼任枢机主教团团长的 2002 年，祭司性侵儿童丑闻成为各大报纸封面新闻的时候，拉辛格作为信理部部长的角色变得更为公众化。拉辛格的确对于数个性侵案进行了调查处理，但是人们认为，他为了掩盖这个问题的广泛性也压下了一些案子。他把捍卫教会的立场昭告天下："在教会中，祭司也是罪人。但是我个人深信，媒体中对于天主教祭司之罪过连篇累牍的报道，尤其是在美国，是一场有计划的运动，因为这些过犯在祭司中的比例并不高于其他人群，甚至还要更低一些……那些连篇累牍的新闻报道既不符合信息的客观性，也不符合统计事实的客观性。"[1]

拉辛格一直担任信理部部长一职到 2005 年 4 月教宗约翰·保罗二世归天。随着教宗约翰·保罗二世"驾鹤而去"（2005 年 4 月 2 日，星期六，晚 9 点 37 分），选举新教宗的活动正式展开。在教宗职位的竞争者中最有实力的是米兰荣休大主教卡洛·玛利亚·马丁尼（Carlo Maria Martini）、教廷信理部部长拉辛格和阿根廷红衣主教豪尔赫·马里奥·贝尔格里奥（Jorge Mario Bergoglio）。第一轮三人得票几乎平分秋色，其中马丁尼还以 40 比 38 票领先拉辛格，之后的几轮投票中教廷"信理部"部长、红衣主教团团长约瑟夫·拉辛格一路领先，最终当选（2005 年 4 月 19 日）教宗，成为教宗本笃十六（2005 年 4 月 24 日），他也是 21 世纪当选的第一位教宗。

在长期担任信理部部长期间，拉辛格扮演了教宗的扩音器、代理人和实施者的角色，"能够通过公开维护教会针对避孕、堕胎和按立女性司铎和其他许多问题上的保守立场而为教宗挡开批评。在教宗长期患病期间，拉辛格已经接管了一些行政责任，在帮扶教宗和教会度

---

① 转引自：Clifford W. Mills, *Pope Benedict XVI*, Chelsea House, 2007, p.81。

过一个非常困难的时期方面一直是弥足珍贵的。"① 至于拉辛格那些广受质疑的保守立场和观点，"了解拉辛格的人说，他相信他必须捍卫他的信仰和那些无力反击一种敌对文化的信徒们。……可以为社会正义而战斗，但并非以牺牲福音信仰为代价。他担心人们是为了今生更好的生活而加入教会，而非为了教会的真正目的——来生的允诺。拉辛格曾经描述过一个取自丹麦哲学家索伦·祁克果的形象：一个穿着像马戏团小丑的祭司努力警告一个村庄大火将至。他越着急，民众则越发笑，认为那是表演的一部分。他担心他在他的那些警告当中越着急，听的人则越少。他担心人们被信息淹没而忘记了真理。"②

面对千疮百孔和问题堆积的教会，本笃十六可谓步履蹒跚："新教宗将会尤其要处理这样一个高于所有其他问题之上的问题：基督教在欧洲和英国的衰落。他们几乎都明确地意识到'盖洛普千年纪调查'表明，一周至少一次参加教堂活动的西欧人只有20%（形成比较的是，北美人是47%、西非人是82%）。欧洲的去基督教化是相对较近的事，而且有很多解释，从源于20世纪那么多的战争（二战、韩战、越战和中东战乱）的悲观主义，到那些替代正式宗教的可选择物的兴起，不一而足。一些人认为，天主教会在那么多问题上的保守立场最终使几代人疏远开来。固守司铎独身和女性不能按立司铎的姿态肯定把一些人从天主教和制度化宗教那里推离出去。"③

有鉴于拉辛格24年信理部部长任期内的保守立场和所作所为，他刚当选的时候，人们就担心在新教宗的领导下积重难返的教会的走向存在一定的变数。人们不能不感到一丝不安原因主要有二：一是梵二会议之后教会中一直存在一种质疑甚至否定梵二会议的逆流，二是教宗本笃十六的态度和作为还有待观察。人们最初的这种担心也得到

① Clifford W. Mills, *Pope Benedict XVI*, Chelsea House, 2007, p.18.
② Ibid., p.82.
③ Ibid., pp.20—21.

了拉辛格的传记《本笃十六：一幅个人肖像》的作者海因茨—约阿希姆·菲舍尔（Heinz-Joachim Fischer）的类似感觉的印证。

菲舍尔具有很好的哲学和神学背景，与拉辛格有着30年个人和专业交往，是德国驻梵蒂冈资深神学记者。根据菲舍尔在《本笃十六：一幅个人肖像》中的转述，拉辛格有关梵二会议曾经说过："我相信，本次大公会议实际上不能被认为要为那些虚妄的发展和那些虚妄的形式负责。相反，那些都既有悖于它的文献精神，也有悖于它的文献形式。那些渴慕特伦特大公会议或者第一届梵蒂冈大公会议的人，就像那些视这两个会议过时的人一样，忘记了所有这三个大公会议恰恰都是由一个权威召开的：枢机院连同教宗召开的。"

在引述了拉辛格的这段谈话之后，菲舍尔话锋一转写道："然而，拉辛格也指出了'损害'。在教会之中，'隐藏的、霸道的、好斗的、分裂的，恐怕是不负责任的力量已经被释放出来。'在西方社会，人们看到'第三轮布尔乔亚的中上阶级已经确立，带有极端的自由主义神学，而这种神学是个人主义的、理性主义的和享乐主义的。'多么强烈的用词！"[1] 菲舍尔所转述的拉辛格思想和态度方面的信息与我们上文所引述的《拉辛格报告》的内容固然大同小异，但是我们认为他在这里提供了就我们的论域而言比内容更重要的东西。"多么强烈的用词！"代表着菲舍尔对拉辛格所谓的"损害"评价的评价。

在拉辛格看来教会的"损害"无处不在：在第一世界，教会面临被一种自由思想的、自由主义的极端文化"毁容"的危险，因为这种文化会使之与基督教道德脱节："当一种文化成功地让人们相信生活的唯一目标就是享乐和他们自己的私人利益的时候，这种文化就是一种恶魔般的文化"；在欧洲，神学家们不得不去谈论这样一个世界，

---

[1]　Heinz-Joachim Fischer, *Pope Benedict XVI: A Personal Portrait*, New York: Crossroad Publishing Company, 2005, p.27.

"一个祛魅的世界，一个现在被学术傲慢和不通感情的冷淡折磨得衰老不堪的世界"；在拉丁美洲还存在着教会受到马克思主义影响的危险。此外，还有其他困难。在北美："财富成为衡量生活的准绳；真正的天主教道德遇到困难……在非洲和亚洲，涵化（inculturation）和普世教会运动造成一些困难。"至于他对东方所进行分析的结果则让人感到有些诡异："信仰看来恰恰在遭受迫害的地方最坚定。"①

在他看来总之存在着这样一种危险，就是"我们可能被世俗主义解放纲领中提出的内在论立场所欺骗。如果我们只在自然领域寻求基督教的真理，而不是也在超自然的领域寻求，我们不但剥夺了信仰的原初允诺，而且毁伤了人之格，而人之格的具体特性是要超克自然。"②拉辛格面对"信仰危机"所开出的无疑是"一剂苦药"。对于这剂苦药是否是"良药"我们尚不能完全判断，但是菲舍尔的态度值得我们借鉴："恐怕值得基督徒和非基督徒品味拉辛格所开出的那剂苦药，他毕竟是一位受过高深教育的神学家，信仰方面的一位审慎的医生。"③

就拉辛格与梵二会议的历史关系来看，本来不应该担心他会把教会领向何方。因为现任教宗、昔日人们所称的"神学上的小字辈"拉辛格，在梵二会议期间（1962—1965）作为科隆的红衣主教弗里斯的神学顾问，与作为维也纳红衣主教柯尼希神学顾问的拉纳，以及梵二会议的另一位著名的神学顾问孔汉思，原为当年会议期间的改革盟友。正如菲舍尔所言："梵二会议时期教会的大量积极灵感要归功于拉辛格、归功于另一个'神学上的小字辈'孔汉思，而且归功于德国神学的导师卡尔·拉纳。这三位人物巩固了德国神学的国际名望，甚

---

① 参见 Heinz-Joachim Fischer, *Pope Benedict XVI: A Personal Portrait*, New York: Crossroad Publishing Company, 2005, pp.27—28。
② Ibid., p.28.
③ Ibid., p.26.

至为那些德国主教们赢得了属于先锋派的名声。"①

　　但是，随着拉辛格在罗马教会中地位的上升（在前文提到的慕尼黑红衣主教德普夫纳死后，1977 年 3 月 24 日教宗保罗六世钦点拉辛格为继任者，并于同年成为红衣主教，出任慕尼黑和弗赖辛的大主教，任职到 1982 年），特别是随着在罗马教廷信理部的任职（1981—2005），他渐渐被视为教廷神学理论的官方代言人和天主教神学纷争的仲裁者，其间表现出上文提到的对拉纳有关普世教会思想持否定态度的保守姿态。此外，拉辛格执掌的信理部不仅剥夺了瑞士神学家孔汉思代表教会向天主教修生讲授神学的资格，还让另一位相对安然无恙的神学家、荷兰的席勒比克斯（Edward Schillebeeeckx）感受到了"神威"。

　　前文提到，1984 年 9 月拉辛格还代表罗马教廷信理部签发了《有关解放神学的某些方面的指令》，对拉纳的学生梅茨为代表的欧洲政治神学和以古铁雷斯为代表的拉美解放神学进行了间接的或直接的干预，并且称共产主义是"我们时代的耻辱"。"他担心解放神学会导致神职人员的分裂，导致被他视作致命毒药的阶级斗争意识形态进入教会的话语。"② 所有这一切致使一些理论家和第三世界的教会人士对拉辛格颇有怨言，而拉纳则正如本书前述的那样总是给予那些"受害者"以道义上的声援和支持。③

　　对此，拉辛格的传记作家菲舍尔也在《本笃十六：一幅个人肖像》中有所述及。"在 20 世纪 70 年代，情况出现了变化。拉辛格渐渐被人们称作'御用神学家'，甚至被当作反动派来批评。他在德国

① Heinz-Joachim Fischer, *Pope Benedict XVI: A Personal Portrait*, New York: Crossroad Publishing Company, 2005, p.3.
② Ibid., pp.55—56.
③ 参见卓新平:《当代天主教神学》，上海三联书店 1998 年版，第 336—346 页，以及本书"生平著述"部分。

主教教义委员会的任职，表明他是（前）联邦德国最重要的神学家之一；而他在罗马的'教宗国际神学委员会'（the Pontifical International Theological Commision）的工作，则证明没有理由怀疑他的正统性。另一方面，曾经与拉辛格在一条战壕里并肩作战的孔汉思和拉纳却与这两个团体保持着他们的距离。"① 人们不禁要问："是教会神学变了，还是拉辛格变了？"② 面对这样的问题，在拉辛格成为教宗之后，当前教会的走向和教宗的言行值得密切关注。

我们认为菲舍尔对拉辛格的读解具有启发性。走出拉辛格思想迷宫的红线在于意识到：在拉辛格看来，"世界"中，即社会中发生了巨变；西方世界的自由主义精神处于一种深刻的危机之中；"开放"和"跟上时代"这些口号经由教会面向世界而造成受过良好教育的天主教徒心中的真空感；天主教的身份已经模糊，必须重新发现和明晰肯定。他把教会的主要任务视作，"在所有的那些夸大了的向世界不分青红皂白的开放之后，在经过了对于一个不可知论的和无神论的世界的过于正面的诠释之后，寻求一种新的平衡。"以期达到的目标则是"作为一个整体的天主教内部新发现的取向和价值。"③

三、《神就是爱》

至于拉辛格所谓的"取向和价值"，如果从他当选教宗后的第一个通谕《神就是爱》来看，我们认为透出了令人审慎乐观的曙光。这个教宗通谕与拉纳的神学博士论文的主题有着某种惊人的巧合之处。我们在前文提到，拉纳1936年完成了题为《自基督的肋旁：作为夏娃的教会自第二亚当基督肋旁的起源——对〈约翰福音〉19章34节的预表意义的考察》的神学博士论文，论述的是教会自基督被扎的肋

---

① ② Heinz-Joachim Fischer, *Pope Benedict XVI: A Personal Portrait*, New York: Crossroad Publishing Company, 2005, pp.3—4.
③ Ibid., pp.32—33.

旁的诞生，特别关注的是对于《约翰福音》中耶稣的行动为教会和基督教生活所提供的象征意义。《约翰福音》19章34节的经文是："唯有一个兵拿枪扎他的肋旁，随即有血和水流出来。"非常耐人寻味的是，教宗本笃十六世发表的第一个通谕《神就是爱》（2006年2月）也十分重视"基督被扎的肋旁"，《圣经》根据也是《约翰福音》19章："通过冥思基督被扎的肋旁（比较《约翰福音》19：37），我们能够理解这个通谕的出发点：'神就是爱'（《约翰一书》4：8）。这个真理正是在那里能够得到冥思。我们对于爱的定义正是必须始于那里。在这个冥思中基督徒发现他的生命和爱必须沿着运动的那条路径。"①

我们认为，本笃十六世的通谕不仅表现出与拉纳神学博士论文的视角的契合，而且表现出与拉纳"先验人学"的某种契合。我们前文论述过拉纳"先验人学"的至高点是"爱上帝与爱邻人的统一"。拉纳写道："……极为正确的是，即带有本体论的而非纯粹的'道德的'或心理的必然性，一个不爱所见的邻人的人也不可能爱他所未见的上帝，而且人只有通过爱可见的兄弟才能爱并未看到的上帝。"②而拉纳在这里的《圣经》根据是《约翰一书》4章20—21节："人若说：'我爱神'，却恨他的弟兄，就是说谎话的；不爱他所看见的弟兄，就不能爱没有看见的神。爱神的，也当爱弟兄，这是我们从神所受的命令。"而本笃十六世支持他的通谕出发点的《圣经》根据也是出于《约翰一书》4章："没有爱心的，就不认识神，因为神就是爱。"在《神就是爱》通谕的16节中，本笃十六世甚至援引了拉纳所根据的《约翰一书》4章20—21节的经文，并且说："引自《约翰一书》的整段经文表明……爱上帝与爱邻人之间牢不可破的联接受到强调。一个人与他人如此地接近，以至于，如果我们向我们的邻人关闭自己或

① Benedict XVI, *Deus Caritas Est*, Washington, D.C.: United States Conference of Catholic Bishops, 2006, p.17.
② 《神学研究》英文版，6：247。

者全然恨他，说我们爱上帝就是说谎话的。圣约翰的话应当被理解为意味着爱邻人是导向与神相遇的路径，而且对我们的邻人视而不见也蒙蔽了我们看到上帝的双眼。"① 通谕中明确指出："爱上帝与爱邻人合而为一：在弟兄中一个最小的身上我们发现了耶稣自己，而且在耶稣身上我们发现了神。"②

美国著名的宗教著作出版公司"十字路口出版公司"（The Crossroad Publishing Company）出版商格温德琳·赫德（Gwendolin Herder）谈及拉辛格的一席话，结合本笃十六世《神就是爱》通谕来看，则从另一个角度印证了我们的审慎乐观。"我问红衣主教他认为教会面临的最重要的议题是什么……在他所提到的那些议题当中，有一个我记得最为清楚：'我们如何回应耶稣基督是谁？'他还补充说，从天主教和代表亚洲的宗教、哲学思想之间的相遇的角度观之，这点尤其重要。这位红衣主教作为教宗本笃十六世在未来的挑战清晰地在这个深刻而全面的回应中勾勒出来。就像选择本笃这个名字一样——隐含着圣本笃所肇始的强大教育运动和世界历史中的主要社会变革力量，他要我自己回答的这个问题也要象征性地去理解。对于耶稣基督这个人之探不仅仅是诚实对话的前提。在用一种由欧洲中心主义的而且的确是基督中心主义的文化所形成的语言谈论基督 2000 年之后，正是在这个新世纪之初，我们对于这个问题的回答将塑造出我们信仰的未来和教会的未来。"③

其实在我们看来对于"耶稣基督是谁"的问题，本笃十六世在他的通谕中做出了自己的回答。"'神就是爱，住在爱里面的，就是住在

① Benedict XVI, *Deus Caritas Est*, Washington, D.C.: United States Conference of Catholic Bishops, 2006, p.20.
② Ibid., p.19.
③ Heinz-Joachim Fischer, *Pope Benedict XVI: A Personal Portrait*, New York: Crossroad Publishing Company, 2005, pp.212—213.

神里面，神也住在他里面'(《约翰一书》4：16)。《约翰一书》中的这些经文异常清晰地表达了基督教信仰的核心：基督教的神的形象和作为其结果的人的形象及其尊严。"[①] 随之教宗本笃十六世点明通谕的主旨说："在神的名字有时与复仇，甚或与仇恨和暴力职责联系在一起的一个世界中，这个讯息既是合乎时宜的，又是意味深长的。因此，我希望在我的第一个通谕中谈论神慷慨赐予我们、我们转而必须与他人分享的爱。"[②]

四、路在何方？

基于 2005 年上述《神就是爱》这个通谕，人们对于拉辛格领导教会的走向本来有理由审慎乐观，但是随着拉辛格当选教宗以后的所作所为日益呈现在教众和世人面前，人们对于拉辛格的审慎乐观恐怕变得更加审慎了。因为，"随着 2005 年本笃十六世的当选，显然出现了一种对待梵二会议的新态度。2005 年的教宗致辞开启了教宗教导和梵二会议文献之间的一种新型关系，至少对于本笃十六世作为教宗期间而言是如此。"[③] 特别是，"在 2005 年他对罗马教廷的致辞之后，信理部发表了《对于有关教会教义的某些方面的一些问题的回应》（2007 年 6 月 29 日）这份文件，论及（《教会宪章·八》）'subsistit in' 的教会学和诠释，给人一种新时代感。本笃的教导重新点燃了天主教会中对于长期以来被认为理所当然的梵二会议的那种角色的一种辩论，给人留下了罗马对于梵二会议出现了一种'重审态度'（倘若不是'重审政策'的话）的印象。"[④]

---

① Benedict XVI, *Deus Caritas Est*, Washington, D.C.: United States Conference of Catholic Bishops, 2006, p.1.

② Ibid., p.2.

③ Massimo Faggioli, *Vatican II: the Battle for Meaning*, New York/Mahwah, NJ: Paulist Press, 2012, p.95.

④ Ibid., p.18.

更加引人瞩目的是，本笃把《神就是爱》中爱的主题发挥到极致，把爱与勒菲弗非法祝圣而遭到约翰·保罗二世绝罚的四位主教分享："2009年初，本笃十六世撤销了对于1988年勒菲弗所祝圣的四位主教的绝罚，这彰显了在欧洲和北美天主教内部有关梵二会议的角色方面遮掩着的，然而非常活跃的裂隙。"①

这到底意味着什么，是否意味着拉纳所担心的教会的"冬冷季节"真的已经来临？是否意味着教会已经完全转向保守？是否意味着"有关梵二会议的意义的辩论进入了一个新阶段"？尽管这些难以定论，但是至少像有的学者所提醒的，教宗本笃十六世后来的所言所行揭示的是："梵二会议对于21世纪的罗马天主教而言代表的不只是未来道路的指南，后者正是约翰·保罗二世在其通谕《新千年的开始》（Novo millennio ineunte，2001）中所希望的。梵二会议在天主教的边界之外好像已经获得更为深远的接受，尤其是会议有关教外（ad extra）维度的那些表述（有关教会合一、与犹太人的关系、宗教自由，以及教会和现代世界）；相反，在天主教会内部有关梵二会议核心议题（尤其是在传统、回到源头和跟上时代之间的关系）之诠释的辩论好像远未结束。"②

在这样的背景下，对于本笃十六世拉辛格何去何从、把教会引向何方的问题，我们认为拉纳1982年在接受《南德意志日报》题为"跟上时代尚未完成"的访谈中的相关看法给我们提供了一定亮光：

问：教宗约翰·保罗二世任命慕尼黑和弗赖辛（Freising）大主教、红衣主教拉辛格为罗马信理部新任部长。红衣主教拉辛格从而成为罗马等级制度中位次仅在教宗之后有关罗马天主教所

---

① Massimo Faggioli, *Vatican II: the Battle for Meaning*, New York/Mahwah, NJ: Paulist Press, 2012, p.11.

② Ibid., p.18.

有信仰和道德问题最为重要的权威。作为科隆红衣主教弗林斯
（Frings）的顾问，拉辛格属于梵二会议上的进步神学家。他与你
拉纳教授合作，当然你也感到与孔汉思这位后来反抗罗马训导权
威的图宾根神学家关系密切。有传言说拉辛格已经从一个勇敢的
改革者变为一个谨慎的保守者……

　　答："改革者"和"保守者"这些用词是否真正表达了教会
领域某种清晰而精确的东西，这在原则上是可以怀疑的。如果不
考虑这样一个一般性的问题，舆论确实公正地指明了拉辛格神学
中的某种变化。在那次大公会议上我们两人几乎一开始就合作一
个有关上帝启示和耶稣基督的人性方面的拉丁文本。即便这个文
本几乎很快便从会议的讨论中销声匿迹（这不是什么大不了的损
失），但这个小事实本身表明那时我们两人在神学上比今天更加
亲近得多。红衣主教拉辛格本人也在其教会学前言中清楚标明他
神学中的这个'转变'。另一方面，人们切勿夸大拉辛格身上的
这种变化；否则，他本来不可能像最近所做的那样从整体上如此
正面地说到我的《基督教信仰的基础》。①

　　可见，拉纳在有生之年谈及拉辛格是否出现保守转向的时候，一
方面表达了对于拉辛格的一些不满，但同时肯定了他的主流。这至少
提请我们注意，在教会的走向还有待继续观察的情况下，也许与当年
的拉辛格、现今的本笃十六世既有合作又有不合的拉纳思想仍然不失
一条从正反两个方面洞悉其中奥秘和破解下述关键问题的便捷进路：
"在梵二会议开幕50周年之际，台面上有一系列诠释性的核心问题，
这些就有关梵二会议的辩论，以及有关神学与天主教会的关系、有关

---

① Paul Imhof and Hubert Biallowons, eds, *Karl Rahner in Dialogue*: *Conversations and Interviews*, *1965—1982*, New York: Crossroad, 1986, p.316.

梵二会议在教会生活中的角色等问题的辩论都是至关重要的。最显而易见的议题包括：（1）对梵二会议作为更新（renewal）的结束还是开始的理解；（2）梵二会议文本在天主教神学发展中的动力机制观；（3）教会和神学中的变化和历史性。"①

在某种程度上说，拉纳对于拉辛格的总体判断为后来的历史发展所证明。一方面，当选教宗后的拉辛格继续其信理部部长期间相对保守的立场，例如，削弱主教集体领导制而强化教宗集权制，而且在宗教间对话方面比前任约翰·保罗二世更加保守。但是他也力所能及地在纠正教会中出现的问题，例如，对他挑战最大的教会中为人诟病的神职人员性丑闻问题等。正如许多学者所观察到的，令人惋惜的是，这位学者型的教宗并不擅长教会管理，以至于教廷财务混乱，甚至有人认为教会在其任内缺乏明晰的领导层。所有这些问题，加之在世俗化的时代欧洲天主教信众人口减少，同时穆斯林等其他宗教信徒却不断增加，导致无力回天的本笃十六世拉辛格在 2013 年宣布辞去教宗职务。

在我们看来，教宗本笃十六世之所以最终走到辞职的地步，一方面是因为他出于谦卑和精神自由而辞职，以顾全教会的利益，但另一方面也同教会误诊了梵二会议之后的教会状况，没有完全落实梵二会议的精神，舍弃拉纳的思想引领有关。实际上，教宗本笃十六世辞职前似乎已经意识到了这一点，特意将 2012 年宣布为"信德年"，并把信德年开始的时间定在梵二会议开幕 50 周年的 2012 年 10 月 11 日；此外，他还邀请来自世界各地的主教们齐聚罗马，召开一次关于新福传（New Evangelization）的主教会议。无奈，这些在梵二会议之后教廷和本笃十六世做得的确有些太晚了。

---

① Massimo Faggioli, *Vatican II : the Battle for Meaning*, New York/Mahwah, NJ: Paulist Press, 2012, p.118.

五、教宗方济各"向变革开放"

对于有着两千多年悠久历史的天主教会而言，2013 年注定是一个特别的年份，在这一年教宗本笃十六世辞职，也是在这一年教会产生了其有史以来的第一位来自非欧洲国家的教宗方济各。

"2013 年 2 月 11 日方济各的前任教宗本笃十六世在梵蒂冈与红衣主教们开会。会议进行中，他用拉丁语宣布，'我的力量，因为年事已高，不再适合'教宗工作。当他作此宣布的时候，教宗本笃十六世已经 85 岁高龄。……他告诉红衣主教们，他会在 2 月 28 日辞职。这项宣布不仅令红衣主教们惊讶，也令全世界的人惊讶。"[1]

本笃十六世辞职之后，2013 年 3 月 13 日晚阿根廷红衣主教豪尔赫·马里奥·贝尔格里奥当选为新教宗，成为教宗方济各。这次当选创下了教宗历史上的几项第一：第一位耶稣会士教宗，第一位来自非欧洲国家的教宗，第一位来自拉丁美洲的教宗。"他说，当他开始意识到有被选中的危险时，3 月 13 日星期三午餐时他感觉到一股深沉和无法解释的内心平安和慰藉降到自己身上，同时也伴随着一片黑暗，余下的一切都是漆黑一团。这种感觉伴随着他直到当选。"[2] 面对当前挑战重重的教会，这种喜忧参半的感觉正是当选教宗时贝尔格里奥真实的内心告白。

尽管说来有些过于简单，但是大致看来，最近三任教宗有这样一个值得注意的现象：约翰·保罗二世来自东西阵营对垒时期教会在另一个阵营的代表；本笃十六世来自对于教会财政贡献最大的德国教会；方济各则来自天主教人口最多的拉美教会。

---

[1] Amanda Lanser, *Pope Francis: Spiritual Leader and Voice of the Poor*, ABDO Publishing Company, 2013, p.11.

[2] http://www.chinacatholic.org/News/show/id/26456/p/1.html.

（1）第一位来自拉丁美洲的教宗

1936年12月17日豪尔赫·马里奥·贝尔格里奥出生于布宜诺斯艾利斯移民集中的弗洛雷斯区一个铁路工人家庭。他的父亲马里奥·贝尔格里奥是出生于意大利的第一代移居阿根廷的意大利移民，而他的母亲雷吉纳则是出生于阿根廷的意大利移民的后裔，他们像该地区的绝大多数居民一样都是天主教徒。贝尔格里奥当年生活的弗洛雷斯区的居民基本来自意大利或西班牙等欧洲国家，所以文化上带有欧洲中产阶级气息，同时又自然接受了移入国的文化，例如足球和探戈等。他就是在这样一种欧洲与拉美文化的糅合氛围中长大的。

在热情奔放的南美文化中成长的豪尔赫·马里奥·贝尔格里奥很早就有了自己的初恋，"12岁的时候豪尔赫爱上了当地的一个女孩阿玛莉亚，而且给她写了一封情书。他在信中允诺长大后娶她为妻，给她买一座红白涂色的房子。他告诉阿玛莉亚，如果她不嫁给他，他就会成为一个祭司。这一短暂的罗曼史因为阿玛莉亚的父母禁止她与豪尔赫交往而戛然而止。他们认为阿玛莉亚还太小，不宜受到男孩的注意。"①

青年时期的豪尔赫最感兴趣的是科学和宗教。尽管他成长为一位认真对待科学和天主教的学生，但是也继续享受音乐和体育活动；他喜欢当地明星卡洛斯·盖德尔和阿达·法尔肯的探戈舞曲，而且经常在学校操场与朋友一起踢足球。在中学潜心化学和实验的同时，他对于罗马天主教的兴趣和激情也茁壮成长。

1954年9月的某一天，或许是天主已经获悉他对阿玛莉亚所说的那番关于当祭司的话，17岁的他到当地教堂忏悔的时候得到天主有关他注定当祭司的启示。"豪尔赫直到21岁才把这个启示告诉他的

---

① Amanda Lanser, *Pope Francis: Spiritual Leader and Voice of the Poor*, ABDO Publishing Company, 2013, p.19.

朋友。这个启示会改变他的社会轨迹，最终把他引到梵蒂冈城。"①

豪尔赫在布宜诺斯艾利斯逐渐长大期间，阿根廷正经历一个政治动荡时期。他10岁的时候，阿根廷前陆军上校胡安·庇隆成为总统，发起迄今仍有影响的庇隆运动。1955年军队推翻庇隆并把他驱逐出境；1973年庇隆重返阿根廷，并再次当选总统；1974年庇隆辞世后，他的妻子伊莎贝尔接掌总统职位。1976年豪尔赫·拉斐尔·魏地拉发动军事政变，废黜伊莎贝拉，取而代之。"豪尔赫成长和上大学时的政治气候动荡不安。在之后的岁月里，情况变得更糟。"②

1950年代，豪尔赫进入布宜诺斯艾利斯大学。他从化学系毕业之后，注意中心却转到了哲学和神学。特别是21岁罹患严重肺炎的经历增强了他献身罗马天主教的决心，并于1958年3月11日加入耶稣会。"贝尔格里奥加入耶稣会的决定令他的父母感到惊讶。在保守了告诫时所获启示这个秘密4年之后，贝尔格里奥宣布加入修道院。他刚刚从一次严重的肺炎疾病幸存下来，现在踏上了一个崭新的属灵历程。尽管马里奥乐见儿子加入祭司群体，但是雷吉纳却不然。不过，他最终还是渐渐接受了这个决定。"③

有关贝尔格里奥为何会选择加入耶稣会，2013年9月19日《公教文明》期刊（Civiltà Cattolica）所发表的该刊主编对教宗的采访道出了个中原委。安东尼奥·斯帕达罗（Antonio Spadaro）神父问："圣父，是什么促使您选择加入耶稣会？耶稣会的哪些方面打动了您？"对此，教宗如是说："我有更高的渴望，但不知道要的是什么。我已经进入修院。道明会士我喜欢，我有道明会的朋友。可是以后我选择了我很了解的耶稣会，因为那时修院由耶稣会士负责。耶稣会的

---

① Amanda Lanser, *Pope Francis: Spiritual Leader and Voice of the Poor*, ABDO Publishing Company, 2013, p.21.

② Ibid., p.24.

③ Ibid., p.26.

三件事打动了我：传教工作、团体和纪律。我对这些感到好奇，因为我生来、生来、生来就不守纪律。可是他们的纪律，安排时间的方式深深打动了我。另外，为我实在重要的是团体生活。"①

1960年3月12日，在加入耶稣会成为见习修士2年之后，贝尔格里奥发初愿。随后几年，他最初在智利学习，1963年回到阿根廷，在位于布宜诺斯艾利斯市郊圣米格尔的圣何塞学院学习哲学。1964年完成哲学教育之后，他在耶稣会高中教学三年。完成试教期之后，他重回圣何塞学院学习神学。1969年12月13日他被按立圣职，实现了他加入祭司群体的夙愿，并且在4年之后的1973年成为耶稣会阿根廷省的省督。②在这个职位上，他经历了教会有关解放神学的辩论。

尽管耶稣会是天主教的官方修会，但是与梵蒂冈的关系并非总是温暖的，20世纪70年代梵蒂冈谴责耶稣会中一个称作解放神学的新兴运动的时候情况尤其如此。这个以秘鲁的古铁雷斯和巴西的波夫（Leonardo Boff）为代表的神学运动援引《圣经》根据和教会传统，主张天主教徒应当应用他们的教义帮助那些穷人和被压迫者，他们需要参与他们所生活地区的政治和民生事务。一些拉丁美洲的耶稣会士认为，欧洲的天主教与拉美的天主教存在差异，后者应该把努力聚焦于服务穷人。

当一些耶稣会士采纳解放神学的教导的时候，罗马天主教的领袖们表达了强烈关切。教宗保罗六世指责耶稣会总会长佩德罗·阿鲁佩（Pedro Arrupe）对于拉美耶稣会士过于姑息，宣称耶稣会总体"纪律松懈"。80年代梵蒂冈仍然继续批评那些接受解放神学的那些祭司。1983年教宗约翰·保罗二世访问尼加拉瓜的时候，手指着跪在面前欢迎他的一位奉行解放神学的祭司，进行了尖锐的批评。及至90年

①　http：//www.chinacatholic.org/News/show/id/26456/p/1.html.

②　Amanda Lanser, *Pope Francis*：*Spiritual Leader and Voice of the Poor*, ABDO Publishing Company, 2013, p.36.

代，教会通过指定保守祭司出任拉丁美洲的教会领导岗位，已经遏制住了解放神学的影响。

就像教宗约翰·保罗二世当年在波兰采取了政教关系上的务实策略和个人与教会关系上的服从态度一样，"作为耶稣会阿根廷省的省督，贝尔格里奥并未拥护解放神学运动……不过，贝尔格里奥的确认同这样一点，就是穷人在教会和共同体中配享特殊关照。尽管如此，很多人认为贝尔格里奥对于奉行解放神学的祭司们过于严苛。贝尔格里奥要求他管辖下的那些祭司避免介入穷人政治，代之以作为住堂神父和堂区司铎来服侍他们。人们争辩说，贝尔格里奥反对这一运动的立场使耶稣会出现分裂。"[1]

贝尔格里奥作为耶稣会省督所面对的争议和挑战远不止此。正当天主教徒因为解放神学而彼此攻伐的时候，阿根廷陷入长达7年的肮脏战争（1976—1983）。期间豪尔赫·拉斐尔·魏地拉通过军事政变取代总统伊莎贝拉·庇隆，随后出现了一个又一个短暂的军事独裁者，他们采取了许多侵犯公民权利的行动，例如关闭国会、查禁工会、书报检查和设立拘留营等等，同时阿根廷经济出现严重下滑。1983年当选的非军系总统劳尔·阿方辛终止了之前军政府的倒行逆施。

肮脏战争的前三年，贝尔格里奥仍然担任耶稣会省督。事后有人指责他没有公开反对军事独裁，支持者们则认为他没有充分展示对于军事政变的反对态度是出于务实和谦卑。"2010年贝尔格里奥宣称，肮脏战争期间他曾在教堂里隐藏过人，帮助人们逃避军政府的迫害。"[2]肮脏战争中期，1980年的时候，贝尔格里奥卸去耶稣会阿根廷省督一职，到当年求学的圣何塞学院担任教职，并在学校所在的圣米

---

[1]　Amanda Lanser, *Pope Francis*: *Spiritual Leader and Voice of the Poor*, ABDO Publishing Company, p.41.

[2]　Ibid., p.47.

格尔担任堂区司铎，继续以他自己的方式帮助重建教会对于阿根廷社会的影响。

1986年贝尔格里奥前往德国完成博士学位。之后，他的教会长上先是把他派往布宜诺斯艾利斯的萨尔瓦多学院执教，然后派往阿根廷中北部的科尔多瓦市担任当地一家耶稣会教堂的忏悔神父，直到1992年5月教宗约翰·保罗二世任命他为布宜诺斯艾利斯的辅理主教。1993年12月他被任命为布宜诺斯艾利斯大主教区的大主教总代理，成为大主教的副手。1998年大主教安东尼奥·瓜拉西诺（Antonio Quarracino）归天之后，教宗约翰·保罗二世任命贝尔格里奥为布宜诺斯艾利斯大主教。3年后，2001年教宗又任命他为红衣主教。从此，贝尔格里奥不仅在布宜诺斯艾利斯担当责任，而且还要在罗马履行职责。

2001年之后贝尔格里奥作为大主教和红衣主教仍然遵守耶稣会所发的志愿，即谦逊和守贫。他谢绝了教会提供给大主教的主教府，而是在布宜诺斯艾利斯最大的天主教堂大都会大教堂附近租住了一个符合耶稣会守贫要求的简朴房间。贝尔格里奥的房间只有一张床，一个小炉子，一张桌子，一把椅子和一个用来收听足球转播的收音机。他没有私车，而是使用公共交通穿梭在整个城市。正如研究者所说，"作为大主教，贝尔格里奥把自己的努力集中于四个目标。他致力于创造一个更为开放和守望相助的共同体，协助穷人和病弱，支持他的教区的神职人员和平信徒。在阿根廷各地创建新的堂区，重组大主教区的一些机构。所有这些目标都致力于重建教会对于阿根廷文化和社会的影响。"①

贝尔格里奥重建教会影响的一个主要方面就是把传统天主教价

---

① Amanda Lanser, *Pope Francis: Spiritual Leader and Voice of the Poor*, ABDO Publishing Company, p.55.

值重新导回社会，有时会与阿根廷政府的相关政策产生张力。贝尔格里奥成为大主教的时候，阿根廷经济濒于崩溃的边缘。"贝尔格里奥责怪毫无节制的资本主义要为使许多阿根廷人陷入贫困的经济衰退负责，谴责金钱资本主义的魔鬼效果。很多阿根廷人同意贝尔格里奥的看法。贝尔格里奥还抵制很多社会变化，包括同性婚姻合法化、同性婚姻收养子女和自由避孕等。他反对这些改革的立场遭到2007年当选阿根廷总统的克里斯蒂娜·费尔南德斯·基什内尔的批评。她宣称，贝尔格里奥对于这些社会变化的反对会'把我们送回中世纪'。后来贝尔格里奥成为教宗方济各的时候，这些立场会引发关注和批评。不过，他当选后在梵蒂冈热情地接待了克里斯蒂娜·基什内尔。"①

2012年红衣主教贝尔格里奥决定就20世纪70年代肮脏战争期间教会的争议性行为发表讲话。2012年10月，贝尔格里奥率领阿根廷主教们就教会未能防止阿根廷人遭受军事独裁的压迫而向阿根廷人民发出正式道歉。不过很多阿根廷人对于这个道歉并不满意，认为对于正在进行的有关违反人权的调查没有多少帮助。

在2012年的一次讲话中，红衣主教贝尔格里奥还谴责70年代和80年代阿根廷的军事独裁。他宣称，肮脏战争期间阿根廷成为腐败、独裁、个人崇拜和一些个人权力追逐的牺牲品。他的言辞引发那些早已厌倦政治人物的阿根廷人的共鸣。不过，尽管有此举措，但是贝尔格里奥一直不愿谈及他在肮脏战争中的角色。他援用阿根廷教会领袖有权拒绝出庭作证的规定，两次拒绝就据说他知情的违反人权的事在法庭作证。尽管2010年他自愿出庭作证，批评者们相信他的回答并未完全针对问题。②

---

① Amanda Lanser, *Pope Francis: Spiritual Leader and Voice of the Poor*, ABDO Publishing Company, p.56.

② Ibid., p.57.

作为红衣主教贝尔格里奥在梵蒂冈服务于数个有关监督政府和教会灵性指导的委员会，包括礼仪及圣事部、圣职部、修会部。另外，还主持宗座庭委员会和宗座拉美委员会。"参与各种各样的委员会帮助贝尔格里奥理解教会的负责需要和目标。这为他未来担当的最富挑战的职位预作了准备。"①

（2）第一位出自耶稣会的教宗

在《公教文明》上所发表的那篇访谈中，采访者安东尼奥尼·斯帕达罗就贝尔格里奥当选首位耶稣会出身的教宗这样问道："您如何解读您蒙召按照依纳爵的灵修为普世教会提供的服务？作为一名耶稣会士而言，被选为教宗意味着什么？依纳爵灵修的哪一点帮助您更好地履行自己的职责？"对此，教宗方济各所给出的言简意赅的回答是"分辨"。他认为"分辨是圣依纳爵功夫下得最大的内心修行之一。对他来说，分辨是为更好地认识上主、更贴切地跟随他的一件战斗武器。"②

根据教宗的说法，最能打动他的是体现伊纳爵"分辨"观的格言"不受最宽大的空间限制，却能被最窄小的空间容纳"。这成为贝尔格里奥任教宗前后管理教会的一个座右铭："为治理，为做长上我反复思索了这句话：不受较宽大的空间限制，却能在较窄小的空间内生存。这个大与小的德行就是宽宏大量，它使我们从我们所在的位置常能观望远景。它是怀着向天主和他人敞开的宽阔心胸做每日的小事，是在远大的视野，天主国度的视野内重视微不足道的小事。这句格言为站在正确的位置上去分辨，从天主的角度体验天主的事，提供了衡量标准。……尽管看到一切，看到最大的幅度，却须在不多的事，在最小的幅度上运作。可以有庞大计划，却藉着在少量最小的事上运

---

① Amanda Lanser, *Pope Francis*: *Spiritual Leader and Voice of the Poor*, ABDO Publishing Company, p.59.

② http://www.chinacatholic.org/News/show/id/26456/p/1.html.

作，就能实现。"①

　　作为耶稣会士教宗方济各对于耶稣会本身有着自己独到的理解："耶稣会是个处在张力中的团体，它总是彻头彻尾地处在张力中。耶稣会士是没有自己的中心的人，耶稣会本身就没有自己的中心：它的中心是基督和它的教会。因此，耶稣会若将基督和教会置于中心，它就能为自己生活在边缘地区找到平衡的两个基本参照点。相反地，若过于注意自己，将自己当作牢不可破、装备完好的结构置于中心，那么就会有感到自信和自满的危险了。耶稣会必须始终将'Deussempermaior'（天主永远更大），将寻求天主的光荣作为最重要的事，将吾主基督的真净配教会和博得我们爱戴的基督君王放在眼前，即使我们是不中用的瓦器，也要将整个人和全部劳苦奉献给基督。"②

　　可见，在教宗方济各看来，在耶稣会与天主教的张力方面，最为重要的是耶稣会作为天主教的一个修会并非以自己为中心，它以基督和教会为中心。此外，在教宗看来，为了更好地实现这种以基督和教会为中心的宗旨，还必须在耶稣会士个人与长上的张力方面落实耶稣会会宪有关耶稣会士必须向长上"表白他的良心"——他所生活的内心世界——这样一则特别会规，这样便于长上能够知人善任："这种张力不断地将我们从自我提出来。令没有自己的中心的耶稣会确实强健的，帮助修会更有成效地履行使命的，正是犹如父子和兄弟情谊般的'诉心'这一管道。"③

　　就耶稣会的未来发展方面，教宗方济各认为迫在眉睫的事是避免重蹈一度以"耶稣会纲领"（Epitome Instituti Societatis Iesu）替代"耶稣会会宪"的覆辙。耶稣会在 20 世纪 30 年代修订并实行的这个纲领实际上一度取代了耶稣会会宪，致使有些以此作为准则培育出来的耶稣会士从未读过"耶稣会会宪"这个耶稣会本来最为重要的章程。在

---

①②③　http：//www.chinacatholic.org/News/show/id/26456/p/1.html.

教宗看来，耶稣会不能再犯历史上修会规律差点淹没修会精神的错误，要抵挡过度从神哲维度阐明神恩的诱惑；因为在耶稣会中，修会精神重于修会规律，分辨重于讨论。

教宗方济各意味深长地说到这个问题："可是谈耶稣会并不容易。你若说得太明确，便有被误解的危险。谈耶稣会只能用叙事的方式，只有藉着叙述，而非哲学或神学上的阐明才能进行分辨，而藉着后两者只能够进行讨论。讨论不是耶稣会的作风，分辨才是，当然，分辨过程预先假定也包括讨论的部分。神秘的气息从不给自己划定界限，不使思想画上句号。耶稣会士必须是思想尚未完善、思想敞开的人。耶稣会曾有过思想封闭、僵硬的时期，更注重学问研究和苦行而非神秘学思想，这种曲解产生了 Epitome Instituti（耶稣会纲领）。"①

或许正是因为这样的体认，教宗方济各认为在耶稣会中影响他最大的人是创会三人组：罗耀拉·依纳爵、方济各·沙勿略和伯多禄·法伯尔。他特别强调灵修及其无限的神秘维度："依纳爵是个神秘家，不是苦行僧。当我听到有人说神操只有在静默中进行才是依纳爵神操，这着实令我生气。其实，完美的依纳爵神操也能在日常生活和没有静默的情况下进行。强调苦行主义、静默和作补赎的思潮是对神操的歪曲，它也在耶稣会，特别是西班牙环境中散布。我则接近神秘学思想，就是路易·拉勒芒（Louis Lallemant）和让-约瑟夫·苏林（Jean-Joseph Surin）的思想。法伯尔就是一个神秘家。"②

在耶稣会创会三人组中，被称为"革新神父"的伯多禄·法伯尔（Pierre Favre，1506—1546）可能较少为人所知，但教宗方济各对他却情有独钟。还在他当耶稣会阿根廷省省督的时候，他就请两位耶稣会专家编辑法伯尔回忆录。根据教宗自己的说法，法伯尔之所以打动教宗方济各，是因为他"同所有人交谈，即使是最遥远的人和对手；

①② http://www.chinacatholic.org/News/show/id/26456/p/1.html.

纯朴的热心，一种也许有些天真，却能随叫随到的态度；注意内心分辨、是个能作重大决定并且能够这么温和、亲切的人……"①在某种意义上，教宗方济各把法伯尔引为自己的楷模。

我们认为正是耶稣会的内里和楷模示范决定了贝尔格里奥作为阿根廷大主教时的简朴生活作风——日常生活亲力亲为，访贫问苦搭乘公共交通。而且也是这种耶稣会内里决定了作为教宗方济各的贝尔格里奥仍然延续简朴的生活作风和谦卑的服务精神。他不仅效法他的两位前任约翰·保罗二世和本笃十六世，不使用肩扛的教宗宝座前往圣彼得广场，而且比这两位教宗更加"亲民"：在作为教宗发出第一个祝福之后，他选择乘坐大巴回到他与其他红衣主教来参加教宗选举会议时下榻的梵蒂冈宾馆圣玛尔大之家，而不是乘坐私人专车；他不再像他之前其他教宗那样穿着华丽的教宗教袍，而是穿着素雅的白色教士长袍；他不再像以往的教宗那样独居教宗寓所"使徒宫"，而是选择与来宾和那些在梵蒂冈工作的祭司们共同居住在圣玛尔大之家。正是基于这些，"人们预期教宗方济各会保持他谦卑的生活风格，以身作则地教导教会。一些人相信，他可能把一个谦卑的、柔声细语的领袖概念重新带回罗马天主教会。"②

至于为何一改传统，选择入住圣玛尔大之家，教宗方济各所道出的个中原因与他作为耶稣会士不无关系："我常寻找一个团体，看自己不适合做孤零零的司铎：我需要团体生活。从我住在圣玛尔大之家这件事上便能懂得我的需要：当选教宗时，我住在抽签抽到的 207 号房间，我们现在谈话的这个房间以前是客房。我选择住在这里，住在这 201 号房间，因为我在接收教宗寓所的时候，心中清楚地感到'不'住在那里。宗座大楼内的教宗寓所并不豪华，却古朴雅致，很

---

① http：//www.chinacatholic.org/News/show/id/26456/p/1.html.

② Amanda Lanser，*Pope Francis*：*Spiritual Leader and Voice of the Poor*，ABDO Publishing Company，2013，pp.79—80.

有品位，并且宽敞，但不豪华。不过，它像个倒立的漏斗，里边宽大，入口却实在太窄小，需要用滴管进入。我不要住在那里，没有人我活不了。我需要同别人一起生活。"①

（3）耶稣会士"内里"与教宗"外表"呈现张力的教宗

尽管耶稣会士的"内里"让教宗方济各"总是不停地思考，展望必须向前迈进的愿景"，但是作为天主教教宗的"外表"则令他不得不在一些现代问题上保持教会的传统立场，我们认为这是观察教宗方济各言行的时候要着意注意的一个张力。正如研究指出的，"1960年代贝尔格里奥加入祭司群体的时候，他加入的是一个具有丰富历史和悠久教义和传统的宗教。这些因素帮助塑造了贝尔格里奥的哲学和神学。尽管他的一些信念反映了天主教会社会方面保守的本质，但是另一些则反映了耶稣会赋予社会正义的崇高价值。当贝尔格里奥2013年3月成为教宗的时候，他带着他的哲学，世界上的专家们预期这些价值将指导作为罗马天主教领袖的他所做的决定。"②

贝尔格里奥成为教宗方济各之后，任重道远。教宗约翰·保罗二世时期就出现的，教宗本笃十六世任内有增无减的教会问题堆积如山。"罗马天主教近年来被各种丑闻所震撼，包括梵蒂冈城官员的贪腐和高度曝光的性虐丑闻。一些人批评罗马教会在诸如女性教会地位、同性婚姻和节育等问题上没有拥护现代观点。天主教徒们盼望一位新教宗领导下的新方向有助于克服这些挑战，巩固教会，并吸引更多人接受信仰。"③

"当选的次日，教宗方济各举行了他的第一个教宗弥撒。他的言辞简短，而且是用意大利语，而非他的前任荣休教宗本笃十六世所倾

---

① http：//www.chinacatholic.org/News/show/id/26456/p/1.html.

② Amanda Lanser，*Pope Francis*：*Spiritual Leader and Voice of the Poor*，ABDO Publishing Company，2013，p.75.

③ Ibid.，p.15.

向的拉丁语。弥撒进行期间，他呼请红衣主教们找到运用属灵价值而非世俗价值推动教会前进的勇气。他解释说，'我们不行走的时候，就是我们被卡住的时候。当我们不建在岩石上的时候，会发生什么？儿童建造沙堡，然后全都倒塌，就会发生这样的事情。'"[①]

教宗方济各在这里向红衣主教和天主教徒所发出的信息是清晰的。教会要前进，就得在罗马天主教的教导、教义和传统之内做大量的工作。作为罗马天主教会的领袖，教宗方济各必须帮助教会在天主教徒、教会和社会整体所面对的那些堆积如山的热点问题和挑战采取一种立场。

首先，同性婚姻问题。尽管教会官方反对同性婚姻，但是世界各地的很多天主教徒却支持，而且乐见罗马天主教会在这个问题的立场有所进化。例如，2013 年美国天主教徒的一次调查发现，60% 的受访者支持同性婚姻。其次，避孕与堕胎问题。一些天主教徒乐见教会对于反对使用避孕措施的立场现代化。尽管许多天主教徒支持教会从保护生命出发反对堕胎，但是其中的一些人并非像教会那样一概反对任何情况下的堕胎。第三，是教会所面临的像维基解密等媒体所提到的内部性丑闻和内部管理问题。还有，就是如何判断和处理教会内的一些新现象和新实践的问题：例如，美国的一个修女群体因为主张某些梵蒂冈官员所称的"与天主教信仰不符的激进女权主义主题"而正在接受梵蒂冈的审查。尽管梵蒂冈曾经称赞这些修女在美国所做的人道主义工作，但是也指控她们未能在教会的教导之内工作。

教宗方济各还需要直面某些地区天主教徒数量下降的问题。一些教会领袖把信徒数量的减少归咎于西方社会世俗主义的增长。世俗主义在确立公共政策的时候仰仗政府和其他机构而不是像教会这样的宗教团体。作为一种重建教会对于世界各地的社会影响力的一种方式，

[①]　Amanda Lanser, *Pope Francis: Spiritual Leader and Voice of the Poor*, ABDO Publishing Company, 2013, p.84.

他们希望教宗方济各与这样的世俗主义宣战。这涉及教会与世界的关系，以及教会对于世俗化的态度等重大问题。

教宗方济各在现代问题上的立场反映了罗马天主教的传统社会教义。他不仅批判他所称的"金钱资本主义"和世界经济的全球化，而且从20世纪70年代反对进步的解放神学以来，教宗方济各还一直坚定地批判脱离传统价值的言行。他的立场不时招致与阿根廷总统的冲突，例如，2010年彼时的红衣主教贝尔格里奥领导了一次游行，针对总统要在阿根廷把同性婚姻合法化的提案发表演讲，"做人的本质是男女的结合……作为预创造的自然途径。"总统克里斯蒂娜激烈批评了贝尔格里奥的立场。除了反对同性婚姻之外，教宗方济各还相信一对同性伴侣收养子女有悖于教会教义。在性健康问题上，教宗方济各也秉持类似的保守观点。就总统要向阿根廷人提供自由避孕和人工授精计划上，他再次与总统克里斯蒂娜发生对撞。教宗当年还反对阿根廷最高法院2006年允许强奸受害者选择合法堕胎的决定。

尽管他在社会问题上观点保守，但是教宗方济各强烈支持援助穷人，也向他们传播宗教；这是他所属的耶稣会的标志。耶稣会被教会里的一些人视作比其他罗马天主教组织或总体上的教会更开明和更关心社会正义的组织。当选教宗不久，方济各就宣布他所喜欢的是"一个为了穷人的穷教会"。"随着教宗方济各成长为世界最大宗教的领袖，他和罗马天主教将面临复杂的挑战。以其强大的属灵基础和全球天主教徒的支持，教宗方济各或许能够克服这些挑战，领导教会前进，就像他在当选的那晚所说的：'现在让我们——主教和子民——开启这个旅程吧！罗马教会——它怀着慈善入主所有天主教会——的这个旅程是一个人人皆兄弟的爱的旅程，是一个相互信赖的旅程。'"[①]

---

① Amanda Lanser, *Pope Francis: Spiritual Leader and Voice of the Poor*, ABDO Publishing Company, 2013, p.95.

（4）重拾梵二会议精神的教宗

尽管教宗方济各身上存在作为耶稣会士的"内里"与作为教宗的"外表"之间的张力，但是我们也有理由相信在他身上同样存在一种"内化于心外化于行"的现象，这就是有迹象表明教宗方济各正在稳步重新找回教会一度在很大程度上散失的梵二精神。在他看来，"天主藉着时间在历史启示的环境中显示自己。时间开启进程，空间使进程具体化。天主在时间中，在进行的过程中。相对行进的漫长时间，不必优待权力空间。我们必须启动进程，甚于占据空间。天主在时间中显示自己，临在于历史的进程。这使产生新动态的行动享有优先地位。需要耐心和等待。"①

首先，尽管提醒人们在变革方面要耐心和缓行，但是教宗方济各毕竟肯定了"向变革开放"的大方向。教宗强调，"分辨需要时间。例如：许多人以为改变和革新能在短时间内实现，我认为，为真正、有效地改变奠定基础总是需要时间，这就是分辨的时间。有时分辨反而激励人立即做最初打算以后再做的事，这样的事近几个月也发生在我身上。观望身边的标记，聆听所发生的事件，了解人，特别是穷人，分辨常是在上主临在时实现的。我的选择，即便与生活常态有关的选择，就如使用不起眼的汽车，都与灵修分辨有密切关联，让它符合来自事物、人和阅读时代标记的需要。在上主内分辨引导我以我的方式进行治理。"②

教宗能够直面神职人员流失和信徒人数下降的问题所引发的改革必要，并且似乎也找对了路径："与其只是成为敞开门户接纳别人的教会，我们要设法成为寻找新道路的教会。这个教会能够走出自己，走向不与她往来、离开她或对她不闻不问的人。人离开教会，有时出于某些理由，要是这些理由深受理解和重视，就能使他们返回教会。

---

①② http://www.chinacatholic.org/News/show/id/26456/p/1.html.

但这需要胆量和勇气。"① 在这方面他还特别重视年轻人的工作，倡导天主教青年积极参加世界青年节。

当选教宗后，或许是经过了必要的"分辨"阶段，在同性恋等问题上教宗方济各与担任阿根廷大主教的时候似乎也有了一些新的说法。毋庸讳言，某些天主教徒的生活方式在教会看来是不正常的，致使那些同性结合者和再婚者等等在教会传统面前碰得头破血流，在教会的宣战中充满创伤。面对这种状况，教宗方济各说："我们不能只固执于有关堕胎、同性婚姻和使用避孕方法的问题。这是不可能的。我对这些事谈得不多，为此我受到责备。可是在谈这些事的时候，需要将它们放在一个背景下谈。再说，教会的看法我也知道，我是教会的儿子，但不必总是喋喋不休地谈这些事。"②

他甚至把他担任教宗的教会比作一所战地医院，认为目前教会医治创伤更为重要。他说："我清楚看到教会今天更需要的是医治创伤和温暖信徒的心、关怀、接近他们的能力。我视教会如同战争后的一所战地医院。问一个严重伤员是否有高胆固醇和高血糖毫无意义！他的伤患必须得到医治，然后再谈其余的一切。医治伤患，治疗创伤……必须从低层做起。"他认为，尽管同性恋觉得总是受到教会的责备，"可是教会无意这样做。我从里约热内卢的返程中说过，要是一个同性恋者有善意并且寻求天主，我就没资格判断他。我说的这话是《天主教教理》上的话。宗教有权利表达自己对服务人群的看法，可是天主在创造宇宙万物时给了我们自由：在精神上干预一个人的生活是不可能的。……我们必须始终重视人。此处我们进入人的奥迹。天主陪伴人的生命，我们也必须以他们的情况为起点来陪伴他们，需要以仁慈来陪伴他们。一旦做到这点，圣神就启发司铎说更合情合理的话。"③

其次，作为耶稣会士的教宗方济各在某种程度上与前教宗的"共

---

①②③　http://www.chinacatholic.org/News/show/id/26456/p/1.html.

融教会观"拉开了一定距离，在某种程度上重新回到梵二会议所倡导的"天主子民"教会观："耶稣会士总是不停地思索，以基督为中心，展望必须向前迈进的愿景，他的真正力量正在于此。这股力量激励耶稣会进行研究、创新并慷慨奉献。可见，今天比以往任何时候都须在行动中度默观生活，都须与整个教会密切结合，视教会为'天主子民'和'圣洁的母亲'，这需要百般谦逊、付出牺牲和有胆量，在不被理解或遭误解和诽谤的时候尤其如此，但这却是一种更加结果实的态度。让我们想想过去因中国礼仪、马拉巴尔礼仪以及在巴拉圭传教村所引起的紧张情势，便可见一斑。"①

教宗曾经在阐发圣依纳爵神操中"与教会同心同德"到底何意的语境中，比较具体地表达了他的"天主子民"教会观。他说："我所喜欢的教会图像是天主的忠实圣民，我经常使用这个定义，它也是《教会宪章》第12号的定义。……子民是主体，教会是在历史中行走的天主子民，有甘甜苦乐。因此为我来说，与教会同心同德就是成为这个子民的一分子。……全体子民在一同行走中……人们同主教和教宗之间的交谈一旦走上这条路，这交谈便是真诚的，于是有圣神护佑……这是牧人和子民一起组成的天主子民教会，圣依纳爵称之为'圣洁母亲圣统教会'的经验。教会是全体的天主子民。"②

教宗认为，以这样的教会观来看，首要的革新是态度的革新，圣职人员在做一个好牧人、善待和赏识天主子民方面有待进一步提高，不要像官员或老板那样。在他看来，"采取一种做老板态度的祭司，就像在原教旨主义群体里那样，会抹杀和削弱那些正在寻找上帝的人们。"③ 所以他呼吁祭司们反思自己："我们是怎样对待天主子民的？

---

① ②　http://www.chinacatholic.org/News/show/id/26456/p/1.html.
③　Jorge Mario Bergoglio-Abraham Skorka, *On Heaven and Earth: Pope Francis on Faith, Family and the Church in the 21st Century*, Continuum International Publishing Group Ltd., 2013, p.69.

我梦想一个母亲和牧人教会。教会的司铎必须是仁慈的，对人负责，陪伴人，如同慈善的撒马利亚人那样，洗净他的近人，减轻他的痛苦。这是纯正的福音。天主比罪更强大，组织和结构改革是次要的，意思是以后随之而来。首要的革新必须是态度上的革新。福音的服务者必须是能够温暖人心、在黑夜中与他们同行、懂得交谈并且也进入他们的黑夜，在黑暗中却不迷失自己的人。天主子民要的是牧人，而不是像官员般的圣职人员。主教更应该是能够耐心扶持天主子民按天主指引的路行走的人，不让任何一个人落在后头。他们也要懂得陪伴常会辨认出新道路的羊群。"①

第三，强调众议精神。教宗方济各还现身说法，强调"懂得陪伴常会辨认出新道路的羊群"的重要性，这实际上是对于前任教宗实行教宗集权的一种反思，也是对于众议精神的一种倡导。

教宗方济各对自己任耶稣会阿根廷省督期间的独断专行进行过反思和自我批评，痛感一意孤行会造成许多麻烦："说实话，我在耶稣会做长上的经历不常有这样的表现，即进行必要的咨询。这不是件好事，作为耶稣会士我最初的管理有许多缺点。……我的决定是以生硬及独断的方式作出的……人们毕竟对专制做法感到厌倦。我独断专行和迅速作决定的方式给我带来很大麻烦，并且我被指控为极端保守分子……是我独断专行作决定的方式造成麻烦。"②

这样的痛彻反思让他任布宜诺斯艾利斯总主教的时候逐渐学会集思广益，担任教宗之后比前任更加注重咨议会的作用。他说："我把这些亲身生活经验说出，好使人了解什么是危险的事情。随着时间我学会许多。……在任布宜诺斯艾利斯的总主教时，我每隔半个月就召集六位辅理主教开会，一年中与司铎评议会碰面数次。会上提出问题并敞开讨论空间，这为我作出最好的决定很有帮助。然而，现在却听

---

① ② http://www.chinacatholic.org/News/show/id/26456/p/1.html.

到有人对我说：'别过于咨询，决定就是了。'我却认为咨询极重要。例如：枢密会议、世界主教会议都是使咨询起到真实和积极作用的重要场所，不过，在形式上不必僵硬。我愿意有实际而非流于形式的咨询。八位枢机的咨议会，这个'局外人'的顾问团不单是我的决定，也是枢机们的心愿，是选举教宗会议召开前全体枢机大会上表达的愿望。我希望它是实质而非形式化的咨议会。"①

教宗对于罗马圣部的理解上也有新的见解，认为它们只是协助机构，而非监察机构，有放权地方教会自治的含义在里面。他说："罗马圣部是服务教宗和主教们的机构，它们必须协助地方教会和各主教团。它们是协助机构。在有些情况下，它们一旦未被正确了解，就有成为监察机构的危险。看到缺乏正统观念的指责递到罗马，令我惊讶。我认为这些个案必须由地方主教团研究，它们能得到罗马提供的有效协助。事实上，在当地处理这些个案更好。罗马圣部是协调，而非调解或管理机构。"②

他甚至把这种众议精神推广到大公运动的高度。例如，1913年6月29日教宗方济各在为34位教省主教祝圣仪式上指出了一条"众议精神（sinodalità）的道路"，称之为合一教会在"和谐配合伯多禄首席地位的服务中成长所走的道路"。他认为，"子民、主教和教宗必须一起行走。众议精神须在各层面体现出来。也许是改变世界主教会议方式的时候了，因为我觉得目前的方式似乎不够积极。这条路也会有大公运动价值，特别是与我们东正教弟兄们的大公运动。我们能从他们身上学到更多关于主教集体领导的意义和众议精神的传统。看看初世纪东方和西方分裂之前教会是如何治理的，这一同反省的努力届时定会结出果实。在大公运动关系上，这一点很重要：不仅要更好地认识自己，也要承认圣神在其他人身上播下的种子为我们也是一项恩

①②　http：//www.chinacatholic.org/News/show/id/26456/p/1.html.

惠。我打算继续反省早在 2007 年［天主教—东正教］联合委员会就已开始关于如何履行伯多禄首席权的主题，签署拉韦纳文件便是这项反省的果实。我们需要继续走这条路。"①

第四，彰显女性地位。在妇女担任圣职方面，教宗方济各未有新的说法，但是认为男女在教会中扮演不同的角色，女性不担任司铎并不意味着女性地位低下。尚未担任教宗的时候他说："在基于神学的传统中，圣职是通过男性传递的。女性在基督教中有别的功能，这反映在圣母玛利亚的形貌上。它是拥抱社会的形貌，这个形貌所包含的是共同体之母的形貌。女性具有母性、温柔的禀赋。如果所有这些财富没有整合进来，那么一个宗教共同体不仅蜕变为一个沙文主义的社会，也会变成一个严厉的、生硬的和没有神圣可言的宗教。女性不能行使圣职的事实并不使之较男性为小。再者，在我们的理解中，童贞玛利亚要大于众使徒。根据第二世纪一位修士的看法，基督徒中有三个女性气质的维度：主的母亲玛利亚、教会和圣灵。教会中女性气质的临在还没得到多少强调，因为沙文主义的诱惑不容许属于共同体女性的地位得到彰显。"②

在女性在教会中的地位方面，当选教宗的贝尔格里奥认为，因为大男子主义不给女性在团体内应有的可见空间，女性在教会中的临在并没有足够地显露出来，教会也尚未有深邃的女性神学。在他看来，"需要扩大空间，使女性在教会的临在更为显著。我担心'将女人当成男人看待'的解决途径，实际上，女人与男人各有不同的结构。可是我听到关于女性角色的谈话往往都受到男性意识形态的启发。必须回应女性提出的深刻问题，若没有女性及其角色，教会就不能成为自

---

① http：//www.chinacatholic.org/News/show/id/26456/p/1.html.
② Jorge Mario Bergoglio-Abraham Skorka, *On Heaven and Earth*: *Pope Francis on Faith*, *Family and the Church in the 21st Century*, Continuum International Publishing Group Ltd., 2013, pp.102—103.

己。女性为教会是不可或缺的，圣母玛利亚这位女性比主教们还重要。我说这话是让人不要将职责与尊严混为一谈，因此需要更好地深入研究女性在教会中的形象，需要为发展意义深远的女性神学更加努力不懈。只有完成这一步，才能更好地反思女性在教会内的功能。女性的天赋在作重大决定的地方是必要的。在教会各领域履行权力的地方反思妇女的独特地位，正是今日的挑战。"①

在教宗那里这种反思也产生了一定的结果，例如，教宗方济各把历史上只限于男性的濯足礼扩大到女性。至于女性按立圣职则是我们可以耐心静观、拭目以待的。

第五，积极推进对话。"梵二会议"精神之一是促进不同宗教之间的对话，这对于维护世界和平和人的尊严具有十分重大的意义。在这一点上，教宗方济各也比前任教宗本笃十六世往前迈进了许多。

尽管贝尔格里奥没有使用拉纳"匿名基督徒"的术语，但是他的相关说法表明他们之间精神上是相通的。在他看来，"上帝让他自己在每一个人的心中都感觉得到。他还尊重所有人的文化。每个民族都获得那个上帝异像，并且根据他们的文化予以移译，并且加以阐释、纯化和给予它一个体系。尽管一些文化在它们的解释系统方面原始，但是上帝是向所有的人敞开的。他呼召每一个人。他促发每一个人寻找他，通过创造发现他。"② 所以他号召人们警惕各自宗教里面的原教旨主义："一般说来，在诸宗教当中，原教旨主义派都被人们怀疑地看待。所以，宗教领袖对于他的共同体中的原教旨主义派的观感就是非常重要的。一些人天真，没有看清，落入陷阱。"③

① http：//www.chinacatholic.org/News/show/id/26456/p/1.html.
② Jorge Mario Bergoglio-Abraham Skorka, *On Heaven and Earth*：*Pope Francis on Faith*, *Family and the Church in the 21st Century*, Continuum International Publishing Group Ltd., 2013, p.19.
③ Ibid., p.72.

他谴责以上帝的名义进行的任何杀戮，倡导信徒与信徒之间、信徒与非信徒之间的互爱互助。在他看来，"上帝并不杀人。是人想要以上帝的名义这么做。以上帝的名义杀戮是渎神。"① 他进一步解释说，"以神的名义杀戮就是把宗教经验意识形态化。当这样的事情发生的时候，就会出现政治操弄，就会出现以神的名义进行的权力偶像化。那些如此做的人是些把自己塑造成神的人们。在20世纪他们毁灭了诸多国家，因为他们自视为神。……第二诫命要求人们爱人如己。没有任何信徒可以把信仰局限在他自己、他的氏族、他的家庭和他的城市的范围内。信徒本质上是这样一种人，他接触其他信徒，或者非信徒，向他们伸出援助之手。"②

教宗方济各担任教宗之后，倡导并力行大公合一运动，不仅推动与既有的东正教之间的合作与交流，而且在梵蒂冈接见了教会合一运动组织"世界宗教议会"访问团。他在犹太教和伊斯兰教方面也有很多交流工作。例如，他与埃及爱资哈尔大学大伊玛目进行了交谈。特别值得注意的是，尽管欧洲和其他地区发生了多起暴力事件，其中不乏像法国一座教堂的哈梅尔神父那样的天主教徒丧生，但是当他谈论恐怖主义的时候从来不提伊斯兰教。他不喜欢说伊斯兰教暴力，因为从报纸和其他媒体知道意大利受洗的天主教徒当中几乎每天都发生手足相残的暴力事件。他说，"如果我谈伊斯兰暴力，那么也该谈天主教徒的暴力。不是所有伊斯兰教徒都是暴力分子，也不是所有天主教徒都施暴；但有一件事乃千真万确：在所有的宗教内几乎总是有一小撮原教旨分子。"③

---

① Jorge Mario Bergoglio-Abraham Skorka, *On Heaven and Earth: Pope Francis on Faith, Family and the Church in the 21st Century*, Continuum International Publishing Group Ltd., 2013, p.19.
② Ibid., p.21.
③ http://zh.radiovaticana.va/news/2016/08/01.

据梵蒂冈电台讯，教宗方济各将于 2016 年 9 月 20 日前往亚西西，参加今年主题为"渴望和平：处在对话中的宗教与文化"的"为世界和平祈祷日"的闭幕礼。届时，各大宗教领袖将齐聚亚西西，其中包括阿兹哈尔伊斯兰大学大伊玛目塔伊布（Ahmad al-Tayyeb）、君士坦丁堡东正教大公宗主教巴尔托洛梅奥一世（Bartolomeo I）和圣公会首席主教坎特伯里总主教贾斯廷·韦尔比（Justin Welby）等。

正是基于上述诸方面，我们有理由相信，教宗方济各重拾了梵二会议的改革和对话精神："梵二大公会议是以当代文化的眼光重读福音，它兴起了仅仅源自福音本身的更新运动，成果斐然，仅礼仪便可见一斑。礼仪改革工作为天主子民如何从具体的历史场合出发来重读福音，是一项服务。不错，虽然有连续和不连续的释经学线路，但一件事显而易见：正是在大公会议上提出、今日贯彻落实的阅读福音的动态，是绝对不能开倒车的。此外，也有诸如礼仪根据旧弥撒规程这样的特殊问题。为帮助一些对旧礼仪有特别情感的人，本笃教宗作了一项选择，我想他的选择是谨慎的。我却认为，将旧礼仪作为意识形态和利用的工具，这一危险令人忧虑。"①

相信对于教会开倒车有着这样忧患意识的教宗方济各定会再次把教会带向"跟上时代"和"向世界开放"的道路，而在这样的大方向上，我们预期本书的主角卡尔·拉纳的思想将会重放光芒。

---

① http://www.chinacatholic.org/News/show/id/26456/p/1.html.

结语：拉纳人本神学转向与马克思主义宗教观之暗合

"历史向我们表明，神学与哲学处于一种对话之中，这种对话不仅是持续不断的，而且是必然的。"① 从本书可知，拉纳以"先验人学"为主线的神哲思想就是这方面的又一经典例证。拉纳承认自己的思想是神学和哲学相结合的特点："在我的神学的和'哲学的'那些考虑（如果可以这么说的话）当中，所做陈述将是两者的某种混合。我感到有权这么做，因为我相信'哲学的'陈述要么得到神学断言的充分支持，要么它们有意义地补足后者。"②

拉纳作为现代宗教思想家和哲学家所面临的挑战是，传统的神学语言在现代经验面前显得失去了意义，随着传统神学所强调的启示内容的可信性受到质疑，启示这一事实也成了问题。在拉纳看来这主要是因为神学本身没有能够关注启示的倾听者——作为现代和当代哲学焦点的主体和主体所处的变化了的世界。有鉴于此，他才致力于提供一种先验神学或者一种神学人学来应对挑战，一方面与近现代哲学对神学所进行的根本批判进行对话，另一方面又保持神学价值。正如马克思所说："人就是人的世界，就是国家，社会。国家、社会产生了

---

① ［德］奥特：《从神学与哲学相遇的背景看海德格尔的基本特征》，《海德格尔与神学》，香港汉语基督教研究所 1998 年版，第 158 页。
② 《神学研究》英文版，23：149。

宗教即颠倒了的世界观，因为它们本身就是颠倒了的世界。宗教是这个世界的总的理论，是它的包罗万象的纲领，它的通俗逻辑，它的唯灵论的荣誉问题，它的热情，它的道德上的核准，它的庄严补充，它借以安慰和辩护的普遍根据。"[①]

拉纳先验地把形而上学奠基在人的认识能力的基础上，一开始就有一种"先验人学"的神学目的论，就是要表明在尘世中的人如何向时空中上帝的可能启示敞开。"拉纳的超验人学是一种'人能认识天主'的人学，与灵性化的人文主义相容。人的自由与自主，以及人对绝对的开放与依赖不相矛盾；做一个真正的人，和'与神会晤'或'与奥秘会遇'相通。"[②]而拉纳45年著述生涯中所发表的各种形式的神学论文则是这种先验进路在天主教教义学领域的继续。

拉纳的哲学是一种根基在神学本身之中的哲学，本质上是"一种看来起来像哲学的神学"。拉纳的思想来源从海德格尔、马雷夏尔、康德、依纳爵，一直回溯到托马斯·阿奎那。海德格尔对拉纳的思想的影响是潜在而直接的，拉纳从海德格尔止步于神学的地方起步，挖掘出了暗含在海德格尔思想中对于神学而言重要的东西。拉纳跟随托马斯·阿奎那"转向影像"，立足于感性直观，借马雷夏尔思想之助而"通过康德超越康德"，以先验的和现象学的方法论证人与神会晤的可能性。在以上基础上，拉纳像当年的托马斯·阿奎那一样综合哲学和神学传统完成了海德格尔的"未竟事业"，建立起影响巨大的"神学人学"，展开宗教对话。拉纳思想中散发出的某种神秘主义气息又来自耶稣会的鼻祖依纳爵的灵修思想，连同拉纳对感觉的强调，表明他在后康德时代认识到对上帝的存在的证明无法依靠理性，而只能救助于感觉和信仰。

---

① 《马克思恩格斯选集》，卷1，第2页。
② 陈德光：《陈序——为基督宗教与当代文化交谈寻找出路》，载武金正：《人与神会晤：拉纳的神学人观》，台北光启出版社2000年版，第v页。

拉纳晚年在"基督教人学"的标题下写道:"我首先就人的经验性经验中的不可逾越的多元性表明几点看法。首先,对于基督教人学而言,人们是具有一种后天的、历史的和感觉的经验的一些存在者。这点对于他们在其中面对自己宗教里的上帝的那种经验纬度也成立。及至近年,不断有人努力打造一种形而上学的人类学,为人设定根本就不依赖于感觉或历史经验的一种独特的宗教知识的源泉。这些努力源于这样一种信念,就是只有通过这样的一个知识源泉,宗教才可能作为与绝对的和人格的上帝的一种关系。

我们无需更具体地考虑这种知识源头是如何得到解释的,不管是作为人可及之内的一种神秘经验,还是在存在论(ontologism)的意思上,抑或作为一种多少独立于其他认识能力之外的一种宗教器官的作用。通常的基督教人学深信不疑的是,在人的知识当中必须区分两个层次:感性知识,这是一种具有一种严格的物质成分的知识;属灵的概念知识,这是一种伸向如此的存在(being as such)的知识。不过,针对所有种类的存在论,针对所有试图通过把宗教知识与其他种类的知识分开而捍卫宗教知识的努力,传统基督教人学一直总是清晰地坚决主张,感性的知识和属灵的知识构成一个统一体;所有属灵的知识,无论它可能多么崇高,都被感觉经验所肇始,都由感觉经验填充内容。例如,阿奎那在他的知识的形而上学中明确强调,即便是最属灵的、最'先验的'(transcendental)、最崇高的概念,都可以在这个世上(on this earth)被人触及得到,只要通过'转向影像'(*conversio ad phantasmata*),(用康德的语言)就是说没有感性直观的概念是空的,即,是不存在的(nonexistent)。这也适用于宗教性的知识。那种知识也必然地被依赖于感觉的,从而也是历史的经验的一种直观触及得到。"① 无疑,拉纳的这种总结可以看作是来自宗教内部的

---

① 《神学研究》英文版,23:149—150。

代表人物对马克思下述论断的一种印证："宗教是那些还没有获得自己或再度丧失了自己的人的自我意识和自我感觉"。①

在以"主体转向"为特征的近现代西方哲学的论域向神学所关注的论域——人的拯救和意义——渐渐靠拢的过程中，拉纳从神学一边也表现出积极地迎接这种靠拢和主动地向西方哲学的论域靠拢的倾向，把这种哲学和文化上的营养带入天主教的传统，给在现当代思想大潮面前相对僵化、守成的天主教神学注入一种时代的活力，并通过挖掘和显扬天主教传统中，特别是新托马斯主义中原先处于暗流或边缘状态的思潮。这种"投怀送抱"的结果便是拉纳的神学的"先验人学"的诞生，影响和改变了天主教的发展方向。在这方面，拉纳在梵二会议上的作用和梵二会议之后天主教的走向就是明证。

拉纳神学的价值在于，它一方面吸收了现当代西方哲学和文化中的时代精神并把它熔铸到他自己的天主教哲学和神学之中，另一方面他在当代天主教哲学中明确开启并带动了从"神本"神学向"人本"神学的转变。不过，无论拉纳的"人本神学"或曰"神学人学"在多大程度上成功地化解了天主教信仰与现当代思想的矛盾，与以往传统的"神本"神学有多大程度的不同，毕竟还是神学，并没有放弃"神"这个纬度。"他的神学被称为人类学的神学，但这并不与以'神'为中心的神学对立，而是经由人有限的某个中肯点，来从事整合人、事、物的意义"②

从拉纳的思想历程，从其带动天主教神学从"神本"神学向"人本"神学的转变、带领教会"跟上时代"中，不难看出理性、科学和世俗化的力量这个大背景的推动作用。正如哲学是时代精神的精华一样，神学在某种程度上可以说是时代精神的反映。从这个角度，以

---

① 《马克思恩格斯选集》，卷1，第1页。
② 武金正：《人与神会晤：拉纳的神学人观》，台北光启出版社2000年版，第 x 页。

被誉为"20世纪天主教教父"的拉纳的神学"先验人学"作为镜子，我们再回头思考费尔巴哈有关"神学之真正意义是人本学"①的论断，以及马克思主义经典作家对宗教的论述，恐怕当代某些学人随着对宗教现象的反思而出现的对马克思主义宗教观的真理性的某种简单化的怀疑本身就大可值得怀疑了。

卡尔·拉纳一生致力于融合神学人学的传统要素与后启蒙的和充满科学意识的世界主流文化。他的思想贡献具有非常具体的背景，就是20世纪后半叶西欧的哲学和文化框架。而这种神学创造的贡献同时又需要在这一框架的范围内加以理解。②"拉纳20世纪50年代的著作深刻地影响梵二大公会议，从这一事实，我们确信：若梵二的精神在当今21世纪对于'发展'和'落实'仍独领风骚的话，那么拉纳神学人观亦将继续发挥其强韧有劲的影响力无疑。职是之故，为数不少的神学家异口同声认同沃格利姆勒（H. Vorgrimler）的说法：'拉纳的巨著，对天主教的神学，甚至连在21世纪，仍具'度量衡'的功能。'"③就像本书所见的、拉纳对老师海德格尔的思想所作断言那样，我们有理由相信拉纳的神学通过它所搭建起来的对话平台必将产生进一步的影响。

---

① 费尔巴哈：《基督教的本质》，第17页。
② Harvey D. Egan, *Karl Rahner: The Mystic of Everyday Life*, New York: the Crossroad Publishing Company, 1998, p.9.
③ 武金正：《人与神会晤：拉纳的神学人观》，台北光启出版社2000年版，第ix—x页。

附录：拉纳年表

1904 年　3 月 5 日，生于德国黑森林区的弗莱堡（Freiburg in Breisgau）。

1913 年　在家乡面向大学的文法小学和文法中学接受教育（至 1922 年）。

1922 年　4 月 20 日，在位于奥地利的耶稣会士见习所加入耶稣会。

1924 年　4 月 27 日，在耶稣会"发初愿"。发表第一份作品，《我们为何需要祈祷》。开始在慕尼黑附近的 Feldkirch 和 Pullach 的耶稣会哲学机构研究哲学（至 1927 年）。

1927 年　在奥地利 Feldkirch-Tisis 的耶稣会预科学院教授拉丁文和其他课程，度过其"试教期"（至 1929 年）。

1929 年　在位于荷兰法尔肯堡（Valkenburg）的耶稣会神学院学习神学（至 1933）。

1932 年　7 月 26 日在慕尼黑的 St. Michael's Church 由 Michael Cardinal Faulhaber 按立为教士。发表其首批重要作品（1932—1933），集中在奥利金、波拿文都拉和灵修史。

1933 年　在奥地利完成最后的耶稣会训练——"卒试期"（至 1934）。

1934 年　在弗莱堡大学攻读哲学博士学位（至 1936）。

1936 年　博士论文《在世之灵》因为过浓的海德格尔色彩，遭到导师、天主教教授昂纳克的拒绝。12 月 19 日，从因斯布鲁克大学获得神学博士学位，题目是《自基督的肋部：作为夏娃的教会自第二亚当基督肋部的起源——对〈约翰福音〉19 章 34 节的预表意义的考察》。

1937 年 7 月 1 日，完成在大学从事教学所必须的博士后工作，被任命为因斯布鲁克大学神学系系统神学讲师。

1938 年 《遭遇静默》第一版出版。

1939 年 8 月 15 日，"发终身愿"（at St. Andrea Tertianship in the Lavanttal, Carinthia）。10 月，纳粹取缔了因斯布鲁克大学神学系，拉纳被"区域禁令"逐出。《在世之灵》第一版出版。在维也纳被任命为大学讲师，并参与维也纳牧灵研究中心的研究工作（至 1944）。

1941 年 《圣言的倾听者》第一版出版。

1944 年 在巴伐利亚的 Mariakierchen 充当教区教士（至 1945）。

1945 年 在慕尼黑附近的 Pullach 的耶稣会神学院任系统神学副教授。并且在慕尼黑教育中心教授神学（至 1948）。

1948 年 8 月，重回因斯布鲁克大学神学系，任副教授。

1949 年 6 月 30 日，晋升为因斯布鲁克大学"教义和教义史教授"并且发表《论祈祷之需要和保佑》第一版。

1954 年 3 月 31 日，接受邀请加入比利时卢汶大学"社会哲学学会"。发表《永恒之年》；《神学论集》德文第一卷出版。

1955 年 《神学论集》德文第二卷出版。

1956 年 《神学论集》德文第三卷出版。

1957 年 与约瑟夫·霍弗尔（Josef Hofer）共同编辑 13 卷的《神学和教会百科全书》第二版，其最后三卷为对梵二会议文献的评述（至 1968）。

1958 年 共同编辑（与 Heinrich Shlier 合作到 1978 年）多达 100 卷的《争议问题》（至 1984）。

1959 年 发表题为《使命与恩典》（Sendung und Gnade）的教牧神学

第一版。（英译本分三卷于 1963—1966 年出版）

1960 年　《神学论集》德文第四卷出版。

1961 年　被教宗约翰二十三世提名为红衣主教柯尼希（Konig）的顾问，准备梵二会议。与沃格利姆勒（Vorgrimler）共同编辑《神学辞典》。

1962 年　《神学论集》德文第五卷出版。

1962 年　成为罗马"圣职部"特别审查对象（至 1963）。被教宗约翰二十三世提名为梵二会议专家。

1964 年　与多人合作编辑 5 卷本《教牧神学手册》（至 1969 年）。1 月 20 日，因学术成就得到承认获得勋章。3 月 5 日被任命为慕尼黑大学"基督教世界观和宗教哲学"大学教授，成为瓜尔蒂尼（Romano Guardini）的继任人。5 月 13 日，获得明斯特大学名誉神学博士，是 15 个名誉博士学位中的首个。同年获颁法国 Strassburg 大学荣誉博士学位，以及德国北部明斯特（Munster）大学神学院的荣誉神学博士学位。

1965 年　6 月 26 日获普福尔茨海姆市"罗伊希林奖"（the Reuchlin Prize）。同年《神学论集》德文第六卷出版。

1966 年　获颁美国圣母大学荣誉法学博士学位。同年《神学论集》德文第七卷出版。

1967 年　与阿道夫·达拉普合编《世界的圣事：神学百科全书》（至 1969）。4 月 1 日，被任命为明斯特大学神学院的"教义和教义史"大学教授。同年获颁美国圣路易大学荣誉博士学位。同年《神学论集》德文第八卷出版。

1968 年　与沃格利姆勒（Vorgrimler）合编《国际对话杂志》（Internationale Dialog Zeitschrift）（至 1974）。4 月 1 日，获芬兰赫尔辛基大学勋章。

1969 年　4 月 27 日，成为教宗"国际神学委员会"成员（他于 1971
　　　　　年从这个组织主动辞职）。同年获颁美国耶鲁大学荣誉神学
　　　　　博士学位。

1970 年　任德国主教宗教会议成员（至 1975）。3 月 18 日，从巴
　　　　　伐利亚天主教科学院获得"瓜尔蒂尼奖"（the Romano
　　　　　Guardini Prize）。5 月 6 日，获得西德"杰出紫星十字勋章"
　　　　　（Distinguished Cross of Merit with Star）。6 月 23 日，获邀
　　　　　加入"德国文理功勋爵士团"（the German Order of Merit for
　　　　　Arts and Sciences）。同年获颁奥地利因斯布鲁克大学荣誉哲
　　　　　学博士学位、《神学论集》德文第九卷出版。

1971 年　9 月 3 日，成为明斯特大学的荣休教授。10 月 1 日，被慕
　　　　　尼黑附近的 Pullach 耶稣会神学院任命为"与哲学和神学相
　　　　　关的跨学科问题名誉教授"。

1972 年　5 月 10 日，在波士顿获邀加入"美国文理科学院"（the
　　　　　American Academy of Arts and Sciences）。6 月 18 日，任命
　　　　　为奥地利因斯布鲁克天主教神学系教义和教义史荣誉教授。
　　　　　同年，《未来教会的形态》出版；获颁比利时鲁汶大学荣誉
　　　　　神学博士学位。同年《神学论集》德文第十卷出版。

1973 年　10 月 20 日，从德国语言文学研究院获得 1973 年学术散文
　　　　　"佛洛伊德奖"。同年《神学论集》第十一卷出版。

1974 年　7 月 10 日，获邀成为不列颠科学院通讯院士。7 月 15 日，
　　　　　从西德的博爱协会获得"洛伦茨·沃特曼勋章"（the Lorenz
　　　　　Werthmann Medal）。11 月 6 日，获得美国版天主教图书俱
　　　　　乐部"剪秋罗奖"。同年，获颁美国首都华盛顿乔治城大学
　　　　　荣誉人文博士学位、西班牙马德里 Comillas 宗座大学荣誉
　　　　　神学博士学位、美国芝加哥大学荣誉人文博士学位、美国
　　　　　宾夕法尼亚州匹兹堡 Duquesne 大学荣誉法学博士学位。

1975 年　《神学论集》德文第十二卷出版。

1976 年　《基督教信仰之基础》德文第一版出版。9 月 4 日，获得 1976 年度 "红衣主教尹尼策奖"（Cardinal Innitzer Prize）。

1978 年　与伊姆霍夫（P. Imhof）和鲁瑟（H. N. Loose）合著的《罗耀拉的依纳爵》发表。同年《神学论集》德文第十三卷出版。

1979 年　3 月 1 日，在肯塔基的法兰克福被任命为肯塔基大同世界成员。4 月 1 日，被全国耶稣会荣誉会授予 "Alpha Sigma Nu 荣誉成员"。4 月 3 日，获颁肯塔基路易斯维尔市城市钥匙。5 月 16 日，从慕尼黑市获颁文化荣誉奖。为庆祝拉纳 75 岁寿辰，前得力助手 K. Lehmmann 和 A. RAffelt 编辑了纪念特刊《信仰的论证》。同年获颁美国克利夫兰 John Carroll 大学荣誉人文博士学位、美国麻省 Weston 神学院荣誉人文博士学位。

1980 年　获颁美国福德汉姆（Fordham）大学荣誉法学博士学位。同年《神学论集》德文第十四卷出版。

1981 年　10 月回到因斯布鲁克的耶稣会大学生活和工作。

1982 年　前得力助手 K. Lehmmann 和 A. RAffelt 为他推出了《信仰的实践》文集和《诸教会的统一性——现实的一种可能性》（《教会合一》）一书，后者是拉纳与新教学者 Heinrich Fries 合著，列为《争论问题》第 100 卷，遭到当年的罗马教廷 "信理部" 部长拉辛格（如今的教宗本笃十六）的责难。

1983 年　《神学论集》德文第十五卷出版。

1984 年　3 月 5 日，亲友在因斯布鲁克为他隆重庆祝八十大寿。3 月 8 日，病倒；3 月 27 日病重；3 月 29 日，病危；3 月 30 日，在因斯布鲁克耶稣会弟兄的环视下病逝。同年《神学论集》德文第十六卷出版。

后 记

拙著终于要出版了，自然满怀喜乐；同时，也盼望分享到此等好消息的宗教学人油然而生"同喜"共情。

现在看来，自己这部当代天主教哲学著作的出版既是一种"新生"，又是一种"重生"，而这种"重生"奇迹则是相关职能部门、出版机构、出版基金和哲学学院等多位一体通力合作的善果。拙著得以付梓，也离不开晏可佳、张庆熊和林晖等教授的襄助，以及相关出版社领导和编辑的辛劳，在此一并致谢。

却顾所来径，苍苍横翠微。自己在宗教学和宗教哲学的小径上一路攀爬至今，得到刘放桐教授和黄颂杰教授等业师的多方指教，也得到许多国内外前辈、同侪和同好的帮扶，他们中有美国天主教大学的乔治·麦克林教授、美国伯克利耶稣会神学学院的托马斯·巴克利教授、芬兰赫尔辛基大学的罗明嘉教授、香港汉语基督教文化研究所的杨熙楠总监等等，以及国内的卓新平教授和张志刚教授等等——鉴于本人从之受惠的良师益友众多，恕我不再一一鸣谢。

对于拙著本身，需要做一些说明：

首先，不仅由于撰写与实际出版之间存在时间差，导致拙著对于国内外研究状况的梳理显得有些不足，而且因为受当时手头资料所限，致使拙著对于约翰·保罗二世、本笃十六和方济各等三位教宗的论述也略显单薄。鉴于出版方面的一些规定，当下这些都无法更新与充实了。

其次，总体而言，国内卡尔·拉纳宗教思想的相关研究虽然算不上"绝学"，但实属"冷门"，中文材料不多。有鉴于此，拙著有意增加了外文材料的中译援引，希望为读者提供一定的材料和线索。在这方面，拉纳的自述和亲朋故友的相关追忆占有相当比重。

最后，拙著立意以卡尔·拉纳宗教思想的来龙去脉为线索，带出当代天主教的一些人物、事件和论题等等，以期从拉纳的视角呈现当代天主教的某种全景；是故，拿捏间难免存在一些稚拙之处，唯盼同侪巨擘、青年才俊和广大读者不吝指教。

王新生

2022 年 3 月于复旦大学光华楼

"日月光华·哲学书系"书目

第一辑

01 《马克思早期思想的逻辑发展》 吴晓明 著

02 《熊十力的新唯识论与胡塞尔的现象学》 张庆熊 著

03 《思想的转型——理学发生过程研究》 徐洪兴 著

04 《阳明后学研究》（增订本） 吴震 著

05 《罗蒂与普特南：新实用主义的两座丰碑》 陈亚军 著

06 《从启蒙到唯物史观》 邹诗鹏 著

第二辑

07 《实践与自由》 俞吾金 著

08 《马克思主义经济哲学及其当代意义》 余源培 著

09 《西方哲学论集》 黄颂杰 著

10 《现代西方哲学纲要》 张汝伦 著

11 《差等秩序与公道世界——荀子思想研究》 东方朔 著

12 《孟子性善论研究》（再修订版） 杨泽波 著

图书在版编目(CIP)数据

卡尔·拉纳宗教思想研究/王新生著.—上海：
上海三联书店,2022.2
ISBN 978 - 7 - 5426 - 6702 - 1

Ⅰ.①卡…　Ⅱ.①王…　Ⅲ.①卡尔·拉纳-宗教
哲学-哲学思想-研究　Ⅳ.①B516.59

中国版本图书馆 CIP 数据核字(2021)第 163203 号

日月光华·哲学书系

卡尔·拉纳宗教思想研究

著　　者 / 王新生

责任编辑 / 徐建新
装帧设计 / 一本好书
监　　制 / 姚　军
责任校对 / 王凌霄　张　亓

出版发行 / 上海三联书店
　　　　　(200030)中国上海市漕溪北路 331 号 A 座 6 楼
邮　　箱 / sdxsanlian@sina.com
邮购电话 / 021 - 22895540
印　　刷 / 上海展强印刷有限公司

版　　次 / 2022 年 2 月第 1 版
印　　次 / 2022 年 2 月第 1 次印刷
开　　本 / 710 mm × 1000 mm　1/16
字　　数 / 380 千字
印　　张 / 29
书　　号 / ISBN 978 - 7 - 5426 - 6702 - 1/B·742
定　　价 / 99.00 元

敬启读者,如发现本书有印装质量问题,请与印刷厂联系 021 - 66366565